中国农业产业技术发展报告

（2013年度）

农业部科技教育司
财政部教科文司

中国农业出版社

出 版 说 明

收集、整理、分析产业及技术发展动态信息，为政府决策提供咨询，为社会发布技术成果信息和技术需求信息是现代农业产业技术体系（以下简称“体系”）的重要任务之一。为了进一步促进体系对产业发展基础信息资料的收集与总结，强化体系对产业发展的技术支撑作用和效能，2013年，我们又一次组织水稻、玉米、小麦、大豆、大麦、高粱、谷子、燕麦、食用豆、马铃薯、甘薯、木薯、油菜、花生、芝麻、向日葵、胡麻、棉花、麻类、甘蔗、甜菜、蚕桑、茶叶、食用菌、大宗蔬菜、西甜瓜、柑橘、苹果、梨、葡萄、桃、香蕉、荔枝龙眼、天然橡胶、牧草、生猪、奶牛、肉牛、肉羊、绒毛用羊、蛋鸡、肉鸡、水禽、兔、蜂、大宗淡水鱼、虾、贝类、罗非鱼、鲆鲽类50个体系的首席科学家牵头编写了2013年度的《中国农业产业技术发展报告》，供各级农业及相关行业行政主管部门、科研教学单位、推广机构和各类企事业单位参考和借鉴。水平有限，疏漏和粗糙之处难免，敬请谅解。

编 者

2014年4月

中国农业产业技术发展报告

(2013年度)

农业部科技教育司　财政部教科文司

中国农业出版社

[目 录]

出版说明

2013年度水稻产业技术发展报告 …… 1

一、国际水稻生产与贸易概况 …… 1
二、国内水稻生产与贸易概况 …… 1
三、国际水稻产业技术研发进展 …… 2
四、国内水稻产业技术研发进展 …… 3

2013年度玉米产业技术发展报告 …… 6

一、国际玉米生产与贸易概况 …… 6
二、国内玉米生产与贸易概况 …… 6
三、国际玉米产业技术研发进展 …… 7
四、国内玉米产业技术研发进展 …… 8

2013年度小麦产业技术发展报告 …… 11

一、国际小麦生产与贸易概况 …… 11
二、国内小麦生产与贸易概况 …… 11
三、国际小麦产业技术研发进展 …… 12
四、国内小麦产业技术研发进展 …… 14

2013年度大豆产业技术发展报告 …… 16

一、国际大豆生产与贸易概况 …… 16
二、国内大豆生产与贸易概况 …… 16
三、国际大豆产业技术研发进展 …… 17
四、国内大豆产业技术研发进展 …… 19

2013年度大麦青稞产业技术发展报告 …… 21

一、国际大麦青稞生产与贸易概况 …… 21
二、国内大麦青稞生产与贸易概况 …… 22
三、国际大麦青稞产业技术研发进展 …… 22

四、国内大麦青稞产业技术研发进展 …… 24

2013 年度高粱产业技术发展报告 …… 29

一、国际高粱生产与贸易概况 …… 29
二、国内高粱生产与贸易概况 …… 32
三、国际高粱产业技术研发进展 …… 33
四、国内高粱产业技术研发进展 …… 34

2013 年度谷子糜子产业技术发展报告 …… 37

一、国际谷子糜子生产与贸易概况 …… 37
二、国内谷子糜子生产与贸易概况 …… 37
三、国际谷子糜子产业技术研究进展 …… 38
四、国内谷子糜子产业技术研发进展 …… 39

2013 年度燕麦荞麦产业技术发展报告 …… 42

一、国际燕麦荞麦生产与贸易概况 …… 42
二、国内燕麦荞麦生产与贸易概况 …… 42
三、国际燕麦荞麦产业技术研发进展 …… 43
四、国内燕麦荞麦产业技术研发进展 …… 43

2013 年度食用豆产业技术发展报告 …… 45

一、国际食用豆生产与贸易概况 …… 45
二、国内食用豆生产与贸易概况 …… 45
三、国际食用豆产业技术研发进展 …… 46
四、国内食用豆产业技术研发进展 …… 48

2013 年度马铃薯产业技术发展报告 …… 50

一、国际马铃薯生产与贸易概况 …… 50
二、国内马铃薯生产与贸易概况 …… 50
三、国际马铃薯产业技术研发进展 …… 51
四、国内马铃薯产业技术研发进展 …… 52

2013 年度甘薯产业技术发展报告 …… 55

一、国际甘薯生产与贸易概况 …… 55
二、国内甘薯生产与贸易概况 …… 55

三、国际甘薯产业技术研发进展 …… 56
四、国内甘薯产业技术研发进展 …… 57

2013 年度木薯产业技术发展报告 …… 59

一、国际木薯生产与贸易概况 …… 59
二、国内木薯生产与贸易概况 …… 59
三、国际木薯产业技术研发进展 …… 60
四、国内木薯产业技术研发进展 …… 61

2013 年度油菜产业技术发展报告 …… 64

一、国际油菜生产与贸易概况 …… 64
二、国内油菜生产与贸易概况 …… 64
三、国际油菜产业技术研发进展 …… 65
四、国内油菜产业技术研发进展 …… 66

2013 年度花生产业技术发展报告 …… 69

一、国际花生生产与贸易概况 …… 69
二、国内花生生产与贸易概况 …… 70
三、国际花生产业技术研发进展 …… 71
四、国内花生产业技术研发进展 …… 73

2013 年度芝麻产业技术发展报告 …… 76

一、国际芝麻生产与贸易概况 …… 76
二、国内芝麻生产与贸易概况 …… 76
三、国际芝麻产业技术研发进展 …… 77
四、国内芝麻产业技术研发进展 …… 78

2013 年度向日葵产业技术发展报告 …… 80

一、国际向日葵生产与贸易概况 …… 80
二、国内向日葵生产与贸易概况 …… 81
三、国际向日葵产业技术研发进展 …… 81
四、国内向日葵产业技术研发进展 …… 88

2013 年度胡麻产业技术发展报告 …… 95

一、国际胡麻生产与贸易概况 …… 95

二、国内胡麻生产与贸易概况 …… 96
三、国际胡麻产业技术研发进展 …… 96
四、国内胡麻产业技术研发进展 …… 98
五、病虫草害防控 …… 99

2013 年度棉花产业技术发展报告 …… 102

一、国际棉花生产与贸易概况 …… 102
二、国内棉花生产与贸易概况 …… 103
三、国际棉花产业技术研发进展 …… 104
四、国内棉花产业技术研发进展 …… 106

2013 年度麻类产业技术发展报告 …… 108

一、国际麻类生产与贸易概况 …… 108
二、国内麻类生产与贸易概况 …… 108
三、国际麻类产业技术研发进展 …… 109
四、国内麻类产业技术研发进展 …… 110

2013 年度甘蔗产业技术发展报告 …… 112

一、国际甘蔗及制品生产与贸易概况 …… 112
二、国内甘蔗及制品生产与贸易概况 …… 113
三、国际甘蔗产业技术发展动态 …… 114
四、国内甘蔗产业技术研究进展 …… 116

2013 年度甜菜产业技术发展报告 …… 119

一、国际甜菜生产及贸易概况 …… 119
二、中国甜菜生产及贸易概况 …… 119
三、甜菜产业技术研发进展 …… 120
四、我国甜菜产业发展应着重加强的几个问题 …… 122

2013 年度蚕桑产业技术发展报告 …… 124

一、国际蚕丝生产与贸易概况 …… 124
二、国内蚕桑生产与茧丝绸贸易概况 …… 124
三、国际蚕桑产业技术研发进展 …… 125
四、国内蚕桑产业技术研发进展 …… 125

2013 年度茶叶产业技术发展报告 …… 127

一、国际茶叶生产与贸易概况 …… 127
二、国内茶叶生产与贸易概况 …… 127
三、国际茶叶产业技术研发进展 …… 128
四、国内茶叶产业技术研发进展 …… 131

2013 年度食用菌产业技术发展报告 …… 135

一、国际食用菌生产与贸易概况 …… 135
二、国内食用菌生产与贸易概况 …… 135
三、国际食用菌产业技术研发进展 …… 136
四、国内食用菌产业技术研发进展 …… 137

2013 年度大宗蔬菜产业技术发展报告 …… 140

一、国际蔬菜生产及贸易概况 …… 140
二、国内蔬菜生产及贸易概况 …… 140
三、国际蔬菜产业技术研发进展 …… 141
四、国内蔬菜产业技术研发进展 …… 143

2013 年度西甜瓜产业技术发展报告 …… 148

一、国际西甜瓜生产与贸易概况 …… 148
二、国内西甜瓜生产与贸易概况 …… 148
三、国际西甜瓜产业技术研发进展 …… 149
四、国内西甜瓜产业技术研发进展 …… 150

2013 年度柑橘产业技术发展报告 …… 152

一、国际柑橘生产与贸易概况 …… 152
二、国内柑橘生产与贸易概况 …… 153
三、国际柑橘产业技术研发进展 …… 154
四、国内柑橘产业技术研发进展 …… 156

2013 年度苹果产业技术发展报告 …… 159

一、国际苹果生产与贸易状况 …… 159
二、国内苹果生产与贸易概况 …… 159
三、国际苹果产业技术研究进展 …… 160

四、国内苹果产业技术研发进展 …… 162

2013 年度梨产业技术发展报告 …… 164

一、国际梨生产及贸易概况 …… 164
二、国内梨生产与贸易概况 …… 165
三、国际梨产业技术研发进展 …… 167
四、国内梨产业技术研发进展 …… 170

2013 年度葡萄产业技术发展报告 …… 173

一、国际葡萄生产与贸易概况 …… 173
二、国内葡萄生产与贸易概况 …… 174
三、国际葡萄产业技术研发进展 …… 175
四、国内葡萄产业技术研发进展 …… 176

2013 年度桃产业技术发展报告 …… 178

一、国际桃生产及贸易概况 …… 178
二、国内桃生产及贸易概况 …… 178
三、国际桃产业技术研发进展 …… 179
四、国内桃产业技术研发进展 …… 180

2013 年度香蕉产业技术发展报告 …… 183

一、国际香蕉生产与贸易概况 …… 183
二、国内香蕉生产与贸易概况 …… 184
三、国际香蕉产业技术研发进展 …… 187
四、国内香蕉产业技术研发进展 …… 188

2013 年度荔枝龙眼产业技术发展报告 …… 190

一、国际荔枝龙眼生产与贸易概况 …… 190
二、国内荔枝龙眼生产与贸易概况 …… 190
三、国际荔枝龙眼产业技术研发进展 …… 191
四、国内荔枝龙眼产业技术研发进展 …… 192

2013 年度天然橡胶产业技术发展报告 …… 196

一、国际天然橡胶生产及贸易概况 …… 196
二、国内天然橡胶生产及贸易概况 …… 198

三、国际天然橡胶技术发展动态 …… 199
四、国内天然橡胶技术发展最新进展 …… 202
五、国内天然橡胶技术发展的主要问题及建议 …… 205

2013 年度牧草产业技术发展报告 …… 206

一、国际牧草生产与贸易概况 …… 206
二、国内牧草生产与贸易概况 …… 206
三、国际牧草产业技术研发进展 …… 207
四、国内牧草产业技术研发进展 …… 209

2013 年度生猪产业技术发展报告 …… 211

一、国际生猪生产与贸易概况 …… 211
二、国内生猪生产与贸易概况 …… 212
三、国际生猪产业技术研发进展 …… 212
四、国内生猪产业技术研发进展 …… 216

2013 年度奶牛产业技术发展报告 …… 222

一、国际奶业生产与贸易概况 …… 222
二、国内奶业生产与贸易概况 …… 223
三、国际奶牛产业技术研发进展 …… 224
四、国内奶牛产业技术研发进展 …… 227

2013 年度肉牛牦牛产业技术发展报告 …… 231

一、国际牛肉生产与贸易概况 …… 231
二、国内牛肉生产与贸易概况 …… 231
三、国际肉牛产业技术研发进展 …… 232
四、国内肉牛产业技术研发进展 …… 234

2013 年度肉羊产业技术发展报告 …… 237

一、国际肉羊生产与贸易概况 …… 237
二、国内肉羊生产与贸易概况 …… 237
三、国际肉羊产业技术研发进展 …… 238
四、国内肉羊产业技术研发进展 …… 239

2013 年度绒毛用羊产业技术发展报告 …… 242

一、国际绒毛用羊生产与贸易概况 …… 242

二、国内绒毛用羊生产与贸易概况 …… 243
三、国际绒毛用羊产业技术研发进展 …… 244
四、国内绒毛用羊产业技术研发进展 …… 246

2013年度蛋鸡产业技术发展报告 …… 250

一、国际蛋鸡生产与贸易概况 …… 250
二、国内蛋鸡生产与贸易概况 …… 251
三、国际蛋鸡产业技术研发进展 …… 252
四、国内蛋鸡产业技术研发进展 …… 254

2013年度肉鸡产业技术发展报告 …… 257

一、国际肉鸡生产与贸易概况 …… 257
二、国内肉鸡生产与贸易概况 …… 259
三、国际肉鸡产业技术研发动态 …… 259
四、国内肉鸡产业技术研发动态 …… 261

2013年度水禽产业技术发展报告 …… 263

一、国际水禽生产与贸易概况 …… 263
二、国内水禽生产与贸易概况 …… 263
三、国际水禽产业技术研发进展 …… 264
四、国内水禽产业技术研发进展 …… 265

2013年度兔产业技术发展报告 …… 266

一、国际兔业生产与贸易概况 …… 266
二、国内兔业生产与贸易概况 …… 267
三、国际兔产业技术研发进展 …… 269
四、国内兔产业技术研发进展 …… 272

2013年度蜂产业技术发展报告 …… 275

一、国际蜂生产与贸易概况 …… 275
二、国内蜂生产与贸易概况 …… 275
三、国际蜂产业技术研发进展 …… 276
四、国内蜂产业技术研发进展 …… 277

2013年度大宗淡水鱼产业技术发展报告 …… 279

一、国际大宗淡水鱼类生产与贸易概况 …… 279

二、国内大宗淡水鱼类生产与贸易概况 …… 279
三、国际大宗淡水鱼类产业技术研发进展 …… 280
四、国内大宗淡水鱼类产业技术研发进展 …… 281

2013 年度虾产业技术发展报告 …… 284

一、国际虾生产与贸易概况 …… 284
二、国内虾生产与贸易概况 …… 284
三、国际虾产业技术研发进展 …… 286
四、国内虾产业技术研发进展 …… 287

2013 年度贝类产业技术发展报告 …… 290

一、国际贝类生产与贸易概况 …… 290
二、国内贝类生产与贸易概况 …… 291
三、国际贝类产业技术研发进展 …… 293
四、国内贝类产业技术研发进展 …… 295

2013 年度罗非鱼产业技术发展报告 …… 298

一、国际罗非鱼生产与贸易概况 …… 298
二、国内罗非鱼生产与贸易概况 …… 299
三、国际罗非鱼产业技术研发进展 …… 301
四、国内罗非鱼产业技术研发进展 …… 302

2013 年度鲆鲽类产业技术发展报告 …… 304

一、国际鲆鲽类生产与贸易概况 …… 304
二、国内鲆鲽类生产与贸易概况 …… 304
三、国际鲆鲽类产业技术研发进展 …… 305
四、国内鲆鲽类产业技术研发进展 …… 307

2013年度水稻产业技术发展报告

（国家水稻产业技术体系）

一、国际水稻生产与贸易概况

（一）生产

据联合国粮农组织（FAO）作物前景报告，预计2013年全球稻谷产量达到7.06亿吨，比2012年小幅增产0.8%。预计亚洲稻谷仍将继续增产，总产达到6.41亿吨，增产1.1%。其中，印度、印度尼西亚、孟加拉国、柬埔寨、缅甸和泰国稻谷均有不同程度增产，但中国、日本、菲律宾等国家受台风、洪涝等灾害影响，稻谷产量略有下滑；非洲稻谷产量与2012年基本持平，其中埃及、尼日利亚水稻生长期间气候条件较为有利，产量稳定增长，但非洲第二大生产国马达加斯加受蝗灾等影响，水稻减产超过20%。

（二）贸易

预计2013年世界大米进口总量达到3 811万吨，出口总量4 039万吨，分别比2012年增加194万吨和174万吨，增幅分别为5.3%和4.5%。出口大国中，印度出口1 000万吨，比2012年减少90万吨；泰国出口850万吨，增加180万吨；越南出口750万吨，增加70万吨；巴基斯坦出口340万吨，略减10万吨。预计2013年国际大米库存量为10 503万吨，比2012年减少182万吨，减幅1.7%；库存消费比22.2%，继续呈现下滑势头，比2012年降低0.6个百分点。

（三）市场

2013年国际大米市场价格总体呈现持续下滑态势。以泰国含碎25%大米FOB价格为例，2013年国际大米市场年平均价格为每吨477.9美元，比2012年下跌了55.2美元，跌幅达到10.4%；2013年12月，国际大米价格跌破400美元，跌至每吨397.5美元，比年初1月份每吨大幅下跌147.5美元，跌幅高达27.1%。国际大米市场供应宽松是价格持续下跌的主要原因。

二、国内水稻生产与贸易概况

（一）生产

预计2013年全国水稻面积4.54亿亩，持平略增；亩[①]产450千克左右，略减2千克；总产2.03亿吨，减产100万吨左右。

① 亩为非法定计量单位。1亩≈667米^2，余同。——编者注

其中，早稻总产3 407.3万吨，增产78.3万吨，为2001年以来的最高值，中晚稻减产180万吨左右；东北地区继续保持增产势头，其中黑龙江水稻增产超过50万吨。

（二）贸易

2013年我国大米进口延续了2012年的势头，继续保持在高位。据国家海关统计，2013年我国进口稻谷和大米227.1万吨，比2012年减少9.8万吨；出口稻谷和大米47.8万吨，比2012年增加19.9万吨，全年净进口量高达179.3万吨。其中，越南、巴基斯坦和泰国仍是我国进口大米的主要来源，特别是越南低价籼米进口量占比超过75%，对国内市场冲击较大。

（三）市场

2013年国内稻米市场价格持续低迷。据监测，12月份早籼稻、晚籼稻、粳稻收购价格分别为每百斤[①] 128.15元、133.30元、146.74元，早籼稻和晚籼稻分别比1月份下跌了2.2%和2.0%，粳稻略涨了1.1%。特别是中晚稻大面积上市的10月、11月，黑龙江、湖南、江西等主产区稻谷收购价格全面低于国家最低收购价，为近年来少见。

三、国际水稻产业技术研发进展

（一）遗传育种技术研发进展

印度、菲律宾、越南等东南亚国家选育出部分适应当地气候环境的杂交稻新不育系、恢复系材料，如拜耳公司选育的杂交水稻品种Arize6444，在印度及东南亚年种植面积3 000万亩以上，菲律宾首次释放了2个两系杂交水稻新组合进行推广种植，越南两系杂交水稻育种取得阶段性进展，已经选育出部分优异组合HYT 106、HYT 108、HYT 117和HYT 119；IRRI培育出高耐盐水稻品种；美国和拉丁美洲的杂交水稻种植面积持续扩大；非洲国家试种中国杂交水稻频频取得成功，普遍比当地品种增产50%以上。美国水稻科技公司选育XL723、XP753、XP754、XP757、XP760等杂交稻组合应用已近美国水稻播种面积50%。在抗病育种方面，美国路易斯安那州立大学水稻试验站选育的Jupiter新品种具有较强抗穗腐病特性。

（二）栽培与土肥技术研发进展

日本、韩国等主要产稻国研究水稻规模化集中育秧模式和技术，政府加大补贴力度推进技术应用，以期实现从种子供应到秧苗供应的转变，目前韩国水稻工厂化育秧已占25%左右。东南亚主要产稻国在发展杂交稻组合的同时，加强杂交稻配套栽培技术研究，推进杂交稻推广。印度、印度尼西亚等国采用SRI技术原理，发展SRI技术提升栽培技术水平。针对全球气候变暖，国际水稻研究所等组织研发应对全球气候变暖的水稻生产生态和可持续的管理系统，包括适宜的水稻种植制度，害虫、病害和杂草之间的交互作用，土壤、养分和水分管理之间的相互关系等。在提高水稻肥料利用效率方面，国际水稻专家发现PSTOL1基因水稻在磷缺乏土壤时的发育早期促进了根的生长，从而吸取更多的磷和其他重要元素；利用水稻根系分布较深的特点截获土壤中随水下移的

① 斤为非法定计量单位。1斤=500克，余同。——编者注

铵态氮，增加营养吸收。研发超微细磷矿粉包膜、硫黄包膜、树脂包膜肥等缓/控释肥料，以及通过添加脲酶抑制剂、硝化抑制剂、超氧化物歧化酶模拟物等提高肥料利用率。

（三）病虫害防控技术研发进展

孟加拉 Islam 等发现印楝树提取物可使三化螟的死亡率和白头率分别达 38.38%和 58.08%，可作为控制该虫害的一个环境友好型农药。Sampathkumar 和 G. Ravi 发现较低浓度的二化螟性信息素 YSB 能较长时间诱引卵寄生蜂，可作为一种互益素和利它素资源。Muhammad Sarwar 筛选出了 4 份香稻资源对三化螟成虫产卵具有较好的排斥性并对幼虫具有抗性，可作为育种资源利用。Cesari 等发现水稻抗瘟蛋白对 RGA4/RGA5 通过直接结合识别稻瘟病菌效应蛋白 Avr-Pia 和 Avr-CO39。Saleh 等发现稻瘟病菌起源于东南亚，对建立稻瘟病控制新技术有一定意义。美国衣阿华大学杨兵等针对水稻特异基因设计了一系列的 TAL 载体，其中 DeTALE-xa27 特异针对抗白叶枯病基因 *Xa27* 的隐性等位基因，其导入使得 IR24 由对白叶枯病的感病变成抗病，为利用 TAL 改造水稻抗病性提供了技术。

（四）产后处理及加工技术研发进展

世界稻米加工研究重点是稻米的深加工和综合利用，美国和日本等国家走在世界前列。日本很重视大米的适度加工，对精米加工进行分类，研究区分为五分和七分碾磨大米；在营养米研究方面，开发免淘洗 γ-氨基丁酸大米、功能性涂层大米、人造大米等。据报道，印度培育了浸泡即可食用的大米，韩国开发了大米葡萄酒等。已开展的米糠、稻壳、碎米等大米加工副产品的综合利用研究，如从碎米中提取大米淀粉，并进一步加工为多孔淀粉、抗性淀粉等；从米糠及米糠油中提取米糠多糖、菲叮、米糠神经酰胺、米糠抗癌 IP6 等功能性成分并加以应用；将米糠、稻壳等制成可降解性的环保碗、高强度材料，或燃烧发电、转化为生物质油，提取白炭黑并应用于橡胶制品甚至制成气凝胶应用于航天领域等。

（五）设施与设备技术研发进展

由于农村劳动力缺乏和老龄化现象严重，国际水稻生产机械向着高效率和操作轻便化的方向发展。美国、欧洲等发达国家开展大型水稻直播机和全喂入联合收割机研究，无人驾驶技术成熟，并在大型拖拉机、播种机、田间管理机和联合收割机上普遍应用。日本重新启动长毯苗育秧技术（或无土育秧技术）研究，重点是降低成本，提高机械插秧的漏秧率。手扶步进式插秧机产量减少、技术发展缓慢；高速插秧机技术发展较快，主要是向着高效、减少操作者的劳动方向发展。在水稻耕整地机械方面，日本的打浆机使用非常普遍，整地效果好、工作效率高。

四、国内水稻产业技术研发进展

（一）遗传育种技术研发进展

李家洋院士研究团队和中国农业科学院作物所万建民教授研究团队，于 2013 年 12 月 11 日分别在线出版的国际顶级杂志 *Nature* 以论文的形式刊登了相关研究成果，该研究结果首次在遗传和生化层面证实了 D53 蛋白作为独脚金内酯信号途径的抑制子参与调控植物分枝（蘖）的生长发育，具有重要的科学意义。另外，在产量、抽穗期等方面，克隆了 *TGWT6*、*LPA1*、*TUD1*、*PTB1*、*Ghd7.1/Hd2*、*DTH2* 和 *Ehd4* 等基因，为分子设计育种进一步奠定扎实基础。2013年“龙粳系列”水稻品种在黑龙江年种植面积达到2 928.3万亩，占该省水稻总面积的48.7%，创历史新高，其中龙粳31达到近1 700万亩。

（二）栽培与土肥技术研发进展

开展水稻产量提升与高产管理技术研究，明确了品种高产形成的特点，揭示了水稻高产品种生长特性及高产形成规律，提出了水稻品种高产定量栽培技术。开展肥水高效利用技术研究，加强稻田肥力培肥、监测及测土配方施肥，进一步明确水稻需肥规律，研发与水稻需肥相协调的缓/控释肥料，提高了肥料利用率。研究明确水稻低产田的制约因素，提出主要稻区的低产田改良及产量提高方法。开展水稻机械化生产技术研究，采用基质育秧等技术提升机插秧技术水平，水稻钵形毯状秧苗机插技术大面积推广，双季稻机插秧品种、装备及农艺技术进一步配套。开展水稻耐高低温和干旱机理和防控方法研究，抗旱品种选用、旱育秧技术进步及耕作方法调整，提高水稻季节性干旱防御能力；建立了水稻耐高温品种评价标准，初步明确开花期高温导致结实率下降的原因及高温热害的预警方法，提出高低防控技术，增强灾害防控能力。

（三）病虫害防控技术研发进展

南京大学将玉米、高粱和短兵草的抗病基因导入水稻，使水稻获得了对部分稻瘟菌的抗性，相关论文发表在PNAS上。中国农业大学发现 *OsGA20ox3* 基因的表达不仅控制水稻植株的高矮，而且与水稻对稻瘟病和白叶枯病抗性密切相关。福建农林科技大学发现Syp71蛋白通过介导病毒与叶绿体形成包囊形成有助于病毒的复制，发表在 *PLoS Pathogen*。扬州大学发现亚致死浓度的三唑磷处理水稻褐飞虱可增强该害虫对高温的耐性。中山大学利用蛋白组和RNA-Seq技术比较了褐飞虱高产卵和低产卵群体间的差异表达基因和蛋白，发现一些与产卵力有关的基因和蛋白。此外，南京农业大学、浙江大学、扬州大学等分别对水稻二化螟的一些功能基因进行了克隆和鉴定。

（四）产后处理及加工技术研发进展

采用高效提取分离技术和生物酶技术，研制出一种高溶解性的大米蛋白产品，首次在中试水平上通过物理法和酶法相结合制备高溶解性的大米蛋白；建立了提高蛋白质溶解性的改性技术，提高蛋白质乳化活性和乳化稳定性。开展稻米主食工业化关键技术研究，确定了常温方便米饭的生产工艺参数，研究常温方便米饭质构特性、储藏过程中的回生特性变化，及其质构与回生特性的相关性，研究常温储藏过程中方便米饭的理化食味品质。开展稻米方便食品加工新技术与新装备研究，研发双螺杆挤压系列设备，开发以碎米和杂粮为原料的复合营养米。

（五）设施与设备技术研发进展

国产插秧机和联合收割机部分出口东南亚地区，如宁波协力机电制造有限公司生产的插秧机批量出口到印度等国家，莱恩农业装备有限公司和湖州星光农机制造有限公司的橡胶履带式联合收割机批量出口到东南亚等国家。重视农艺农机融合，水稻生产机械技术发展较快，如在研究课题设计和组织实施方面，农艺的研究课题包含了农机的研究部分，农机的研究课题包含有农艺的技术研究。针对大马力拖拉机整地，造成泥脚过深，插秧机不能进田作业，研发了履带式的旋耕机组，提高整地效果和机插秧的作业质量；积极研发用于杂交稻制种的手扶步进和拖板式制种插秧机，研究机插秧的杂交稻制种过程中的农艺问题，取得了较大的进展。

（水稻产业技术体系首席科学家程式华提供）

2013年度玉米产业技术发展报告

（国家玉米产业技术体系）

一、国际玉米生产与贸易概况

1. 2013年全球玉米产量明显增加，供需形势趋于宽松 美国农业部预计，2013年度美国玉米产量3.55亿吨（139.89亿蒲式耳[①]），是历史最高值。玉米播种面积3856.7万公顷；平均单产数据为10.0吨/公顷（160.4蒲式耳/英亩[②]），是2009年以来的最高水平。2013/2014年度美国玉米国内总消费预计为2.95亿吨，出口3 683万吨，期末库存预计为4 553万吨，是8年来的最高水平。

2012/2013年度全球玉米产量8.63亿吨，期末库存1.35亿吨；预计2013/2014年度全球玉米产量9.64亿吨，增长幅度11.75%；全球玉米消费量为9.37亿吨，全球玉米期末库存1.62亿吨。全球玉米增产主要来自美国，美国玉米产量由2012的2.74亿吨，增长为2013的3.55亿吨，增长0.81亿吨，增幅达到29.6%。

2. 2013年国际玉米价格大幅度下跌 由于2013年全球玉米产量显著增加，供需偏紧的形势在2013年得到明显改善，玉米价格大幅度下跌。美国芝加哥短期期货价格在2013年6月份以来不断下降，玉米价格由2013年初的740.5美分/蒲式耳，降低到年末的412.0美分/蒲式耳，跌幅达44.4%。

二、国内玉米生产与贸易概况

1. 2013年玉米面积继续扩大，单产及总产均创历史新高 据国家统计局估计，2013年我国玉米总产量2.18亿吨，比2012年增产1 212.6万吨，增幅5.9%。播种面积扩大和单产提高是玉米产量增加的主要原因。2013年农民调整种植结构，减少大豆等作物种植面积，增加玉米种植面积1 093千公顷（1 640万亩）。同时，由于生长期间积温、降水较为充足，光照基本正常，占全国播种面积80%的北方玉米长势好于常年。虽然局部遭受洪涝灾害，但未受灾地区明显增产。2013年玉米单产首次突破6吨/公顷（400千克/亩），每公顷增产158千克（10.5千克/亩），北方玉米单产提高189千克/公顷（12.6千克/亩）。

2. 2013年饲用玉米需求回升缓慢，工

---

① 蒲式耳为非法定计量单位。在美国玉米上，1蒲式耳=25.401千克，余同。——编者注

② 英亩为非法定计量单位。1英亩≈4.046×10^3 米^2，余同。——编者注

业消费玉米下跌，国内玉米价格面临较大的下行压力 2013年国内玉米需求特点是工业需求下降，饲用需求回升缓慢，玉米商业库存和市场供应充足。从全年消费来看，上半年受禽流感疫情等影响，国内玉米饲料需求下跌，下半年饲料需求有所恢复，2013年玉米饲料需求预计为1.23亿吨，比2012年增长500万吨。近两年我国玉米深加工产能较稳定，但2013年经济增速放缓，深加工行业下游需求疲软，企业开工率整体偏低，玉米工业消费下跌，预计2013年国内玉米工业消费量为5 300万吨，略低于2012年水平。

由于2013年玉米产量增幅5.9%，同时国内玉米消费需求不旺，前期国内玉米供需偏紧的形势已明显改善，国内玉米价格面临较大的下行压力。为了提振国内玉米市场价格，国家于2013年11月在东北地区启动玉米临时收储政策。2013年我国玉米价格在波动中基本保持稳定，在年末出现小幅上涨。国家的临时收储政策对于维持玉米价格稳定和促进农民种植玉米的积极性具有重要意义。

3. 国内外玉米差价持续扩大，我国玉米进口压力增加 受全球经济危机影响所导致的需求不旺，以及全球玉米丰收等因素影响，全球玉米价格在2013年持续下跌，但国内受玉米临时储备政策影响，玉米价格依然保持在较高水平。这使国内外玉米价差明显加大，进口压力显著提高。按照芝加哥期货交易所价格计算，12月份美国近月玉米运抵我国南方港口到岸完税后平均价为1 855元/吨，而国内南方港口玉米平均成交价格为2 465元/吨，美国玉米比国内低610元/吨。如果剔除13%增值税，美国玉米到港成本为1 654元/吨，比国产玉米价格低811元/吨，玉米面临较大进口压力。

受部分转基因玉米退货影响，2013年我国进口玉米数量预计比2012年下降，但2014年度进口量可能出现较大幅度增长。海关数据显示，2013年1～11月我国累计进口玉米244.4万吨，2012年同期为494.1万吨，同比减少50.6%。1～11月我国累计出口玉米7.5万吨，同比减少70.5%，平均出口成本为428.9美元/吨。据国家质量监督检验检疫总局公告称，截至12月19日，广东、福建、山东等口岸检验检疫机构相继从12批美国输华玉米中，检出含有未经农业部批准的MIR162转基因成分。各口岸检验检疫机构依法对12批54.5万吨美国输华玉米作退货处理。从美国出口情况来看，12月中旬开始暂停了从港湾地区对出口中国的玉米检验，对中国总出口装运量较前期高峰水平下降50%以上。截至2013年12月19日的一周，美国对中国出口检验玉米803.3万蒲式耳（20.40万吨），全部从西北口岸检验，港湾地区已经连续两周停止对中国出口检验玉米。2013年日历年度我国玉米进口量预计为360万吨，比2012年减少160万吨。

三、国际玉米产业技术研发进展

当前，国际玉米产业技术研发方向主要体现在以下5个方面。

1. 分子育种和转基因技术产业化发展迅速 以单核苷酸序列（SNP）差异为基础的分子标记辅助选择技术已经成为跨国种业集团玉米分子育种的主导技术之一，并深度应用于育种程序。玉米转基因研究与应用由单一性状向复合性状方向发展，2013年美国种植的玉米90%左右为抗螟虫和抗除草剂转基因品种。

2. 强化密植高产与资源高效利用的简化管理技术

（1）进一步推进密植高产技术。欧美国家利用矮秆、早熟、耐密植、脱水快的品种，通过高密度种植和机收籽粒，简化管理过程，实现高效生产。

（2）培肥地力与合理施肥。欧美国家通过秸秆还田、与豆科作物轮作、增施有机肥和采取少耕、免耕等保护性耕作措施培肥地力。在不增施化肥的前提下，连续提高玉米单产，提高了养分利用效率。在北美国家，新型玉米专用控释肥料（ESN）开始推广应用。

3. 病虫草害综合治理更加科学 加强有害生物流行监测与防治相结合，充分利用玉米品种抗病虫特性，通过常规育种与分子标记相结合，选育抗病虫品种，特别是抗黄曲霉和多种镰孢菌所致穗腐病的品种，利用转基因技术改善品种的抗虫和耐除草剂水平，减轻玉米穗虫和穗腐病的发生；研制高效、安全的新型种衣剂以及利用生物防治技术控制土传病害和地下害虫；构建区域化绿色综合防治技术体系已成为欧美玉米高产稳产的重要技术保障。

4. 大力发展以机械化为主的规模化集约化生产技术 高速、宽幅、联合、智能化依然是发达国家玉米生产机械化发展方向；一次性作业完成深松、耙茬、施肥等耕整地复式作业技术、保护性耕作技术、单粒精量播种技术、高效低耗田间管理技术等将有较快发展；籽粒直收技术、秸秆综合利用技术更加成熟；国际大公司充分利用GPS卫星定位、激光制导等现代先进技术为农场主提供精准播种、施肥、植保和收获作业的整体解决方案。

随着家庭农场、合作社等经营方式的转变，土地流转、规模化、集约化和机械化生产方式必将成为我国未来玉米生产主流模式，与之相配套的机械化生产技术需求问题将突显，应该得到高度重视，提前做好技术储备。

5. 深加工领域向扩大产业链、低碳环保方向发展 目前，国际上玉米深加工产品主要有淀粉及变性淀粉、淀粉糖、燃料乙醇、有机酸、氨基酸和玉米食品等。在新技术应用与产品开发方面主要体现在：利用新菌种和新酶制剂，研发淀粉及其下游新产品，提高产品品质；采用生物转化和化学裂解技术，加快新材料、新能源的开发利用；应用先进的技术和装备，降低资源消耗，提高环境效益。

四、国内玉米产业技术研发进展

沿着“一机两改一保障”的产业技术发展战略，依靠技术进步继续提高单产，转变生产发展方式，降低成本，提升玉米产品的国际竞争力，是2013年国内玉米产业技术研发的基本方向。

1. 推进种业改革，转变育种观念 玉米是我国第一大作物，跨国种业强势进入我国市场，凸显国内种业整体发展滞缓的局面。为促进国内种业发展，国务院出台了《关于深化种业体制改革提高创新能力的意见》国办发〔2013〕109号。国家现代农作物种业技术体系积极推进科企合作，建立和巩固玉米种业科企合作对接平台，推动公共科研部门和商业种子公司的紧密合作。国家玉米产业技术体系，积极实施科企育种创新战略，通过发放种质、技术培训、新品种联合测试等，育种创新能力明显提升。

2013年，我国玉米种业加大种质创新，国外优良种质资源的引进与鉴定力度，为商业化育种奠定了基础。以早熟、矮秆、耐密、高抗、籽粒灌浆和脱水速度快等性状为特点的宜机收品种已成为育种的主导方向。玉米双单倍体育种技术进一步发展，成为部分企业的主要选系技术。分子标记辅助选择和转基因育种技术正逐步成为培育抗虫和抗除草剂新品种的核心技术。

提高种子发芽率、发芽势和幼苗生长势成为玉米育种和种子技术研发新指标。单粒播种面积继续增加，继续推广果穗烘干处理技术，精品种子占31.7%，部分发芽率达到95%，为玉米生产实现机械单粒播种提供了保障。

2. 选育推广早熟、耐密植、适宜机械化播种和收获的新品种 2013年，高产、抗逆、耐密植品种郑单958和先玉335的推广面积仍然较大，在生产上继续发挥重要的增产作用，但迫切需要培育和推广适应机械化收获的矮秆、早熟、耐密植新品种。国家玉米产业技术体系引领我国育种研究单位，调整育种方向、目标和技术路线，更新种质，积极培育高产、优质、抗逆、适应机械化生产的突破性新品种，初步选育出一批苗头自交系和综合性状优良的新品种。

3. 集成与推广高产高效栽培技术

（1）大力推广密植播种技术。在玉米主产区合理增加种植密度，一般生产田在3 500～4 500株/亩，并推广夏玉米直播和适时晚收增产技术，提升了区域生产水平。

（2）继续推广深松改土技术。针对不同区域的生态条件和生产水平，研究与推广深松改土技术，在东北推行秋深松、高留茬、平播高产技术，在黄淮海夏玉米区推广深松直播、秸秆还田技术，在西北推广大小行深松密植高产技术，有效改善玉米耕层结构，提高了玉米综合生产能力。

（3）研究水肥一体化技术，逐步推广节水灌溉。在我国东北、西北干旱半干旱地区推广坐水种、行走式节水灌溉机械播种技术以解决玉米播种、保苗问题，同时因地制宜继续推广全膜双垄沟播种植和中小型喷灌、玉米膜下滴灌技术。

（4）2013年，继续推广测土配方施肥技术，配方肥的研制和应用取得明显成效。机械施肥技术稳步发展。

4. 保护性耕作 “保护性耕作示范县建设工程”、购机补贴、秸秆禁烧等政策和项目实施，促进了保护性耕作技术的推广。我国目前各种保护性耕作面积约2.8亿亩，占耕地面积14%。其中小麦玉米两熟免耕直播1亿亩，一季玉米留茬免耕垄作1 500万亩，玉米地膜覆盖少、免耕种植3 500万亩，农作物间作带状保护种植2 000万亩。

5. 机械化生产技术 玉米生产机械化水平进一步提升，深松整地技术大面积推广应用，以旋耕为主的浅层耕作方式使土壤耕层浅、犁底层厚、板结严重的问题开始得到解决；机械化单粒精密播种技术在生产上得以快速推广应用，但种子发芽率低、加工质量差等问题依然存在，不能完全满足单粒精密播种要求；一直以来阻碍玉米机械收获的种植行距多样化问题，在2011年农业部办公厅出台的《玉米生产机械化技术指导意见》引导下，各地玉米种植行距加快向60

厘米和65厘米发展，2013年机收水平有望突破48%，但品种生育期偏长，收获时籽粒含水率偏高，不适合机械化收获的矛盾依然突出，需抓紧研发解决。加强农机农艺融合，研究标准化种植行距和培育适合机械收获的新品种成为今后育种的重要方向。玉米生长后期的植保机械化作业开始起步，但技术水平需进一步提升。

6. 病虫害防控技术 研发防治土传病害的新型种衣剂和生防制剂，有效控制了丝黑穗病、线虫矮化病和玉米茎腐病的发生，示范效果明显；释放赤眼蜂、喷施Bt制剂，结合灯光诱杀和早春白僵菌封垛的玉米螟绿色防控技术在东北春玉米区大面积推广；玉米生长后期叶斑病防治前移技术已经在东北和黄淮海示范应用，对玉米大斑病等有显著的控制效果，防治机理和控制药害的发生需深入研究；自走式高架喷雾机在玉米后期病虫害防治中得到大面积应用；利用无人机防治穗期病虫害的研究已开展并取得初步成效，但还需深入开展。

7. 玉米深加工 2013年，我国玉米精深加工业呈现出保质、减损、降耗、增效的发展趋势。主要特点为：①应用生物和信息技术等绿色储藏和物流技术，提高玉米原粮品质，减少原粮损耗；②集成国内外加工新技术、新工艺，研发绿色、智能化加工新装备，节约能源，减少排放，降低原粮消耗和生产成本；③采用现代生物技术、组分分离技术等手段，开展玉米生产和加工副产物的高值化利用关键技术研发，提高资源利用率，增加玉米深加工的综合效益。

8. 我国玉米产业技术发展的基本方向

国家玉米产业技术体系，明确提出我国玉米产业技术发展的基本方向，是“一机两改一保障”。其中隐含着大量的产业技术需求和研发任务，包括育种、土壤深松、秸秆还田、合理施肥、科学灌溉、植物保护、农业机械和产业经济。农业机械将带动品种改良和土壤改良，科技人员培育的新品种、研发的新技术都必须适应机械化作业。“一机两改一保障”成为驱动玉米产业技术发展的基本框架。

（玉米产业技术体系首席科学家张世煌提供）

2013 年度小麦产业技术发展报告

(国家小麦产业技术体系)

一、国际小麦生产与贸易概况

世界小麦产量再创新高。据联合国粮农组织报告，2013 年世界谷物产量将增长 8% 至 24.98 亿吨；其中，小麦产量再创历史新高，达到 7.09 亿吨，比 2012 年增长 7.4%。增产主要是由于独联体国家的收成在去年旱灾减产的基础上回升。世界小麦消费量为 6.96 亿吨，比 2012 年增长 1.4%；产大于需 1 240 万吨，世界小麦供需形势好转。

国际小麦价格趋于走低。2013 年，国际小麦价格呈现前高后低、震荡下行态势。由于 2012 年世界小麦产量较 2011 年有所下降，2013 年初价格处于高位，随着世界小麦产量再创新高，价格呈震荡下行，整体水平略低于 2012 年，但仍处于较高水平。

世界小麦贸易量同比增长。2013 年世界小麦贸易量为 1.42 亿吨，较 2012 年增长 1.9%。小麦贸易量增加是由于亚洲预期进口量增加，抵消了欧洲采购量下滑；同时供应量也更为充裕，特别是主要出口国，其中俄罗斯和乌克兰的出口量将分别增加 500 万吨和 300 万吨。

二、国内小麦生产与贸易概况

我国小麦实现连续第十年丰收。据国家统计局公布数据，2013 年我国冬小麦产量 11 565万吨，比 2012 年增加 148 万吨，增长 1.3%。冬小麦面积 3.37 亿亩，减少 67.5 万亩；单产达 343.6 千克，比 2012 年增加 5.1 千克。

国内小麦价格稳中有升。在国家大幅提高最低收购价的影响下，2013 年国内小麦价格呈稳中趋涨态势，普通麦涨幅高于优质麦；但由于下半年优质麦价格涨势明显，普优麦价差呈逐步拉大趋势。

我国小麦进口同比增长。1～11 月，我国累计进口小麦产品 514.02 万吨，同比增加 39.17%；累计出口小麦产品 25.6 万吨，同比减少 1.18%。进口小麦产品主要来自美国（352.43 万吨，占 68.6%）、加拿大（86.7 万吨，占 16.9%）、澳大利亚（57.75 万吨，占 11.2%）。出口小麦产品的主要目的地是朝鲜（14.62 万吨，占 57.1%）和香港（9.51 万吨，占 37.2%）。与 2012 年不同的是，2013 年小麦进口中来自美国和加拿大的优质麦比重非常高，占小麦进口总量的 85.4%，主要用于弥补国内优质麦的供求缺口；而 2012 年进口的 370 万吨小麦中 70%来自澳大利亚，其中 90%是饲用小麦。由于小麦进口量占国内消费量的比重很小，对国内市场影响不明显。

三、国际小麦产业技术研发进展

2013 年 SCI 收录以“小麦”为主题的研究性论文 6 559 篇，比 2012 年增加 292 篇。其中数量超过 50 篇的国家有 31 个，前 5 位是：中国、美国、印度、澳大利亚和加拿大。据欧盟专利局对全球范围内以小麦（Wheat，*Triticum aestivum* L.）为关键词检索的结果显示，本年度公布的授权专利共 451 项。另据美国专利局 2013 年 12 月的检索数据显示，全美 2013 年以小麦为关键词的授权专利共计 65 项。

（一）小麦育种研究

为了将有用的基因多样性从野生近缘种转移到当代小麦中，英国农业植物研究院（NIAB）的合成六倍体小麦（SHWs）项目重演了一万年前中东地区出现的古代小麦与野生草类天然杂交，新品系 2012 年田间试验增产高达 30%。这对于改变现有品种只能提供每年 0.5%的产量增长，这种产量潜力的巨变是十分必要的。合成六倍体小麦以前曾在世界各地被小规模应用，而目前 NIAB 是对其进行大规模研究，接近商业育种的程序。

水资源日益减少以及气候变化，迫切需要提高小麦的抗旱适应性。国际玉米小麦改良中心（CIMMYT）为此制定的战略包括：①确定最可能提高作物抗旱的指标，即发达的根系、提高蒸腾效率相关的特性、存储和再转移水溶性碳水化合物能力的指标，以及高而稳定表达的收获指数；②选择包括上述特点的种质，迄今为止已筛选到超过70 000份；③高通量遥感检测技术的利用，以实现对大量种质资源以及大规模的后代筛选；④通过遗传资源与优良品系之间的杂交，实现抗旱基因累加，目前已选育出新一代干旱适应品系；⑤种间杂交以扩大六倍体基因库，其中包括广泛使用人工合成六倍体小麦；⑥大量应用分子标记提高早代选择效率；⑦苗头品系的田间基因型检测，以确定在逆境响应中最有可能提供质变的基因。

（二）栽培技术研究

迄今为止，世界农业生产的主导性技术模式仍然是沿用第一次绿色革命的技术模式，即“高投入、高产出”模式。良种+化肥+灌溉+农药的巨大投入支撑着全球粮食生产。然而由此引发的问题越来越突出：土壤退化，化肥、农药污染环境，有效水资源日益减少，生物多样性不断破坏，粮食中微量营养素含量降低，农业温室气体大量排放加剧气候变化等。全球水稻、小麦、玉米产量的年增长率已明显下降。同时，气候变化对粮食生产的负向影响效应却越来越大。

根据美国总统科技顾问委员会、美国作物与土壤学会、英国皇家学会发布的研究报告，“可持续集约化”即高生产率和可持续性的结合，是世界农业发展的方向。高产不仅指单位土地生产力高，还包括单位不可再生资源投入的产出率高，同时还包括生态系统服务功能的增强。可持续集约化生产通过有限度的资源投入获取生产、生态、生活多功能高质量回报，其实现方式包括遗传集约化、生态集约化和社会经济集约化的协同作用。

当前国际研究集中在：①提高产量潜力和缩小产量差距；②提高水分、养分资源利用效率；③对气候变化的适应性与对非生物胁迫的抗逆性；④强化籽粒微量营养改善品质等主要方面。在栽培技术上更加重视水分、养分和病虫草害的综合管理，更加注重发展保护性农作技术，更加强调现代化与有机化的融合、农田健康与人类健康的统一、高产出与低投入的协调、规模化综合性技术与多样化巧适性技术的配合。

（三）病虫害防控技术研究

小麦抗虫候选基因的挖掘方面，一是利用转基因技术在烟草中过表达 EβF 合成酶基因 *MaβFS1*，使烟草释放纯合 EβF，可以吸引蚜虫天敌草蛉，降低桃蚜的为害；二是发现通过 RNAi 技术有效沉默麦二叉蚜的 C002 基因后，蚜虫的死亡率显著增加；三是通过对昆虫翅发育的研究认识昆虫变态发育过程，并从生物学角度对农林害虫的控制提出新的思路和方法。

在小麦根茎部病害的防治上，琥珀酸脱氢酶抑制剂（SDHI）类杀菌剂以其对丝核菌等的较高抑制能力，成为国外种子处理剂的主要开发方向。先正达的 VIBRANCE（有效成分为 Sedaxane）和拜耳的 EverGol（有效成分为 Penflufen）为其主要代表，已在许多国家登记用于防治小麦纹枯等病害。

瑞士苏黎世大学 2013 年公布了小麦白粉菌基因组草图，研究结果揭示了小麦白粉菌对新寄主小麦品种的适应是基于一个多样性单倍型池，该池为病原菌变异提供了重大的遗传潜力。德国和法国合作研究发现，小麦赤霉病菌中的 3 个 *CYP*51 同源基因之间存在着功能互补的现象，缺失后病菌不能生长，因此利用寄主诱导的基因沉默技术（HIGS）技术可以创建抗赤霉病的小麦材料。通过国际合作克隆了可抗御不断蔓延危害的秆锈菌新小种 Ug99 的 *Sr*35 和 *Sr*33 基因。

（四）小麦加工技术研究

近年来，发达国家小麦加工企业数量、加工能力、加工产量相对稳定，企业规模逐渐扩大，小麦粉产品类型向多样化、专用化发展，副产品利用向综合化、深度化和增值化方向发展。国外小麦加工技术研发除了继续在小麦制粉技术及设备、小麦资源综合利用方面发展外，欧美国家都更加重视小麦营养均衡加工方面的内容，如全谷物食品和全谷物加工技术、小麦胚和麸皮的综合利用等。瑞士布勒公司的小麦糊粉层提取工艺和利用技术已开始工业化生产；美国已推广全谷物食品，如全麦粉生产及其食品利用。

（五）资源高效利用研究

作物营养元素的吸收和运转，在不同器官、部位的分布和积累，体内同化和代谢的过程，以及这些过程所产生的生理效应等研究正进一步深化。随着先进光谱技术及相关分析仪器的引入，关于小麦籽粒内部营养元素的组织分布和变化动态的研究取得了重要进展，获得了很多比常规染色方法更加精细的信息。

作物灌溉正由传统的非充分灌溉向水肥同步、按需供应的精准灌溉转变。实现精准灌溉的必要前提是作物需水信息快速采集及实时传送，目前主要集中于农田土壤墒情监测基站建设、土壤水分快速采集、远程传输等方面的深化研究，以实现墒情信息的快速采集和实时传输等墒情信息远程服务功能。

四、国内小麦产业技术研发进展

2013 年 SCI 收录中国有关小麦的研究性论文 916 篇，比 2012 年减少 164 篇。主要来自中国科学院（307 篇）、西北农林科技大学（140 篇）、中国农业大学（136 篇）和中国农业科学院（129 篇）。根据国家科技图书中心、中国知网、维普科技期刊库、万方数字资源库等资料部门统计综合，2013 年国内中文期刊发表与小麦相关的研究论文 2 783篇，比 2012 年减少 410 篇。据国家知识产权局数据显示，2013 年与小麦相关的授权专利 348 项，主要集中在栽培技术、水肥管理技术、病虫害防治、面粉加工等方面。

（一）小麦育种研究

经各地推荐，中国农学会牵头论证，农业部发布 23 个品种作为 2014 年小麦主导品种：济麦 22、百农 AK58、西农 979、郑麦 366、周麦 22、烟农 19、邯 6172、烟农 21、新麦 26、石麦 15、郑麦 7698、衡观 35、扬麦 16、郑麦 9023、扬麦 13、襄麦 25、川麦 42、良星 66、绵麦 367、淮麦 22、宁春 4 号、新冬 20、龙麦 33。

2013 年通过省级以上审定的新品种，主要有漯麦 6010、西农 583、绵麦 1618、龙麦 36、中麦 816、兰天 30 号、兰天 31 号、晋麦 92 号、临航 2018、克 06-964、川麦 64、云麦 66、云麦 67、扬麦 22、扬麦 18、衡 6632、徐麦 33、烟农 836、扬麦 21、扬麦 23、新麦 23、周麦 28、洛麦 24、龙麦 35、宁麦 22、宁麦 23 等。

据不完全统计，2013 年各育种单位共创制优质、抗病、抗逆新种质 90 多份，并鉴定出一批抗全蚀、纹枯病的小麦新品系，完成了普通小麦 A、D 基因组序列草图。

（二）栽培技术研究

集成推广作物科技成果和实用技术，为小麦连年丰收作出了重大贡献。精量播种、氮肥后移、节水高产等先进栽培技术，与各地形成的特色性栽培技术一起，构成了当今中国小麦生产的栽培技术体系。其中代表性较强、使用范围较广的，被推荐为全国小麦主推技术。除了测土配方施肥、深松蓄水、地膜覆盖、病虫草害防控、种子包衣、秸秆还田、“一喷三防”等综合技术在小麦中的应用外，2013 年农业部发布的全国小麦主推技术是小麦规范化播种、节水省肥高产栽培、氮肥后移优质高产栽培、宽幅精播高产栽培、稻茬麦少免耕栽培、旱地套作小麦带式机播，以及旱地小麦蓄水保墒栽培技术等。

为深入推进农机农艺融合，2013 年农业部发布了《黄淮海地区冬小麦机械化生产技术指导意见》和《稻茬麦机械化生产技术指导意见》，通过强化农机作业质量来落实农艺要求。

（三）病虫害防控技术研究

随着全球气候变化和种植结构调整，小麦病虫害总体表现为发生区域扩大、发生世代增多、传播速度加快、危害程度加重。2013 年小麦蚜虫发生面积23 514万亩，明显轻于前 5 年，接近 2001 年以来的平均值。小麦吸浆虫发生面积3 608万亩，维持在

2001年以来的较高水平，但危害程度有所降低。地下害虫发生面积6 164万亩，以蛴螬、金针虫、蝼蛄为主。小麦纹枯病发生面积13 230万亩，重于常年，是2001年以来第二个重发年份。由于拔节抽穗期干旱，扬花后连续阴雨，导致一些地区由镰孢菌引起的小麦茎基腐病严重。小麦白粉病发生面积8 343万亩，显著轻于常年，是2001年以来发生第二个轻发年份。小麦赤霉病发生面积6 022万亩，接近2001年以来的平均值。小麦条锈病发生面积2 064万亩，显著轻于常年，是2001年以来发生第二轻的年份。叶锈病在黄淮、华北、江淮、西南和西北麦区，黑穗病、病毒病、全蚀病、根腐病、叶枯病、胞囊线虫病在华北、黄淮和西北麦区，雪腐病在新疆均有一定程度发生。

为了开发综合防治关键技术，并为培育抗性品种提供技术支撑，西北农林科技大学完成了小麦条锈菌小种CY32的全基因组测序，并证实小麦条锈菌不仅可将中国小檗作为转主寄主，而且可在其上完成有性繁殖过程。

（四）品质与加工技术研究

小麦品种改良、栽培技术及生产条件的改善，对小麦持续增产作出了贡献，但小麦品种籽粒质量的改良还不能完全适应食品工业对食品原料专用化和规模化的需求。面团稳定时间较低，或稳定时间与蛋白质含量和湿面筋含量指标不协调，是中国小麦品种籽粒质量存在的主要问题，其实质是蛋白质质量较低。

2013年我国小麦加工业技术人员继续在小麦加工技术方面加大创新力度，针对我国的小麦籽粒质量现状和食品工业对面粉质量需求进行了一系列技术创新。包括组分分离重组技术及主食营养组分强化技术、自营养面粉生产技术、营养稳态化小麦加工新技术等。

（五）资源高效利用研究

2013年对小麦主产区伴有障碍因子的砂姜黑土进行了土种确认和分布界定；研究了造成土壤僵板、耕性不良的主要机械水力学性质；开展了改良剂控制砂姜黑土胀缩、改性材料添加和龟裂点控水等技术研究。通过产量、成本和效益核算对黄淮海不同生态类型麦区小麦一次性施肥技术进行了评估。调研分析了全国小麦的营养与卫生品质状况。提出了冬小麦节水灌溉条件下各生育阶段的作物需水量指标体系与适宜土壤水分下限控制指标，初步建立了基于互联网运行的冬小麦田间用水管理远程技术服务系统。

（小麦产业技术体系首席科学家
肖世和提供）

2013年度大豆产业技术发展报告

(国家大豆产业技术体系)

一、国际大豆生产及贸易概况

(一)面积、单产、总产增长,库存增加

世界大豆种植面积、单产和总产仍保持增长态势,2013年度世界大豆种植面积为1.13亿公顷,较2012年增长3.17%,总产达2.86亿吨,增长6.92%,平均单产169.87千克/亩,增长3.63%。种植面积增加的主要原因是世界大豆价格较高而且较稳定,巴西大豆种植面积增加了270万公顷,阿根廷也增加了近200万公顷,而美国大豆种植面积略有减少。单产增加的主要原因是2013年三大主产国没有出现大范围的严重自然灾害。由于消费增长幅度小于生产增长幅度,2013年底世界大豆库存较2012年同期增加1 010万吨,库存消费比为29.4%,市场供需关系较上年宽松。

(二)全年价格总体水平偏高,年底开始回落

2013年多数时间国际市场大豆价格整体水平比2012年高30美元/吨左右,平均离岸价格在530~540美元/吨,且价格波动较平缓,一般在5%以内,但到2013年底,由于美国大豆丰产,同时预期南美大豆增产,世界大豆价格又回落至500美元/吨以内。

(三)贸易快速增长

2013年,世界大豆贸易量继续快速增长。1~12月份世界大豆出口总量为1.09亿吨,首次超过亿吨,比2012年增加10.87%,其中约58%出口到了我国,总量达到6 338万吨。此外,该年度还出口了6 210万吨豆粕和908万吨豆油。2013年世界三大主产国大豆出口量都较2012年增加,其中美国和巴西增加更多。

二、国内大豆生产及贸易概况

(一)播种面积、总产和单产均下降

与世界大豆生产发展趋势相反,2013年我国大豆生产继续全面下滑,播种面积为700万公顷,同比减少2.4%;大豆平均亩产为119.1千克,同比下降1.9%;大豆总产量为1 250万吨,同比下降4.2%。影响2013年我国大豆生产的主要因素:一是农业生产政策继续朝着有利于三大主粮作物生产发展的方向变化。二是气候对大豆生产不利。东北大豆主产区春季低温,播种偏晚,

夏季多雨，内涝严重；黄淮地区大豆花荚期连续高温干旱，虫害严重；南方夏播大豆受7～8 月份高温干旱影响，落花落荚增多。三是大豆生产资料价格持续走高，大豆生产成本居高不下。

（二）进口量再创新高

2013 年我国大豆进口量达到6 338万吨，较 2012 年的5 838万吨增加了 500 万吨，再创进口历史新高。全年进口大豆金额 379.85 亿美元，比 2012 年的 349.9 亿美元增加 8.6%，进口大豆平均到岸单价 599.32 美元/吨，与 2012 年平均单价持平。从进口来源看，2013 年我国从巴西进口大豆数量已经接近 50%，再次超过从美国进口大豆数量。由于国内大豆产量减少和进口量大幅增长，国产大豆自给率仅 16%，比 2012 年又下降 2 个百分点。

（三）大豆价格变化平稳，价位略高于上年

2013 年我国大豆价格水平高于 2012 年，1～12 月全国大豆平均批发价格最低 5.71 元/千克（9 月），最高 5.79 元/千克（3 月），是近年最平稳的一年。2013 年农户出售大豆价格变化也较小，每吨在4 500元左右，不同地区略有差异。

三、国际大豆产业技术研发进展

（一）大豆分子育种技术继续保持优势地位

2013 年是转基因大豆大面积推广以来的第十八个年头，全世界种植转基因大豆品种比例为 79%，美国、巴西、阿根廷三国转基因大豆种植面积则超过 90%，其中发展最快的是巴西抗除草剂、抗虫或二者兼具品种。当前全球商业化种植的转基因大豆仍然以抗除草剂和抗虫品种为主，优质品种也有一定规模。针对不同性状的新基因发掘、定位、克隆及表达特性等方面研究进展迅速，特别值得一提的是在大豆抗胞囊线虫抗病基因方面取得的重大突破：美国 Meksem 和 Bent 研究组分别克隆了大豆抗胞囊线虫基因 *Rhg*4 和 *Rhg*1。*Rhg*4 编码一个丝氨酸羟甲基转移酶，参与植物体内叶酸的代谢；*Rhg*1 位点由 3 个抗性相关基因组成，基因拷贝数的增加导致基因表达量发生升高，从而导致大豆获得对胞囊线虫的抗性。

2013 年世界申请和公开大豆品种专利共 313 个（不含中国审定品种），较高峰年 2012年的 549 个减少 43%，并且大豆育种呈现向大型跨国公司进一步集中的趋势。

（二）可持续生产模式日趋完善

与转基因抗除草剂品种相配套的免耕节本高效栽培技术体系已在大豆美洲大豆主产国全面普及，大豆种植者几乎完全摒弃了传统的农田翻耕作业，玉米和大豆均实行秸秆还田，大豆收获后不进行任何土壤耕作，直接种植玉米或小麦等作物。免去土壤耕翻环节，使用作物残茬覆盖地表，可减少水土流失，避免地力衰退。大豆和禾谷类作物轮作，配合免耕法，是典型的可持续农业发展方式。巴西、阿根廷、加拿大、美国和欧洲国家在豆科作物中普遍接种根瘤菌，不施或仅施少量氮肥，既节约了生产成本又保护了环境。美国的大豆种植中，根瘤菌接种面积

占60%以上，在大豆新种植区要求全部接种根瘤菌。

（三）大豆刺吸式害虫生物防治技术研发取得进展

由于推广抗虫转基因大豆品种，美国、巴西等国的鳞翅目害虫得到有效控制，但大豆蚜虫、蝽象等刺吸性害虫成为大豆产区的主要害虫，且防治难度较大。美国采用生物防治方法，即利用大豆蚜的主要天敌蚜茧蜂和步甲，取得了较好的防治效果。在抗性种质资源筛选和品种选育方面，发现引进的野大豆材料PI468397A、PI479749和PI549046有一定的抗蚜性，美国当地栽培品种Dowling也是抗蚜品种中的佼佼者，从越南引入的PI 606390A和从韩国引入的PI 340034对3个大豆蚜生物型均有抗虫性。在大豆椿象防治方面，已经证明在大豆上使用外源的茉莉花素能吸引天敌黑卵蜂对大豆椿象进行卵寄生，从而为椿象的生物防治提供了有益的线索。

（四）大豆全程机械化生产装备技术继续向智能化、精准化方向稳步推进

美国和欧盟重点解决全程机械化大豆生产过程中节能、降耗和生态环保等问题，在装备技术研发过程广泛应用“3S”、传感、图像识别、复合材料、柔性加工、CAN总线和互联网等技术，继续深入开展基于保护性栽培技术的大豆种子加工、耕整地、播种施肥、田间管理和收获环节智能化、数字化、信息化生产装备和生产管理系统技术研究和产品开发。研究的热点一是基于图像识别、传感、“3S”和遥控技术的病虫草害监测和精准防控技术装备，二是基于互联网技术的农业生产管理、组织和服务。装备产品形式继续围绕作物生产全程向大型、精准、多功能、快捷、复式作业方向发展，特别是在耕播机具方面表现尤为突出。

（五）功能型大豆蛋白加工技术取得突破

在现代大豆加工技术方面，国外主要集中在高功能型大豆蛋白、特用型大豆蛋白等领域。美国杜邦公司研发了整套成熟高效的功能型大豆蛋白生产设备，从萃取到改性，已经形成多种系列的配方技术，生产出数百种产品。在特用型大豆蛋白开发方面，美国中央大豆、Solae公司、ADM公司、日本不二制油公司、以色列Solbar公司等少数大型跨国公司，在大豆蛋白制备、分离分级、分子修饰、功能性蛋白、装备制造、非食用蛋白等领域形成了各具特色的专利技术。在纤维化大豆蛋白开发方面，双螺杆挤压已逐渐成为组织化蛋白生产的主流技术；在大豆油脂加工业方面，美国皇冠公司开发出大豆热脱皮、中温脱皮和冷脱皮专利技术，可用于低温食用粕和高蛋白饲用粕的生产。在传统豆制品研究方面，中国和日本科学家共同研究了采用水包油包水型盐卤作为豆腐凝固剂提高豆腐产品质量和均一性的方法；日本和韩国科学家研究了豆浆在不同菌种发酵后营养成分和功能性成分的变化情况，日本采用膜过滤技术控制酱油颜色取得明显效果。在豆腐废水利用研究方面，利用冻干或脱水的豆腐黄浆水制成冷冻保护剂，并采用厌氧菌发酵方法生产出可再生能源。

四、国内大豆产业技术研发进展

（一）培育了一批高产、优质大豆新品种

2013年全国共审定大豆新品种119个，较2012年增加21个，但通过国家审定的只有16个，比例进一步降低。在审定品种中，产量比对照增产5%以上的品种有88个，油分含量在21.5%以上的品种有31个，其中吉大豆5号油分含量为24.09%；蛋白质含量在45.0%以上的有7个，其中南夏豆25蛋白含量超过49%，但高蛋白品种在审定品种中所占比例明显偏低，难以满足我国优质食用大豆生产发展的需要。此外还有9个鲜食大豆品种通过审定。我国大豆分子育种研究进度加快，开发了一批与产量、发育、育性、品质、抗病、抗逆、耐瘠薄（氮磷钾高效）等性状相关的分子标记，可用于分子标记辅助育种。转基因生物方面的研究和管理也日臻成熟，已获得了一批具有重要应用价值并拥有自主知识产权的新基因，创制了大批转基因作物新材料和新品系，部分品系的综合性状已达到或超过当地国家区试对照品种，可满足生产应用需要。

（二）灾年大豆生产技术经受考验，各地均创造出一批高产高效典型

由于三大产区均出现较为严重的自然灾害，大豆成为抗灾救灾的重要作物，一些模式化生产技术在灾年表现出明显的减灾保收效果。尽管晚播使黑龙江大豆单产大幅度下降，但黑龙江农垦系统大豆平均亩产仍达到145千克。推广110厘米垄上三行大垄密栽培技术模式的地块，在涝灾发生的情况下，仍获得大面积高产。应用GPS定位播种与定位起垄信息技术，缩短了大豆播期，改善了整地质量，减轻了灾害影响。国家大豆产业技术体系研发的麦茬夏大豆机械化免耕覆秸栽培技术在2013年夏秋连续高温干旱的情况下，表现出保水增产的良好效果。中国农业科学院作物科学研究所在河南新乡综合试验基地采用该项技术高密度种植大豆新品系“中作XA12938”，实收亩产达到311.2千克。南方地区通过筛选适合间套作的大豆与玉米品种、调整玉米大豆株行距等，完善了大豆与其他作物带状复合种植技术，基本实现间套作大豆在玉米等主作物不减产或仅略有减产的基础上，增收一季大豆的目标。

（三）病虫害防控技术研发取得进展

在大豆蚜防控技术研发方面，明确了混用、混配或交替使用啶虫脒、吡虫啉、烯啶虫胺和吡蚜酮等杀虫剂可有效防治大豆蚜虫。利用植物源杀虫剂苦参碱与烟碱+皂素或来防治大豆蚜是一个更好的发展方向。此外，还可以利用农业防治来防治大豆蚜。在大豆椿象化学防治技术研发方面，进一步验证了开花初荚期喷施吡虫啉、氰戊菊酯和敌敌畏等农药的防治效果。在大豆根腐病防控技术方面，目前最有效的方法仍然是选用抗病品种，配合使用种衣剂拌种、栽培措施、化学农药等措施。同时在大豆抗根腐病品种筛选、杀菌剂候选靶标研究、种衣剂筛选及甲霜灵抗性风险评估等方面也取得进展。在大豆胞囊线虫防控技术研发方面，发现简单芽孢杆菌Sneb545、内生细菌 *Bacillus subtilis* WSR93和 *B. megaterium* WSR22菌株等有明显的生物防治效果。

（四）大豆生产装备技术研究快速发展

攻克了变量适配施肥控制和对靶喷药等关键技术，并在农田信息监测和航化多旋翼遥控飞机、系列多功能联合整地机、变量精密播种机、高地隙宽幅高效喷药机和基于互联网的生产管理支持系统等的研发方面取得重大进展。北方寒地玉米原茬地玉米大豆轮作免耕覆秸精量播种机技术得到验证；黄淮海麦茬地免耕覆秸机械化精密播种施肥药剂喷施联合作业系列机具技术得到进一步完善，通过技术鉴定，并实现小批量试生产；系列育种装备得到进一步完善和应用；间套作大豆播种、收获机械进一步完善。不过，大豆生产机械化水平发展不均衡，国产装备产品技术水平和可靠性不高的现状仍然没有实质性改观。约翰迪尔、凯斯纽荷兰、爱科、盖斯帕多、马萨奇奥和格兰等跨国农机企业的产品在国内的扩张进一步加剧，覆盖“耕、种、管、灌、收”全部环节。

（五）现代与传统大豆加工技术研发齐头并进

在非发酵传统豆制品领域，主要进展集中在对影响豆腐、干豆腐等主流豆制品产品品质的因素以及评价豆制品品质的方法等方面；在发酵豆制品领域，研究重点为发酵新菌种的开发、产品风味物质的鉴定和检测，以及豆制品在发酵过程中成分的变化等。在副产物综合利用方面，采用大豆加工副产物豆渣和豆粕为主要原料，采用非膨化挤压组织化技术，开发出新型素肉产品；采用高速剪切乳化技术开发出新型千叶豆腐产品。在现代大豆加工技术方面，研发了大豆分离蛋白组分分离提取新工艺，富含 7S 分离蛋白组分的含量接近 70%，富含 11S 分离蛋白 11S 组分的含量超过 80%。在大豆浓缩蛋白生产方面，研发出连续式乙醇浸出新技术。在磷脂加工领域，突破了医药级高 PC 磷脂关和高品质食品级大豆浓缩磷脂的生产关键技术。酶法提取大豆蛋白和油脂技术取得新的进展，可以同时制备大豆优质油脂、蛋白质和多糖。

（六）应用基础研究的总体水平进入世界先进行列

2013 年，我国在 SCI 收录刊物发表大豆相关研究论文 307 篇，占世界大豆科技论文总数 24.60%。自 2010 年以来，我国大豆 SCI 论文数量已稳居世界第二位，仅次于美国，反映出我国在大豆基础性研究方面已进入世界先进行列。

（大豆产业技术体系首席科学家
韩天富提供）

2013年度大麦青稞产业技术发展报告

（国家大麦青稞产业技术体系）

一、国际大麦青稞生产与贸易概况

根据联合国粮农组织的数据，2013年全球大麦青稞产量为1.42亿吨，比2012年增加1 070万吨，增幅为8.1%。全球大多数大麦主产国的大麦青稞产量均有所增长，特别是澳大利亚和摩洛哥等北非国家，以及俄罗斯、乌克兰等独联体国家的大麦产量比2012年因干旱而减产后的产量出现显著增长。根据美国农业部的数据，2013/2014年度全球大麦青稞的种植面积为5 035万公顷，比2012/2013年度减少27万公顷，但平均单产有所提高，为2.84吨/公顷，每公顷增收0.26吨（表1）。

表1　2012/2013年和2013/2014全球及主要国家或地区大麦生产情况

	面积（百万公顷）		单产（吨/公顷）		产量（百万吨）	
	2012/2013	2013/2014	2012/2013	2013/2014	2012/2013	2013/2014
世界	50.62	50.35	2.58	2.84	130.58	143.10
中国	0.63	0.63	3.73	3.65	2.35	2.30
欧盟28国	12.53	12.35	4.38	4.79	54.82	59.17
俄罗斯	7.63	7.80	1.83	1.92	13.95	15.00
澳大利亚	3.62	3.80	2.06	2.26	7.47	8.60
乌克兰	3.29	3.30	2.11	2.27	6.94	7.50
加拿大	2.75	2.65	2.91	3.87	8.01	10.25
摩洛哥	1.89	1.69	0.63	1.60	1.20	2.70
阿根廷	1.50	1.20	3.33	3.58	5.00	4.30

数据来源：美国农业部USDA "World Agricultural Production" December 2013。

根据联合国粮农组织的数据，2013/2014年全球大麦青稞进出口量基本持平，进出口量均为1 900万吨；与2012/2013年度相比，进口量增加60万吨，出口量则减少80万吨。2013/2014年全球排名前五位的主要进口国，分别是沙特阿拉伯、中国、日本、伊朗和突尼斯，估计进口量分别为770万吨、270万吨、150万吨、120万吨和60万吨；全球排名前五位的主要出口国或地区，分别是欧盟、澳大利亚、阿根廷、俄罗斯和乌克兰，出口量分别为470万吨、400万吨、300万吨、270万吨和200万吨。2013年全球大麦库存量估计在2 150万吨，较2012年减少230万吨，减幅为9.7%。

本年度国际大麦青稞市场价格整体呈现同比上升、年内震荡趋势。根据国际谷物协会公布的EU-France（Rouen）大麦青稞出口价格，2012/2013年出口平均价格为297美元/吨，高于近4年来的出口年均价格。2013年1～8月份，大麦青稞出口价格持续下跌，9～11月份不断上升，12月份开始又进入下降通道，最新价格（2013年12月18日）为248美元/吨。

二、国内大麦青稞生产与贸易概况

2013年我国东北地区遭遇早春雨雪，播期延迟；西南地区遭遇局部春季干旱，对大麦生产造成了一定影响；其他产区基本正常。根据业内统计，2013年我国大麦青稞的收获面积总计为129.23万公顷，与2012年度基本持平，总产量为540万吨，平均每公顷单产4.18吨。其中，啤酒大麦收获面积54万公顷，总产242.7万吨，平均每公顷单产4.5吨；饲料大麦面积40.35万公顷，总产195.1万吨，平均每公顷单产4.8吨；青稞面积34.5万公顷，总产110.5万吨，平均每公顷单产3.15吨。云南省的大麦青稞种植面积超过24万公顷，西藏、内蒙古、江苏和湖北分别达到和超过14万公顷，是我国大麦青稞生产种植面积最大的前5个省区。江苏、内蒙古、云南和甘肃是我国啤酒大麦的4个主产省区，总产量分别为85.8万吨、54.1万吨、35.2万吨和33.3万吨，种植面积分别为14.7万、15.3万、11.1万和6万公顷。饲料大麦规模最大的省份为湖北和云南，面积分别达12.3万和11.4万公顷，总产分别为72万和35.8万吨。西藏和青海是我国青稞生产规模最大的2个省区，种植面积分别为18.7万和7.3万公顷，总产量分别为66万和20.4万吨。

我国的大麦进口全部是啤酒大麦，本年度进口量同比出现下降。根据中国海关统计数据，2013年我国大麦进口总量为233.5万吨，比2012年的252.7万吨减少了19.2万吨，减幅为8%。我国大麦进口主要来源国为澳大利亚、加拿大、法国和阿根廷，分别占2013年我国大麦进口总量的75%、16.0%、6%和3%。

2013年我国大麦青稞市场价格整体显著高于2012年。其中，饲料大麦和青稞价格比较平稳，啤酒大麦价格波动较为剧烈。根据中国啤酒网啤酒大麦价格数据（图1），进入2013年，我国啤酒大麦价格并未延续2012年第四季度的大幅持续上涨趋势，反而在1～4月份出现稳中有跌；自2013年5月开始，随着啤酒大麦陆续收获上市，价格开始持续走低，7月份跌至2 328.68元/吨的价格低谷；8月份转而出现大幅上涨，9月份上涨到2013年1月份以来的最高水平，达到2 556.89元/吨；10月份价格又有所回落，但仍然在2 516.05元/吨的较高价位。

三、国际大麦青稞产业技术研发进展

植物的光周期开花习性是影响生育期长短的主要决定因素，通过环境信号与生物钟互作调控。德国科学家通过高通量测序和连锁分析表明，大麦青稞中与拟南芥生物钟基因 *LUX ARRHYTHMO* 同源的基因 *Hvlux*1，可能是大麦青稞第10号早熟基因（*eam*10）的候选基因。他们通过研究 *eam*10 和 *HvLUX*1 的功能、系统进化和多样性等，证明 *eam*10 引起大麦青稞的生物

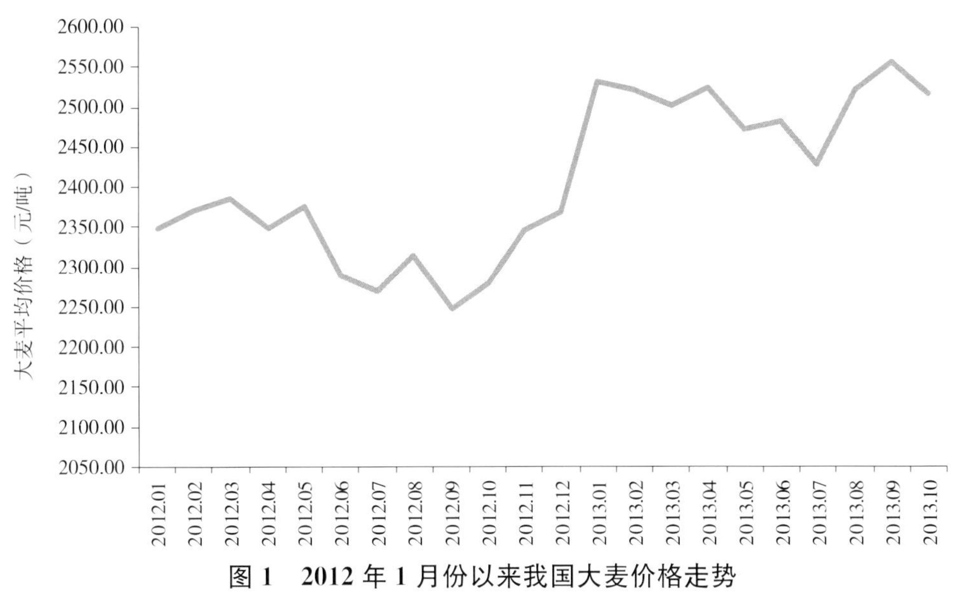

图 1　2012 年 1 月份以来我国大麦价格走势

数据来源：根据中国国际啤酒网的中国大麦报价数据整理。

钟缺陷，并通过与光周期反应基因 *Ppd-H*1 互作，调控在长日和短日照条件下开花时期。认为 *HvLUX*1 是在其他植物区系类光周期基因的基础上，通过独立歧化、碱基加倍和纯化选择而来。该研究结果加深了人们对于大麦光周期反应的遗传调控机制，乃至单子叶与双子叶植物之间光周期基因进化的了解。

培育氮高效利用的大麦青稞品种，不仅可以使农民降低生产投入，而且可以减少土壤中氮沥滤和一氧化氮排放而造成的环境污染。为此，加拿大阿尔珀特农业与农村发展署大田作物发展中心的科研人员正在开展氮高效利用大麦品种选育。从 2007 年开始，在 6 种生态环境条件下，对分别来自美国明尼苏达大学、澳大利亚阿德莱德大学、叙利亚国际干旱研究中心和墨西哥国际小麦玉米研究中心的 700 多份大麦青稞种质资源，进行了氮利用效率的遗传鉴定，筛选出了 3 份比六棱对照品种 Vivar 和二棱对照品种 Xena 氮利用率高 11%的大麦青稞育种材料。最近他们又从 84 份来自亚洲、非洲和南美洲的优良品系中，筛选出产量和氮利用率分别较 Vivar 提高 10%和 22%的优良品系。植物的氮高效利用基因由加拿大阿尔伯特大学 Allen Good 先生，于 1995 年首先发现。该基因在植物的氮代谢过程中起非常重要的作用，与植物的丙氨酸转移酶(AlaAT）有关，在水稻和油菜中超表达，可以导致氮利用率和总生物量提高。为提高大麦青稞氮高效利用品种的育种效率，该研究中心计划在 2013—2016 年试图建立大麦青稞氮高效利用基因的分子标记。

在欧洲的冬大麦病害种类比春大麦要多，其中最主要的就是白粉病。为了寻找新的抗病基因，捷克斯洛伐克科学家采用 40 个白粉病菌生理小种，对欧洲 1993—2010 年育成的 42 个欧洲大麦品种进行了接种鉴定。实验共推导出 15 个已知抗病基因：*Mla*6、*Mla*7、*Mla*12、*Mla*13、*MlaRu*4、*Mlg*、*Mlh*、*MlLa*、*Mlra*、*Ml*（*Ch*）、*Ml*（*Dr*2）、*Ml*（*IM*9）、*Ml*（*Lo*）、*Ml*

（*Ru2*）、*Ml*（*St*）和 2 个新的未知抗病基因。其中 1 个未知抗病基因由大麦品种 Gilberta、Mirko 和 Polana 携带，另 1 个由 Ricus 携带。

酸铝是限制世界大麦青稞生产的主要自然因素之一。遗传改良是最为经济有效的解决途径。分子标记辅助选择是选育耐酸铝大麦品种的有效手段。澳大利亚科学家从墨西哥国际小麦玉米改良中心的大麦种质资源中，鉴定出耐酸性较强的品种 Svanhalswas。并且利用 119 个 Hamelin/Svanhals 杂交组合的加倍单倍体系，将该品种的耐酸性相关基因定位在了大麦 4H 染色体上。克隆出的大麦耐酸铝候选基因 *HvMATE*，编码 1 个铝激活柠檬酸转运子。测序结果表明，耐与不耐酸铝的大麦品种之间，*HvMATE* 存在 21bp 的插入缺失差异。并在此研究基础上，进一步开发出了基于聚合酶链反应的耐酸铝基因特异分子标记，可以解释 66.9%的耐酸铝表型变异。从而为培育大麦耐酸铝品种和准确鉴定大麦耐酸铝基因提供了简单的分子工具。

Ⅱ-型糖尿病与生活方式和食用过度加工食品有关。据英国科学家 Wild 和 Murray 等报道，全世界的糖尿病患者数量将从 2000 年 1.71 亿增加到 2030 年 3.66 亿。在英国，糖尿病人每年的医疗费用高达 90 亿英镑，而且每年新增患者 15 万～20 万人。欧盟、美国和加拿大的大量研究和临床实验表明，大麦青稞富含（1→3）（1→4）-β-D-葡聚糖（β-葡聚糖），具有降低餐后血糖和防治糖尿病及心血管的生理功效。尤其是裸大麦（青稞）β-葡聚糖含量一般较皮大麦高，且由于籽粒不带皮而易于加工，更加受到人们的青睐。裸大麦主要在巴基斯坦、阿富汗、日本、尼泊尔、中国等东方国家食用。最近，西方国家的育种家培育出了用于食品加工的功能性裸大麦品种，包括澳大利亚的 BARLEYMax、美国的 Transit、欧盟的 Lawina 等。过去英国生产使用的大麦品种绝大多数是皮大麦，且主要是啤酒大麦和饲料大麦，β-葡聚糖含量不超过 3%。为了培育 β-葡聚糖含量高的裸大麦品种，该国育种家从世界多个国家引进了裸大麦种质资源，与本国皮大麦品质杂交，对相关基因进行了 QTL 定位。发现杂交后代的 β-葡聚糖含量变异幅度在 1.4%～8.6%，其相关基因位于 7H 染色体上，距离裸粒基因约 15 厘摩，可以解释 31%β-葡聚糖含量的表型变异。

四、国内大麦青稞产业技术研发进展

（一）新品种选育

2013 年我国共培育出通过省或自治区审（认）定品种 21 个。其中啤酒大麦品种 12 个：垦啤麦 11 号、龙啤麦 3 号、盐麦 5 号、扬农啤 9 号、云啤 10 号、云啤 11 号、保大麦 14、凤大麦 6 号、凤大麦 7 号、凤 03-39、Q/D005 和 Q/D006；饲料大麦品种 5 个：驻大麦 8 号、皖饲麦 2 号、浙云 1 号、云饲麦 2 号和云饲麦 3 号；青稞（裸大麦）5 个：昆仑 14、昆仑 15、藏青 2000、冬青 18 和藏青 13。新育成的品种较大程度上克服了现有生产品种的缺点，产量、品质和抗性均有了很大提高。例如，啤酒大麦品种盐麦 5 号，在含盐量 0.35%左右的土壤种植，产量达到 346 千克/亩；青稞品种昆仑 14 号具有植株高大、繁茂，产量高、抗倒伏、中早熟的特点，亩产潜力386千克，粮草比接近1∶1.6，属粮草双高型青稞品种。2013年在青海青稞生长季雨多、风大的情况下，多点生产示范均未发生倒伏，比对照增产8.4%～17.8%。该品种已被推荐为全国连片贫困区农业适用品种。

（二）生产栽培技术集成与示范

1. 青稞生产技术集成与示范 结合青藏高原生态变化大、立体气候明显的特点，重点对新近育成审定的青稞优良品种，开展了种子包衣、机械精量播种、抗寒性栽培、测土配方施肥、节水灌溉、强秆防倒、病虫草害防治和机械收获等单项技术研究和综合集成与高产创建。研制出西藏高寒农区早青稞中熟品种高产栽培技术、西藏青稞绿色栽培技术、青稞农机农艺关键技术、藏青2000粮草双高生产技术、藏青25（原料）规模生产技术、青海海北州青稞轻简栽培技术、青稞品种昆仑14和昆仑15粮草双高生产技术、四川甘孜青稞新品种康青8号和9号高产优质轻简栽培技术、甘肃甘南地区青稞主要病害防治与野燕麦防除及防倒伏化控技术。制定的《青稞粮草双高栽培技术规程》，作为甘肃省地方标准于2013年11月18日发布，编号为（DB 62/T 2406—2013)。建成各类青稞生产技术示范基地42个，创建百亩高产示范方24个，千亩示范片6个，技术示范26.7万亩，平均每亩粮食产量318.6千克、干草产量452.4千克，分别校对照田增产14.3%和17.2%。

2. 优质啤酒大麦生产技术集成与示范 针对新近育成审定的啤酒大麦品种，结合产区生态特点和耕作制度，进行了种子包衣、精量播种、配方平衡施肥、化控防倒、病虫草害防治等单项栽培技术研究、集成示范与高产创建。基本明确了西北地区不同海拔高度下，啤酒大麦高产优质的最佳种植密度与氮、磷配比，研制出基于垄作沟灌和全膜覆土穴播栽培模式的节水灌溉与配肥方案，筛选出了防控大麦条纹病最理想药剂“敌委丹”及其有效使用方法、新疆大麦田间杂草防控技术等。制定出甘肃省《无公害啤酒大麦优质高产栽培技术规程（DB 62/T 2405—2013)》、新疆建设兵团165团《旱地啤酒大麦免耕播种栽培技术规程》、新疆塔城《啤酒大麦450～500千克/667m^{2}栽培技术规程（DBN6542/T 028—2013)》等地方标准，通过当地政府管理部门审定并颁布实行。在东北地区，完成了大麦复种育苗向日葵等、大麦根腐病和条纹病等土传病害综合防控、田间灌溉方式、盐碱地大麦丰产栽培等试验。研制出大麦抗腐威配方施肥技术，建立了内蒙古《大麦复种育苗向日葵（育苗角瓜、西葫芦）高效栽培技术模式》，形成了内蒙古《盐碱地大麦丰产、优质栽培技术规程》。在东南和中部地区，开展了大麦抗盐栽培、除草剂和杀虫剂对麦芽加工和啤酒酿造品质影响的试验，研制出扬农啤8号等啤酒大麦全程机械化高产栽培和晚稻田免耕种植大麦技术。在西南地区针对春季干旱常态化趋势，重点开展了大麦抗旱减灾栽培试验，编写出《大麦抗旱减灾技术手册》，形成了大麦免耕半免耕轻简栽培技术、大麦田恶性杂草（奇异虉草）防控技术，制定出《大理州啤酒大麦优质高产栽培技术规程》和《大理州稻茬大麦免耕栽培技术要点》等。此外，还针对国产啤酒大麦蛋白质含量高的缺点，以内蒙古啤酒大麦为原料，研制出了国产啤酒大麦优质麦芽生产工艺。建成各类生产技术和产品加工示范基地115个，创建亩产550千克百亩示范方36个，亩产500千克千亩示范片19个，亩产450千克万亩示范区8个，累计示范面积69万亩，平均比非示范区增产17.6%，辐射周边550万亩。在云南腾冲县固东镇，采用精量播种、药剂拌种、配方施肥、化学除草、节水灌溉等综合技术措施，创建大麦高产示范区10 650亩，经专家组现场测产验收，百亩核心区平均亩产561.7千克，比非示范区亩均增产150.2千克，增产36.5%；千亩示范片平均亩产528.6千克，比非示范区亩均增产117.1千克，增产28.5%；万亩示范区平均亩产483.2千克，比非示范区亩均增产71.7千克，增产17.4%。在新疆建设兵团第四师76团创建的旱地啤酒大麦高产示范田，经兵团科技局组织专家组选择该团9连两块高产田现场测产，其中1块面积200亩，亩均穗数80.79万，平均穗粒数24.05粒，千粒重45克，亩产786.9千克/亩；另一块面积400亩，亩均穗数85.89万，平均穗粒数22.68粒，千粒重45克，亩产量788.9千克/亩。均创造了世界大麦高产纪录。

（三）产业技术基础研究

1. 大麦青稞育种新技术研发与种质评价创新 新收集国外大麦种质947份，完成编目鉴定1 230份、新编目1 000份、国家长期库繁种入库1 230份，中期库入库1 000份。对2 027份大麦青稞种质进行了育种利用评价和育种材料创制，完成了1 083份LOX-1活性鉴定、1 000份核心种质表型精准鉴定。筛选和创制出农艺性状好、品质优良、抗病抗逆性强、高功能成分和LOX-1活性缺失等各类育种亲本材料153份，提供利用420份次。利用春化基因分子标记，对1 264份中国大麦青稞种质进行了冬、春性基因型鉴定和春化基因*VRN-H1*和*VRN-H2*的单倍型分析。弄清了中国大麦青稞春化基因型、单倍型变异及其生产地理分布。采用人工处理，研究了老化对大麦青稞种子活力的影响；比较了EMS化学诱变剂和^{60}Co γ-射线处理，对小孢子低氮胁迫组织培养的影响。对籽粒颜色、矮秆、早熟性、耐酸性、麦芽品质、γ-氨基丁酸和极限糊精酶抑制物含量等，进行了QTL分析和基因定位。在1H染色体上发现1个早熟性QTL点，处于SSR标记位点*HVALAATF*与*BMac*0154之间，表型变异解释率12.40%。将2HL上的紫粒基因Pre精细定位至0.4～0.9厘摩标记区间。在2H上发现1麦芽浸出率主效QTL，遗传贡献率达48%以上；5H上发现1个糖化力主效QTL，遗传贡献率达20.9%。在7H上发现新的矮秆基因，株高遗传贡献率23%。在2H和7H染色体上发现2个耐盐相关位点，分别解释12.9%和9.7%表型变异。在3HL标记*M5E4a*与*M3E18*位点之间，发现γ-氨基丁酸含量相关位点*qGABA-3H*，表型变异贡献率8.3%。发现2个与极限糊精酶抑制物含量相关的DArT标记bpb-8347和bpb-8399，位于6H染色体上，表型解释率分别为7.0%和6.8%。电镜扫描比较了白颖壳突变体与野生型的叶绿体形态结构差异，发现突变体存在严重的叶绿体发育缺陷。比较了大麦青稞种子休眠和耐酸性的基因型差异，进行了低钾、干旱胁迫下转录组响应分析。检测到较大的基因型差异和相关抗性响应基因，发现抗逆基因型启动转运蛋白的速度较快。克隆出粒宽和粒重基因 *HVGW2*、高分子量谷蛋白亚基 H1、淀粉合成关键酶 AGP 大小亚基基因 *LSUI* 和 *SSUI*、4-香豆酸辅酶 A 连接酶基因 *4CL*、肉桂酸 4 羟化酶基因 *C4H*、1，5-二磷酸核酮糖羧化/加氧酶小亚基 *rbcS* 基因等。构建了青稞遗传转化体系。

2. 大麦青稞主要病虫害灾变特点与防控技术研究 开展了中国大麦青稞白粉病菌群体毒性变化监测，明确了 2006 年以来 7 年间白粉菌不同致病菌系的消长变化趋势。进行了条纹病菌致病性分析，发现存在明显非地区性的致病性分化。完成了国家大麦秋播区试和春播区试 28 个参试品种（系）的抗白粉、条纹和黄花叶病鉴定。对 31 份大麦新品种系进行了田间抗蚜鉴定。在河南驻马店试验比较了立克秀、适乐时、敌萎丹、立克萎等不同拌种剂处理，对驻大麦 6 号的生物安全性、主要病害防治效果及产量的影响。发现立克秀、适乐时拌种处理防治大麦冬前苗期纹枯病、冬后拔节期纹枯病、条纹病、黑穗病等生育期病害效果显著。筛选出驻大麦 6 号最佳拌种剂处理：每 100 千克拌种 2%立克秀 200 毫升。针对甘肃甘南青稞条纹病、黑穗病和野燕麦危害严重的问题，通过试验比较筛选出病害防控拌种剂敌委丹和适乐时以及除草剂爱秀和燕麦畏。其中，敌委丹 100 毫升拌种 100 千克，适乐时 150 毫升拌种 100 千克；爱秀每亩 80 毫升于野燕麦三叶期喷雾，燕麦畏 40%乳油每亩 180 毫升土壤处理；既可取得较好的防病、除草效果，又保证青稞生产安全。在青海海北州，以柴青 1 号为试验品种，比较分析了灭菌唑和适乐时等种衣剂对青稞主要病虫害的防控效果与经济效益。试验分析表明，灭菌唑防控效果好，增产幅度大，用药成本低，亩均增产 9.7 千克，减去用药成本，增加产值 15.8 元。

3. 大麦青稞抗逆生理与轻简栽培技术研究 研究了大麦青稞在酸铝、盐碱、干旱等胁迫条件下，离子的吸收、积累与分布，光合特性、活性氧和矿物营养代谢、根细胞与叶绿体超微结构、ATP 酶活性、有机酸分泌等。发现较低的铝离子吸收与转运、较高 ATP 酶活性、较多柠檬酸和苹果酸分泌等与耐酸铝有关；通过提高脯氨酸等氧化清除剂含量，减轻脂膜过度氧化，维持较高的糖代谢，可能是耐酸铝的生理基础。盐胁迫显著抑制苗期根部 K、Mg、P 和 Mn 及地上部 K、Ca、Mg 和 S 的吸收与积累。干旱胁迫导致叶片相对含水量和叶绿素含量明显下降，叶片功能受损，籽粒灌浆受阻，粒重下降，植株同化模式改变，籽粒 C/N 下降，β-葡聚糖含量降低，β-淀粉酶活性增加。研究了不同种植密度和氮、磷、钾配比对大麦青稞茎秆弹性强度、幼穗分化和根系发育的影响以及利用矮壮素和多效唑防控青稞倒伏的方法。例如，在青海省海北州以北青 8 号为试验品种进行的矮壮素防控青稞倒伏试验中，处理产量比清水对照增产 10.7%，亩均增产 24.2 千克，新增产值 53.17 元，减去药剂成本 8 元后，实际增值 45.2 元/亩，增收明显，具有较大的生产推广价值。开展了大麦青稞在盐碱、干旱、低氮、低钾和低氮胁迫条件下，抗逆和肥料高效丰产品种筛选。通过多点试验分析了品种、栽培环境和栽培方法对啤酒大麦阿拉伯木聚糖含量的影响。发现品种间阿拉伯木聚糖含量差异显著，但更大程度上受生产环境和栽培方法决定。此外，与蒙牛公司合作在安徽进行了大麦多次青刈、青贮试验示范，分析刈割对大麦青饲生物量、品质及再生籽粒产量的影响。筛选出了适合青刈的饲用大麦品种，确定了适当的青刈时期、刈割次数和方法。亩均产值1 250元，纯收益 700 元，为小麦种植的 2 倍。

4. 大麦青稞大众化食品与高值产品加工技术研究 建立了青稞发酵代谢功能成分 Monakolin K、青稞蛋白功能肽的分析测定以及红曲酒品质的检测技术。测定了 100 份大麦青稞的β-葡聚糖、母育酚、多酚、蛋白功能肽、支链淀粉和直链淀粉的含量，分析了红曲发酵特性和红曲酿酒品质。开展了青稞淀粉的膨润力、溶解度、透明度和黏度以及青稞肽的抗氧化活性及 ACE 抑制肽功能特性研究。证明青稞多肽具有较强的抗氧化活性。发现分子量>5 千道尔顿的多肽清除羟自由基和 DPPH 自由基活性最高，<1 千道尔顿的清除超氧阴离子自由基的活性最高，15 千道尔顿的清除羟自由基、超氧阴离子自由基、DPPH 自由基的活性均低。分子量< 1 千道尔顿青稞多肽的 ACE 抑制活性最高。分析了藏区 21 个青稞主栽品种的淀粉和蛋白质组成、青稞面条的感官品质和蒸煮特性，明确了蛋白质和淀粉与青稞面条感官品质和蒸煮品质之间的关系。采用 ICR 小鼠 MEF 细胞 P2 代，进行了大麦青稞多酚类物质功能分析。实验结果显示，低浓度黄酮促进 ICR 小鼠 MEF 细胞增殖，高浓度使小鼠精子活力和密度降低。开展了青稞特色食品加工技术研究。确定了青稞糌粑粉炒制工艺参数，研制出青稞面包、蛋糕和饼干等加工工艺配方，开发出高抗性淀粉大麦苗粉米线、青稞雪饼、青稞红曲酒等新产品。与企业联合完成了相关加工产品的包装设计和《“青稞红曲酒”产品标准》和《“青稞红曲酒”生产技术规程》制定。进行了大麦青稞食品生产安全监测技术研究，建立了多氯联苯生物技术监测方法和大麦青稞食品安全监测微生物分析技术。研究了啤酒大麦制麦过程中，脂肪氧化酶活性的变化规律，建立了保障啤酒风味稳定性的最佳原料生产工艺。完成了西藏青稞秸秆利用情况调查和成分检测，启动了青稞秸秆饲料加工工艺研究。

（大麦青稞产业技术体系首席科学家张京提供）

2013 年度高粱产业技术发展报告

（国家高粱产业技术体系）

一、国际高粱生产与贸易概况

（一）国际高粱生产概况

2013 年，世界范围内高粱总播种面积大约为4 024万公顷，总产量6 223万吨，平均每公顷产量 1.55 吨。2013 年世界高粱播种面积较 2012 年增加 239 万公顷，总产量增加 413 万吨，单产比 2012 年增加 0.02 吨/公顷。印度、苏丹、尼日利亚、尼日尔和美国是世界上高粱种植面积前 5 位的国家，与 2012 年比较，尼日尔高粱种植面积增加较快，从第 8 位跃升至第 4 位，播种面积前 5 位的国家累计播种面积2 230万公顷，约占世界总种植面积的 55.4%（图 1）。

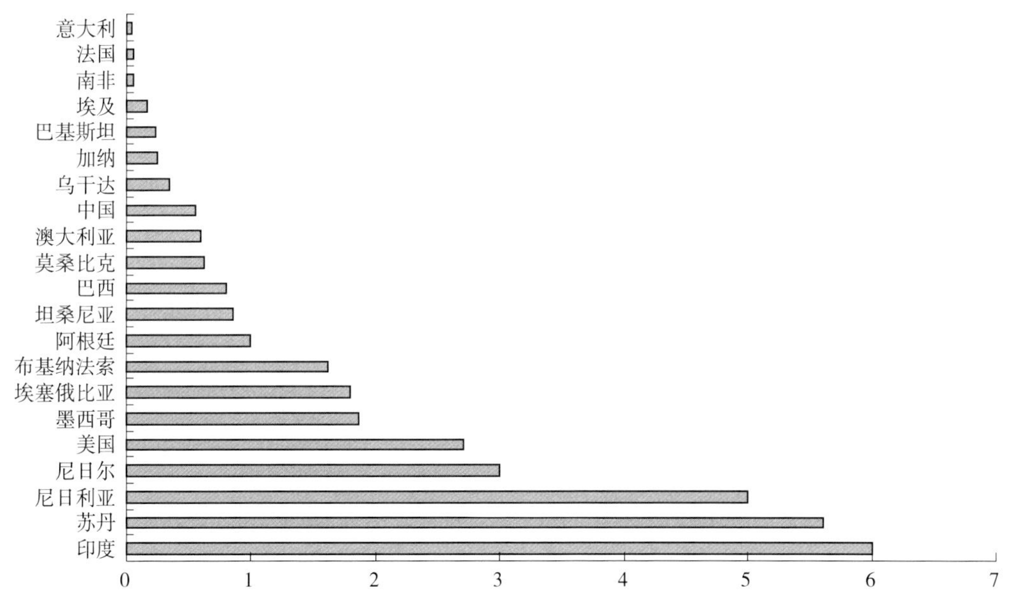

图 1　世界高粱主要生产国播种面积（单位：百万公顷）

从高粱的生产总量来看，美国总产量跃居世界第一，为1 056万吨，其次为墨西哥，总产为 710 万吨。高粱总产量超过百万吨的国家共有 12 个，中国高粱总产量为 230 万吨，总产量在世界排位第 8（图 2）。

从单位面积的产量来看，意大利、埃及和法国是世界上高粱单位面积产量最高的 3 个国家，单产分别为 6.22 吨/公顷，

5.63 吨/公顷和 5.20 吨/公顷，但是这 3 个国家的播种面积相对较小，累计播种面积仅为 25 万公顷。就播种面积超百万公顷的几个国家来说，阿根廷是单产水平最高的国家，为 4.60 吨/公顷，其次是中国、美国和墨西哥（图 3）。

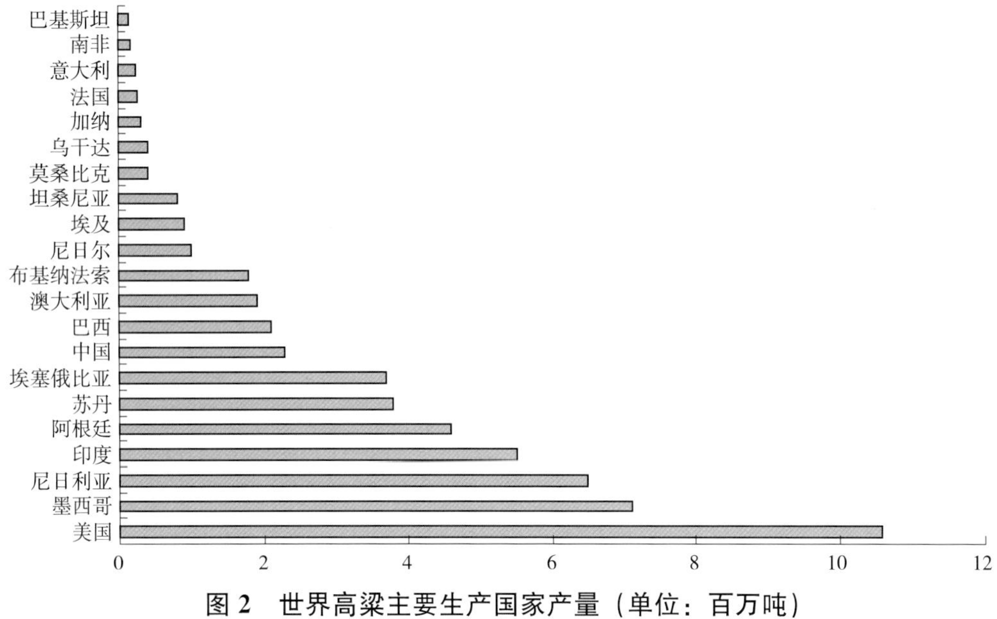

图 2 世界高粱主要生产国家产量（单位：百万吨）

图 3 世界高粱主要生产国家单位产量（吨/公顷）

（二）国际高粱贸易概况

2013 年，世界高粱的进出口量在 735.5 万吨左右，较 2012 年升高 2%。与 2012 年相比，2013 年美国、阿根廷和澳大利亚高粱出口量仍居世界前 3 位，但出口格局发生很大变化，出口量分别为 450 万吨、150 万吨和 90 万吨，分别比 2012 年增加 52.7%，减少 103.9%和 58.3%。乌克兰出口增加较多，出口量为 15 万吨。中国出口总量为

2.5万吨。进口方面，日本、墨西哥和中国是高粱的主要进口国家，进口量分别为160万吨、150万吨和102万吨。我国台湾地区也有高粱进口，进口量为10万吨（图4、图5）。

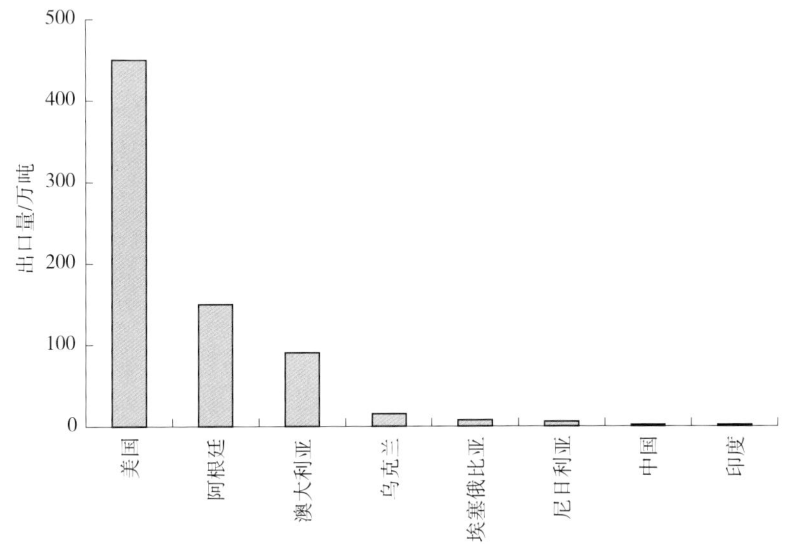

图4　高粱主要出口国家及出口量

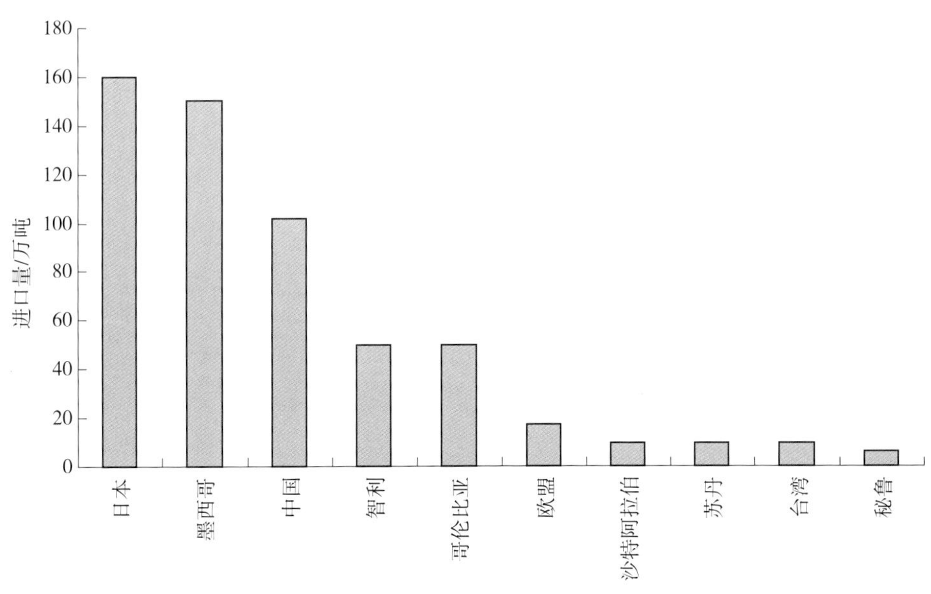

图5　高粱主要进口国家和地区及进口量

2013年世界高粱贸易价格总体呈现降低趋势（图6）。最高价为1 861.93元/吨（3月份），最低价为1 198.25元/吨（11月份）。

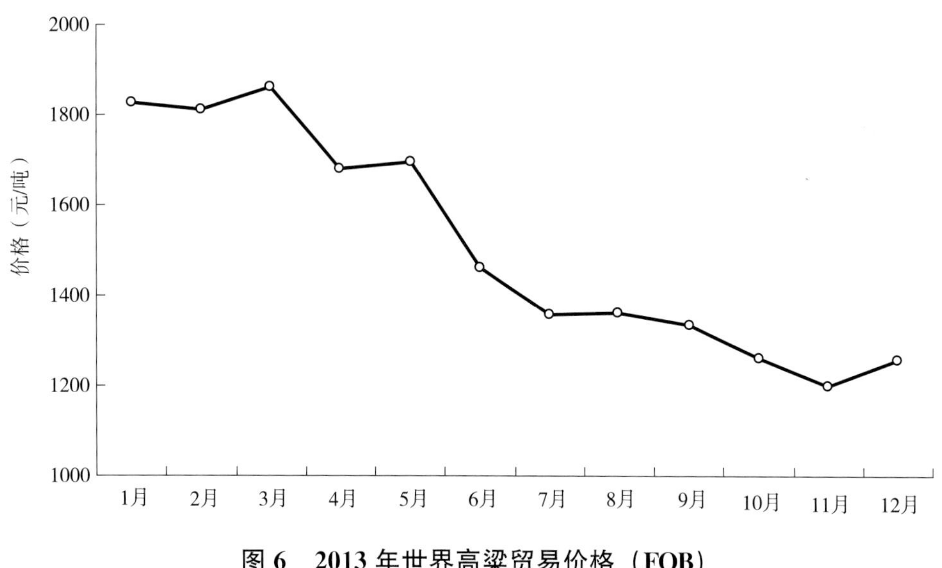

图6 2013年世界高粱贸易价格（FOB）

注：FOB（Free On Board），即船上交货；高粱价格以人民币计算

二、国内高粱生产与贸易概况

（一）国内高粱生产概况

2013年高粱种植面积与2012年相比，四川、吉林、黑龙江、内蒙古、河北、山西等主产省，面积均有不同程度增加，甘肃面积下降，其他地区基本稳定，因此，全国总面积比2012年增加，至少应该达到65万公顷，预计总产量可达270万吨以上（高于美国农业部统计数据）。2013年我国高粱的生产总量约为全球高粱生产的3.7%，居世界第8位。国内高粱生产的总体格局仍以北方高粱生产主产区及西南高粱产业优势区为主导。北方高粱生产区主要包括内蒙古、吉林、辽宁和黑龙江等省区，四省区高粱生产面积占全国生产面积的61%，其中内蒙古自治区和吉林省高粱生产优势明显，播种面积呈上升趋势，两省区生产面积约占全国生产面积的48%。西南高粱主要生产省份如四川、贵州等，仍依靠名酒企业，通过高端酒业优势，拉动当地的高粱生产。在生产条件上，随着规模化和基地化种植范围的扩大，高粱主产区机械化作业水平得到进一步提高。

（二）国内高粱贸易概况

2013年由于玉米进口配额限制等原因，部分饲料生产企业转向高粱进口，使得我国高粱进口量激增，2013年1～6月高粱的进口数量约在15.6万吨，而下半年高粱进口数量更为突出，全年进口总量在102万吨左右，加之国内高粱大约270万吨的供应量，全国高粱市场的总供给在380万吨左右。高粱的总消费量在364万吨（包括出口5万吨），所以年末高粱仍有16万吨左右的余量；国内高粱生产的主要市场需求仍然是酿造产业。2013年上半年普通高粱价格持续上升，由年初的每千克不到2.0元增加到年中的4.0元左右，杂交糯高粱3.0～4.0元/千克，四川、贵州等地常规糯高粱5.0～6.0元/千克。下半年由于高粱进口量增加及新高粱上市，价格逐渐回落。高粱价格总体上处于上升态势。

三、国际高粱产业技术研发进展

（一）高粱生物技术研究

高粱全基因组测序完成后，重要基因的发掘和分子标记育种步伐明显加快。2013年最有影响的研究成果是澳大利亚昆士兰大学和深圳华大基因研究院等单位对44个高粱品种进行了全基因组测序及分析。这44个高粱品种包括地方品种、改良品种、野生和草型材料等，并首次对拟高粱进行了全基因组测序。研究发现，高粱与拟高粱都存在丰富的遗传多样性。通过比较分析，科研人员还发现不同的高粱品种在基因组中存在着强烈的种群结构差异和复杂的驯化历程，包括至少发生过两次独立的驯化事件，并证实了来自非洲西部的基因组与其他栽培高粱品种之间确实存在显著差异。该研究还发现遗传多样性在高粱驯化和改良的过程中存在下降的趋势，进一步研究还鉴定了基因组中与驯化和改良相关的基因。此外，在高粱基因组中还发现了大量的拷贝数变异、基因缺失和获得事件。这些遗传变异的发现为高粱的改良和驯化提供了重要的科研依据。最新研究结果于2013年8月28日在《自然·通讯》(*Nature Communications*) 杂志上发表。

（二）养分利用与非生物胁迫抗性研究

1. 养分及水分利用研究 Sawargaonkar等（2013）研究结果表明，不同氮肥用量（0、30、60、90、120、150千克/公顷）对甜高粱不同品种的生物产量都有一定的影响，但当氮肥用量大于90千克/公顷时，增产效果不明显。90千克/公顷是甜高粱最佳施氮量、最高回报率和氮利用率；Lina Yin等（2013）研究结果表明，硅通过改善渗透性胁迫和离子性胁迫可提高高粱耐盐胁迫能力；Ahmad等（2013）研究了不同水分供应对3种饲用高粱生长和植物水分状况的影响。结果表明，土壤水分变化对作物所有性状都有很大的影响，不同高粱品种耐旱能力存在明显差异。在低水分条件下，3个品种在净光合速率、叶面积、根系和地上部干重方面表现相似，但在高水分条件下，3个品种在株高、叶面积、叶水势和相对含水量方面的差异非常显著。

2. 非生物胁迫抗性研究 Narges Reiahi和Hasan Farahbakhsh（2013）研究了在干旱胁迫下抗坏血酸对高粱种子发芽和幼苗生长的影响。结果表明，抗坏血酸能够增强高粱幼苗的耐旱胁迫能力。随着抗坏血酸浓度的增加，减缓干旱胁迫的效果更加明显；Viviane等（2013）研究结果表明，高粱植株在幼苗期（播后24天）对盐胁迫敏感度明显高于苗期（播后25～29天）。高粱和苏丹草在耐盐性方面没有明显的差异。在幼苗阶段，高粱植株有机物质积累较低，但有害离子浓度较高。所以，幼苗期高粱植株对盐胁迫表现较敏感；Ehab等（2013）研究了铜和镉对小麦、玉米和高粱生长以及生理特性的影响，结果表明，镉比铜对小麦、玉米和高粱生长和光合作用的影响明显。毒害影响顺序为镉＞镉＋铜＞铜＞对照。高粱对重金属的抗性能力明显大于小麦和玉米。

（三）高粱加工利用

1. 高粱籽粒利用研究 高粱在亚洲、非洲和中美洲的一些地区是主要粮食作物，高粱食品多种多样。随着人们对营养全面、食品多样化和粗粮食品需求的增加，高粱食品的相关研究和开发有所增加。如有研究认为在不改变风味的情况下，在面包中加入适量的高粱面粉，将有助于身体健康；在美国堪萨斯州立大学的加工实验室，已尝试在甜点中加入10%～20%高粱面粉；很多小食品为膨化产品，这些产品适口性好易于消化，普通高粱品种和爆裂品种均可作为膨化食品的原料；高粱啤酒是非洲人的一种传统饮料，饮用历史很长，目前，非洲高粱啤酒的酿制已形成了大规模的工厂化生产；Okkyung kim Chung 等研究认为由于高粱生长在其他作物无法生存的半干旱气候条件下，从而使其含有二十烷醇的多酚复合物和高粱蜡的高抗氧化水平提高，会对保护心血管的健康起到至关重要的作用。

在高粱籽粒作为饲料的研究方面，Torres 等采用低丹宁高粱取代玉米饲喂肉鸡，研究其对生长性能、胴体产量、小肠黏膜完整性及空肠黏膜酶活性的影响。研究认为，用50%的高粱替代玉米是适合肉鸡的，而100%高粱替代玉米在42日龄时对小肠黏膜和生产性能有不利的影响；Selle 等研究认为，以高粱作为主要食物饲喂肉鸡，每千克添加少于5克的亚焦硫酸钠可以提高能量使用效率；Liu 等研究表明，白高粱比红高粱具有更高的可消化淀粉和淀粉消化率，但是氮消化动力不如红高粱。

2. 能源高粱研究 甜高粱茎秆中含有的大量糖分，可用于发酵生产成酒精，这是一种取之不尽的生物能源库。目前，世界范围的能源紧张状况，使得高粱生产酒精的发展前景看好。欧共体对生物能源的研究确定了两种生物质能源类型：一种是甜高粱，另外是速生轮作林，而一年生甜高粱的生产力接近速生轮作林的2倍，可见甜高粱是最有希望的再生能源作物之一。利用甜高粱茎秆的单糖和双糖直接发酵酒精，可大大降低成本，这也正是目前酒精企业对以甜高粱为原料生产燃料乙醇或乙烯等化工产品项目感兴趣的主要原因。随着使用纤维素生产生物燃料技术的成熟，高粱作为新生物质能源的潜在可能性很大，高粱由于具有快速生长从而大量积累纤维素等优点，可作为生物燃料的理想原材料。

作为能源作物，用甜高粱生产乙醇的制备工艺是研究的一个热点。研究人员在没有预处理的情况下，在糖化作用的同时采用真菌固态发酵，优化菌落总数，发酵温度以及水分含量。研究认为控制氧化还原水平，并结合可同化的氮素水平可以提高乙醇生产效率。研究人员同时也在开展利用甜高粱汁液提取后的剩余产物生产生物油和生物炭的前期工作。

四、国内高粱产业技术研发进展

（一）高粱遗传育种研究

2013年，随着国家高粱产业技术体系工作的深入开展，我国高粱遗传育种研究取得全面的进展：

在高粱亲本系的选育和杂交种组配过程中更加注重专用性。选育出各种类型的优良专用高粱亲本系10余个。育成通过国家高粱品种鉴定委员会及各省品种审定委员会审鉴定的高粱新品种11个，其中包括机械化专用高粱杂交种5个、酿酒用高粱品种4个、能源用甜高粱杂交种1个、帚用高粱杂交种1个。

继续加强高粱种质资源发掘与抗性筛选。对高粱育种资源进行了抗丝黑穗病、抗叶病、抗旱、耐盐、耐瘠性鉴定，筛选出一批抗源，对提高抗性育种水平有重要价值。异质甜高粱亲本系选育取得较大进展，甜高粱不育系、保持系含糖量有大幅度提高。

高粱分子育种研究工作继续深入。利用筛选到的叶片上挺、株型紧凑突变体，开了展机械化品种株型分子遗传研究；建立了成熟胚高效再生体系，为高效基因转化奠定基础；克隆了2个抗2，4-D丁酯除草剂基因，为转化抗除草剂品种培育提供新基因。

（二）栽培与病虫草害研究

1. 栽培技术研究与应用 在主要高粱产区按照机械化栽培技术规程进行了试验与示范，完成试验项目26个，示范面积2.5万亩，平均亩产400～651千克，平均增产5%～20%，增加效益10%～15%；根据一系列栽培试验结果制定了酿造高粱标准化栽培技术规程，示范品种和面积都有较大突破，试验示范了30余个品种，示范面积5.6万亩，平均亩产400～700千克，比一般生产田增产10%左右；小面积超高产研究取得显著进展，多处出现亩产800千克以上典型，最高达到897.56千克；高粱抗逆生理机制研究获得新进展，确定了高粱抗盐和抗旱生理生化参数指标及鉴定方法，研究成果发表在《中国农业科学》《作物学报》《应用生态学报》等杂志上。

2. 营养与土肥研究 明确了适于机械化高粱品种的个体与群体特征的关系、主要品种的养分需求规律和适宜氮施用量，为适于机械化高粱栽培技术提供了理论依据；明确全国高粱主产区土壤肥力特征及障碍因子和各区主推品种养分需求规律。为各区域高粱合理施肥提供理论依据；根据前几年高粱养分需求规律研究和高粱产区的土壤养分特征，研制出了4种适用于不同高粱产区的高粱专用肥。在全国高粱主产区完成了高粱氮肥用量和专用肥对比试验，为进一步调整优化高粱专用肥配方提供了科学依据。

3. 病虫草害防治研究 开展了高粱丝黑穗病病菌侵染对寄主生理变化的影响研究，揭示病菌与寄主的互作关系，为病害有效治理提供科学依据。开展了病原镰孢菌在高粱植株体内传播研究，揭示病菌入侵、定殖和扩展机制，为病害防治提供依据；编制了《高粱抗靶斑病鉴定技术规范》《高粱抗煤纹病鉴定技术规范》《高粱抗镰孢菌茎腐病鉴定技术规范》和《高粱抗丝黑穗病鉴定技术规范》4个标准；完成了高粱病虫害预警信息数据库本地运行，已通过测试，基本满足网络运行。

（三）相关产业发展

1. 高粱酿造产业 酿造业仍然是高粱市场需求的主要拉动力。向生产原料专用化转型的传统酿造产业正在稳步发展。在酿造专用高粱新品种选育上，以晋杂、辽粘、吉杂、龙杂、泸糯等为代表的酿造高粱新品种在生产上发挥了更大的作用，并且针对不同的生态类型区形成了相应的生产技术规范，有效促进了高粱标准化生产水平的提升。在生产模式上，倡导优质原料基地建设，带动了区域高粱的规模化生产。如四川省按照四川省委、省政府的安排部署，继续深化酿酒高粱产业基地建设，通过大力调整种植结构，大搞增间套围，努力扩大种植面积，2013年全省酿酒高粱面积达到150万亩，比2012年增加10%。预计总产48万吨（不含再生高粱）。以泸州、宜宾为核心的川南酿酒高粱产业带基本建成；山西省在山西省委、省政府把煤炭资金向酿造行业转移的政策引导下，高粱酿造产业出现了空前发展，2013年“35511”工程（用3年时间投资50亿元，建成5千米^{2}酒业集中发展区，新增白酒产量10万吨，增加销售收入100亿元）已完工投产，白酒生产能力有了大幅度提高。

2. 能源高粱产业 作为很具潜力的能源作物，甜高粱的研发和产业化利用在我国方兴未艾。在前人工作的基础上，通过国家高粱体系工作的深入开展，能源甜高粱研发工作取得了全面进展：在新品种选育方面，已育成一批优良的能源专用高粱亲本系和杂交种，并制定了配套的高效种植技术；在综合加工利用方面，完成了五碳糖基因工程菌株生长特性与乙醇转化特性的测定工作。进行了甜高粱秸秆乙醇发酵工艺研究，完成了以固态发酵法为基础的甜高粱秸秆乙醇固态发酵工艺。开展了高粱秸秆乙醇发酵残渣饲料化与能源化再利用技术研究；在能源高粱产业化方面，国内已建成多家以甜高粱为原料的燃料乙醇生产企业。如中兴能源（内蒙古）有限公司于2009年建立起了企业的甜高粱原料生产基地，利用甜高粱茎秆汁液进行燃料乙醇生产，现在企业正在进行乙醇产品的区域性封闭试验，待试验结束后将开始大规模商业化生产。

3. 高粱综合加工与利用 加快高粱深加工和综合利用研究并进一步拓宽国内和国外高粱消费市场是我国高粱产业发展的关键。我国高粱的精深加工及综合开发利用发展速度较为缓慢，导致高粱产业链过短、综合效益不高，这在很大程度上制约了我国高粱产业的持续、健康发展。针对这种现状，我国高粱综合加工与利用应注重从以下几个方面取得进展和突破：一是向延长产业链、提高经济效益的方向发展；二是采取循环经济发展模式，向多层次综合利用的方向发展；三是向自主创新的新工艺、新技术和节能降耗减排的技术方向发展；四是向生产生物化工产品的技术方向发展；五是由高粱籽粒深加工向全株（籽粒、秸秆）深加工的技术方向发展。

注：国际高粱生产及贸易情况数据引自美国农业部和中华人民共和国商务部。国内高粱生产情况数据引自中国种植业信息网。

（高粱产业技术体系首席科学家
邹剑秋提供）

2013 年度谷子糜子产业技术发展报告

(国家谷子糜子产业技术体系)

一、国际谷子糜子生产与贸易概况

粟类作物是小粒粮食或饲料作物的总称，除粟（谷子）外，还包括珍珠粟、糜子、龙爪稷、食用稗、小黍、台夫、圆果雀稗、马唐、臂形草、薏苡等。在我国种植的粟类主要是谷子和糜子，主要分布我国三北干旱地区。印度和其他国家的粟类主要为珍珠粟、台夫等。谷子糜子起源于中国，是世界上最古老的粮食作物之一。中国是谷子糜子生产大国，其中谷子面积占世界谷子的80%，居世界第一位；糜子面积占世界糜子的20%，居世界第二位。据联合国粮农组织网站数据显示，2012 年世界粟类作物总面积3 123万公顷，总产2 559.8万吨，平均单产 819.6 千克/公顷，与 2011 年相比，面积和总产分别减少 7.92%和 5.98%；2012 年中国谷子面积 75.03 万公顷，总产 160.05 万吨，单产2 133.2千克/公顷，面积、总产和单产均较 2011 年略有增加；2012 年中国糜子面积约 50 万公顷，总产 75 万吨，单产1 500千克/公顷，与 2011 年基本持平。2012 年中国谷子糜子面积约占世界粟类作物总面积的 4.0%，总产量约占世界的 9.2%。世界上粟类作物的出口国为印度、中国、俄罗斯、乌克兰等国家，近年来世界粟类作物贸易量为 35 万～40 万吨。2013 年 1～10 月中国出口谷子糜子 1184.3 万吨，主要出口国家为日本（占 29.91%）、印度尼西亚（占 27.82%）、韩国（占 11.71%）、泰国（占 5.06%）、巴西（占 4.98%）、荷兰（占 3.98%）、德国（占 2.90%）、法国（占 1.94%）等 28 个国家，出口量较 2012 年同期减少 21.7%，但价格由 2012 年的 528.5 美元/吨增加到 2013 年的 628.6 美元/吨，提高 18.9%。

二、国内谷子糜子生产与贸易概况

谷子糜子为我国主要的特色杂粮作物，主要分布在西北、华北、东北地区，南方省区有零星种植，其中山西、河北、内蒙古谷子种植面积在全国领先，陕西、内蒙古、陕西糜子种植面积较大。根据调研数据估计，2013 年我国谷子面积为1 100多万亩，糜子面积 700 多万亩，谷子糜子总面积约1 800万亩，较 2012 年有所下降。但是，2013 年谷子糜子生产出现了良好的变化趋势，在轻简化生产技术的带动下，许多开发企业和专业合作社投资建设了千亩规模的生产基地，多的达到3 000亩以上，使谷子糜子生产的规模化、专业化程度大幅度提高。目前我国谷子糜子生产的 80%进入市场，形成了河北藁城、河北孟村、辽宁建平、内蒙古赤峰等小米集散地，这些集散地主要从事谷子糜子收购、粗加工，少部分采用精包装和品牌运作，是全国各大批发市场小米的主要来源，贸易量到 200 万吨左右。根据市场调研，2013 年谷子总体价格比 2012 年出现大幅度上升，华北、东北集散地小米批发价在 9.5 元/千克，较 2012 年上升 2.0 元/千克，农贸市场小米价格在 10.0～11.0 元/千克，较 2011 年明显上升；优质、绿色、有机精品包装小米持续在高价位运行，每千克在 16～20 元。全国谷子收购价差异显著，继续表现为组织化、产业化程度越高的地区谷子收购价格越高。糜子价格较去年略有提高，糜子价格在 3.0～3.5 元/千克，大黄米价格在 8.0～9.0 元/千克。

三、国际谷子糜子产业技术研究进展

国外对谷子的研究主要侧重于营养成分及其功能、基因组等方面的研究，也有少数从事饲草谷子、鸟饲谷子育种研究机构。中国对谷子的遗传育种、栽培、植保、产品加工、生理生化、功能因子及基因定位等进行了较系统的研究。

（一）谷子资源核心种质构建与群体结构研究

2013 年，国际上谷子种质资源和群体结构研究主要是在印度和美国等国家。印度对 125 份来自其不同生态区的材料进行 SSR、RAPD 等分子标记分类研究，发现印度的谷子资源处于中等程度的多态性。美国对其国内的青狗尾草材料进行遗传多样性和群体结构研究，发现美国的材料存在南和北两大类型。这种分型说明美国材料可能是两个独立的狗尾草引进事件，引物青狗尾草是从欧亚大陆引进美国的；但也可能是美国南北的地理气候差异的环境适应造成的。

（二）谷子糜子生物技术和育种研究进展

在谷子和糜子生物技术方面，突出表现在世界多个国家的实验室开始利用谷子和青狗尾草作为模式作物来研究基本的生物基础，特别是 C4 光合作用、耐旱性等，如设在菲律宾的国际水稻研究所（IRRI）、美国唐纳德植物研究中心、美国斯坦福大学、孟山都旗下的孟德尔公司等都开始建立谷子和青狗尾草为研究对象的技术，利用谷子和青狗尾草为研究模式植物。在遗传转化方面，除原来康奈尔大学外，美国的密苏里大学也建立了谷子和青狗尾草遗传转化体系。

（三）国际谷子糜子栽培和生理研究进展

2013 国际有关谷子糜子栽培生理相关研究较少，在韩国密阳的韩国功能性作物研究所在机械化收获方面开展了一些研究。Seshadri S. Reddy 等（2013）研究了谷子、糜子、珍珠粟对苯嘧磺草胺除草剂的敏感性差异，发现谷子最敏感，糜子、珍珠粟使用该除草剂的安全剂量是 36 克/公顷；I. Paul Ajithkumar 和 R. Panneerselvam（2013）研究发现谷子株高、光合色素的降低以及根长与可溶性渗透物质的增加是谷子耐旱的适应机制；水分胁迫下，谷子、糜子产量较高粱下降明显（Ki-Yuol Jung 等，2013）；DR. P. STANLY JOSEPH MICHAELRAJ 等（2013）研究认为，新技术的应用可以使谷子产量提高 43%，而糜子产量可以提高 76%。Zhang YX 等（2013）研究发现 Cu^{2+} 胁迫显著影响谷子苗期细胞内基因组 DNA 的稳定性，而这种基因组 DNA 多态性变化程度依赖于 Cu^{2+} 浓度，作者认为利用 PAPD 分子标记检查 DNA 多态性可以用来判断谷子受 Cu^{2+} 毒害的程度；Qingyun Bai 等（2013）研究认为盐胁迫与 Ca^{2+} 胁迫可以作为高 γ-氨基丁酸的鉴定方法，此方法有利于功能食品种质资源的鉴定。

（四）国际的谷子糜子食品加工研究

2013 年国外对谷子加工技术的研究兴趣较往年有了较大的提高，针对发酵技术、谷子理化特性、抗氧化、抗微生物特性进行了研究，探索了采用近红外光谱检测技术分析谷子基本成分的方法，分析了谷子肽类物质的抗氧化和抗微生物等功能特性。2013 年 Amadou 等人从干酪乳酸杆菌发酵的小米中分离纯化的多肽具有抗氧化活性和抗菌效果，并且可以抗胰蛋白酶消化，从而在食用时不会被降解。黍子研究报道相对较少，主要涉及酶解技术对黍子面包特性的影响，黍子生产酒精专用品种筛选以及气味品质和淀粉品质等方面的研究。2013 年国外谷子和黍子方面的研究和报道对品质分析、技术改进和产品开发具有重要实践和理论指导价值。

（五）国际谷子糜子产业经济研究

国际半干旱热带作物研究所的 Bhagavatula S RaoP P、Basavaraj G 和 Nagaraj N 对亚洲高粱和谷子产业经济显著、趋势及展望进行了研究。AB Mustapha 和 W Dangaladima 对尼日利亚博尔诺州随机抽取村庄的农民进行了社会经济因素对珍珠粟的影响的问卷调研，结果表明，教育水平、合作联盟、与推广人员的联系均在 5%上与谷子产量水平显著相关，农民的年龄和多年的种植经验并没有显示出谷子生产在 5%的显著水平，并提出相应的对策建议。印度的 Sharma Anubhuti、Sood Salej 和 Khulbe R K 通过分析小米等杂粮自身的特性展望了其作为食品的未来发展方向。Steve Weber 和 Arunima Kashyap 探讨小米在印度河文明中的作用，并试图解释为什么这些作物在过去 5 000年的使用中显著下跌。印度的 Reddy A A、Yadav O P 和 Malik 等研究了珍珠粟作为粮食和饲料在西印度的利用模式以及供给与需求。Nedumaran S、Abinaya P 和 Bantilan 在报告中分析了旱地谷物，即小米和高粱，在可供选择的政策和气候情况下，来评估的其未来发展方向和供给以及世界价格，特别是在亚洲半干旱热带地区的未来可能的变化幅度。

四、国内谷子糜子产业技术研发进展

（一）材料创新与分子育种取得新进展

鉴定出 10 份综合性状突出的抗咪唑乙烟酸新型除草剂育种材料；筛选到 16 份抗谷瘟病材料，6 份对黑穗病免疫糜子材料；创制出 4 份综合性状优良的不育系。精细定位了 3 个矮秆材料的矮秆基因；发掘出 36

个从农家品种到育成品种基因组选择位点；对47个谷子性状进行了控制位点关联分析，获得512个统计学显著的基因位点；明确了导致春播谷和春夏兼播谷分化的14个主要基因位点。

（二）新品种筛选与选育研究成效显著

研究确定了适合机械化生产的谷子品种量化性状指标，筛选出30个适合机械化生产的谷子品种；评选出42个适合丘陵旱薄区种植的谷子品种。29个谷子、2个糜子品种通过审（认、鉴）定，其中豫谷18是近30年来首个能在全国华北、西北、东北三大谷子主产区推广应用的谷子品种；冀谷33是国内外第一个抗咪唑乙烟酸除草剂新品种。筛选出3个适合推广的饲草专用品种。

（三）谷子糜子高效栽培与植保研究取得重要进展

（1）集成4项谷子简化栽培技术规程，其中《谷子化控间苗栽培技术规程》已发布实施，《谷子轻简化生产技术规程》待批，《谷子农机农艺结合轻简高效生产技术规程》《谷子机械精播优质高产高效技术规程》已形成初稿。在76个县建立谷子轻简高效生产示范基地10.6万亩，辐射示范53.87万亩，亩节本增效200元以上。

（2）改进研制了2款精量条播机、1款穴播机，改进和试生产了2款割晒机；定型了小型谷穗脱粒机，改进了中型谷子糜子整株脱粒机；改进的切流式谷子联合收获机通过农机鉴定部门的性能检测；设计制作了中耕机的第一代样机。试生产各类机械60台，应用效果良好。

（3）明确了谷子糜子的水分敏感期；研究了不同时期干旱胁迫对谷子各器官叶可溶性糖含量、茎秆蔗糖含量、总干物质的积累、总氮素同化量、单株产量和蛋白质产量影响的影响；明确了谷子器官从肥料中摄取的氮的百分率、器官氮肥利用率；明确了脯氨酸含量可以作为干旱胁迫生理的生物标志。研究了低氮胁迫下不同谷子基因型的生长、发育和对氮素吸收利用特性；明确了谷子基部茎秆的倒伏多发生在基部第4节间；明确了谷子糜子根长和根重范围。

（4）开展了丘陵旱地适宜品种筛选，适宜播期、密度以及播种方式验证试验；明确了谷子糜子各生长发育时期的需水规律；明确了各生态、生产条件下合理施肥方法和肥水耦合技术；研究了不同耕作方式、不同保水措施对谷子糜子水分利用效率、产量和品质的影响；制定了适合不同区域的谷子糜子病虫害防控技术。审定了《内蒙古中东部旱地谷子栽培技术规程》《有机糜子栽培技术规程》《旱地糜子栽培技术规程》，起草了《山区丘陵区谷子轻简化生产技术规程》。建立示范基地64个，示范面积40 930亩，核心示范区亩增效250元以上。

（四）谷子糜子加工基础性研究及产后加工研究进展迅速

（1）在加工基础性研究方面，研究不同蛋白酶酶解得到的小米水解肽的自由基清除能力；研究了我国谷子抗性淀粉含量及分布特征；确定了糜子分离蛋白等电沉降点；研究了不同地域和不同糜子品种的总蛋白质含量和各种主要蛋白质的含量的差异；开展了不同地区、不同品种、不同播期的谷子营养成分差异研究；对不同谷子品种淀粉理化特性、淀粉体外消化性能进行了研究；研究了发酵、发芽条件对小米植酸含量的影响；研究了谷子发芽过程中主要营养成分含量的变化以及小米生粉在炒熟过程中，硫胺素、核黄素及矿质含量变化。

（2）在产品研发方面，研制出小米含量达50%的小米馒头，并在唐山广野食品集团建设了小米馒头生产线；在河北瑞禾庄园酒业公司建设了小米酒和小米饮料成果转化基地；首次确定了小米清酒和小米白酒中挥发性成分的构成；小米免煮面条完成了中试并与山西和宁夏合作开发；研制出系列小米面条、系列小米专用粉；开发出方便小米粥并与河北九道食品集团合作开发；探讨了膨化营养小米粒和小米杂粮片生产工艺；确定了小米饮料控时酶解工艺的加酶量、酶解时间和酶解温度；明确了小米粉最适的发酵、发芽条件及适宜发酵菌种。

（五）产业经济研究

100个主产县统计数据搜集取得新进展，预计2014年完成；建立了包括6 800个数据的批发市场小米交易数据库、573数据量的谷子加工集散地市场变化数据库；分析了谷子生产要素变化；分析了谷子生产的政策支持现状以及农户、种粮大户、合作社、企业对政策的需求，提出了政策扶持方式建议。

（谷子糜子产业技术体系首席科学家刁现民提供）

2013年度燕麦荞麦产业技术发展报告

（国家燕麦荞麦产业技术体系）

一、国际燕麦荞麦生产与贸易概况

2013年度全球燕麦种植面积10.43亿亩，产量预计为2 362.9万吨，同比增加14.6%。主要生产国欧盟28国（851.5万吨）、俄罗斯（500万吨）、加拿大（389万吨）、澳大利亚（125万吨）、美国为（95.6万吨）。加拿大燕麦出口量为170万吨，同比增加24%，其他国家出口量与去年持平。燕麦进口最大国美国进口燕麦170万吨，同比增加19%。最大消费国欧盟消费830万吨，同比增加5%，俄罗斯消费500万吨，同比增加16%，加拿大消费175万吨，同比增加14%。2012年我国进口燕麦约7.5万吨，同比增加25%，主要为南方大中型燕麦加工企业。

2013年度全球荞麦种植面积总产量预计为226.2万吨。主要生产国有俄罗斯（79.6万吨）、中国（70万吨）、乌克兰（23.9万吨）、法国（10.5万吨）、波兰（9.4万吨）、美国（8.2万吨）、巴西（6万吨）、日本（4.5万吨）等。2013年我国继续保持了荞麦生产的主导国地位，总产量约占世界总产量的40.2%。我国荞麦年出口量15万～20万吨，占总产量15%左右，国内消费仍是主要市场。我国燕麦荞麦生产总量稳定，对加工业亦有较积极的影响，市场开拓活动活跃。由于今年全球风调雨顺，杂粮产量增加，导致了燕麦荞麦价格下降。

二、国内燕麦荞麦生产与贸易概况

中国的燕麦种植区面积约为1 000万亩，2013年总产量80万吨左右，和2012年持平。国内共有100多家规模燕麦加工企业，燕麦食品加工量58.15万吨。燕麦粉是最大的燕麦食品加工产品，产量22.02万吨；其次为燕麦片（约18.04万吨），燕麦米（约10.45万吨），燕麦饮品、燕麦方便面等其他产品（约0.44万吨）。非食品饲草加工量6.5万吨，饲草加工量最大的是内蒙古，云贵川三省基本没有燕麦食品和饲草加工业。燕麦粉及面制品等初加工产品占总量的70%，燕麦片等大众化食品占15%，其他产品占15%。我国形成了两个燕麦产业集群，另一个是以河北张家口、内蒙古呼和浩特、山西大同为中心的华北燕麦产业集群，种植面积约600万亩，年消耗燕麦40万吨左右。第二个是以广东汕头、广西桂林、上海、安徽合肥为中心的华东燕麦产业集群，除了由国内市场调运优质燕麦外，年均进口10万吨燕麦进行加工。目前我国燕麦原料价格约2 800元/吨，低于2012年价格水平。

2013年度我国荞麦种植面积为1 050亩，总产量70万吨。其中甜荞主产区有内蒙古、陕西、山西、甘肃和宁夏等省区，种植面积约600万亩。苦荞主要产区有云南、四川和贵州等地，其种植面积约525万亩。甜荞原料价格约为2 600元/吨，苦荞原料价格为3 400元/吨。全国荞麦加工企业约600家，主要分布在内蒙古、四川、山西、陕西四省。主要产品依次为荞麦面粉、荞麦米、苦荞茶、荞麦挂面等，初加工产品荞麦粉、饸饹等产品约占70%，大众化产品荞麦米、挂面、茶等产品约占15%，其他约15%，产品加工更加多元化，但还没有大的技术突破。

三、国际燕麦荞麦产业技术研发进展

2013年度国外发表有关燕麦论文2 782篇，荞麦论文459篇。申请燕麦加工专利279项，荞麦加工专利357项。出版《燕麦化学与加工》《谷物与杂豆的营养与健康功能》著作两部。

国外关于燕麦荞麦遗传育种的研究已进入基因组学时代，研究内容涉及种质资源评价、遗传多样性研究，形态性状遗传分析、基因克隆与功能验证、基因表达谱分析、重要性状的遗传作图、资源加工品质评价、起源与进化等研究。霉菌毒素是影响燕麦食品安全的一种重要化学物质，但导致霉菌毒素的燕麦赤霉病抗性基因研究尚未见报道；美国专家检测到5个与赤霉病抗性相关QTL，对赤霉病抗性的贡献率为12.2%～26.6%。

燕麦目前的关注目标还是产量问题，荞麦关注的是结实率问题，对提高燕麦、荞麦品质方面的研究处于探索阶段。虽然国外燕麦育种均以皮燕麦为主，但是国外对源于我国的裸燕麦资源也十分感兴趣，正在积极选育无绒毛的燕麦新品种，但国内外还需要在抗病性、产量方面继续联合攻关。

国外在专用燕麦新品种选育、栽培、加工、产业发展等方面统筹发展，在燕麦产品的安全性、商品性、健康性、大众性、实用性等方面稳步发展。越来越多国家的育种家把β葡聚糖含量、蛋白质含量和产量3个指标连动起来作为燕麦品种选育的指标体系。澳大利亚育种家已经关注中国燕麦饲草的应用，并在育种上予以关注。

燕麦在人类食品营养和其他方面的用途是目前世界各国关注度最高的领域之一，多学科参与都在关注膳食纤维（β-葡聚糖）、生物碱、蛋白质、脂肪的功能特性。国外对荞麦研究多集中在营养与功能活性方面，对挤压膨化、生物发酵、综合利用等新技术的开发应用研究正在进一步加强。

国际上十分注重全谷物食品十分关注，对全谷物中营养素研究也十分系统持续，产品种类涵盖主粮和杂粮，消费量日益稳定增长。瑞典Prorsum Healthcare AB公司利用先进技术开发的高浓度燕麦葡聚糖特殊食品（贝塔克露），在欧洲和中国市场深受欢迎。

四、国内燕麦荞麦产业技术研发进展

国内发表有关燕麦论文109篇，荞麦论

文 152 篇。申请燕麦有关专利 34 项，荞麦专利 91 项。出版《中国荞麦学》《苦荞举要》重要著作两部。

在燕麦遗传方面，发现 CL17667 家族基因在次生代谢、淀粉和蔗糖、半乳糖、氨基酸和核苷酸，戊糖和葡萄糖醛酸酯代谢途径中起关键作用。完成苦荞发育期种子的转录组测序分析，发现黄酮合成酶基因的翻译水平提高是苦荞黄酮含量大大高于甜荞的主要原因。完成了 2S 过敏清蛋白基因和 13S 球蛋白 2 个种子蛋白亚基基因测序，以及丝裂原蛋白激酶、类受体蛋白激酶和脱落酸不敏感因子 3 个落粒性基因结构与功能研究。

育种方面共育成燕麦新品种 10 个，荞麦新品种 4 个。开展了燕麦籽粒大小遗传特性、矮秆性、抗寒性、光照不敏感基因遗传研究。发现燕麦与二穗短柄草亲缘关系最近，为下一步燕麦基因组研究提供一定的数据基础。针对原 CA 燕麦雄性不育株存在的异交率低、生育期短、植株较矮的问题，为了转育出各种类型的新型不育材料，提供了一种选育 50% 燕麦雄性不育系的方法。

栽培方面，制定了荞麦荞麦种植相关技术规程共九项。筛选出了一种较为安全的燕麦大田除草剂苯嘧磺草胺；完成了气候变化对我国主要燕麦产区燕麦需水量的影响研究；完成了燕麦与大豆、绿豆间作，燕麦与大豆、花生轮作等种植制度构建及机理研究；研究了与结实率相关的内源激素及内源激素比率与苦荞产量和品质形成的关系；围绕燕麦水分生理生态基础研究，开展了燕麦产量器官与穗叶光合对干旱胁迫的响应机制研究。

病虫害防控方面今年燕麦炭疽病持续发生；燕麦红叶病发生较普遍，但是发病较轻；燕麦细菌性条斑病有一定上升的趋势；黑穗病在不同地区都有发生，发病株率 1%～5%。燕麦禾谷孢囊线虫病这一新的潜在病害已有发生，但发生较轻。荞麦方面北方以黑斑病、轮纹病、叶斑病、立枯病、白粉病、霜霉病和病毒病发生比较普遍，其中甜荞黑斑病、苦荞白粉病发生较重，发病面积大。

加工利用方面，燕荞麦体系专家组积极开展产业服务和技术交流，注重体系内外的产学研交流，丰富了燕麦荞麦品质数据库，开展了一系列以燕麦荞麦为原料的主食化研发工作，并深入探索了燕麦荞麦及其功效成分的功能性验证，有力支撑了体系遗传育种、栽培模式的研究工作。对于金荞麦茶功能特性研究表明，其抗癌活性超过一些传统抗癌中药。

国内燕麦荞麦产业发展活跃，其中以河北金沙河面业公司生产荞麦面片、四川濠吉集团采用二次挤压技术生产杂粮方便面、马大姐食品有限公司生产的新型糖果——嚼着吃的燕麦、旺旺集团生产燕麦方便粥系列产品、吉林市永鹏农产品公司生产全谷物杂粮通心粉、福建新顺成公司生产杂粮人造米深受市场欢迎。湖南富马科公司利用开发的双螺杆挤压机可以进行燕麦荞麦全籽粒加工，节能降耗，产品质量稳定，受到市场广泛关注。陕西天食食品公司利用无菌在线热包装技术实现了杂粮添加量 40%，常温保鲜期 90 天的杂粮馒头加工技术，受到国内同行普遍赞誉。

（燕麦荞麦产业技术体系首席科学家任长忠提供）

2013年度食用豆产业技术发展报告

（国家食用豆产业技术体系）

一、国际食用豆生产及贸易概况

全世界食用豆常年种植约7 300万公顷、总产量6 700万吨左右，其中加拿大、澳大利亚、中国、美国、阿根廷是主要生产国和出口国，印度、中国、美国、埃及、巴基斯坦是主要进口国。印度是世界食用豆市场的主要购买者，而加拿大是世界食用豆的主要供给者。中国在世界食用豆贸易中占有重要地位，既是主要的出口国（居第三位），也是主要的进口国（居第二位）。美国在世界食用豆产业中同样也占有比较重要的位置，是世界食用豆主要生产国、第四大出口国、第三大进口国。

2012年世界食用豆贸易与2011年同比增长11%，进出口贸易总额达到167亿美元，其中贸易总量在300万吨的大宗产品依次为豌豆、芸豆、扁豆，分别为750万吨、331万吨、300万吨。据FAO统计，2012年全世界有98个国家生产干豌豆，年收获面积659.39万公顷，年总产983.00万吨；近年来，世界干豌豆面积基本稳定，但国际贸易快速增长，出口总量由十年前的274.71万吨增加到现在的482.09万吨，进口总量也由267.11万吨增加到431.67万吨。与2012年相比，2013年世界干蚕豆贸易总量下降4.38%，成交金额下降15.09%，成交单价下降11.48%。2013年国际市场对芸豆需求量稳步增长，价格明显上涨，其中奶花芸豆和英国红价格涨幅最大，港口价格每吨奶花芸豆8 000～9 000元、英国红约14 000元、小黑芸豆6 000～7 000元，而小白芸豆仍在每吨8 000～9 000元。绿豆、小豆产区主要在亚洲地区，中国为最大的生产和出口国。

二、国内食用豆生产与贸易概况

据体系调查，我国东北、华北及西北食用豆主产区，由于受春季降雨多、玉米种植面积扩大、生产成本增加等因素影响，绿豆、芸豆、蚕豆、豌豆等播种面积有所减少，生长期间受西北区冻害干旱和华北及东北区花荚期多雨和洪涝灾害影响，产量较去年减少15%左右。西南区受鲜食蚕豆豌豆市场价位高及产业结构调整等因素影响，种植面积和产量有所增长。总体来看，2013年我国食用豆生产总体保持稳定，面积约5 000万亩、总产量500万吨。其中，绿豆种植约1 000万亩，总产约90万吨，略有减少；小豆面积约350万亩、总产约25万吨，略有减少；芸豆面积约 800 万亩、总产约 120 万吨，略有减少；蚕豆面积约1 500万亩、总产 150 万吨，基本持平；干豌豆受加拿大进口豌豆的影响，种植面积明显下降，约1 000万亩，总产 85 万吨；而鲜食蚕豆豌豆因经济效益较好，生产发展较快，主产区云南、贵州、四川、江苏及湖北等地种植面积增长约 15%。

2013 年 1～9 月我国食用豆出口量为691 409.82吨，同比减少 4.7%；出口额为78 077.28万美元，同比增长 8.0%。进口量为599 705.81吨，同比增加 27.7%；进口额为43 751.13万美元，同比增长 0.2%。食用豆净出口量为 91 704.01 吨，净出口额为34 326.15万美元，继续保持贸易顺差状态，且较 2012 年度有所扩大。中国食用豆出口到世界 100 多个国家或地区，主要有巴西、日本、印度、意大利、委内瑞拉、古巴、韩国、印度尼西亚、美国、也门、越南、南非、阿联酋、菲律宾等，占出口总量的79.64%；其中对出口创汇贡献最大的是芸豆，其次是绿豆、小豆。中国食用豆进口国主要是加拿大、印度、巴基斯坦、美国、缅甸，占进口总量的 98.62%；豌豆依然是进口用汇最多的一个豆种，1～9 月净进口548 647.04吨，净进口额24 316.16万美元，比 2012 年度均有所增长。

三、国际食用豆产业技术研发进展

1. 抗性基因资源挖掘及遗传育种研究取得新进展 抗性基因资源挖掘：澳大利亚研究发现豌豆资源“ATC113”对豌豆象具有较高抗性，以 ATC113 为母本、Pennant 为父本进行杂交，F_2 代对豆象抗性分离比为 1∶37∶26，表明抗豆象性状主要以 3 个等位基因叠加控制。巴西和美国科学家发现菜豆品种 Ouro Negro 携带的抗炭疽病基因 Co-10 和抗角斑病基因 Phg-ON 共分离，并作图在 Pv04 染色体上，与分子标记 g2303 共分离。美国和捷克科学家利用 TRAP 技术发展了可用于分子选择育种的 3 个与镰孢菌枯萎病抗病基因紧密连锁的分子标记。意大利和荷兰科学家开发出一组豌豆抗白粉病基因 er1 功能标记。西班牙科学家发现了豌豆及近缘种对 *Didymella pinodes* 引起的壳二孢疫病的抗性机制。

分子标记及定位研究：Gupta 等从绿豆 EST 序列找到2 299个 SSR 模块，并开发1 742 个 SSR 标记。韩国 Van 等利用 Illumina HiSeq，对绿豆 Sunhwanokdu 和 Gyeonggijaerae 5 进行全基因组测序，发现品种基因组间有超过 30 万个 SNP 差异。韩国 Sukuhaa Lee 完成了 VC1973A（中绿 1 号）等 3 个栽培和野生绿豆全基因组测序。Naito 等应用新一代测序技术进行细胞器基因组研究，发现小豆线粒体基因组（mtDNA）和叶绿体基因组（cpDNA）在大小和基因含量上与绿豆非常相似；在结构上线粒体 DNA 序列在小豆和绿豆共同祖先的分化过程中发生了多次重组，cpDNAs 在小豆和绿豆间几乎相同。加拿大 Saskatchewan 大学和美国 USDA-ARS 分别开始了豌豆基因组初测序研究。美国科学家证明菜豆抗三叶草黄脉病毒（ClYVV）的 3 个隐性基因 *cyv*、*desc* 和 *bc*-3 是控制马铃薯 Y 病毒 *Bc*-3 的等位基因；鉴定出两个菜豆抗性白粉病基因 *Pm*1 和 *Pm*2，分别定位在 Pv11 和 Pv04 染色体上。

抗性育种研究：近年来，加拿大豌豆育种方向依然坚持适合机械化收割的半无叶株形、白花品种，并将培育抗阔叶类除草剂作为必要条件。通过种质资源和EMS突变体库筛选，获得抗草甘膦等常用除草剂且抗性遗传稳定的豌豆育种材料，选育一批抗除草剂半无叶豌豆新品种。另外，加拿大、澳大利亚、美国等在豌豆育种中，将主要非生物胁迫，如低温、土地盐碱化、干旱、霜冻和热害作为重点，进行亲本筛选和抗性品种培育。巴西科学家通过RNAi方法首次获得商业化的对菜豆金花叶病毒免疫的转基因菜豆品系，并提供了转基因检测方法和食用安全性证明。

2. 耕作栽培管理技术进一步完善 目前，美国、加拿大等国芸豆生产几乎已实现全程机械化，主要采用大垄高台或大垄双行种植，捡拾收获（80%～90%成熟收割晾晒5～7天，再由机械捡拾脱粒）、联合收割机一次性收获两种方式；为便于机械收获，也有使用脱水剂或干燥剂处理，以提高收获质量。日本北海道小豆生产也基本实现了全程机械化管理，收获方式与美国和加拿大的芸豆相似，只是设备进一步小型化，其中捡拾收获损失率在5%～10%，联合收割损失率在10%～20%。鉴于豌豆、蚕豆是冷季豆类作物，冬前播种翌年春季收获（澳大利亚），或早春播种夏末秋初收获（加拿大），因播种前后温度低，播前地表喷洒除草剂即可有效解决播种和苗期杂草问题，不需要翻耕压草，免耕种植，已在澳大利亚、加拿大豌豆、蚕豆生产中大面积应用。

3. 病虫害防控研究取得新的进展 埃及科学家发现，播种后30天和70天两次叶面喷施10毫摩尔/升 $KHCO_3$ 或 K_2HPO_4 防止蚕豆赤斑病发生并提高产量。Prakash等（2013）发现樟树香精油能防止鹰嘴豆真菌和其他昆虫侵害，且不影响种子发芽力。Obembe等（2013）认为婆罗、山香、蓖麻和肿柄菊提取物能有效控制豇豆象，可作为仓储豆象防控药物使用。Zandi-Sohani等（2013）证明红千层精油对四纹豆象成虫有一定毒性，但对不同熏蒸时间雌雄虫死亡率存在差异的。Cheng等（2013）表明在低 O_2 条件下，提高 CO_2 浓度能增加四纹豆象成活率和发育速率。种皮是豆象侵染的第一道屏障，四纹豆象在非寄主菜豆种子表面的产卵量，幼虫体重和成活率均有所减少，但对胚胎发育没有影响，表明种皮对四纹豆象的影响，主要是通过限制其消化来影响幼虫生长。

4. 功效成分和产品研发取得新进展 日本、韩国、印度等科学家已开始研究食用豆功能成分特性及在预防人类疾病中的作用。Hamaoka等对有皮、没皮红小豆提取液研究发现，两种提液均可对α-葡糖苷酶产生抑制作用又可诱导GLP-1分泌，表明红小豆可作为预防高血糖食品应用。Oh HM等评估了小豆提取物对抑制IL-6信号转导，及胶原诱导性关节炎的治疗效果，发现小豆提取物有助于IL-6相关疾病（包括类风湿性关节炎）的治疗。Kim等研究绿豆酚类化合物的变异及相关分析，发现品种来源不同分类化合物含量有显著差异，香豆酸和白藜芦醇、儿茶素含量与芦丁之间呈显著正相关，品种it104818含有高浓度的酚类化合物，是一个很好的育种候选材料。Sun等利用色谱法测定了绿豆芽中5种植物激素的含量，提出绿豆芽乙酸、吲哚丁酸、赤霉素、脱落酸和萘乙酸含量简单、快速的色谱测定方法。Lapsongphon 等利用 *virgibacillus* sp. sk37 蛋白酶水解分离纯化绿豆粉中抗氧化肽，表明来源于 VH 的纯化肽（F37）具有最高的抗氧化活性。

四、国内食用豆产业技术研发进展

1. 筛选出一批适宜我国不同区域种植的多抗专用品种　在 2012 年工作基础上，国家食用豆产业技术体系筛选出 62 个优良品种，在 58 个试点进行适应性试验，鉴定出保绿 942-34、吉红 11 号、龙芸 24-0511 豆、成胡 18 号、云豌 21 号等广适、高产品种 9 个，适宜不同区域种植的优良品种 22 个；同时，还鉴定出中绿 11 等抗叶斑病绿豆，中红 9 号等抗白粉病小豆，龙 28-0469 等抗锈病芸豆，苏 03010 等赤斑病蚕豆，云豌 8 号等抗白粉病豌豆；适宜东北机械化耕作绿豆、小豆、芸豆；适合与玉米、棉花、幼龄果（林）树等间套种绿豆、小豆、蚕豆、豇豆；适于旱区地膜覆盖绿豆、芸豆、蚕豆；适宜稻茬免耕蚕豆；出口专用绿豆、小豆、芸豆；蛋白加工及抗氧化专用绿豆，降血糖专用小豆等。

2. 培育出一批抗病虫优质高产新种质和新品种（系）　收集鉴定国内外种质 1707 份，评选出可供育种和种质创新利用的资源 36 份，筛选出抗豆象、抗病、耐旱、耐冷等种质资源 93 份，其中抗豆象绿豆优良品种已开始在生产上大面积示范应用；通过有性杂交，获得 114 个优良品系，评选出一批综合农艺性状优良抗性突出的新种质（品系）；通过小豆、绿豆新品系联合鉴定，筛选出广适高产品系 6 个；培育并通过国家鉴定新品种 3 个（白绿 8 号、成胡 15 号、云豆 690），通过有关省市区品种管理部门审（鉴）定品种有 26 个，包括绿豆 11 个、小豆 5 个、芸豆 1 个、蚕豆 5 个、豌豆 3 个。

3. 优化完善了不同生态区高产高效栽培技术，并制定出相关技术规程　针对不同生态区种植特点，优化和完善了东北区芸豆、绿豆、小豆机械化生产、华北区棉花绿豆间作种植、绿豆小豆玉米间作套种栽培、西北区旱地绿豆地膜覆盖、春蚕豆全膜双垄沟播种栽培、华东及中西部地区蚕豆多元多熟种植、西南区稻茬免耕等栽培技术，经在相关试验站示范，增产幅度在 10% 以上。通过品种筛选和配套栽培技术集成示范，研究制定高寒区旱地绿豆地膜覆盖栽培、“鲜蚕豆—鲜大豆—鲜秋豌豆”高效种植、“鲜食蚕豆/鲜食玉米/棉花”高效种植、半无叶豌豆栽培、旱地红芸豆栽培等技术规程，2013 年通过有关部门批准并颁布实施。优化抗旱、耐冷鉴定指标体系各 1 套，完善西北旱区芸豆及西南区豌豆、蚕豆高产群体与功能结构。

4. 多抗专用品种及其配套技术示范与高产创建成效显著　大理百亩凤豆六号蚕豆，亩产 249.16 千克；重庆通蚕鲜 8 号蚕豆，亩产鲜荚 972.2 千克，折干籽粒亩产 214.7 千克；西宁青海 13 号蚕豆，亩产 424.7 千克；重庆岗坡的中绿 5 号，亩产 167.4 千克；南宁 250 亩绿豆甘蔗套种，亩产 102.7 千克；南阳麦后复播中绿 5 号，亩产 185.29 千克；合肥 300 亩麦后复播中绿 5 号，亩产 242.67 千克，幼龄桃—绿豆套作中绿 5 号 300 亩，亩产 122.47 千克；乌鲁木齐旱地中绿 5 号，亩产 241.74 千克的好收成。

5. 病虫害综合防控技术研究取得突破性进展 进一步明确我国食用豆主产区豆象种类、分布及危害现状，发现在我国发生的豆象主要有绿豆象、蚕豆象和豌豆象，其中绿豆象主要危害绿豆、小豆、豇豆等，在西南地区还危害蚕豆、豌豆和芸豆，其中以蚕豆为重。明确了菜豆象在我国的分布区域和不同地区来源菜豆象群体的遗传关系，发现我国菜豆象由吉林延吉和云南文山两个入侵群体组成。筛选出高效、低毒防治豌豆象和蚕豆象药剂，瓢甲敌、高效氯氰菊酯、联苯菊酯等，研制出大蒜精油等植物熏蒸剂，集成田间和仓储豆象综合防控技术5套，经多点示范防治效果良好。优化蚕豆赤斑病、绿豆叶斑病和芸豆细菌性疫病等抗性鉴定技术各1种；完善豌豆白粉病、蚕豆赤斑病、绿豆叶斑病和芸豆细菌性疫病等病害综合防控技术4套，经大面积示范防治效果良好。对绿豆抗豆象、豌豆抗白粉病基因进行了基因精细定位和分子标记研究。

6. 食用豆功能成分分析与产品研发进一步发展 鉴定出小豆蛋白中降血糖功能因子，经动物实验KK-Ay鼠血液中甘油三酯、高密度脂蛋白、尿素氮、葡萄糖水平等指标明显降低，研制出小豆降血糖功能食品1种；鉴定出绿豆抗氧化功能因子，筛选出抗氧化专用品种2个；开展乙烯对豆芽保质期影响研究，形成绿豆芽保质期技术1套；开展传统酸浆法、改良酸浆法、干法酸沉碱溶法提取的豌豆分离蛋白制品的理化特性与蛋白组分研究，研制豌豆蛋白饮品3种；开展绿豆、小豆功能饮品及工艺研究，研发出豆衣袋泡茶和小豆纳豆产品；开展小豆皮渣固态发酵条件优化及功能性研究，研发出红小豆纤维饼干1种。

7. 产业经济调研和基础数据库建设逐步完善 优化完善了国家食用豆产业技术体系山西、吉林、江苏、云南等省食用豆固定观察点，及20多个主产省400多个固定观察户建设，继续对我国食用豆生产、消费、贸易等进行系统调查，开展生产要素变化评估、市场变化趋势分析、产业政策预测预警模型和发展政策研究。跟踪体系研发进展，开展多抗专用新品种及其配套技术示范经济效益评估，研究科技发展对食用豆产业发展支撑作用。以吉林白城为例对绿豆新品种推广经济效益，以陕西榆林为例对绿豆旱地双沟覆膜栽培经济效益，以云南为例对蚕豆免耕直播新技术经济效益进行初步评估。通过系统调查研究，建立完善食用豆产业技术国内外研究进展、全国省以上科技立项、全国从事研发人员、主要仪器设备、其他主产国产业技术研发机构、种质资源、品种、病虫害、农药、肥料、土壤肥力、市场信息动态、生产与贸易、产品加工企业等16个数据库及相关数据信息，为领导决策、农民增收、企业增效提供参考依据。

（食用豆产业技术体系首席科学家程须珍提供）

一、国际马铃薯生产与贸易概况

1. 生产概况 据 FAO 统计数据[①] 2012 年世界种植面积为 2.90 亿亩，较 2011 年增加 0.02 亿亩，总产 3.68 亿吨，较 2011 年减少 0.05 亿吨，分布在全球 159 个国家和地区，亚洲和欧洲面积分别占全球面积的 50.48%和 30.96%；世界十大主产国是中国、印度、俄罗斯、乌克兰、美国、德国、孟加拉国、波兰、白俄罗斯和荷兰。世界平均亩产1 271千克，较 2011 年减少 26 千克，平均亩产在3 000千克以上的国家有新西兰、比利时和荷兰，64 个国家和地区的平均亩产不到1 000千克。总体来看，2012 年全世界马铃薯生产形势要略差于 2011 年。

2. 贸易概况 根据联合国商贸数据统计[②] 2012 年世界出口和进口数量分别为 1 930.30万吨和1 900.74万吨，较 2011 年分别减少 5.45%和 4.12%，其中冷冻马铃薯和种用马铃薯出口数量减幅分别为 52.46%和 18.20%；马铃薯淀粉和团粒出口数量有所增加，增幅分别为 20.35%和 13.22%；其他马铃薯产品出口量变化不大，变幅在±10%内。2012 年世界出口和进口金额分别为 122.61 亿美元和 120.51 亿美元，较 2011 年分别减少 10.35%和 11.96%，世界贸易第一、二大产品分别为冷冻马铃薯和鲜马铃薯，出口额分别占出口总额的 45.94%和 20.20%。

二、国内马铃薯生产与贸易概况

1. 生产概况 根据体系专家调查统计，2013 年全国种植面积和产量分别为10 048.4 万亩和13 096.66万吨，分别较 2012 年增加 65.5 万亩和 552.66 万吨。其中，面积超过 1 000万亩的地区有四川、贵州、甘肃和内蒙古，面积 500 万亩以上1 000万亩以下的地区有云南、陕西、重庆和湖北，面积 200 万亩以上 500 万亩以下的地区有黑龙江、宁夏、河北、山东、山西和吉林。全国平均亩产1 303.36千克，较 2012 年增加 46.81 千克。各地生产水平差异比较大，山东和天津平均亩产达2 500千克，而山西和陕西平均亩产不足1 000千克。

2. 贸易概况

（1）市场价格。2013 年全国各地田间

---

① 数据来源 FAO 统计数据库，http：faostat.fao.org，2013 年 11 月 6 日。

② 数据来源联合国商贸数据库，http：comtrade.un.org，2013 年 11 月 6 日。

价比2012年平均涨30%左右，总产值1 715亿元。1～5月份南方冬作和中原区每千克150克以上商品薯田间价格为2～3元；9～10月份北方和西南主产区每千克200克以上商品薯田间价格为1.2～2元，大宗价每千克1.5元左右。

（2）国内贸易。各地区实现鲜薯异地销售4 839.29万吨，占总产量的36.95%，加工原料薯销售1 064.7万吨，收获后贮藏量2 650万吨，导致12月后北方价格微降。

（3）国际贸易。全年马铃薯及其制品贸易总额37 709.6万美元，其中出口额18 558.1万美元，进口总额19 151.5万美元，逆差593.4万美元。出口产品中，鲜薯29.9万吨、12 665.3万美元，占出口总额的68.25%；速冻马铃薯2.16万吨、4 060.5万美元，占出口总额的21.88%；其他制品1.51万吨、1 739.9万美元，均不同程度增加。进口产品主要为速冻马铃薯和淀粉制品两类，其中速冻马铃薯进口12.08万吨、14 663.0万美元，占进口总额的76.56%；淀粉类产品进口量4.68万吨、4 487.0万美元，占进口总额的23.43%。

三、国际马铃薯产业技术研发进展

1. 遗传育种

（1）块茎发育。荷兰的Kloosterman等发现了1个影响熟期和诱导块茎形成的核心调控子基因，其等位变异使马铃薯能在长日照下结薯并在不同纬度地区广泛栽培；Roumeliotis等鉴定了在块茎形成的早期阶段起重要作用、影响介导激素分配的跨膜蛋白基因*StPIN*。

（2）分子标记辅助育种。德国的Li等发现了1个影响炸片颜色、块茎淀粉含量和淀粉产量的位点Pain-1，并和其他11个与块茎质量性状连锁的分子标记结合应用于育种群体的标记辅助选择；波兰的Tomczyńska等从Sárpo Mira品种中定位了1个位于11号染色体的晚疫病抗性基因并开发了其分子标记，该基因与Rpi-phu1基因被整合到多个品系中表现出了较好的晚疫病抗性；德国的Fischer等开发了多个影响块茎淀粉含量和产量、炸片品质的亮氨酸氨基肽酶SNP标记；荷兰的Uitdewilligen等利用二代测序技术对83个四倍体栽培品种进行了基因分型研究，获得了多个与农艺性状关联的分子标记。

（3）育种技术。澳大利亚的Slater等利用BLUP（best linear unbiased prediction）预测方法，在掌握育种材料系谱信息的基础上，可比较准确的评估低遗传力性状的育种值，大大提高育种后代的选择效率。

2. 栽培与作物生产

（1）肥料与生长。德国Bangemann等提出氮肥、晚疫病控制和品种的相互作用显著影响叶面积指数和光能截获能力，光能利用效率和光能截获能力能有效预测块茎干物质积累；美国Rosen等的研究表明叶柄测量磷含量可以作为追磷肥的依据。

（2）水与生长。英国Wishart等发现块茎产量与基根长度成反相关、与基根重量成正相关，温室试验结果与田间的一致，可以利用温室中的测量预测田间块茎产量；Wendy等认为早期根区局部干燥可以促进植株提高对耐旱性。

（3）逆境生理。澳大利亚Schafleitner等认为冷、旱和弱光等逆境降低了植株CO_2

吸收、增加了呼吸作用，从而降低光合效率，指出二磷酸核酮糖羧化酶是影响净光合效率的关键因子；波兰 Rykaczewska 指出高温反应与植株发育阶段相关，越早遇到高温，植株生长越不正常。

（4）营养品质。拉脱维亚 Skrabule 等报道了有机栽培模式下维生素 B_1 含量高。

（5）栽培与环境。加拿大 Mousavi 等测定了魁北克马铃薯主产区饮水、灌溉和废水中氰化物和硝酸盐浓度，以了解马铃薯耕作对环境中水的污染情况。

3. 病虫害防控

（1）美国科学家发现大豆疫霉的两个效应因子通过阻遏 sRNA 合成抑制植物的 RNA 沉默，实现自身防御。

（2）Koch 等发现靶定真菌细胞色素基因 CYP51 的寄主诱导性基因沉默能够有效抑制镰刀菌对植物的侵染。

（3）新西兰科学家发现黑痣病 AG-3PT 和 AG-2-1 结合群 rDNA-IGS1 区域序列变异很大，AG-2-1 侵染力强感染匍匐茎引起薯块畸形。

（4）西班牙科学家发现草酸青霉能够降低马铃薯囊肿线虫的幼虫及囊肿的数量；爱尔兰科学家发现两个马铃薯囊线虫抗性位点（GpaIVsadg 和 Gpa5）对 Pa2/3 型囊线虫具有叠加效应。

（5）印度发现绿原酸能够有效抑制 PVX 的侵染。

（6）美国密歇根州首次发现当地马铃薯早疫病菌株产生啶酰菌胺和吡噻菌胺抗性。

（7）Wood 等研究了用天然植物成分控制马铃薯采后黑斑病、银腐病和软腐病；Carpio 等研究了用 1 种病毒生物杀虫剂控制安第斯马铃薯块茎蛾。

4. 田间机械 研制了气吸式马铃薯播种机，具有作业速度高（10 千米/小时）、精量播种（株距的均匀性可达人工播种的精确度）、性能可靠、集机电液在线监测与遥感技术、航天表面处理技术于一体等优点，航天材料表面处理技术首次应用于农业机械，解决了该播种机的核心部件——旋转配气阀的气密性与耐磨性的矛盾。

5. 深加工技术和副产品综合利用

（1）贮藏保鲜。日本采用具有高吸水性的聚合物与活性炭袋状垫子，吸收薯块呼吸作用释放的水分、乙烯等，防贮藏结露。

（2）油炸食品加工。Arias-Mendez 等报道了薯片中丙烯酰胺的含量与生产工艺的关系并建立了相应的数学模型；Basuny 研究了油炸前各种预处理方式对薯片丙烯酰胺含量生成的影响；Muttucumaru 等研究了肥料中的氮元素和硫元素对加工产品中丙烯酰胺的含量有影响。

（3）淀粉深加工。Reddy 等研究了普鲁兰酶制备的马铃薯抗性淀粉的粘贴、质构和热性能，Staroszczyk 等研究了微波辅助制备的化学改性淀粉的流变学性质。

（4）Hernoux-Villière 等在微波和超声波同时辅助作用下用硫酸水解马铃薯淀粉工业的废弃物——薯渣生产还原糖，Giuseppin 等获得了天然活性马铃薯蛋白的分离提取方法的专利。

四、国内马铃薯产业技术研发进展

1. 遗传育种

（1）徐建飞等报道马铃薯晚疫病抗性基因 R10 介导的抗病性由 1 个主效基因和数

量性状位点控制。

（2）喻艳等利用原生质体融合构建了含有茄子和马铃薯种质的多个杂种后代，对青枯病菌有较好抗性。

（3）沈云龙等利用 hiTAIL-PCR 技术对马铃薯薯形突变体 T-DNA 插入位点两侧的侧翼序列进行了分析，细胞分裂素合成酶基因（StIPT）可能参与马铃薯薯形发育。

（4）李钦等分析了 20 个马铃薯品种的还原糖含量及对应油炸薯片的丙烯先含量。

（5）截至 2013 年 11 月底，共审定新品种 22 个，其中国审 3 个、高淀粉品种 2 个、彩色品种 2 个，品种类型更加丰富。

2. 栽培与作物生产

（1）在不同生产生态环境下，研究了主栽品种的水、肥需求特性和吸收规律，提出马铃薯的水肥高效利用的覆膜栽培、大垄栽培、间作套作综合配套栽培技术。

（2）分析了主产区的生产特点，完善小型农机具的选型。

（3）推广平衡施肥，使用微肥和植物生长调节剂。

（4）研究了抗旱、抗寒生理机制，干旱、低温对马铃薯外部形态、细胞结构、生理生化的影响。

（5）研究了前茬使用除草剂以及土壤重金属污染对马铃薯的影响。

3. 病虫害防控

（1）周采文等用 RT-PCR 结合 RACE 的方法从马铃薯腐烂茎线虫（*Ditylenchus destructor*）中克隆了 1 个类毒液过敏原蛋白新基因 Dd-vap-1，该基因可能在马铃薯腐烂茎线虫侵染甘薯的早期阶段起重要的作用。

（2）王源超等报道大豆疫霉菌和致病疫霉菌中含有磷脂酰肌醇磷酸激酶结构域的 G 蛋白偶联受体参与产孢和致病过程。

（3）孙现超等证明拮抗放线菌 JY-22 对马铃薯干腐病菌 *F. solani* 菌丝生长和孢子萌发均有很强的抑制作用。

（4）黑龙江哈尔滨分离鉴定出马铃薯干腐病致病菌黄色镰刀菌（*F. culmorum*）；寇宗红等发现柠檬酸可通过直接抑菌和诱导抗性来减轻马铃薯干腐病的发生。

（5）2-cysteine 型过氧化物还原酶（2-Cys Prx）在抵抗外源性 ROS 保护植物线虫表皮免受氧化性损害以及线虫生长发育方面具有重要作用。

4. 田间机械

（1）采用了 GPS（卫星定位系统）系统，进行马铃薯整地和播种作业，实现无人驾驶，并向精准农业发展。

（2）国内马铃薯收获机专利研发一种防堵机构：由前导轮、压草轮、挖掘铲分石栅、升运链和仿形压垄轮共同组成，解决了马铃薯收获机作业过程中易产生堵塞、壅土作业阻力大技术难题，作业效率比以前提高 1.5 倍。

5. 深加工技术和副产品综合利用

（1）吴琼利用无线传感器网络技术的监控系统对贮藏环境进行监控，王学贵、葛霞、李玲分别研制成马铃薯抑芽保鲜剂各 1 种。

（2）马铃薯方便菜肴等半成品制品加工在餐饮配送企业开始推广应用。

（3）谢岩黎等研究了微波处理马铃薯淀粉颗粒的理化性质。

（4）钟源等优化了马铃薯龙葵素提取技术。

（5）王帅等公开了1种以马铃薯淀粉为原料制备可降解地膜的方法；温国华等公开了一种适用于高吸水树脂制备的马铃薯淀粉胡静的制备方法。

（6）以马铃薯为原料的食品饮料制作制备方法的专利8项。

（7）刘刚等研发的从马铃薯淀粉加工分离汁水中回收蛋白的生产线在宁夏西吉西吉袁河淀粉公司投产；赵振宁等获得马铃薯淀粉渣混合青贮饲料及其应用的专利。

（马铃薯产业技术体系首席科学家金黎平提供）

2013年度甘薯产业技术发展报告

（国家甘薯产业技术体系）

一、国际甘薯生产与贸易概况

根据联合国FAO最新统计资料，最近5年（2008—2012）世界种植甘薯面积平均为815万公顷，鲜薯总产1.04亿吨，单产12.76吨/公顷，其中2012年种植面积为805万公顷，低于最近5年平均水平；单产12.89吨/公顷，略高于最近5年平均水平；鲜薯总产1.04亿吨，与最近5年平均水平持平。2012年世界上116个国家种植甘薯，亚洲种植面积和总产量均居世界首位，分别占世界的51.94%、78.17%，略低于2011年；中国种植面积和总产量均居世界首位，分别占世界的43.14%、70.48%，低于2011年。发展中国家的种植甘薯面积最大，其中低收入缺粮国家、粮食净进口发展中国家、最不发达国家分别占世界的49.14%、29.71%、27.37%。

2012年国际进出口甘薯约51.60万吨，比2011年增长5.18%，总值43 473.95万美元，比2011年降低49.87%，其中进口甘薯约32.48万吨，总值26 301.83万美元，主要进口国为欧盟、加拿大、英国、荷兰、日本；出口约19.12万吨，总值17 172.11万美元，主要出口国为美国、中国、荷兰、西班牙、印度尼西亚。2012年，欧盟和加拿大仍是世界甘薯的主要进口国，其进口额占世界甘薯总进口额的40.84%；美国是世界甘薯最大的贸易国，世界甘薯58.55%来自美国的供应。由于国际甘薯进出口贸易仅统计鲜甘薯和薯干，甘薯的某些加工产品，比如淀粉、色素、乙醇等未能列入统计，故FAO统计资料难以反映甘薯世界贸易的真实情况。

二、国内甘薯生产与贸易概况

依据甘薯产业技术体系调查资料，2013年全国种植面积保持在6 800万亩左右，远高于FAO统计数据。由于受2012年甘薯销售价格偏低的影响，多数省份2013年甘薯种植面积略有下降；受南方薯区前期干旱后期洪涝，江浙皖一带极端高温等不利气候的影响，甘薯单产减产5%左右；鲜薯总产接近1.0亿吨。

从品种布局上看，北方薯区虽然仍以淀粉型品种种植为主，占种植面积的52.5%，比2012年大幅度降低，食用型品种种植面积占24.24%，比2012年增长近一倍；长江中下游薯区淀粉型品种种植面积占48.4%，南方薯区仍以食用型品种为主，占总面积的 66.13%。2013 年全国甘薯种植面积仍以淀粉型为主，食用型品种和紫薯品种种植面积明显扩大。北方薯区淀粉型品种种植面积下降较大，食用型品种种植面积上升较快；长江中下游薯区紫薯品种种植面积增幅较大。

据 2013 年全国 700 户固定观察点农户问卷调查资料显示，2013 全国甘薯产量平均为2 175千克/亩，其中春薯的平均产量为2 343千克/亩，夏秋冬薯平均产量为1 916千克/亩。2013 年全国甘薯产后加工仍以淀粉、粉丝为主，合计占 86.21%，其中淀粉占 41.32%，粉丝占 39.66%，与 2012 年相比，淀粉所占比重略有下降，而粉丝有所提高。2013 年甘薯销售集中在 10 月、11 月和 12 月份，其中以 11 月份销售比例最高，占全年的 30.4%；销售价格平均为 1.49 元/千克，销售价格最高点出现在 2 月份，为 2.54 元/千克。

据 2013 年中国海关信息网的统计资料，2013 年 1～11 月我国鲜、冷、冻或干的甘薯进出口总量为17 794.40吨，进出口总额为 1 097.35 万美元，其中出口总量为 17 631.70吨，出口总额为1 066.84万美元，与 2012 年相比，出口总量下降 28.91%，出口总额增长 1.01%。2013 年我国甘薯主要出口日本、中国香港、德国、美国、韩国和加拿大等国家，贸易额依次为 370.3 万美元、195.8 万美元、189.0 万美元、126.0 万美元、98.5 万美元、39.9 万美元，出口量依次为 6 103.4 吨、3 585.7 吨、2 150.0 吨、2 917.3吨、1 322.8吨、723.6 吨。许多甘薯加工产品未能列入统计，海关贸易统计难以反映甘薯贸易的真实情况。

三、国际甘薯产业技术研发进展

通过对 2013 年外文文献分析国际上甘薯偏向理论研究，很少有栽培技术相关的文献。理论研究涉猎领域为块根发育的分子机理、病虫害侵染机理、甘薯起源与进化、基因功能、生物信息学、次生代谢、细胞凋亡、转基因、人体营养与健康等领域。选用材料不局限于栽培甘薯，野生资源相关研究也较多，特别是 *I. purpurea*。

韩国生命工学院验证了橙色基因 *IbOr* 及 *lycopene ε-cyclase* 的缺失均可以增加甘薯胡萝卜素的积累，提高耐盐性。以色列 Firon 实验室利用转录则测序技术进行了甘薯早期根转录组分析。南非 Sivparsad BJ 等人进行了甘薯多病毒抗性的转基因甘薯研究。印度 Dehury B 等人鉴定了甘薯中保守 miRNA 与其目标基因。Noh 等通过下调表达 *IbEXP*1 基因，促进了甘薯块根的发育。Firon 等分析甘薯块根转录组，揭示了在块根形成时，木质素合成基因下调表达，淀粉合成基因上调表达。Manrique-Trujillo 等通过改良的体细胞胚胎发生途径再生甘薯植株。Roullier 等基于分子标记方法提出了甘薯栽培种起源和传播途径，支持甘薯是同源六倍体起源。

Gajanayake 和 Pardales 等研究认为干旱胁对根系的形成有重要影响，Lewthwaite 等认为长期干旱还会影响甘薯的品质特性。Tong 等认为在低磷土壤中菌根真菌对甘薯块根 β-胡萝卜素浓度的提高具有巨大潜力。Siqinbatu 等认为土壤 CO_2 浓度升高抑制生长和甘薯的块根发展。

2013 年国际上在甘薯病毒种类鉴定、

全基因组序列测定以及甘薯病毒重要基因功能研究等方面取得了明显进展。Souza 等研究确定了甘薯病毒“C-6”的全基因组序列。国外报道 SPLV 是一个独特的甘薯病毒属马铃薯 Y 病毒，Prakash 等首次报告了以色列甘薯病毒 SPVC 的发生，Tefera 报道甘薯病毒病 SPVD 是影响东中非甘薯产量的主要限制性因素。Sivparsad 等调查了夸祖鲁纳塔尔甘薯主产区侵染甘薯的病毒病的发生种类与分布特点。Ilondu E M 对德尔塔州的中部地区的农场甘薯叶斑病的致病菌进行研究 *C. lunatus* 是多种致病菌中出现频率最高和致病性最强的病菌。

Rukarwa 等评价了表达 Bt Cry7Aa、Cry3Ca1 和 ET33-34 蛋白的转基因甘薯对甘薯蚁象的抗性。Mansaray A 等证实采用抗性品种、象草覆盖、提早收获等措施，对甘薯蚁象具有良好的防治效果。Jonathan 等研究甘薯品系对根结线虫的抗性。Kurra Sandhyarani 等研究了不同甘薯品种饲喂对斜纹夜蛾形态及生长的影响。

紫甘薯天然产物方面研究为国外产后加工研究重点，主要研究紫甘薯中的植物化学成分如多糖、蛋白质、色素等营养成分的鉴定。通过研究紫甘薯多酚成分的生物利用度、模拟肠道消化系统、培养癌细胞等一系列先进方法深入探讨紫甘薯的抗癌、抗炎症、抑制心脑血管疾病的研究为国际研究亮点。Ahn Ji Hong 等对不同热湿处理有助于提高甘薯粉中慢消化淀粉含量，并分析其理化特性。国外利用甘薯作为生物能源，研究其循环利用价值，探索其能量释放规律，研究重点主要集中在未蒸煮或未糖化的甘薯乙醇发酵、甘薯与甜高粱汁混合发酵、甘薯乙醇发酵过程的能量消耗和环境影响评价。

四、国内甘薯产业技术研发进展

中国农业大学利用 AFLP 和 SSR 标记绘制了甘薯基因组覆盖最广、标记密度最大的干物质含量的 QTL 遗传图谱；利用 cDNA 差减库鉴定高系 14 号与其突变体农大辐 14 中的基因差异表达。四川大学生分离出编码甘薯淀粉分支酶（SBE）的基因 *Sbe*1 和 *Sbe*2，并研究这两个基因的表达模式。青岛农大扩增出 2 个与逆境胁迫有关的 *Ran* 基因和 *ASR* 基因，并对其同源性进行了分析。四川大学、中国科学院上海植物生理生态研究所等已克隆出甘薯碳水化合物代谢、耐盐、花青苷合成、类胡萝卜素合成、开花调节等相关基因并进行了功能分析。

各地围绕甘薯生产中重氮、轻磷、少钾直接影响甘薯的产量和品质的施肥问题开展了研究。朱绿丹等研究不同土壤水分条件下施用氮肥对甘薯干物质积累及块根品质的影响。曹炳阁等利用大田试验研究了两种地力条件下不同氮肥用量对甘薯产量、氮磷钾养分吸收规律和氮肥利用率、农学效率以及经济效益的影响。张海燕等研究了氮磷钾不同配比对甘薯产量和品质形成的影响。周全卢等研究了钾肥施用量与秋甘薯性状及产量之间的关系。陈晓光等研究表明封垄后喷施多效唑的时间越早，对甘薯生长和产量的影响效果越明显。侯夫云、戚冰洁、吴巧玉等还报道了甘薯遮阴、干旱、盐分胁迫、地膜覆盖对甘薯产量品质的影响。本年度有关育成新品种的密度、肥料、覆膜等配套栽培措施研究报道较多。

2013 年度国内甘薯病毒病研究取得了明显进展，河南农业科学院在甘薯病毒种类鉴定、快速检测技术研究、病毒基因组研究等方面取得了一些重要进展，缩短了与国外的差距。甘林等进行8种杀虫剂防治甘薯小象甲的药效对比试验，毒死蜱EC处理的防效最佳，陈荣空等进行噻虫啉CS防治甘薯小象虫田间药效试验，喷施2%噻虫对薯重损失防治效果可达74%以上，同时提高了甘薯品质。朱玉灵等研究表明，5%甲拌磷颗粒剂和5%毒死蜱颗粒剂在起垄前一次性施用均可有效防治甘薯地下害虫，并且不会造成感受收获时的农药残留。国内杂草方面的研究主要集中在除草剂的筛选方面，乙草胺、二甲戊乐灵和乙氧氟草醚对甘薯田杂草的防除效果较好，李云龙等探讨了蒸汽重蒸法在防治甘薯茎线虫病中的作用。孙厚俊等报道了甘薯黑斑病苗期抗性鉴定方法，为抗病品种的选育提供了理论依据。河北农业科学院、福建农业科学院、徐州甘薯中心报道了多种新发生病害的病原鉴定结果。

2013年甘薯花青素研究仍为热点，包括花青素含量的测定方法优化和提取纯化及萃取技术，花青素对粥样动脉硬化、肿瘤及癌细胞的人体的药理作用和功能性作用，研究了其作用机理。加工产品涉及甘薯饮料、紫甘薯醋、紫甘薯保健酒、甘薯饼、挤压膨化类甘薯酸奶等产品的制作工艺；提出甘薯淀粉生产新工艺，如双频超声辅助酸水解加工多孔淀粉的方法等。甘薯成分分析主要研究了甘薯中的矿质元素，香气成分GC—MS分析，抗氧化成分黄酮和多酚分析，多糖及可溶性糖分析，以及甘薯糖蛋白、多糖、膳食纤维的提取工艺。甘薯能源化利用方面报道了施肥对其乙醇发酵的影响、甘薯高浓度乙醇发酵、甘薯淀粉加工废渣、废水乙醇发酵等。

（甘薯产业技术体系首席科学家马代夫提供）

2013年度木薯产业技术发展报告

（国家木薯产业技术体系）

一、国际木薯生产及贸易概况

（一）国际木薯生产

2013年，国际木薯产量约2.557亿吨（FAO Food Outlook，2013），比2012年（2.521亿吨）增长1.4%。非洲仍然是国际木薯最大的产区，占总产的53.8%以上，其中尼日利亚约5 500.0万吨，是世界最大的木薯生产国；加纳1 514.1万吨，民主刚果1 498.5万吨，莫桑比克1 068.0万吨。亚洲木薯产量占世界产量的33.4%，其中61.8%产自泰国（2 827.6万吨）和印度尼西亚（2 460.0万吨），越南和印度年产量分别是779.6到820.8万吨，柬埔寨699.2万吨。拉丁美洲和加勒比地区总产量3 254.1万吨左右，占全球的12.7%，其中74.1%产自巴西（2 411.7万吨），接近泰国成为全球第四大木薯生产国（FAO Food Outlook，2013）。

（二）国际木薯贸易

2013年，据FAO估计全球有34%鲜木薯用于贸易，略低于2012年（35%）（FAO Food Outlook，2013）。据统计，泰国、越南、印度尼西亚和柬埔寨4个东南亚国家2013年累计出口至中国的木薯淀粉141.51万吨、木薯干片729.67万吨（表1），其中泰国木薯在中国木薯进口额中的占比高达79%，贸易总额将达到900亿泰铢，同比增长14.0%以上（泰国商务部，2013）；越南木薯及其制品出口量约310万吨，同比下降25.9%；出口额达11.1亿美元，同比下降18.2%；但仍为国际木薯及其制品第二大出口国，中国为其最大进口国。

表1　东南亚国家主要木薯产品出口中国情况

（单位：万吨）

国别	木薯淀粉	木薯干片
泰国	112.32	581.22
越南	27.80	133.13
印度尼西亚	1.31	10.15
柬埔寨	0.08	5.17
合计	141.51	729.67

（卓创资讯，2013年）

二、国内木薯生产及贸易概况

（一）国内木薯生产

2013年我国木薯种植面积710.0万亩，比2012年增加100万亩，鲜薯总产量为1 054.7万吨，单产约1.49吨/亩。国内木薯种植主要集中在广西、广东、云南和海南等省区，其中广西 457.0 万亩，鲜薯产量 685.5 万吨；广东 122.0 万亩，鲜薯产量 169.0 万吨；云南 48.0 万亩，鲜薯产量 87.0 万吨；海南 40.7 万亩，鲜薯产量54.3 万吨；福建 16.5 万亩，鲜薯产量 24.7 万吨；江西 10.0 万亩，鲜薯产量 16.0 万吨；湖南、贵州、四川等省份约 15.5 万亩，鲜薯产量约 18.2 万吨。

（二）国内木薯贸易

2013 年，我国木薯原料市场仍然无法满足木薯加工业的需求，木薯产品的进口量远大于国内的生产量。我国依然是世界最大的木薯产品进口国，2013 年进口木薯淀粉 141.95 万吨、木薯干片 723.74 万吨，总金额达 24.865 亿美元（表 2）。受国际木薯产品价格上涨的影响，国内鲜木薯价格呈上升态势，广西地区木薯主流收购价格在 520～650 元/吨，木薯原淀粉 3 050～3 800 元/吨，木薯干片 1 820～1 860元/吨，部分地区的价格略有差异，但变动不大。

表 2　2013 年中国进口木薯产品情况

（单位：万吨，万美元）

名称	1月	2月	3月	4月	5月	6月	7月	8月	9月	10月	11月	12月	合计
淀粉	10.00	10.80	13.20	12.97	8.23	6.83	6.78	8.95	11.39	14.10	17.50	21.2	141.95
进口额	4 587	4 864	6 030	5 976	3 864	3 275	3 401	4 507	5 693	6 745	8 236	9 784	66 962
干片	62.1	73.6	85.1	86	63	43.6	51.9	47.12	41.02	42.3	60.2	67.8	723.74
进口额	15 655	17 888	20 836	21 629	16 058	11 123	13 231	11 979	10 376	10 649	15 203	17 064	181 691

三、国际木薯产业技术研发进展

（一）遗传育种技术发展动态

木薯种质资源开发和育种技术研发方面，在比尔和梅琳达—盖茨基金会等 NEXTGEN Project（康奈尔大学投资 2 520 万美元）的支持下，科学家们成功建立了全新的开放数据库 Cassavabase，将来自南美洲的木薯种质资源整合到非洲育种项目，以促进当地木薯的生产水平和产量。该数据库包含了 NEXTGEN 项目（http：//www.nextgencassava.org/）获得的所有表型和基因型数据，并以正式发表的论文直接提供给所有用户共享。同时，随着国际农业研究磋商组织（CGIAR）研究项目（CRP）块根、块茎和蕉类作物（RTB，http：//www.rtb.cgiar.org/）项目的实施，国际木薯的研究达到空前的大联合。

在亚洲，泰国科学家利用木薯基因组和转录组信息对淀粉合成的途径进行了重构（Saithong 等，2013），并发掘了对与淀粉特性相关的数量性状及基因（Thanyasiriwat 等，2013），还对 169 个潜在的 miRNAs 及一些靶标基因进行了分析，并发现了一些干旱等逆境胁迫相关的调控因子及基因（Patanun 等，2013；Turyagyenda 等，2013）。

（二）栽培技术发展动态

近年国际木薯栽培领域方面研究进展不大，主要研究内容包括地力培育和合理施肥为主的田间简化管理技术研究。国际热带农业中心和一些国家木薯研究机构开展了各种生物肥料、有机肥料、叶面肥、植物激素、生长调节剂和一些微量元素的应用试验（Abd 等，2013；FAO，2013b）。巴西、泰国和中国在木薯机械的开发和研究上较为领先，在东南亚和南美的大型木薯种植农场，木薯机械化生产正逐步得到推广应用（FAO，2013a）。泰国、中国等国继续开展木薯节水灌溉技术研究和应用，大力发展先进的灌溉技术，并正在推广使用木薯酒精生产废液还田灌溉技术（FAO，2013c）。

（三）植保技术发展动态

本年度，国际木薯植保技术研发呈上升势头。研究技术和研究水平均有明显提升，特别是在细菌性枯萎病、花叶病、褐条病、丛枝病和螨害防控研究上取得较大进展。完成了细菌性枯萎病菌CIO151和CFBP 4642菌株的基因组序列分析，鉴定出包括Ⅲ型分泌系统因子、细胞壁降解因子、编码分泌系统的基因簇及转录因子等在内的一些致病相关因子（Mario L. A-O等，2013；Stéphanie Bolot等，2013）；花叶病（CMD）和褐条病（SBD）进一步威胁非洲木薯生产，包括病毒新菌株鉴定、发生危害、检测技术及传播媒介等研究上取得一定进展（Legg等，2013；Innocent Zinga 等，2013；R.C.Aloyce 等 2013；Erica J Pierce 等，2013；Akhtar J.Khan 等，2013；Mireille Harimalala 等，2013；J.A.Tomlinson 等，2013；Henry Wagaba等，2013；Odipio J等，2013）；丛枝病在越南、泰国、老挝、柬埔寨等东南亚国家爆发流行。在非洲，木薯褐色条纹病毒（SBD）和木薯花叶病毒（CMD）的两种病害正进一步威胁非洲的木薯生产，得到普遍的关注，包括病害传播的烟粉虱的研究，并已成为多个研究机构的重点（Legg等，2013）。

对于木薯害虫（螨）的防治主要集中在生物防治和抗性育种（徐学农，2013；Agboton BV等，2013），并在新木薯种植区新入侵害虫（螨）分子鉴定技术、监测预警与风险分析及IPM在木薯害虫（螨）管理中的发展与应用等方面取得了突破性进展（Duan X 等，2013；Rêgo AS 等，2013；Onzo A等，2013）。

（四）加工与综合技术发展动态

国际木薯淀粉正在向高附加值的复合变性淀粉、淀粉糖、糖醇、淀粉基类可降解塑料和淀粉包埋纳米管等精深加工及其他领域发展，特别是两性淀粉在污水处理和生物材料方面获得新的突破（Singh RP，2013；Beeren SR，2013；Zeng D，2013）。同时，科学家还发现了一种新型的木薯支链淀粉颗粒，该支链淀粉颗粒比正常的小，具有耐高温特性。

四、国内木薯产业技术研发进展

（一）遗传育种研究进展

随着我国木薯产业应用基础研究日臻深入，木薯功能基因组学、蛋白组学、基因工程和分子标记等方面开展研究，取得了长足的进展，基本完成木薯基因组深度测序和基因组拼接，推动了木薯染色体基因组完整图谱的建立，并对我国木薯功能基因组学及分子生物学研究的提升提供了条件。

在基因组学研究方面，张鹏课题组利用DEG高通量测序技术对非洲木薯花叶病感染的木薯进行表达谱研究，首次揭示了双生病毒导致寄主花叶的主要原因是叶绿素降解的机制（Liu等，2013）。彭明课题组、李开绵课题组分别在小分子RNA及蛋白组学方面开展深入研究，特别针对染色体多倍体对蛋白组的影响进行了深入研究（An等，2013）。

在基因工程方面，张鹏课题组在国际著名期刊 *Plant Physiology* 上报道了通过共表达SOD和CAT强化ROS清除可延缓木薯采后生理性衰变的研究，揭示了木薯PPD发生与ROS转换与清除机制之间的内在关系，并通过基因工程获得了延缓木薯储藏根PPD发生的木薯新种质（Xu等，2013）。

（二）栽培技术研究进展

1. 间套种和综合利用技术得到广泛推广和应用 木薯多种间套种模式得到广泛推广和应用，改变了以往单一木薯种植模式，提高了土地利用率；同时木薯及其副产物综合利用技术也得到普及应用，显著提高了农民种植的积极性（龙悦等，2013；李梦楚，2013；梁云，2013）。

2. 木薯机械化生产技术逐步推广应用 2013年，木薯生产机械化步伐明显加快。国内多家单位先后研发出了木薯种植机械、粉垄机械、化学除草机械、中耕除草机、喷灌机、木薯收获机械和茎秆粉碎机等木薯机械，这些机械和生产技术正逐步得到推广应用（黄晖，2013；蒋瑞，2013）。

（三）植保技术研究进展

国内木薯植保技术研发在前面工作基础上，取得良好研究进展。主要包括细菌性枯萎病病原鉴定、抗性评价及抗性机理、病原菌转化子库的构建及hrpG基因克隆、带病材料消毒技术和抗病分子基础及控制技术等，利用实时荧光PCR检测技术开展非洲木薯花叶病感染的木薯表达谱分析和褐斑病病原鉴定与药剂筛选，并通过病情调查，发现新发病害藻斑病，以及牛筋草、马唐、假臭草和阔叶丰花草等（Liu等，2013；Y. L. Pei等，2013；郭涵等，2013；陈江莎等，2013；李超萍等，2013；卢昕等，2013；时涛等，2013）。

国内对于木薯害虫（螨）的防治主要集中在研发易于农民接受和应用推广的轻简化防灾减灾实用技术及以种茎药剂处理技术、诱杀技术、根际土壤生物药剂调控技术和合理间套作防灾减灾技术为主的综合防控技术（陈显双，2013），并在木薯外来危险性害虫（螨）生态适应性及其监测预警与风险模型、不同生态环境及不同耕作制度与栽培模式等条件下的木薯重要害虫（螨）为害特性与发生规律、木薯种质抗螨性鉴定与评价与IPM技术熟化与示范推广等方面取得了突破性进展（卢芙萍等，2013；经福林等，2013；朱成栋等，2013），基本建立我国木薯害虫（螨）防控基础理论与防控技术体系与研发平台（Hui Lu，2014）。

（四）加工与综合技术研究进展

随着木薯淀粉、酒精、变性淀粉市场的逐渐成熟，市场竞争日益剧烈，市场对木薯产品的质量的要求日益提高，木薯加工企业已通过全面技改提高自动化控制水平，广泛推广节能技术及能耗低、效率高的清洁生产工艺技术和先进设备，初步实现加工过程中产生的“三废”的循环利用（古碧，2013；练文标，2013）。特色木薯食品化利用快速发展，自主研发出“木薯氢氰酸快速脱毒、木薯全粉（即食、非即食）和木薯全粉（速溶)”等多项专利技术(古碧,2012,2013),推动独具特色的木薯全粉系列食品产业链的延伸,如木薯全粉粉丝、全粉面包、木薯叶膨化食品、木薯饮料和月饼等多种产品正逐步走向规模化生产,木薯特色食品系列产品已成为一个较大的新经济增长点。

(木薯产业技术体系首席科学家李开绵提供)

2013年度油菜产业技术发展报告

（国家油菜产业技术体系）

一、国际油菜生产与贸易概况

（一）世界油菜收获面积略减，产量和单产增加

据USDA统计[①]，2013年世界油菜总收获面积为3 525.5万公顷，较2012年减少58.7万公顷。加拿大、中国、印度和欧盟仍然排在前四位，中国占21.1%。世界油菜籽总产量为6 791.9万吨，较2012年增加8%。欧盟、加拿大、中国和印度仍然排在前四位，中国占20.9%。世界油菜单产为1 926千克/公顷，比2012年增加9.8%。欧盟单产仍然最高为3 139.5千克/公顷。

（二）世界油菜籽和菜籽油贸易总量略有下降

据USDA统计，2013年世界油菜籽出口市场总交易量为1 312.1万吨，比2012年略有增加。加拿大、澳大利亚和乌克兰排在前三位，加拿大占59.4%。世界油菜籽进口市场总交易量为1 245.7万吨，比2012年略有下降。欧盟、中国和日本排在前三位，中国为280万吨，占世界市场的22.5%。

2013年世界菜籽油出口市场交易量为400.7万吨，比2012年增加2.6%，增幅减缓，加拿大占世界市场份额66.1%。世界菜籽油进口市场交易量为376.3万吨，较2012年减少3.8%。美国、中国和欧盟仍然排在前三位，中国占29.2%。

二、国内油菜生产与贸易概况

（一）国内油菜生产概况

2013年我国油菜收获面积为745万公顷（USDA统计数据），比2012年增加1.4%，发展较快的为长江上游（特别是四川）和湖南（120多万公顷）及北方冬油菜（突破66.66万公顷），春油菜略有发展；全国油菜总产量达1 420万吨，比2012年增加5.8%；2013年全国油菜平均单产为1 906.5千克/公顷，比2012年增加4.4%。2013年冬油菜区秋播面积约700万公顷，播种面积略有增加。

（二）国内贸易概况

2013年我国油菜籽价格稳中有升，但菜籽油价格一路下跌，出现价格倒挂现象。油菜籽价格除在5～7月因大量冬油菜菜籽

---

① 因为2013年我国油菜生产数据未公布，讨论稿暂时采用USDA的数据（http：//www.fas.usda.gov/psdonline/psdQuery.aspx），正式稿中关于我国生产情况将采用国家统计数据。

上市，价格略有下降之外，其他月份价格基本稳步上升，并在 10 月突破5 183.33元/吨，创近年来新高（图 1）。受全年菜籽油供给总体较为宽松、国内油菜籽加工企业产能过剩影响，菜籽油成交价格在 2 月之后一路下降，于 10 月份跌破10 000元/吨关口，12 月菜籽油平均成交价格为9 466.92元/吨，为近年来最低点（图 1）。值得关注的是 10 月下旬以来，国内油脂现货价格出现分化——“豆棕涨、菜油跌”，主要由于后市进口菜籽到港量超过预期，菜籽油市场弱势仍将维持一段时间。

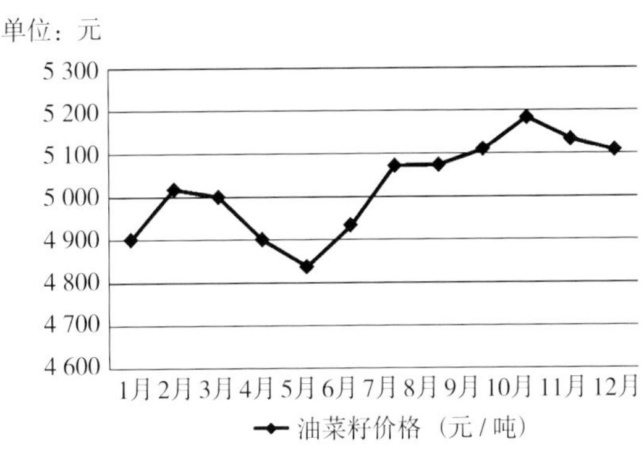

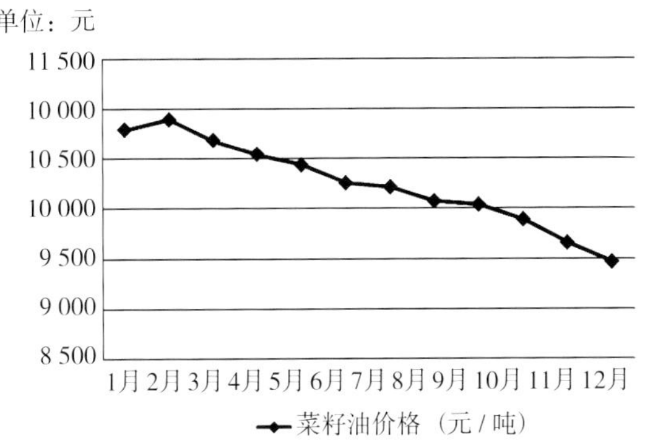

图 1　2013 年 1～12 月油菜籽和菜籽油月度价格

三、国际油菜产业技术研发进展

（一）遗传改良与品种选育

油菜测序研究取得重要进展，在白菜基因组序列公布 2 年后，以中国、法国为主的国际测序联盟完成了甘蓝和甘蓝型油菜的基因组测序，其中甘蓝型油菜的基因组序列已经开始在测序参加单位内部使用，开发的高通量的 60K SNP 芯片已投入大规模使用。萝卜细胞质雄性不育系统已成为国外主要的杂种生产的授粉控制系统，加拿大和欧洲等国外主要油菜种植国家广泛采用该系统。国外高油酸育种成效明显，规模化开发的高油酸系列产品已经占领市场。菜籽的非油品质开始受到重视，德国的研究机构开展了不同油菜籽蛋白质种类的改良研究。

（二）栽培与生产技术

国外油菜生产基本上为一年一熟，实行规模化和机械化生产。目前发达国家的农业生产“环保施肥”开始推广，在作物高产高效的前提下，更加注重减少施肥对环境的负面影响，保持土壤的可持续利用潜力。发达国家的农用耕地土壤施肥量有所降低，但产量仍然维持较高水平，肥料利用效率较高。精准施肥技术在生产中广泛应用，根据油菜需肥特性和土壤养分供应状况施用油菜专用的配方掺混肥，采用大型机械作业和高程度农化服务，对于氮素的养分管理采用养分实时监控和精准施用，对于其他元素营养则采用“维持地力和补充收获流失”的原则来确定施肥量，并将秸秆全部还田。

（三）植保技术研究

油菜植保研究不断推进。病害方面，研究发现核盘菌可以降解植物的防卫反应信号分子水杨酸，形成中间物质儿茶酚，从而避开植物防卫反应。漆酶在核盘菌致病过程中起重要作用。筛选获得了粉红粘帚霉、芽孢杆菌等一批新的根肿并防治有益微生物，建立了芸薹根肿菌的遗传转化方法。虫害方面，以农艺措施、化学农药、害虫天敌、生物防控等形成立体抗虫模式研究开始在油菜花粉甲虫、跳甲、茎象甲等害虫上应用，效果明显。草害方面，跨国公司研发的抗草甘膦和草胺膦复合性状抗除草剂转基因油菜开始申请在世界各国推广种植。菌核病防治专用生防制剂进入农药登记申请阶段。

（四）机械化装备

一体化、信息化、智能化的高效播种机械和收获机械广泛使用。大型气力式播种机械，一次作业可完成灭茬、施肥、播种、覆土、镇压等作业，作业行数一般为 12～36 行，播量精度和各行一致性较好。GPS 定位导航技术、信息化技术等应用到机械装备上，进一步提高作业监控能力，减少操作者劳动强度，提高作业质量和效率。机电一体化和信息化的液压驱动收获机械，与精准农业技术相结合，在收割机上应用 GPS 定位导航技术，应用收获籽粒量在线检测技术测量产量，并形成产量分布图，大大提高作物状态适应性，减少收获损失，国外油菜机械化收获损失率稳定在 6%左右。

（五）加工和检测技术

菜籽油品质和菜籽饼粕的高值化利用、质量检测与控制技术研究取得进展。欧洲、加拿大等国主要针对降低油脂中有害物质的含量、提高微量营养元素的含量开展了研究，阐明了内源性抗氧化物质菜籽多酚的变化规律与营养特性关系，为建立优质菜籽油制备工艺提供了理论支撑。菜籽饼粕生物改良与高值化利用技术和功能产品的开发成为研究热点，加拿大开发出外源酶系饼粕饲用品质改良技术，并利用生物酶技术制备了具有抗氧化、降压等功能的菜籽活性多肽。在油菜品质检测与控制方面，国外油菜生产大国普遍将近红外技术应用于油菜品质快速检测中，对于本国在油菜质量控制起到了积极的促进作用。

四、国内油菜产业技术研发进展

（一）遗传改良与品种选育

油菜遗传育种取得重要进展，油菜高含油量育种进入国际领先行列。据不完全统计，2013 年全国各地审定新品种 38 个（根据各岗位提供数据汇总），其中，杂交组合中油杂 19 创造了国家区试含油量最高纪录，达 50.37%，另外两个品种中油杂 18、希望 699 含油量分别达 48.71%和 48.96%，3 个品种即将通过国家审定。育成了希望 699、中油杂 18、圣光 87、宁杂 1818 等一批高产、广适性、适应机械化收获的新品种。耐寒油菜新品种选育取得进展，油菜种植区域向北扩展了 5～13 个纬度。特早熟油菜品种选育成功，初步育成适应双季稻区的特早熟品种（系）特早熟 415，该材料在长沙 2012 年 10 月 25 日播种的情况下，2013 年 4 月 13 日即可达到成熟标准，满足三熟制地区种植要求。

（二）油菜栽培与生产技术

根据农业部的部署，在我国不同产区建立作物以机械栽培为中心的高产、优质栽培技术模式，油菜制定出 5 个不同主产区的种植模式的建议，已被农业部采纳，在有关省进行试验示范和推广。油菜信息化、标准化栽培技术研究取得突破。研究建立了油菜专家系统软件，可利用产生式＋模型的方法，进行模糊推理，推荐生产方式，现已覆盖湖南油菜种植面积的70%，应用效果良好。研制了油菜生长环境数据现场感知设备和配套软件，可实现油菜生长温、光、水等基础数据的分层感知，并实现远程监测和预警。“农作物数据处理系统”油菜专用软件研制成功，可通过油菜种子图片计算油菜种子千粒重，准确率达95%以上。建立了长江中游油—稻轮作制移栽或直播油菜、旱地移栽油菜等不同种植模式的推荐施肥技术，并开始示范。

（三）植保技术

鉴定出油菜抗菌核病分子标记及与其连锁的早开花标记。调查了全国油菜主产区的主要病害发生情况，明确了我国油菜上病害25种、虫害69种；基本明确了油菜菌核病、根肿病、蚜虫3种重要有害生物的危害损失程度。经过多年的跟踪调查，明确了油菜叶露尾甲的形态特征、生活史和危害特点等特征。筛选获得了抗避蚜虫能力较强的油菜种质资源。我国油菜抗除草剂突变体的创制及品种选育刚刚起步，获得了一些抗苯磺隆的油菜突变株、中度抗苯磺隆油菜、抗莠去津材料、得到了转基因抗草甘膦（农达）、草胺膦的BC2代材料，获得一批非转基因抗甲咪唑烟酸除草剂油菜品系。

（四）机械化装备

国内油菜生产机械化装备产销量持续增加，已形成了星光农机、久保田（中国）、江苏沃得、泰州锋陵、奇瑞重工等一批农机公司。油菜直播机产销达到7 000台左右，油菜联合收割机年产销8 000台。通过优化脱粒滚筒的脱粒元件的形式和组合，应用纵轴流式和双横轴流式脱粒滚筒，油菜联合收割机技术水平、作业质量均有所提高，收获损失率由以前的12%降低到目前的8%左右。分段收获自走式割晒机研制成功，试验表明性能优良，作业效率高，一般6～8亩/小时，损失率低于1.2%，明年可以投入生产销售。开展了收获机脱粒滚筒自动监测技术研究，以时域、频域为基本分析方法，结合小波变换等信号去噪滤波、特征提取方法，采用神经网络等诊断、分类方法，对收割机工作状态进行在线诊断。油菜播种进一步向精量、联合作业发展，研发的集成“开畦沟、旋耕灭茬、气力精量播种、施肥、镇压、覆土”等多功能的油菜精量联合直播机在全国各大油菜主产区示范推广，取得了很好的效果。

（五）加工和检测技术

油料高效提质加工关键技术与装备得到进一步优化，开发出日处理量为50吨和10吨的YZZX—200×2型和YZZX—120×2低残油低温压榨设备，油菜籽低温压榨残油率达8.06%。获得了微波预处理和低温物理精炼对菜籽油中微量营养成分和油脂氧化稳定性的影响的基础数据；建立了水酶法提取菜籽饼粕技术，饼粕中油脂脱除率最高可达80%，精蛋白质提取率可达89%以上。继续完善了油菜芥酸、硫苷、含油量、蛋白质等品质多参数无损速测技术，优化油菜品质多参数检测模型。针对菜籽油等食用植物油质量与安全问题，研究建立了菜籽油脂肪酸的GC/MS、胆固醇与植物甾醇的SPE—GC×GC—TOF/MS和菜籽油香精的GC×GC—TOF/MS高灵敏检测技术；构建了菜籽油脂肪酸和植物甾醇组成文库，基本实现了菜籽油保真检测，为保证菜籽油等食用植物油质量和安全提供了必要的技术支撑。

（六）产业经济研究

根据国内外油菜生产状况与贸易格局，从油菜生产、加工、市场（贸易）、政策等方面深入开展我国油脂产业安全问题的调查研究；设计食用植物油产业安全评价的指标体系，定量分析中国油菜产业安全度，并探讨我国油菜籽加工领域和油菜产品国际贸易对中国油菜产业安全的影响；结合土地流转、家庭农场经营扶持政策，探寻我国农户油菜生产规模化、机械化的有效路径；联合各综合试验站开展 2012—2013 年度油菜生产状况调查，分析油菜生产技术效率；开展气候变化对油菜生产影响的经济分析。编制了《中国现代农业产业可持续发展战略研究（油菜分册）》书稿，从资源的可持续性、技术的可持续性、经济的可持续性和政策的可持续性等方面系统探讨了中国油料及油菜产业可持续发展的战略问题，进一步明确了战略思路、战略目标、战略重点和战略措施。

（油菜产业技术体系首席科学家
王汉中提供）

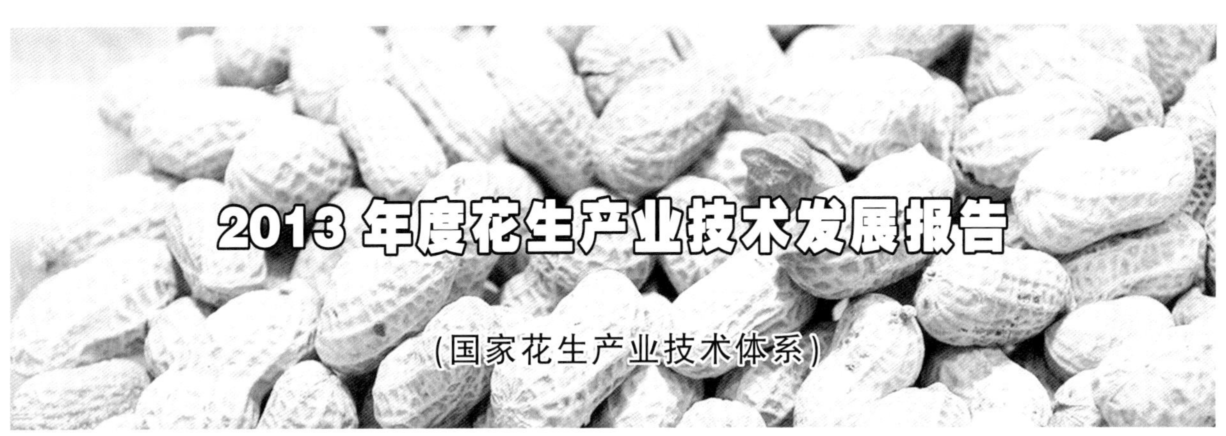

2013年度花生产业技术发展报告

（国家花生产业技术体系）

一、国际花生生产与贸易概况

（一）生产概况

2012年，美国的花生取得了大丰收，总产量323万吨。受到花生库存大量增加和花生价格下降等因素的影响，2013年花生农户的种植积极性下降，花生播种面积减少约27%，为48.56万公顷，预计花生产量将减少34%以上，预计总产量为200万吨。花生单产也可能恢复到平均水平，难以突破2012—2013的历史单产记录。2013—2014年度花生库存将下降，根据美国农业部公布的数据，截至2013年10月底，美国商业储存的花生共计170.5万吨，其中农民实际自存花生为131.8万吨。截至2013年11月底，美国商业储存的花生共计209.6万吨（同比下降19.8%），其中农民实际自存花生为171.5万吨。

2013年，阿根廷受年初干旱气候的影响，花生产量低于预期。

2013年，巴西花生种植面积约为10万公顷，花生播种时受到天气的影响有所延误，将有可能降低巴西全国的花生产量，预计2013年巴西的花生油产量为4.8万吨。

花生是塞内加尔等非洲国家的主要经济作物，花生是塞内加尔主要的出口农产品。2012—2013年度，塞内加尔花生种植面积70.9万公顷，花生产量69.26万吨，平均产量977千克/公顷。

（二）贸易概况

2012—2013年，美国花生的花生价格从历史高点降低到一年中的最低点。花生收获时的带壳花生单价从1.15美元每磅下跌到50美分每磅。随着花生的大量上市，收购单价还将进一步下降。到2013年4月份，美国花生农产平均价格跌到26美分每磅，比2012年同期跌了26%。

2012年，花生加工总量较同期下降2.6%，美国国内花生加工量下降1.2%。降幅最大出现在花生出口上，花生糖果、花生酱和花生零食的消费量有所降低。2013年美国国内的花生加工和消费量将会反弹。美国农业部预计2013年食品工业对花生的需求量将增加7%～9%，用于榨油的花生将达到33万吨，种子和饼粕的量增加25%，达到29.4万吨。美国花生的出口量将比2012年上升45%，出口总量预计达到40万吨以消耗国内盈余的花生产量。美国农业部预计2012—2013花生销售年度，花生的总消耗量将达到252.8万吨，比上个花生销售年度增长 14%。2013 年底，美国粗制花生油现货离岸价为 76 美分/磅（约合 1.7 美元/千克）。同时间段，意大利花生油到岸价为 1475 欧元/吨（约合 2.01 美元/千克）。

2013 年 9 月，俄罗斯解除了为时 8 个月的自印度进口花生的禁令。由于之前在印出口的花生里检测出黄曲霉毒素，因此实施此禁令。在稍早前 6 月份，俄罗斯官员参观印度工厂之后确定印安全措施已到位，遂于 9 月取消禁令。这将有助印度贸易商重拾市场信心。

2012 年底，塞内加尔启动 2013 年花生交易工作，国家花生跨行业委员会设定 2013 年的花生起购价为 0.38 美元/千克，相对前三个季度提高 8.6%、26.7% 和 58.3%，最高收购价格可达0.5美元/千克，比 2012 年最高收购价格高 42.9%。塞内加尔三家花生油生产商 SUNEOR、NOVASEN 和 CAIT 以 0.44 美元/千克的价格分别收购了 30 502吨、16 872吨和3 286吨。2013 年 12 月阿根廷出口花生仁离岸价为1 175美元/吨。

二、国内花生生产与贸易概况

（一）生产概况

根据国家统计局数据显示，2012 年我国花生播种面积463.8万公顷，单位面积产量 3 598.46千克/公顷，总产量达到1 669.16万吨。预计 2013 年中国花生播种面积为 471 万～476 万公顷，单位面积产量3 571～3 609千克/公顷，单产将与去年持平。预计 2013 年花生的总产量1 700万吨。

2013 年辽宁省花生主产区雨量适中，花生病虫害比往年较少，产量较 2012 年相应增加。例如辽宁凌海市 1.5 万亩花生 2013 年获得丰收，凌海全市花生亩产可达 250 千克，花生总产量 370 万千克。

河南地区花生种植面积普遍增加，花生产量将略高于去年。

就安徽省来说，花生是安徽省皖北和皖东地区农户种植的主要油料作物之一，仅次于大豆和油菜籽的种植面积。安徽省花生常年种植面积 300 万亩左右，其中宿州市花生 70 万亩，蚌埠市 90 万亩左右。安徽花生面积种植最大的县固镇县，2013 年种植面积超过 50 万亩，但是由于受到干旱天气的影响，花生单产下降。

（二）贸易概况

2011 年，花生收购价格一度高达 12 元/千克，市场上花生供不应求。花生行情较好，我国花生种植面积连年扩大，尤其在东北地区，花生产量非常大，市场供应量增加，花生价格趋于下行。市场逐渐转变成买方市场，花生收购价格呈下降趋势，2013 年将继续这一趋势。

新花生上市初期，农户普遍存在观望心理，出售意愿不强；同时国内花生市场库存逐渐减少，国内贸易商收购积极，花生价格短期上涨，随着新花生上市量的增大，花生市场最终出现供大于求的状态，因此，2013 年 10 月之后的花生及花生米收购价格以下行为主。2013 年花生市场总体上交易疲软，虽然各地新花生全面上市，但当前国内花生下游产品需求不佳，进口花生陆续到港，再加上油厂入市收购较为谨慎，大多保持观望等待，导致市场交易疲软。此外农户惜售，收购商收购意愿较低，消极观望，各加工厂商备货热情较低，因此，花生市场处于一个购销僵持的局面。

其中山东省受消费减弱、出口不畅等因素的影响，山东烟台的花生仁价格持续下跌，每千克单价跌破10元。2013年12月份，山东花生仁平均零售价格为9.62元/千克，较11月下降12.42%，较2012年同期下降24.21%，创2010年11月份来花生仁价格新低。受此影响，2013年散装花生油的价格一路走低，监测显示，烟台11个县市区12月散装花生油的平均零售价格为21.64元/千克，比11月同期下跌4.75%，较2012年同期下降15.29%。

三、国际花生产业技术研发进展

1. 育种及生物技术 美国北卡州立大学T Isleib育成了Sullivan和Wynne两个高油酸品系，2010年起参加区试，表现优异。2013年春释放，目前处于育种家种子扩繁阶段。佛罗里达大学育成的FloRun™ 107和TUFRunner™ 727，将于2014年种植。这两个品种不仅油酸含量高，而且抗叶斑病和白绢病。得克萨斯的C. E. Simpson等注册了高产、高油酸、抗根结线虫和中抗Sclerotinia枯萎病的花生新品种Webb，该州另一个注册的高油酸品种Tamrun OL11对Sclerotinia枯萎病也具有较好的抗性。得克萨斯州与俄克拉荷马州合作育成的高油酸品Red River Runner（Reg. No.CV-116，PI 665474），中抗Sclerotinia枯萎病。佐治亚州的W.D.Branch注册了高产、兼抗TSWV和白绢病的兰娜型品种Georgia-12Y。Prasad等将几丁质酶基因导入花生增强了花生对晚斑病、锈病和黄曲霉侵染的抗性。Mehta等将*cp*基因转入花生品种K-6和K-134使之获得对TSV的抗性。Qin等在花生中表达拟南芥AVP1基因增强了转基因花生的耐旱性和耐盐性。Li等发现过表达花生AREB1基因能提高耐旱性。Bhatnagar-Mathur等过表达DREB1A转录因子提高了花生在干旱胁迫下的产量。类似地，Manjulatha等在花生中过表达豌豆DNA解旋酶PDH45增强了花生的耐旱性并提高了产量。Shoba等定位了花生抗晚斑病QTL。王辉等定位了花生抗蓟马、叶斑和斑萎病毒病QTL。值得重视的是，Fonceka等构建了花生染色体代换系，并对花生植株形态学性状进行了QTL定位研究。Sharanabasappa等为验证花生抗锈QTL建立了近等基因系，为下一步精细作图做好了准备。

2. 高效栽培 美国的花生生产水平领先世界。从生产用种到花生收获这一整套的栽培管理体系非常科学合理；花生种植机械化程度高，产后加工业发达，对花生生产和贮藏过程中影响品质的因素研究较多，花生安全生产模式非常完善。在美国农场主把引进和种植新品种作为重要的生产措施之一，新品种的覆盖率达到100%。“重视前茬施肥”和“根据土壤化验结果和花生的需肥特点科学施肥”是美国花生合理经济平衡施肥的突出特点。

阿根廷为了减轻花生重茬造成的各种为害，农场主非常注意花生的轮作换茬；花生种采用机械脱壳和机械选种，大小均匀，种子用含有微量元素和根瘤菌的种衣剂包衣，呈粉红色，采用大型花生播种机播种；田间管理不中耕、不追肥、不喷药，田间杂草靠喷施除草剂防除，若遇天旱，则采用大型平移式自动喷灌机进行喷灌；收获时，采用大型花生掘刨机将花生掘起，并将荚果向上平放在地里，自然晾晒至荚果含水量为18%～20%时，再用花生摘果机自动进行摘果。荚果去沙、去杂后随即装进相连接的两个储藏车厢内，然后直接运到花生加工厂储藏棚中。储藏车厢内热气鼓风机鼓风烘干（25～35℃），使荚果含水量降到9%以下。

日本花生栽培主要采取地膜覆盖技术，日本是采用花生地膜覆盖栽培最早的国家之一。降雨量较大种植区，花生覆膜面积占70%以上，干旱地区花生覆膜面积达90%以上，覆膜、收刨和摘果全部实现机械化作业，生产方式为一家一户为单位的个体种植和经营。机械覆膜、人工播种、花生开花下针期揭膜、机械收刨和机械摘果，避免了对土壤和环境的污染。围绕无公害栽培，保证花生品质进行栽培技术研究包括：①早熟花生与蔬菜轮作换茬；②减氮增磷钾优化施肥研究；③采用生物制剂防治地下病虫害；④生长期间不喷施有毒性农药。

3. 病虫害防治 全球范围内花生重要的病害包括早斑病、晚斑病、锈病，尤其是叶斑病的分布最为广泛，区域性较强的病害包括细菌性青枯病（主要在东亚、东南亚、非洲的乌干达）、网斑病（北纬、南纬35°以上的冷凉地区）、花生条纹病毒（东亚地区）、花生丛簇病毒（非洲为主）、番茄斑萎病毒（美国）。土传性真菌枯萎病、烂果病、黄曲霉毒素污染等问题在世界各地均存在，但尤以热带、亚热带地区发生更严重。据美国农业部估计，全球因花生病害造成的经济损失率平均在20%左右。

4. 机械化生产与加工 发达国家中仅有美国花生种植面积较大，其花生生产机械化技术已相当成熟，代表了当前世界最先进水平。

美国花生种植体系与机械化生产系统高度融合，耕整地、播种、施肥、中耕、灌溉、收获、摘果、干燥、脱壳等各个环节早已全面实现机械化。为有效防止病虫害危害及保证合理的种植密度，机械化包衣技术和机械化单粒精播技术应用普遍。为有效克服风蚀现象，在风沙地区，机械化免耕穴播技术得到大力推广。灌溉环节多采用大型移动式喷灌机，少数采用臂式圆形喷灌机。美国花生收获技术模式已相当成熟，以两段式收获模式为主，即先用花生挖掘机将花生挖掘、清土并条铺于田间，待花生干至一定含水率后，再用捡拾花生联合收获机捡拾摘果，相应的装备也早已实现了专用化、标准化和系列化。2013年美国已有将自动导航驾驶技术用于花生收获机械的相关报道。美国花生产后干燥、脱壳加工体系也相当先进和完善，为保证花生品质、防止霉变发生，收获后通过专用运载设备运送至附近的花生烘干站，及时进行就车低温通风干燥，干燥后花生品质高、贮藏性好，同时为了节约能耗，太阳能也开始逐渐用于花生机械化干燥。

总体而言，美国等发达国家花生机械化生产技术模式与装备均已相当成熟，在成熟机具大面积应用的同时，装备制造企业作为技术持续创新的主体，还在不断对现有机型进行升级完善，使其产品向智能化、高效化等方向发展。

5. 产后加工与综合利用 2013年3月11日，华盛顿，美国心脏协会正式认定油炸咸花生为有益心脏健康的食品，并且将之列入整个健康饮食模式的一部分。《美国医学会小儿科学期刊》刊登的一篇文章指出，孕期食用花生可以降低婴儿出生后对花生过敏的概率。食用花生酱能够降低女性成年后患乳腺癌的风险，相关的研究文章发表在2013年9月份的《乳腺癌研究与治疗》（*Breast Cancer Research and Treatment*）。来自荷兰的研究报告称，每天摄入150毫克白藜芦醇能够缩小或分解脂肪细胞。2013年11月21日，根据发表在《新英格兰医学杂志》（*New England Journal of Medicine*）上发表的研究文献，无论男女，每天摄入一盎司（约28克）的花生能够降低各种疾病引起的致死率，降低20%左右。此外有报道经常食用花生的人身材更加纤瘦。这项研究成果给人们以充分的理由去每日食用花生。

四、国内花生产业技术研发进展

2012年我国在花生产业技术方面取得了令国际同行瞩目的成绩。现就国内外花生产业技术研发进展概述如下。

1. 育种及生物技术 2012年花育36号、开农176等18个品种通过国家鉴定。高油酸花生新品种冀花11号，通过了由河北省科技成果转化服务中心组织的专家鉴定。

王传堂等（2013）研究发现，一个普通油酸×高油酸杂交组合，尽管在F_2代通过单株近红外模型进行了选择，但到后期世代，在有的株行内仍发现普通油酸含量的单株，提示在测产之前，仍有必要进行高油酸选择，以免在高油酸品种内出现普通油酸含量的异型株，导致品种不纯。Dean等（2013）也有类似发现。

山东省花生研究所、广东农业科学院、山东圣丰种业科技有限公司合作进行了花生栽培种A基因组野生种祖先种*A. duranensis*测序。测序主要以Roche 454 &454+平台为主，结合其他多种平台进行。隋炯明等分离、鉴定了花生胁迫响应基因AhRabG3b。王通等研究了花生类萌蛋白AhGLPs在植物发育和防御中的作用。陈娜等（2014）鉴定了花生30个MYB转录因子，并研究了其在非生物胁迫下的表达。王通等和殷冬梅等分别对花生收获前抗黄曲霉侵染相关基因、花生油分积累途径候选基因进行了转录组分析，分离出一些候选基因。熊发前等利用ISJ、URP和DAM标记研究花生栽培种的遗传多样性。

2. 高效栽培 我国花生主要分布在山区丘陵及平原的沙土地，土壤瘠薄，保肥保水能力差，缺少灌溉条件，机械化程度低，连作造成病虫害严重，造成产量不稳，产量高低易受降雨丰缺等自然条件的影响。花生产品质量安全问题非常突出。

近年来，针对不同花生产区的主要问题，围绕建立高产、优质、高效、安全、生态友好的生产技术体系开展了大量研究工作，集成了多套综合栽培技术：丘陵旱地花生优质高产栽培技术、花生单粒精播高产配套技术、花生蛴螬生物防治与综合防控技术、夏直播花生高产优质栽培技术等技术被列为2013年山东省发布为农业主推技术。

在施肥方面，研制出炭基肥配方。根据以往田间试验示范和生产情况，2013年调整炭基肥配方，分别在辽宁、河北、山东、山西、河南、湖北、安徽、广西、吉林和四川10省18市开展炭基缓释花生专用肥田间示范，累计示范面积达240亩。各示范点增产效果均达7.5%以上，高的可达31%。

在抗旱栽培研究方面。(1) 实施抗旱耐瘠花生品种筛选试验。在旱薄地进行品比试验，大花生组8个品种，小花生组13个品种。筛选出适合当地推广的品种5个。集成“花生适期晚播避旱增产栽培技术”，被山东省农业厅、山东省科技厅发布为2013年山东省农业主推技术。在平邑、沂南、新泰、文登、招远等地建立旱薄地花生高产示范点6处。

种植方式方面。形成了《夏直播花生生产技术规程（NY/T 2398—2013）》《旱薄地花生高产栽培技术规程（NY/T 2403—2013）》《花生连作高产栽培技术规程（NY/T 2405—2013）》《麦田套种花生生产技术规程（NY/T 2396—2013）》《花生单粒精播高产栽培技术规程（NY/T 2404—2013）》《花生田镉污染控制技术规程（NY/T 2392—2013）》等农业行业标准。

3. 病虫害防治　2013年受干旱影响，全国范围内花生病害的发生和危害总体轻于常年。晚斑病和网斑病在北方产区发生普遍，而且网斑病在若干南方产区有加重的趋势（与生长后期温度下降快和空气湿度大有关），南方及长江流域锈病发生较轻。花生的土传性枯萎病发生总体偏轻，北方产区病毒病发生由于干旱影响普遍较重。花生疮痂病总体呈扩散趋势。集成了花生病害防治技术，开展了抗病相关基因研究并进行了抗（耐）病花生品种筛选工作，取得了一定进展。

4. 机械化生产　2013年，体系及部分企业等开展了麦茬免耕播种、分段收获、联合收获、脱壳、荚果干燥等技术装备研发与试验示范工作，并已取得阶段性成果和示范应用。提升优化多款两行半喂入花生联合收获设备，国家花生产业技术体系创制出了一次可收获两垄四行的半喂入花生联合收获机，填补了国内外在该技术领域的空白，其生产效率可达6～7亩/小时，为现有两行半喂入花生联合收获机的2倍以上。同时，4垄8行高效捡拾联合收获设备研发工作也已开展，对实现替代进口，促进新疆产区花生产业发展具有重要意义。分段式花生收获技术设备提升完善工作在稳步推进，花生荚果干燥设备及低破损花生脱壳设备研发顺利进行。国家花生产业技术体系研发了可一次性完成碎秸、清秸、播种、施肥、播后覆秸等作业工序的花生免耕播种机，并在皖、豫、冀等地进行了大面积生产性试验与示范。同时针对主产区收获季节多雨，花生收获后得不到及时干燥，容易造成荚果霉烂及黄曲霉毒素污染等问题，国家花生产业技术体系开展了花生干燥特性、机理及机械化干燥技术研究，目前已完成相关设备试制、试验与示范等工作。

5. 产后加工与贮藏　花生CO_2杀虫灭菌技术、花生气体密闭贮藏技术、花生加速老化试验发芽率试验、花生及其制品黄曲霉毒素防控技术、花生黄曲霉毒素B_1（AFB1）快测定方法的筛选及纯化花生蛋白粉工艺研究取得很大进展。提出了利用水相法同时提取花生油和蛋白工艺，山东花生研究所研究制备了壳聚糖-抗菌肽复合膜。制备了黄原胶-黄酮、膳食纤维复合膜。山东花生研究所研究显示，当花生被黄曲霉侵染6天以内、花生的pH偏酸或偏碱、贮藏温度小于20℃、相对湿度在

60%以下以及含水量在8%以下，都会抑制黄曲霉在花生中的生长和产毒。该所开展了花生热榨、冷榨饼综合深加工研究，开发了小分子多肽等产品，并在企业开展生产加工。相关研究成果荣获2012—2013年度中华农业科技奖科学研究成果二等奖。

（花生产业技术体系首席科学家
禹山林提供）

2013 年度芝麻产业技术发展报告

(国家芝麻产业技术体系)

一、国际芝麻生产与贸易概况

1. 国际芝麻生产概况 据统计，2013 年世界芝麻种植面积达 800 万公顷左右，比 2012 年略有增加。埃塞俄比亚、苏丹部分产区雨季后移，芝麻播种前干旱严重，导致播期推迟；印度、缅甸、坦桑尼亚、尼日利亚、莫桑比克等亚非主产国芝麻长势良好，增产 15%以上；综合估算，2013 年世界芝麻总产量比 2012 年提高 10%左右，年度总产达 450 万吨左右。

2. 国际芝麻贸易概况 2013 年世界芝麻贸易量约 145 万吨，与 2012 年基本持平。国际市场芝麻价格比 2012 年上涨 50%以上。主要进口国为中国、日本、土耳其、韩国、越南等国家，中国为年度最大进口国，进口量达 44.11 万吨，占世界总贸易量的 30.4%。主要芝麻出口国为印度、埃塞俄比亚、苏丹、尼日利亚、赞比亚、坦桑尼亚等亚非国家，印度为年度最大出口国，出口量达 40 万吨，占世界芝麻贸易量的 27.6%。

二、国内芝麻生产与贸易概况

1. 国内芝麻生产概况 2013 年我国芝麻种植面积 730 万亩，比 2012 年略有增加，黄淮产区种植面积与 2012 年持平，长江流域、华北、西北等产区种植面积增加，特别是西部干旱地区种植面积增幅较大。芝麻播种前，黄淮、江淮主产区干旱，导致河南、安徽主产省播期推迟；长江流域苗期渍害较重。生育中期黄淮、江淮、江汉平原主产区略显干旱，芝麻长势良好，病害轻；华南主产区秋芝麻长势稳健。生育后期全国范围内气温稳定、光照充足，芝麻籽粒灌浆充分，收获时天气晴朗干燥，品质较好；全国平均亩产突破 95 千克，总产量达到 70 万吨。芝麻主产区间作套种面积持续增大，规模化种植面积扩大，机械化种植水平显著提高。

2. 国内芝麻贸易概况 2013 年我国芝麻需求量突破 110 万吨，国产芝麻难以满足国内市场需求，进口量增幅较大。据海关统计，2013 年1～12月份我国进口芝麻44.11 万吨，比 2012 年同期增加 11.49%。进口集中在 1～10 月份，其中，以 4 月份进口量最大，达 4.77 万吨，主要来自埃塞俄比亚、坦桑尼亚、莫桑比克、马里、乌干达等国；我国出口芝麻总量为 3.41 万吨，比 2012 年下降 7.6%，主要出口到韩国和日本。我国年度进口芝麻油2 244.9吨，比 2012 年增加 7.18%；出口芝麻油3 567.0吨，比 2012 年减少6.3%。

三、国际芝麻产业技术研发进展

1. 芝麻种质资源研究进展 在芝麻种质资源保存方面，尼日利亚学者Oyekale等认为用木炭做干燥剂集装箱短期储存芝麻延长芝麻种子的寿命。在种质资源鉴定评价方面，伊朗学者Pouresmaiel等对16个基因型芝麻品种进行抗旱性综合分析评价，从中筛选鉴定出两个抗旱性强的稳产品种；伊朗学者Pazoki等基于人工神经网络，对7个不同叶片类型芝麻品种进行鉴定研究，结果显示利用人工神经网络法能很好地对芝麻叶型进行识别分类；中国学者Wang等分析了62个芝麻栽培种的芝麻素和芝麻林素含量，发现芝麻酚类物质含量与芝麻种皮颜色关系密切。在种质资源遗传多样性分析方面，印度学者Park等和Yepuri等利用SSR、EST—SSR标记分别将相应的芝麻资源聚类分成4个和5个类群；肯尼亚学者Nyongesa等利用ISSR将东非46个栽培种和近缘野生种聚类分成6个类群；尼日尔学者Jadhav等利用马氏距离法将本地的31份芝麻种质分为7个类群。在种质创新方面，尼日利亚学者Muhammad等发现12μSv和16μSv是最有效的中子诱变剂量。

2. 芝麻遗传育种研究进展 在重要性状遗传分析方面，土耳其学者Uzun等研究认为芝麻有限、无限生长习性主要受隐性单基因控制，并受基因加性效应影响；尼日利亚学者Patil等研究表明加性和非加性基因互作对芝麻数量性状均至关重要。在分子生物学方面，印度学者Ramana Rao等研究发现芝麻白粉病由两个独立的隐性基因通过完全互补方式控制；印度学者Pandey等研究认为芝麻种皮颜色符合四基因配色模式，米黄色似乎控制其他颜色，白色种皮同时存在几个基因，而且这些基因导致在F_2代发生颜色分离；中国学者Zhang等首次报道了芝麻基因组计划的进展情况及下步工作安排；我国学者Wei等利用SSRs、SRAPs、AFLPs标记对芝麻含油量、蛋白含量、油酸和亚油酸含量进行关联分析，检测到60个关联位点；我国学者Liu等和Wu等研究分别认为雄性不育系D248A和95MS-5AB均由一个隐性基因控制。在新品种选育方面，印度学者Malaghan等对芝麻品种子叶和下胚轴外植体形成不定芽条件进行研究，为芝麻转基因育种研究奠定基础；印度学者Jadhav等、Vavdiya等和Patel等分别筛选出一系列强杂种优势组合。

3. 病虫渍害防控研发进展 巴基斯坦学者Nayyar等从芝麻种子中分离出10个属36个种的真菌株系；印度学者Chowdhury等观察发现了菜豆壳球孢在芝麻抗感品种的根际行为和侵染过程的显著差别；伊朗学者Kadkhodaie等和中国学者Wei等分别提出了芝麻抗旱鉴定的生理生化指标；埃及学者Mahmoud研制出有效防治变叶病的复合药剂配方；印度学者Rao等和Jeyalakshmi等归纳总结出利用芝麻酚替代抗生素进行杀菌的芝麻病害综合防控措施。病害机理研究方面，伊朗学者Fallahpori等的研究结果表明过氧化物酶活性对诱导植物抗性，控制病原菌爆发的作用较大。

4. 耕作栽培技术研究进展 栽培生理方面，尼日利亚学者Nura等研究认为0.1毫摩尔浓度的秋水仙素有利于改善芝麻生长发育和产量等相关性状；伊朗学者

Tabatabaei等认为赤霉酸浸种可提高种子的发芽特性；马来西亚学者Pei等研究了直接影响芝麻出苗的环境因素；伊朗学者Tabatabaei等和Mohammadi等分别评估了抗坏血酸和种子萌发对发芽特性和干旱胁迫下芝麻脯氨酸的影响。逆境胁迫方面，我国学者Wei等研究渍水中芝麻在形态和结构上厌氧蛋白和抗氧化酶的变化动力和机制；日本学者Radhakrishnan等研究阐明了青霉菌素和镰刀菌素对芝麻次生代谢产物含量的生物学影响；印度学者Pathak等对芝麻植株感染变叶病后的生物化学和组织病理学变化展开了研究。间作套种方面，伊朗学者Kamal等研究确立了芝麻与高粱间作套种的最佳行比。肥料高效利用，印度学者Mathew等研究认为随着硫和硼的施肥量增加，土壤有效养分吸收量提高；伊朗学者Jahan等系统研究了3种不同类型的生物菌肥和对芝麻光能利用率及产量的影响；巴西学者Lima等指出，生物肥料可以减轻在半干旱地区严重的蒸发失水。

5. 加工技术研究进展 在活性成分检测分析方面，印度学者Bhatnagar建立了基于HPLC分析的芝麻油木质素含量快速测定方法。在芝麻油掺伪分析技术方面，中国台湾专家Lee等对芝麻油Villavecchia特征试验条件进行了优化，得出了最优试验条件，检测限为10%。芝麻天然抗氧化机理研究方面，泰国学者Karladee等和Farhoosh等采用自由基湮灭法比较了维生素E在紫稻米、紫苏和芝麻中的抗氧化性以及芝麻油、米糠油和宾尼壳油的抗氧化特性；埃及学者Abdelazim等认为芝麻饼提取物具有很强的抗氧化活性。在芝麻加工技术研究方面，印度学者Manikantan等调整pearling时间、浸水时间、热蒸时间和干燥温度，生产高蛋白、低粗纤维、低残油和低植酸含量的芝麻粉；加拿大专家Achouri等采用高温、高盐和高压处理脱脂芝麻蛋白以期破坏芝麻蛋白质中对西方人有过敏性的成分。

四、国内芝麻产业技术研发进展

1. 芝麻种质资源研究进展 2013年度从国内外收集各类芝麻资源543份；通过对5 182余份种质资源的田间鉴定与评价，筛选出抗病、耐渍、高含油量、高蛋白、高芝麻素含量等各类优异材料729份；通过远缘杂交、理化诱变创制出各种可遗传的优异芝麻新种质155份。在分子水平上，利用芝麻转录组数据开发SSR引物2.58万对，利用简化基因组测序开发得到179对InDel标记和4 080对SNP标记，筛选获得1 088对具有多态性的SSR及InDel标记。

2. 遗传育种研究进展 在遗传基础研究方面，构建分子遗传图谱3张；完成芝麻栽培种叶绿体基因组结构分析和比较基因组学研究；开展了10个脂肪酸及蛋白质合成相关基因、142个抗病抗逆相关基因的功能研究。在育种技术方面，优化了芝麻远缘杂交细胞学及分子鉴定技术方法；完善了理化诱变技术体系，创制出抗病、抗逆、优质、高产、不育等优异芝麻新种质110份，完成了3个突变株系（株型、叶色突变、株高）的遗传分析。在新品种选育方面，通过品种间杂交、理化诱变等方法选育出郑芝18号、中芝24、中芝25、中芝26、燕庄2号、赣芝10号、皖芝7号、皖芝8号；新品种平均产量比对照增产幅度1.97%～15.35%，脂肪含量52.7%～58.3%，蛋白质含量16.7%～17.5%，抗病耐渍性达到审（鉴）定标准。

3. 病虫草渍害防控研究进展 芝麻抗病耐渍机理研究方面，完成了菜豆壳球孢基因组测序和重测序，基因组52.4M，有13条染色体，共有14 303个基因，目前正在对38个候选基因进行RT—PCR进行表达水平分析。芝麻抗病特性鉴定技术研究方面，利用原阳枯萎病混合病圃开展了644份芝麻资源的抗枯萎病特性鉴定，共筛选出高抗材料230份，高感材料12份；在原阳茎点枯病鉴定圃采用土壤混合菌种接菌共鉴定了34份品种资源，筛选出免疫材料1份，高抗材料4份，抗病材料13份。在芝麻病虫害防控技术研究方面，筛选出4种高效防控药剂，研制出高效生防种衣剂2个，生物菌肥1种；筛选出抗草甘膦除草剂突变体T0植株1 810份，筛选率为6.3%；建立了一套高效安全的芝麻病虫害综合防控技术体系。

4. 芝麻耕作栽培技术研究进展 在芝麻栽培生理方面，研究明确了适宜不同生态区的最佳施肥量和施用方式；确定了池栽条件下，芝麻全生育期的需水量为206.3～288.17米^3/亩，并探明了各生育时期的需水规律。在高产栽培技术方面，深入开展了机械化种植、机械间定苗、间作套种、病虫草害综合防控、肥水高效利用等关键栽培技术研究；实现了芝麻播种—铺管—覆膜—压膜—打孔—压膜等工序一次完成；归纳总结出“新疆干旱地区高产高效机械化生产技术”“芝麻机械种植的间定苗技术”等2项适于我国不同芝麻主产区大面积推广应用的简化实用技术。

5. 芝麻加工技术研究进展 在芝麻冷榨技术方面，完成了冷榨芝麻油的工业化生产试验，确定了螺旋冷榨芝麻油生产的主要工艺参数。天然物质分离与纯化技术研究方面，制备了多种芝麻蛋白粉，并通过物理改性技术，增加芝麻蛋白在功能性食品生产中的应用。在芝麻木酚素提取方面，优化了芝麻木酚素柱层析的吸附材料，完善了木酚素溶解重结晶的工艺流程，建设了标准化的芝麻木酚素生产线1条，初步实现了芝麻木酚素提取的工业化试验，获得了工业化生产技术参数和数据。在芝麻油掺伪检测技术研究方面，探索了HPLC—ELSD测定油脂甘三酯的方法，建立了纯芝麻油的甘三酯指纹图谱数据库，通过计算掺混油脂和纯芝麻油数据库的指纹图谱相似度来鉴别掺伪量大于或等于3%的芝麻油。

（芝麻产业技术体系首席科学家
张海洋提供）

2013年度向日葵产业技术发展报告

(国家向日葵产业技术体系)

一、国际向日葵生产与贸易概况

(一) 国际向日葵生产概况

目前，全世界种植向日葵的国家共有70多个，面积和产量较大的国家有25个，年种植面积2 000万～2 500万公顷，年总产量2 500万～3 500万吨，产量1 200～1 400千克/公顷。

根据联合国粮农组织统计数字，2012年世界向日葵种植面积为2 484.31万公顷，总产量3 744.94万吨，种植面积和总产量较2011年有所下降。其中欧洲种植面积1 603.34万公顷，总产量2 413.52万吨，占世界总产量的64.45%；亚洲种植面积397.75万公顷，总产量580.13万吨，占世界总产量的15.49%；美洲种植面积300.18万公顷，总产量524.24万吨，占世界总产量的13.99%；非洲种植面积179.03万公顷，总产量222.35万吨，占世界总产量的5.94%；大洋洲种植面积4.02万公顷，总产量4.70万吨，占世界总产量的0.13%。

(二) 国际向日葵贸易概况

1. 国际向日葵籽进出口情况 国际进出口向日葵籽约945.93万吨，总值75.28亿美元。其中进口向日葵籽约465.09万吨，总值37.79亿美元。主要进口国为土耳其、荷兰、法国、德国、西班牙、葡萄牙、罗马尼亚和意大利；出口约480.84万吨，总值37.49亿美元。主要出口国为罗马尼亚、保加利亚、乌克兰、匈牙利、法国、摩尔多瓦、中国和斯洛伐克。与2010年相比，2011年世界向日葵籽进出口总量和总值均有较大增加（注：由于2012年度国际向日葵籽进出口贸易数据未公布，因此仍使用2011年数据）。

2. 国际向日葵油进出口情况 国际进出口向日葵油1 344.26万吨，总值187.97亿美元。其中进口向日葵油648.67万吨，总值93.69亿美元。主要进口国为印度、土耳其、比利时、荷兰、伊拉克、德国、埃及；出口695.59万吨，总值94.28亿美元。主要出口国为乌克兰、阿根廷、俄联邦、法国、荷兰、匈牙利、土耳其、罗马尼亚。2011年世界向日葵油进出口总量和总值均较2010年有较大增加（注：由于2012年度国际向日葵油进出口贸易数据未公布，因此仍使用2011年数据）。

二、国内向日葵生产与贸易概况

（一）国内向日葵生产概况

近几年中国向日葵种植面积在100万公顷左右，其中70%是食用向日葵。根据中国种植业信息网统计数字，2012年底我国向日葵种植面积为88.85万公顷，总产量232.27万吨，单产水平为2 614.05千克/公顷。2012年向日葵种植面积稍有减少，但总产量和单产水平都较2011年有所提高。

中国向日葵生产主要集中在东北的三省、山西、陕西、河北、内蒙古以及新疆、宁夏、甘肃等西北地区。内蒙古是中国最大的向日葵主产区，2012年种植面积39.86万公顷，总产量107.10万吨，占全国总产量的46.11%。其次是新疆、吉林、甘肃、宁夏和黑龙江。内蒙古巴彦淖尔市是向日葵产量最大的地区，产量在89.74万吨，占全国总产量的38.64%，其中五原县是中国最大的向日葵主产县。

（二）中国向日葵贸易

近年来向日葵加工企业发展快，效益好，有力地拉动了向日葵产业的发展。其中安徽合肥华泰集团生产的洽洽牌瓜子不仅占据国内主要市场，而且远销国外38个国家和地区。五原真心食品有限公司生产设备在国内是最先进的，年加工能力为10万吨。

我国的向日葵油脂加工企业主要集中在内蒙古地区，大小油脂加工厂15～20个；新疆的益海粮油工业有限公司年处理原料约25万吨，效益也非常好。

我国的向日葵籽每年都有一定的出口量，呈稳步发展的趋势。1979/1980年为6 100吨，1980/1981年为9 900吨，1981/1982年为13 500吨，1982/1983年为15 000吨，出口量较少。从90年代开始有向日葵籽仁的出口，主要出口到东南亚、中东和欧洲。2000年后，成品向日葵香瓜籽开始出口东南亚、北美和欧洲，每年的出口量约2万吨。从2005年开始，出口量稳定在11万吨以上，总值1.07亿美元。2011年中国出口向日葵籽16.96万吨，总值2.45亿美元，比2010年稍有增加。

近年来我国开始进口向日葵油，2011年进口8.29万吨，总值1.16亿美元，比2010年略有减少（注：由于2012年度我国向日葵贸易数据未公布，因此仍使用2011年数据）。

三、国际向日葵产业技术研发进展

（一）国际向日葵育种研发进展

1. 向日葵育种研究进展情况与水平

近年来在抗病育种、品质育种和获得理想株形的高产育种等方面不断深入，获得了较好的结果。目前国际育种先进的国家有法国、美国、塞尔维亚、阿根廷、俄罗斯等国家。育成的油葵杂交种子实含油率可以达到52%，有的杂交种试验产量亩产可以达到300千克。

2. 种质资源的利用 在杂种优势利用的初期，种质资源主要来源于当地的向日葵群体和俄罗斯、阿根廷的常规品种，到20世纪90年代通过远缘杂交加强了野生种的利用，主要是获得抗性基因。过去的10～15年，主要是创造特殊性状遗传变异基因库，如生产力、抗病、抗旱、油品质等。目前的种质资源创新趋向于利用现有的具有不同期望性状的自交系间杂交汇集和提高遗传变异性，再通过自交选育新的自交系。

3. 国外育种技术发展 国际上向日葵育种技术发展也经历了常规品种选育、杂种优势利用的两大阶段。在 1968 年“三系”发明之前的常规品种选育阶段，主要是注重单一群体的改良，杂种优势利用阶段主要是注重种质资源创新，增加抗性、品质和产量的遗传变异性。

（1）新的遗传变异改良。利用优异的栽培种和野生种为资源进行资源创新。一是通过简单轮回选择，一般配合力轮回选择，特殊配合力轮回选择，交互轮回选择。二是通过诱变，物理诱变和化学诱变。三是群体改良，利用基因库、人工合成群体、半姊妹或全姊妹后代选育。

（2）抗病育种。目前抗病育种的抗源主要是来源于野生种，应用胚拯救技术获得远缘杂交后代，通过回交转育获得抗源。通过育种家近 30 年的努力，育成了抗褐斑病、锈病、霜霉病、黄萎病、拟茎点病、茎点病，耐菌核病和抗寄生性杂草列当的亲本和杂交种。目前，国际上已经利用分子标记法进行抗性基因的筛选，使育种的效率有了进一步的提高。一些向日葵育种起步较晚的国家直接利用有抗性基因的杂交种作为抗源，简化了育种程序，收到了事半功倍的良好效果。

美国农业部北方作物科研所向日葵科研室正在利用多年生野生种培育抗菌核病的创新种质，2011 年已经取得了阶段成果，目前研究在不断深入。

（3）抗除草剂育种。由于科技进步，机械化作业以及生产水平的提高，使用除草剂除草是必然趋势，但使用杀单子叶杂草的除草剂，不能杀向日葵田中的双子叶杂草，所以，如果向日葵可以抗杀双子叶杂草的除草剂，就可以杀灭向日葵田中的杂草。近 10 年，向日葵抗除草剂育种在一些向日葵育种较先进的国家，如塞尔维亚、法国、美国、俄罗斯等国家发展较快，育成了杂交种，现已广泛应用于生产。抗源来源于野生种 *Helianthus annuus*。

（4）抗旱育种。到目前为止，国际上育种研究工作者仍然用野生种 *H. argophyllus* 进行抗旱育种，取得了显著成就。随着科技的发展，分子育种水平的提高和在育种中的应用，可能鉴别抗旱基因。野生种 *H. deserticola*、*H. hirsutus*、*H. maximiliani* 和 *H. tuberosus*，已在抗旱育种中应用。

（5）品质育种。向日葵的油酸和亚油酸占 90%，其中，亚油酸 70%左右，油酸占 20%左右。由于亚油酸属于多不饱和脂肪酸稳定性较差，油酸的稳定性较好。通过诱变育种，已经育成了油酸达到 80%～90%的杂交种，有的亲本的油酸可以达到 90%以上。在美国食品工业已经应用了称之为中油酸杂交种（NuSun），油酸的水平为 65%～75%。

向日葵维生素 E（生育酚）的含量较高，但普通向日葵主要是 alpha 生育酚占 95%，通过品质育种已经育成了 gamma 生育酚占 95%的自交系（LG-17）。

4. 国外向日葵杂交种在我国的应用情况 2013 年，我国推广应用的国外引进的食葵杂交种主要有 LD5009、X3939、3638C，这些品种与国内育成的食葵杂交种相比，抗旱性较好，产量较高。国内育成的杂交种有的商品品质和抗病性优于国外食葵杂交种。随着国内育成的食葵杂交种的推广应用，国外的食葵杂交种已经退出了垄断地位。

国外引进的油葵杂交种主要有TO12244、567DW、NX19012 等，国内育成的有些油葵杂交种的产量、抗性、含油率等指标已经优于国外引进的油葵杂交种。从推广应用的情况看，国内育成的油葵杂交种的推广面积明显多于国外引进的油葵杂交种。

（二）国际向日葵病虫草害研发进展

1. 向日葵菌核病 美国农业部对一些向日葵杂交种进行了田间抗菌核病鉴定，结果表明杂交种 Seeds 2000 ‘X9856’、Pioneer ‘63N82’、Croplan ‘343 DMR HO’、Genosys ‘8064’ 和 Pioneer ‘63ME70’ 在多地表现出良好的抗性水平。而杂交种 Triumph ‘EXPSCL05’、Mycogen ‘E257321’、Syngenta ‘3990 NS/CL/DM’、Genosys ‘1068’、Sygenta ‘3995 NS/SU’、Mycogen ‘E378947’ 和 Croplan ‘EXP1141’ 仅在单个地点进行了测试，表现良好。杜邦公司注册了一个新的预防性杀菌剂 Vertisan® 可以控制向日葵盘腐及锈病。它的成分称为吡噻菌胺 penthiopyrad，可用于预防或侵染后使用，具有残留活性并且可以进入植物体并穿过叶片表面。它可以很好地控制向日葵盘腐，从而获得高产。

Sasirekhamani 等人的研究结果表明杀菌剂己唑醇（麦角固醇生物合成抑制剂）在 100 微克/毫升浓度下方面影响菌核病病原菌的生物学特性，表现出高效的抗菌核病菌的能力；由于盾壳霉在生长过程中可以产生胞外酶如几丁质酶和 β，1-3 葡聚糖酶，Haggag 等人利用部分纯化的 β，1-3 葡聚糖酶对向日葵菌核病菌的抑制作用进行了研究，室内结果表明利用浓度为841.2（units/mg prot/ml-1）的 β，1-3 葡聚糖酶处理能够在花瓣上抑制菌核的生长及萌发率。如果混合几丁质酶和葡聚糖酶可以完全抑制菌核的萌发。两年的田间试验结果表明混合使用 2 种酶对田间菌核病的茎腐症状具有很好的防效；Ahmadi 等从不同的寄主植物如莴苣、向日葵、甘蓝、油菜、烟草、大豆等分离出 30 株菌核病菌株，在温室条件下得出了菌株病菌毒性和寄主敏感性之间互作的显著最高和最低致病性表现在烟草（pathogen）×向日葵（plant）和莴苣（pathogen）×甘蓝（plant）的组合。方差分析表明引起茎腐症状的严重度最能代表植物抗性水平的差异；Davar 等对抗、感菌核病的向日葵品系的脂质过氧化过产物丙二醛及各种酶的酶活性和脯氨酸进行了测定。结果显示在抗病品系中自由脯氨酸的大量积累。超氧化物歧化酶、抗坏血酸过氧化物酶、愈创木酚过氧化物酶活性在接种的茎和叶片中明显增加。在抗病品系中，病菌的侵入显著诱导接种植物的过氧化物酶活性，而在感病品系中过氧化物酶活性明显降低，表明了抗氧化酶类在抗病过程中具有非常重要的作用；为了确定田间菌核病菌种接的最好方法，Ebrahimi 等采用了 3 种方法进行茎干接种即菌丝块、草酸溶液和带有菌丝的麦粒。结果表明菌丝块接种后病斑发展很快；伤处理比无伤处理病斑扩展更迅速；匈牙利学者选用了 2 个基因型品种 NK Neoma 和 K Ferti 研究播期和菌核病、茎溃疡、黑斑病、黑胫病发病的相关性，结果表明晚播能够不同程度降低上述病害的发生。相关系数分析显示播期显著影响上述病害的发生程度，他们各自的相关值如下：菌核病（0.603**），茎溃疡（0.688**），黑斑病（0.762**），黑胫病（0.812**），产量（0.696**）。

2. 向日葵黄萎病 Pasche 等报道了一种有效和实用性的 QPCR 方法检测病原体的胰蛋白酶的基因来量化马铃薯茎组织中携带的黄萎病菌。与最近发展起来的利用定量 PCR 技术来扩增黄萎病的 β-微管蛋白基因以及传统的放置茎组织或病汁液加入到半选择性组织培养基中进行培养的方法相比，此方法可以对黄萎病菌进行快速、高效和准确的量化，最低检测的模板量仅为 0.25 皮克的 DNA，这一方法将有利于育种者进行大量快速的筛选抗性材料；有研究表明分离于中国湖北省表现为黄萎病的 2 株棉花黄萎病菌的菌株 CVD—WHW 和 CVN—WHG，通过 PCR 扩增和 ITS 序列分析，将 CVD—WHW 确认为黄萎病菌，CVD—WHG 被确认为变黑轮枝菌。两个菌株在棉花种植中具有极低的病原菌致病性。这一结果预示着这两个菌株在棉花黄萎病的生物防控过程中可以作为交叉保护弱毒菌株进行使用；El-Bebany 等对 12 个马铃薯黄萎病菌株和 9 个向日葵黄萎病菌利用硝酸盐（nit）突变体和多重巢式 PCR 的方法来确定营养亲和群 VCGs。大多数马铃薯菌株与 VCG 4A 具有强大的亲和性。向日葵的菌株变化很大，一株向日葵菌株（Vs06-14）只与 VCG3 亲和，其他的菌株如 Vs06-20 与除了 VCG2A 以外的所有的 VCG 组亲和；Yang 等在棉花黄萎病基因组中确定了 44 个基因编码囊泡转运组件。根据它们编码蛋白质的结构特点，这 44 个黄萎病菌基因被分成 22SNARE 蛋白（6 Qa-，4 Qb-，6 Qc-，1 Qbc-and 5 R-types）。这些蛋白在棉花黄萎病菌的生长和微菌核的形成过程中具有显著的差异性表；El-Bebany 等探索了马铃薯在受到弱致病性和强致病性黄萎病病菌菌株侵染后中其酚类化合物的变化，证实了马铃薯与黄萎病菌互作中酚类化合物的积累，两种不同的菌株侵染后羟基氨基酸在不同的组织中存在差别性的积累。

3. 向日葵锈病 HA-R9（Reg. No. GP-326，PI 667595）是美国农业部农业研究所自主研发耐锈病种质资源。到目前为止 HA-R9 耐锈病所有测试小种，包括当前确认的在美国最主要的和致病性最强的小种。HA-R9 的抗锈病性受到向日葵连锁群 13 的显性基因 R11 所控制，且紧密连锁 HA-R9 互引相 Rf5 雄性能育性恢复基因。种质 HA-R9 将被用以抵抗新的锈病小种并且使向日葵育性恢复系基因池多样化；HA-R6 自交系是为数不多的几个食用向日葵抗锈系。HA-R6 种质群体对大部分主要小种表现抗性；RHA 464 是新发布的一个起源于一年生野生向日葵的雄性能育恢复系，能够抵抗美国的北部大平原上优势小种及毒性最强小种。

4. 向日葵霜霉病 向日葵对霜霉病的抗性基因大多数都聚集在连锁群 8 和 13 处，但是抗性基因 P16 所在的位置已经被确认也是抗性基因群集的主要场所之一。目前一个克隆遗传图谱建立的策略实现了应用大型分离 F_2 种群，为这个集群基因的克隆建立一个更好的物理图谱；在向日葵抗霜霉病研究中，7 个植物促生真菌（PGPF）从原生根际土壤被筛选出来，它们具有促进生长和诱导抗向日葵霜霉病的能力；Grasse 等最近在霜霉真菌上发现的霜霉病毒（PhV）是一个等轴病毒。病毒基因组的全序列包含两个 ss（+）RNA，分别编码病毒聚合酶和外壳蛋白。虽然带毒和无毒 *P. halstedii* 菌株的致病性对向日葵幼苗无致病性显著差异，但真菌的侵袭力被 PhV 的寄生所减弱；Sakr 在向日葵植物上发现的属于 7 个小种的 50 个病菌分离物，对其致病性、形态学和遗传特征进行了研究。在不同抗性向日葵品种上分离病原物的致病性不同。基于在含有或不含有有 Pl 抗性基因的杂交种上的毒性差异，将 *p. halstedii* 确定了 3 个群体。即小种 100、小种群 3xx（感病重）和小种 710、小种群 7xx（感病轻），它们之间致病力存在显著差异；向日葵霜霉病目前在印度向日葵主要种植区均有发生，带病种子和土壤是其传播主要途径。一个新的向日葵霜霉病抗性杂交中 ISFH-171 已被开发并在印度向日葵主要种植区域进行推广。

5. 向日葵茎溃疡病 Desanlis 等利用生长季节的一些栽培措施全面地分析了土壤、作物状况（包括顶冠发展情况）、微气候对这个气传真菌 *Phomopsis helianthi* 流行的影响。结果表明：叶片症状的数量多少决定于营养生长阶段顶冠的微气候。但在开花后，绿色植物组织的多少是叶部侵染的另一个限制性变量。叶片向茎干的扩展取决于叶片的长度及衰老率，包括自然的及该病引起的老化。茎秆上的症状与茎干直径有关。这些结果将会为我们未来的防控措施提出奠定基础。

6. 向日葵白粉病 向日葵白粉病近两年已成为印度的一个严重问题，Reddy 等筛选了大约 420 个材料包含有野生向日葵、种间衍生材料、核心种质、自交系及少量外来材料在田间自然情况下进行了 2 年的接种试验，结果表面 PCR 方法证实了病原菌 *G. cichoacearum* 在健康叶片上喷孢子粉的接种方法证实方便高效。供试的不同材料病情严重度介于 15～100，AUDPC 介于95～648。4 个一年生（*H. argophyllus*，*H. agrestis*，*H. debilis* 和 *H. praecox*），6 个多年生向日葵（*H. angustifolius*，*H. atrorubens*，*H. rigidus*，*H. salicifolius*，*H. pauciflorus* 和 *H. resinosus*），2 个种间衍生材料（*HIR-1734 -2* 和 *RES-834 -3*）和 2 个外来品系（PI 642072 和 EC-537925）可作为有效的白粉病的抗源。

7. 向日葵列当 2013 年国际上对向日葵列当的研究主要集中对其生理小种遗传多样性、毒性遗传等遗传学研究方面以及对向日葵列当诱导萌发的机制方面的研究。

Rodríguez-Ojeda 等人研究了列当 E 小种和 F 小种杂交之后毒性的遗传特征，在所有情况下，F_1 代不能够侵染含有 Or5 的 P-1380 品系向日葵，表明 E 小种等位基因为显性基因。5 个 F_2 种群包含 387 个株系在 P-1380 进行检验。在所有情况下，有 $1/4F_2$：F_3 子代不能对 P1380 进行侵染，表明 E 小种在 P-1380 的无毒性和 F 小种在 P-1380 上的毒性是单位点控制的等位基因。这项研究表明在向日葵列当—向日葵侵染系统之间存在着“基因对基因”的相互作用，从而在为涉及列当侵染性的基因鉴定方面提供了有用的信息；Pineda-Martos 等人利用共显性分子标记研究了西班牙向日葵列当的遗传多样性，利用 15 个微卫星标记对 50 个种群进行聚类分析，结果发现两个距离基因库。在每个基因库中，种群内和种群间的变异性都非常低。这个种群结构反映出可能存在建立者效应。在同一个基因库中存在不同的生理小种。表明这些小种可能产生于同一遗传背景下的变异；Antonova 对分布在斯塔夫罗波尔边疆区、罗斯托夫、伏尔加格勒州以及克拉斯诺达尔边疆区的向日葵列当生理小种进行了鉴定，发现毒性最强的 F、G、H 小种都有广泛的分布，在部分地区，G、H 生理小种的比例非常高；Imerovski 等人对来自基因连锁群 LG3 中的 SSR 标记进行筛选，以确定是否有标记能作为鉴定特殊 Or 基因的分子标记，研究发现，LG3 标记和 Or6，Or4 以及 Or2 基因之间具有紧密的联系，这些标记可以用于抗性基因导入商业品种当中。

在诱导萌发研究发面，Frank 等人利用活性追踪分离的方法分离向日葵根系分泌物，研究了多种倍半萜内酯对向日葵列当萌发的诱导作用，发现除了主要的去氢木香内酯，根系分泌物还包含木香烃内酯、山稔甲素以及 8-表苍耳素，这 4 种多种倍半萜内酯都可引发列当萌发；Yongqing Ma 等人筛选了不同的玉米杂交种及其亲本对列当萌发的诱导作用，从而研究了将玉米作为向日葵列当“诱杀植物”的可能性。结果发现不同玉米杂交种和亲本对列当诱导萌发的能力差异较大。杂交种 3255×335 及其亲本诱导列当萌发的特性最强。

Kotlyarov 等人研究发现使用以 γ-甲硫基-α-氨基丁酸为基础的特殊氨基酸复合物，可以有效地保护向日葵免于细菌病以及列当的侵染。

（三）国外向日葵种植技术研究与应用进展

1. 水肥管理技术的应用与研究进展

水肥管理一直国外向日葵产业发展的重要技术措施，受到各向日葵主产国的高度重视，在美国、阿根廷、法国、俄罗斯和乌克兰等国家都建有施肥技术国家标准，基本明确了合理施入化肥、均衡植物营养是实现向日葵持续高产的重要手段，尤其是氮肥施用量、施用时间和施用次数均对向日葵产量和产量构成因子有显著影响（GH. Omidi Ardali；M. J. Bahrani 2012）；在巴基斯坦干旱雨养地区，Nasim，W 和 Ahmad 研究了不同施氮水平对向日葵杂交种生长、发育、产量和产量构成的影响，结果表明：随着 N 肥增加，总干物质（TDM）、籽粒产量均在增加，但含油量在降低。施氮量为（N）180 千克/公顷时，干物质量最大（14.02 吨/公顷），籽实产量为 3.57 吨/公顷；Nasim，W 和 Ahmad 本年度进一步研究了水肥结合对向日葵生长的影响，结果表明，灌溉显著影响株高、茎秆直径、花盘直径、单盘籽实数量、千粒重、籽实产量。氮肥用量显著影响所有形态特征、产量和产量构成。随着灌水量的减少从 100%到 33%，株高、茎直径和头直径减少了 32%、21.9%和 30.8%。随着氮肥水平的增加从 0 到 120 千克/公顷，株高、茎直径、叶片数、头直径、种子数/头，千粒重和种子产量分别显著增加了 15.6%、14.4%、13.2%、17.1%、24.2%、13% 和 49.1%；M. J. Bahrani 研究了向日葵不同生长阶段的水分胁迫、施氮水平和次数对产量及相关性状的影响，明确了向日葵在花期和灌浆期遭遇水分胁迫对产量和产量构成因子均有显著影响，氮肥施用量、施用时间和施用次数均对向日葵产量和产量构成因子均有显著影响。

同时研究者们也注重了钾肥和微肥对品质的影响研究。María Benlloch-González 研究了K离子胁迫对向日葵幼苗及根系K、Rb吸收的影响，结果表明，K离子胁迫下，叶片从根系和幼苗中吸收更多的Rb离子，反之，伸展中的叶片积累的Rb离子受到抑制；Zahoor，R. 在保障氮磷钾肥施用的基础上，增施微肥对提高向日葵品质有促进作用，现蕾至初花期施硼1千克/公顷，籽实含油率和蛋白质含量都明显提高，生育后期喷施钾肥对向日葵籽粒蛋白质含量和硬脂酸含量有显著影响（M. Ahmad Alias Haji A 2012）；巴基斯坦人Zahoor，R研究了硼对向日葵干物质积累和籽粒产量的影响，结果表明，向日葵最佳的施硼时期为现蕾至初花期，施入量为1千克/公顷，收获期植株的生长、干物质积累、净光合速率、叶片中N的含量都明显提高，产量相关性状、籽实含油率和蛋白质含量都明显提高；伏尔加河地区的Fomichev G A和Korsakov K V研究了微肥和外源激素对向日葵营养吸收和产量性状的影响，结果表明在播种前用适宜浓度的生长调节剂浸泡向日葵种子可以提高向日葵田间出苗率和幼苗生长势，结合在生长期喷施微肥和调节剂可以改善向日葵植株上部器官的发育和营养物质的吸收与积累，并能在一定程度上提高产量。

2. 栽培技术的应用与研究进展 2013年国外向日葵在栽培技术与模式研究方面重点是注重向日葵产量和品质的提高方面，伊朗等国家通过研究2种垄宽和5种不同种植密度对2个向日葵品种的籽粒产量和农艺性状的影响。明确不同田间配置对向日葵小花数、生育期、千粒重、单盘籽粒数、叶面积指数、籽粒含油率和油产量等均有显著影响，不同品种对不同田间配置和密度变化的效应也不相同（Ghaffari，Mahdi 2012）；Daneshiyan研究了密度对向日葵杂交种的影响，结果表明密度对向日葵生育性状影响显著，但对株高、茎粗等形态学特征影响显著，加大密度、株高降低、茎粗辨细，产量增加；欧洲也曾有报道称，密度对向日葵生育性状影响显著，但对株高、茎粗等形态学特征影响显著（Jahanfar，2011）；Jitareanu G、Bucur D和Ailincai D等人在摩尔达维亚地区研究了轮作对产量和土壤肥力的长期影响，结果表明，采用食用豆—小麦—玉米—向日葵—小麦的轮作体系，向日葵的产量是对照的38%和101%（723～2063千克/公顷），并能显著提高试验地点的有机质含量，改善土壤的农化性状；美国、印度和俄罗斯等国家加强了旱地、盐碱地种植向日葵方面的研究，Nusrat JABEEN和Rafiq AHMAD研究了喷施硝酸钾对盐碱地向日葵生长和营养吸收的影响，结果表明，随着盐溶液浓度的增加，叶面积下降，叶片的鲜重和干重均下降，内源酶（NRA）D的活性下降，喷施硝酸钾能够有效减轻内源酶的活性和叶面积的下降。

3. 农机作业技术应用与研究进展 近年来国外在适宜机械化作业的向日葵种植形状与生态环境保护方面的研究不断加强。美国肯塔基大学的Shockley，Jordan指出随着农业机械化水平的提高，农田种植形状的设计应根据不同作物播种、喷药和收获农机具作业的规范进行改进。目前美国、阿根廷的向日葵全程机械化免耕，俄罗斯、澳大利亚的豆科牧草与向日葵轮作模式，完善了生产与生态相结合的可持续发展模式，并逐步从平原向旱地、盐碱地扩展，从国外近年来的技术现状及发展趋势分析，机械化种植已经从单项作业机具发展到成套作业机具，并向着节低能耗、零排放的节约型农业装备和自动控制技术方向发展（CTIC，2012）；美国、阿根廷、法国、俄罗斯、澳大利亚等向日葵种植大国90％的耕地在大型免耕机械取代了铧式犁传统耕作的基础上，近年来在解决了播种、收获联合机械作业的基础上，重点在喷药、施用自动控制方面有新的突破。美国、法国、俄罗斯等早在21世纪初就已经在机械化施肥方面采用了拖拉机携带GPS按土壤养分分级指标进行自动化还研发了一种根据机载电脑和作业处方图实施变量施肥作业的专用农机具（Michihisa lida Mikio，2009）；美国肯塔基大学以农业喷雾器和播种机在农田中的应用为例，分析了自动化控制在整个农业决策框架中的作用。自动化控制喷药在增加农田净效益的同时，对农田的规格和种植形状提出更高要求（Shockley Jordan，2012），并针对传统全圆机械喷洒系统的不足，设计出新的喷洒机械系统，与传统系统相比新系统可有效提高工作量1.23倍（El Pebrian Darius，2012）；印度通过对比哈尔市农业机械化面临的问题与发展前景分析，指出欠发达地区农业机械化推进缓慢的主要原因是农民拥有的土地面积小而且不能连片成规模（Shambhu V B，2012）。

四、国内向日葵产业技术研发进展

（一）国内向日葵育种研发进展

1. 向日葵育种研究新进展 2013年，国家向日葵产业技术体系育种成效显著，育成的向日葵品种推广面积不断扩大，抗性、品质有了明显提高。

（1）向日葵抗黄萎病的育种研究进展。通过向日葵产业技术体系病虫害防控研究室2011—2013年的多点鉴定表明，体系育成的向日葵杂交种科阳1号、JK102、JK103、JK106、JK108、巴葵138、NKY03-3、NKY03-4、NKY03-5、NKY03-6、赤葵3006、赤葵3009等一批杂交种高抗黄萎病。

（2）向日葵抗列当的育种研究进展。2009年以后，一些向日葵产区如吉林省、新疆阿勒泰地区、内蒙古巴彦淖尔市的寄生性向日葵草害列当发生严重，较重的地块造成向日葵绝收。

经过向日葵体系的几年努力，现已经育成了抗列当的杂交种，并通过了国家或省级的审（鉴）定。这些杂交种有JK102、JK103、JK106、JK108等，同时在适应区进行了大面积推广，收到了良好的效果，挽回了因列当危害造成的巨大经济损失。

（3）体系育成的向日葵新品种试验示范、推广成效显著。2013年推广应用食葵新品种JK103、科阳1号、科阳7号、T33、新食葵6号、新食葵7号、龙食葵2号、龙食葵3号，油葵新品种新葵20号、22号、AR2-1216、龙葵杂7号等累计约6.27万公顷，取得了显著的经济效益和社会效益。

从育成的向日葵新品种的产量、抗性、品质和商品性看，又有了进一步提高。食葵新品种百粒重、籽粒长度、籽粒宽度、籽仁率，皮壳率等与商品品质相关的性状有了进一步改善，产量超过了3 900千克/公顷，比对照品种增产10％以上。同时，抗旱、适应性较强、耐菌核病、抗叶斑病和锈病。与2012年相比，育种取得了新的突破，育成的抗黄萎病、抗列当食葵新品种已经得到了推广。

2. 品种资源情况 我国 1997 年编辑出版了《中国特油作物品种资源目录》(1986—1995)，收录了国内向日葵品种资源 2 433份，国外向日葵品种资源 382 份。到目前为止，入国家中、长期库的向日葵品种资源已超过了3 000份。各育种单位目前保存的新资源约1 500份。

向日葵杂交种推广之后，面积不断扩大，不断取代地方品种，杂交化势必导致基因型的单一化，存在着潜在的抗逆性危险。因此，国家向日葵产业技术体系的各个建设单位积极进行品种资源的收集、整理和保存工作，并进行向日葵种质资源数据库的建设工作。

2013 年，向日葵体系完成了包括种质来源、类型、形态特征和生物学特性等 26 项数据，完成了 313 份种质资源数据。

3. 育种方法 向日葵常规品种的选育方法主要应用系统选育、杂交选育、诱变育种、轮回选择（半分法）等方法，我国向日葵常规品种选育使用最多的方法是系统选育和轮回选择。

杂种优势利用是通过选育不育系及同型保持系、恢复系，来达到利用杂种优势的目的。保持系和恢复系是通过杂交后系谱自交选育、自由授粉品种自交、轮回选择等方法育成，育成的保持系再通过回交转育成不育系或保持系自交的同时与不育材料回交育成不育系。油用型的恢复系多数都是分枝型，以延长对不育系的授粉时间和提高制种的结实率。食用型恢复系一般是单秆型，主要的目的是保证杂交种子实的大小和百粒重，有的育种单位也开始利用食用型分枝型恢复系。在杂种优势利用中，野生资源已在亲本选育中应用，主要是转育野生种的抗性基因，提高育成亲本的抗性。

幼胚培养技术已成为成熟技术在育种中应用，极大地缩短了育种进程，每年可以完成 3 个世代的选育。

花药培养技术研究也在进行中，目前可以培育出幼苗，但还不能繁殖后代，该项技术接近国际水平。分子标记育种刚刚开始，体系各育种单位正在进行深入研究，还没有真正的应用与育种中，处于前期的研究阶段。

2013 年，开始了向日葵品种 DNA 指纹鉴定标准体系研究，用向日葵幼嫩真叶，采用 SDS 法、DNA 快速提取法和 CTAB 法提取向日葵的 DNA，分别用紫外分光光度计和琼脂糖凝胶电泳测定 DNA 的纯度和完整度。其中 SDS 法与 CTAB 法提取的 DNA 样品纯度 OD260/OD280 的比值都在 1.6～1.8，达到了进行 SSR 实验的要求，DNA 快速提取法提取的 DNA 样品纯度 OD_{260}/OD_{280}的比值未达到 1.6～1.8 的要求，不能用于本实验。对 DNA 样品溶液做 0.8%琼脂糖凝胶电泳，SDS 法与 CTAB 法提取的 DNA 样品点样孔处未发亮，而且条带没有拖尾、弥散现象，说明所提取的 DNA 不含有蛋白质且完整度好，未降解。2014 年将继续完成该项研究。

（二）国内向日葵病虫草害研发进展

1. 向日葵菌核病 为进一步揭示核盘菌种群内是否存在着致病性分化现象，刘春来等采用离体叶片菌饼接种法，以向日葵品种龙食葵 3 号为供试寄主，对采集于内蒙古和黑龙江省不同地区的 20 个向日葵核盘菌分离物进行了致病性测定。结果表明，各分离物所致病斑直径介于 1～80mm。即使是采集于同一地块的菌株如 NTY24、NTY25、NTY26、GB16 和 GB17，其致病性也存在着明显的不同，说明不同来源核盘菌菌株间致病性存在着显著的差异，且这种致病性分化与菌株来源没有明显的相关性。研究中发现供试菌株中存在一部分弱致病力菌株和 4 株无致病力的菌株；聂峰杰等撰文归纳了引起核盘菌致病力衰退的 RNA 病毒（SsDRV）、单链环状 DNA 病毒（SsHADV-1）和部分没有定性的双链 dsRNA 因子等真菌病毒，阐述了真菌病毒在病原菌群体中的传播方式；讨论了如何打破菌丝不亲和带来的界限，使得真菌病毒在菌丝间有效地传播，为探索用于核盘菌的生物防治提供新思路；纪武鹏通过室内及田间试验，初步探索了环境因子对向日葵菌核病发生的影响。结果表明，土壤湿度越高，菌核病发病越重；土壤 pH 为 5.5～7 时菌核病发病最重，pH 为 8.5～9 时菌核病发病最轻。播期试验结果表明无论抗感病品种，晚播菌核病发病率和病情指数明显低于早播；陈将赞等报道，随着向日葵在天台县的连片种植，向日葵白绢病的发生也日趋严重。由于向日葵白绢病是由齐整小核菌（*Sclerotium rolfsii* Sacc.）引起的一种土传病害，其病菌的寄主范围极广，且病菌菌核在土壤中的存活期长，给病害的防治带来极大困难。选用不同药剂在向日葵白绢病发病初期进行防治试验。结果表明，99%噁霉灵 4 000倍处理对向日葵白绢病防治效果最佳，具有保护与治疗作用，可在生产上推广应用。

2. 向日葵锈病 为了进一步研究向日葵与锈病病菌的互作关系及品种的抗性机制，景岚等采用电子显微镜技术对向日葵品种对锈病抗性的组织学和超微结构进行研究。结果表明锈病菌侵染向日葵后，在感病品种和抗病品种上发育的组织学和超微结构特征有明显差异。病菌在感病品种细胞间隙分布有大量的胞间菌丝，寄主细胞发生质壁分离；叶绿体变形，叶绿体的片层结构排列零乱，直至叶绿体解体。在抗病品种上表现为菌丝生长受抑，没有观察到吸器的产生，寄主细胞的早期坏死与锈菌的发育受阻密切相关。向日葵品种的抗病性可能与饥饿阻止锈菌的生长有关。

3. 向日葵黑茎病和向日葵茎溃疡病 向日葵黑茎病菌 *Leptosphaeria lindquistii* Frezzi 和向日葵茎溃疡病菌 *Phomopsis helianthi M. Muntanola-Cvetkovic* 是向日葵上寄生的 2 种重要的检疫性真菌病害。针对这 2 种致病菌，目前国内外已有形态学鉴定和危害的研究报道以及向日葵黑茎病菌的 ITS 序列分析和 RFLP 初步研究，但未见有 2 种病原菌同步分子检测的报道。张伟宏等首先通过培养，观察比较了 2 种病原菌的菌落和形态特征，发现前者菌落絮状，分生孢子器深褐球形，分生孢子为单胞肾形；后者菌落短绒毛状，分生孢子器柠檬黄，分生孢子为线形。通过油菜黑茎病菌 *L. biglobosa* 的肌动蛋白基因设计供试材料的通用引物 actF/actR，扩增产物片段约为 720 碱基对，然后采用真菌通用引物 ITS1/ITS4 和引物 actF/actR，针对所有菌株菌丝 DNA 进行 ITS 区域和 Actin 基因 PCR 扩增，经克隆测序结果比对分析发现，向日葵黑茎病菌和向日葵茎溃疡病菌的 ITS 区域存在极高的相似度。因此，依据 Actin 基因特异位点分别设计出向日葵黑茎病菌和向日葵茎溃疡病菌的特异引物 LLF/LLR 和 DHF/DHR。在同一 PCR 管中 3 组引物（ITS1/ITS4，LLF/LLR 和 DHF/DHR）经优化体系后，ITS1/ITS4 扩增序列作为所有菌株菌丝基因组 DNA 提取模板的质量监控，针对向日葵黑茎病菌和向日葵茎溃疡病菌单一模板的 ITS 区域与 Actin 基因中的两个位点同时进行三重 PCR 扩增。利用此方法检测向日葵黑茎病菌出现 580 碱基对的 ITS 保守区扩增片段和 255 碱基对的 Actin 基因的特异扩增带，向日葵茎溃疡病菌出现 580 碱基对的 ITS 保守区扩增片段和 394 碱基对的 Actin 基因特异扩增带，所有菌株均未见非特异性片段的干扰，此三重 PCR 检测体系的建立为此两种检疫性真菌病害的同步分子检测提供了特异方法；在自然条件下，陈卫民等对 2011 年新疆伊犁河谷新源县向日葵种植产区的 32 个向日葵品种（油葵品种 16 个，食葵品种 16 个）发病程度的调查结果表明：向日葵品种间存在明显的抗病性差异，32 个品种对黑茎病和白锈病无一免疫品种。油葵品种对黑茎病的相对抗病高于食葵品种。供试的油葵品种中有 6.25％品种表现为高抗，68.75％表现为中抗，18.75％表现为中感，6.25％表现为高感，无免疫品种；油葵品种对白锈病的抗病性 37.5％表现为高抗，50％表现为中抗，6.25％表现为中感和高感，无免疫品种。食葵品种对黑茎病 25％表现为中抗，50％表现为中感，25％表现为高感；对白锈病 6.25％ 表现为高抗，62.5％表现为中抗，12.5％表现为中感，18.75％表现为高感。

4. 向日葵螟　2013 年，白全江等人对性信息素诱捕器防治向日葵螟的技术进行了系统研究，分别对不同性诱剂剂量、诱捕器密度以及常温存放对诱蛾效果的影响进行了比较。结果表明：诱芯在常温条件下存放 1 年，对诱蛾有显著影响，而且诱捕向日葵螟效果与性诱剂的含量呈正相关；田间每公顷放置 25 个诱捕器，对向日葵螟危害控制效果最佳。同时，该课题组还报道了在巴彦淖尔市利用性信息素诱捕器对向日葵螟进行成虫动态监测以及成虫空间分布型的研究结果。研究表明：巴彦淖尔市向日葵螟一年发生 2 个世代，同时成虫在田间呈聚集分布。另外，刘万言和张志刚等人还分别对向日葵螟的防治措施进行了综述。

（三）国内向日葵种植技术应用与研究进展

1. 高产高效栽培技术应用与研究进展

2013 年向日葵高产高效栽培技术的研究取得新进展，特别在生理栽培原理及技术创新方面为向日葵产业的持续发展提供了重要科学依据，崔良基等主编的《向日葵栽培生理及栽培技术》系统地阐述了向日葵的栽培生理及合理栽培技术，从向日葵生理基础、生长与生态的关系、栽培技术发展 3 个方面，系统研究了向日葵高产高效种植科学与生产技术，为实现向日葵的高产高效提供了全面系统的技术体系；蒋桂英等通过田间试验分析比较滴灌免耕、滴灌翻耕、漫灌免耕和漫灌翻耕 4 种处理措施对土壤含水量、土壤水分入渗率、土壤贮水量以及复播油葵水分利用效率的变化情况，以了解滴灌免耕技术对绿洲农田水分动态变化及水分利用效率的影响。结果表明，滴灌免耕栽培技术与常规翻耕漫灌相比，滴灌、免耕，特别是两者的叠加效应使耕层土壤长期保持浸润状态，可改善根层内的土壤水分分布；同时可减少水分过度蒸发，增加 0～30 厘米土层土壤贮水量及含水量，提高土壤入渗能力，但耕层以下土壤水分变幅相对较小。滴灌免耕产量较常规翻耕漫灌增加 11.9%，生育期耗水量节省了 31.8%，水分利用效率提高了 64.2%。采用滴灌免耕技术可以提高复播油葵产量以及水分利用效率、促进农田生态系统；张胜利探索了不同密度及冠层光合强度与油葵产量的相关关系，明确采用灌浆期光合辐射截取量可以预测油葵产量的新方法；魏良民提出在新疆地区长粒型食葵高产适宜是2 600～2 800株/亩，并配套了相应的高密度栽培施肥等综合增产措施。

向日葵技术开发应用情况主要体现在中低产田的稳产栽培技术与高产田的高效栽培技术两个方面，其中在低产田还是以向日葵为先锋作物在旱地和盐碱地上的新技术应用广泛，主要包括适宜旱地的开沟探墒播种、集雨种植和地膜覆盖保墒等稳产高产栽培技术和盐碱地改良剂加覆膜保苗等施用技术。山军建（2012）和李焕春等（2013）明确了旱地开沟探墒播种技术的保苗增产效果，并开发出适应旱地应用的探索播种机具，在内蒙古、宁夏等地区应用均取得保苗增产的良好效果。其次是旱地地膜覆盖技术发展迅速，包括全膜、旧膜利用等领域的研究报道较多，主要是全膜双垄覆盖沟播集雨栽培技术在旱作农业上应用受到了广泛的重视；杨培军、李海东等研究明确了全膜双垄覆盖和半膜常规覆盖及不同时期覆膜使向日葵显著增产的效果。内蒙古赤峰地区还建立了向日葵全膜双垄沟播高产栽培技术规范，甘肃也观测了食用向日葵在不同栽培方式下的产量及节水效益，明确采用全膜垄作沟灌的效果最好；闫雅非进一步研究了旧膜对土壤温度和向日葵产量的影响，通过旧膜、新膜及露地栽培向日葵对比试验，明确在内蒙古河套地区进行地膜再利用能够有效提高土壤温度，使向日葵提前达到出苗所需的有效积温，从而促进出苗，缩短生育期。提出覆膜玉米后茬种植向日葵的高产节能技术模式。第三是在盐碱地向日葵利用方面的技术研究逐步深入，王伟采用盆栽试验模拟 0.35%、0.50%土壤含盐量水平对 5 个自育向日葵不育系出苗率、生物学产量和 SOD 活性、POD 活性、CAT 活性生理特性的影响，结果表明：轻度盐分胁迫（0.35%）对幼苗萌发有促进作用；中度盐分胁迫（0.50%）下，幼苗萌发及生长均受到抑制，同时明确了较强的活性氧清除能力是向日葵耐盐碱特性的生理机制之一；董雪蕾、妥德宝等和张三粉等研究明确了向日葵高效利用碱化土的覆膜加脱硫石膏技术，提出了不同碱化程度盐碱地保全苗的脱硫石膏适宜用量及施用方式；姚荣江的研究也表明，轻度盐渍化土壤施用石膏处理的油葵生物量、产量和土壤脱盐率最高，中重度盐渍土施用石膏和覆盖秸秆综合调控措施的油葵生物量、产量和土壤脱盐率最高。

在高产田上的技术应用还集中在间套种方面，特别是随着向日葵杂交种的普及，间套作种植模式配套地膜覆盖和膜下滴灌高产高效栽培技术应用逐步的基础上，2013 年在向日葵间套作新模式、覆膜抗旱栽培技术应用及研究方面取得新进展。在间套作方面，从向日葵与瓜类、豆类、麦类和玉米套种的多种形式基础上，山西提出油用向日葵麦茬复播栽培新技术（张学武，2012），新疆提出麦后复种食用向日葵的适宜品种 204 并建立了复播栽培技术规范（赵馨，2011），中国农业大学建立了向日葵和马铃薯单作、间作的生育期模拟模型，并对向日葵不同间作模式中作物水分吸收和利用进行分析比较，提出适合当地生态环境的最优间作模式，从轮作、整地、施肥、播种、田间管理等方面提出无公害向日葵高产栽培技术模式（董宛麟，2013），都进一步补充完善了向日葵实现高产高效的种植技术。

2. 高效施肥技术应用与研究进展

2013年向日葵高产抗病品种与高产高效模式化栽培技术的推广应用，对向日葵高产田配套高效施肥技术提出了更高的要求，不仅在合理施用氮磷钾大量元素肥料方面需要创高产的合理推荐施肥技术，特别是中、微量元素肥料提高品质的研究逐步加强，同时对施肥引起的环境保护也进行了深入研究。段玉系统研究了氮磷钾平衡施用对油用向日葵产量及肥料效率的影响。

为明确施用氮、磷、钾化肥对油用向日葵产量的影响，以及油用向日葵对氮、磷、钾养分的吸收规律和利用效率，油用向日葵施用氮、磷、钾肥均有增产效果，其中氮肥增产效果最好，钾肥其次，磷肥增产最少，增产幅度分别为20.5%、14.4%和11.5%，每千克N、P_2O_5 和 K_2O 分别增产油用向日葵籽粒3.5、5.0和4.6千克。施用氮、磷、钾化肥的养分当季利用率分别为34.3%、14.8%和50.2%。生产100千克油用向日葵籽粒分别需要N、P_2O_5 和 K_2O 4.99、1.74和6.78千克；崔良基进一步明确了向日葵不同生育期的氮磷钾吸收量，添加硼、锌等中微量元素可以进一步提高向日葵的品质和产量；杨海峰进一步研究了叶面喷施硼肥对食用葵籽实性状的效应，明确了硼的最佳施用方法与喷施时期、比例比喷施量对籽实性状影响更大的基本原理；王静在黑龙江省进行了食用向日葵施用硼锌钼肥效果初探，研究了不同的硼、锌、钼组合肥料处理对食用向日葵的农艺性状、产量性状的影响。结果表明：不同施肥处理有利于提高食用向日葵株高、茎粗；不同施肥处理有利于提高食用向日葵单株总粒数、单株成粒数、单株籽实重、百粒重、百仁重、结实率和产量，其中百粒重、结实率增效显著；王文军研究了钾肥对向日葵产量和品质的调控效应，为科学合理利用钾肥，进一步提高向日葵产量和品质提供了基础理论与技术，明确钾肥的施加不仅增加了单株籽实重和百粒重，也提高了向日葵的结实率，还能够有效提高向日葵油脂和蛋白质含量，并能够降低虫蚀率，并提出高产田 K_2O 适宜用量在16～23千克/亩时，经济效益最高，农艺性状和品质也较好；包曙光本年度深入研究了铅胁迫对向日葵幼苗矿质元素吸收和积累的影响，结果表明：不同浓度铅胁迫下3个基因型植株中的矿质元素累积量有明显的不同，其中，相同浓度铅胁迫下不同基因型向日葵幼苗对矿质元素吸收和积累的表现不同，不同浓度铅胁迫下相同基因型向日葵幼苗对矿质元素的吸收和积累存在显著的差异。

3. 农机农艺一体化技术研究进展

2013年向日葵的机械化程度及应用情况还没有大的改善，目前只有新疆在油葵上实现了耕、种、收综合机械化，有效促进了油葵生产的高产高效。其他地方的机械化程度也在不断提高，主要在保苗播种技术与除草追肥同步实施的机械化作业方面研究进展较大，目前在生产上气吸式精量播种，覆膜专用播种机的应用比较普遍，包括甘肃全膜双垄沟播农机具的应用，使旱地向日葵的播种保苗率和增产率大幅度提高（李海东，2011）；河套等地区应用向日葵覆膜播种机也取得抗旱保苗和显著增产的良好效果；宁夏地区采用开沟探墒播种机对提高向日葵出苗保苗起到了重要作用（山军建，2012）；同时针对丘陵地农机化水平低的实际，进行了便携式收割机在丘陵山地的示范与应用，明确了便携式收割机在我国丘陵山区推广应用的重要作用（陈玲，2012）；河套地区采用在小麦收获机上安装更换割台，加长扶禾器，更换清选筛，变低转速等方式，满足了食用向日葵收获的基本要求，实现了成熟度良好食葵的收获脱粒一次性作业为加快向日葵机械化进程开辟了一条便携式专用农机具研发的有效途径（逯栓柱，2012）；张余鹏 2013 年深入研究了不同机械耕作对向日葵生长及产量的影响，明确了 5 种机械耕作对向日葵农艺指标及产量和构成因素的影响。结果表明：深松＋地膜处理能够有效地促进向日葵各生育期的生长，显著增加向日葵的株高、茎粗、花盘直径和叶面积，增产效果显著。

（向日葵产业技术体系首席科学家
安玉麟提供）

2013年度胡麻产业技术发展报告

（国家胡麻产业技术体系）

一、国际胡麻生产与贸易概况

（一）国际胡麻生产概况

根据2001—2013年的平均数据，加拿大是世界胡麻收获面积最大和产量最大的国家，年平均种植面积达56.82万公顷，长期居世界领先地位，总产70万吨，约占世界的30%以上，单产1 358千克/公顷，高于世界平均水平956千克/公顷，单产总产均居世界前列。印度胡麻平均年种植面积40多万公顷，一直居世界前列，但是印度单产水平较低，2012年仅为260千克/公顷，远低于世界平均水平，因而总产较低。中国种植39.92万公顷，位列第三，但是产量为37.7万吨远高于印度的17.16万吨，位列第二。美国平均种植面积20.34万公顷位列第四，产量23.61万吨位列第三（表1）。

表1　按2001—2013年平均收获面积和平均产量对世界胡麻主产国的排名

序号	国家	平均年收获面积（万公顷）	序号	国家	平均年产量（万吨）
1	加拿大	56.82	1	加拿大	69.58
2	印度	45.09	2	中国	37.70
3	中国	39.92	3	美国	23.61
4	美国	20.34	4	印度	17.16
5	俄罗斯	16.13	5	俄罗斯	13.65
6	埃塞俄比亚	15.15	6	埃塞俄比亚	10.92
7	哈萨克斯坦	8.26	7	哈萨克斯坦	4.98
8	法国	7.38	8	英国	4.98
9	白俄罗斯	6.29	9	法国	4.17
10	乌克兰	3.55	10	乌克兰	3.02

（二）国际胡麻贸易概况

近年来，加拿大和美国一直是胡麻最大的出国国，合计出口占到世界胡麻出口量的80%，但是随着近年来加拿大转基因污染和美国胡麻种植面积和产量出现大幅下降，最近几年两国的出口量有所下降。2009年后，俄罗斯胡麻种植面积迅速增加，2012—2013年达到了55万公顷，已经成为世界胡麻种植面积和总产最大的国家，出口量超过了世界总出口量的50%。21世纪以来，哈萨克斯坦胡麻种植发展迅速，从本世纪初的年种植面积1 000公顷发展到了2012年的37万公顷，成为世界胡麻生产大国和主要出口国之一。埃塞俄比亚地处非洲西部，胡麻是该国的主要油料作物之一，年种植面积在

10万～20万亩，单产水平较高，总产在15万吨，有一定数量的出口。

二、国内胡麻生产与贸易概况

（一）国内胡麻生产概况

据我国农业部统计资料显示，近20年来，胡麻的产量有逐年下滑的趋势，从1993年的49.03万吨下滑到目前35万吨左右，下降幅度为29.03%。胡麻的种植面积由1993年的652.3千公顷，下滑到2010年的366.6千公顷，下滑了285.7千公顷，下滑幅度为43.8%，在所有油料作物中种植面积下滑最大，但我国仍然是世界总产量第二的生产大国。2013年胡麻种植遭受自然灾害严重，本年度降雨量明显偏多，达380毫米，比2012年提高了13.5%，特别是7月份提高了50%以上，造成部分地区严重受灾。5月19日，河北坝上地区遭受严重风沙侵袭，部分地区沙子最厚可达20厘米左右，在6月24日，宁夏固原市原州区遭受暴雨和冰雹灾害，以及甘肃榆中、会宁地区的春旱，都给胡麻产业带来了严重的影响。据国家胡麻产业技术体系调研统计显示，近几年胡麻播种面积稳中有升，总产量也有明显增加，其中2013年全国胡麻种植面积略有增长，达到381.7千公顷，比2012年增加7.5千公顷，增长2%，总产量为44.1万吨，比2012年降低近1万吨，减产2.2%。

（二）国内胡麻贸易概况

2012年中国从加拿大、乌克兰、土耳其等国家进口了胡麻籽总计14.8万吨，金额达9 185.81万美元，其中以从加拿大进口的数量最多，占总进口量的97.5%，占总进口额的97.1%，加拿大也成为中国胡麻籽进口贸易的主要供应国。2012年中国胡麻籽出口量仅4 056吨，只相当于进口量的2.7%，总金额445.56万美元。出口胡麻籽主要到德国、荷兰以及越南，与其贸易量占总出口量的86.2%。

截至2013年10月，我国进口亚麻籽油1.66万吨，其中初榨亚麻籽油1.6万吨，同比减少48.7%，其他亚麻籽油600吨，同比减少27.3%，进口亚麻籽15.44万吨，同比增加了18.2%。出口亚麻籽1148.5吨，其中初榨亚麻籽油210.4吨，同比减少18.7%，其他亚麻籽油938.3吨，同比增加2.64%（中国海关总署）。

三、国际胡麻产业技术研发进展

1. 生物技术育种研究进展 目前，在胡麻中已经开发出各种不同类型的分子标记。例如随机扩增多态性标记（RAPD）已经被用于检测当地胡麻品种以及亚麻属种内和种间的遗传多样性（Lemesh等，2001）。微卫星（SSR）标记已经通过胡麻EST序列被广泛开发，用于胡麻基因组的图谱构建（Cloutier等，2009，2012），并且在胡麻栽培品种中得到验证（Rakousky等，2001）。分子标记的多态性是基于DNA的多态性，这已经在小孢子培养的胡麻植株中报道（Chen等，1998b，1999，2001）。在组织培养的胡麻栽培种中，同工酶多态性已经被用于检测胡麻的遗传多样性（Yurenkova，2001）。

2. 育种目标多样化

（1）根据需求变化确定育种目标。虽然

在产量、抗性、含油率等方面国内外育种目标相同，但是为满足工业、食品和饲料等广泛利用的多种需求，支撑胡麻市场的发展，美国和加拿大在育种目标上始终关注满足特殊商业化和消费市场需求对品质的需要。例如由于黄籽被认为在健康食品上应用较好，加拿大在黄籽品种选育方面作了一些工作，低铬积累的胡麻品种也是最近几年选育品种的目标。国外品种注重单项品质的提高，例如加拿大的新品种分为一般胡麻品种（linseed）和低亚麻酸品种（Solin），在保证产量和抗性水平的同时，一般胡麻品种具有较高的含油率和亚麻酸含量，低亚麻酸品种亚麻酸含量低于5%，油的品质接近葵花油，在加拿大目前这类登记品种必须是黄籽。

（2）根据生产需要确定育种目标。非转基因抗除草剂品种选育受到重视。胡麻转基因事件以后，2010年，加拿大胡麻理事会和Cibus Global公司合作开发新的非转基因胡麻品种，这种胡麻高产且有较高的杂草抗性。并且这个项目是由加拿大政府支持的。

非转基因抗除草剂的特性能够增加加拿大胡麻的利用价值。另外，胡麻缺乏与杂草竞争的能力，而新的化学除草剂能够有效地杀草。因此，加拿大的胡麻研究者认为耐除草剂的特性能够有效地除草且不伤害胡麻，从而控制杂草的竞争，使胡麻产量提高15%～20%。

在胡麻中开发出这个初始性状将会带动快速开发其他优良性状，并且能增强种质，引领提升新市场的竞争力。例如以生命科学为基础的产品和工艺，提高为人类健康的安全，动物健康和生产以及新的工业和纤维制品。

3. 拓展在动物健康和营养方面的研究 加拿大胡麻协会与Glanbia营养公司合作，对胡麻的人类健康和营养数据库进行不断地更新。经科学证明，胡麻中含有益于人类健康的营养成分，这在胡麻产业中向前迈进了巨大的一步。一些健康专家和科学家们将会继续不停地提供更多的这方面的信息。同时，拓展在动物健康和营养方面的研究。为了开发胡麻的利用价值，加拿大胡麻产业协会正在建立增加胡麻利用价值委员会，旨在更加专业的解决胡麻利用价值在市场上所遇到的挑战和机遇。加拿大胡麻协会非常鼓舞，加拿大健康部提交了有关胡麻种子具有降低血胆固醇的功效的报告。此项报告非常的成功，它包括了500页的严谨的综述和科学证据的分析。健康部称在教育公众对胡麻产品价值的认识和刺激对胡麻籽消费方面，这是极其重要的。如果申报成功，加拿大将会是全世界第一家可以在有关胡麻籽产品中表明胡麻籽具有健康价值。对胡麻籽的生产和推广并成为为加拿大重要的作物具有很重要的意义。

4. 制定产业发展战略，组织开展重大科技计划 加拿大2015胡麻计划是加拿大政府、艾伯塔省、曼尼托巴省和萨斯喀彻温、加拿大胡麻委员会以及曼尼托巴省和萨斯喀彻温的胡麻种植者组织的一项合作计划。它制定和执行了一个人类和动物营养研究战略——除作为工业用油的传统作用外。加拿大胡麻2015计划（FC2015）是一个专门研究提高胡麻附加值利用的计划，目标是增加胡麻的价值利用，让胡麻的利用成为提高人类和动物健康安全的重要组成部分。另外，该机构将会大力支持胡麻用于食物、饲料、纤维、健康产品和工业应用等战略性项目，来提升胡麻的价值利用和效率。战略目标是提高加拿大人民的生活健康水平和环境持续发展，同时将胡麻发展成加拿大生物经济发展的主要驱动力之一。

四、国内胡麻产业技术研发进展

1. 胡麻新品种选育取得突破

（1）常规育种。利用有性杂交、通过系圃法进行选育的常规育种仍是21世纪我国胡麻育种中采用最为广泛、成效最为显著的方法。通过多亲本复合杂交，综合多个亲本的优良性状；通过建立病圃，增强抗枯萎病能力；通过不同生态区域穿梭选择，提高品种的环境适应性；通过早代测定，改善品种的生化品质；近5年来在广大科技工作者的努力下，选育成功陇亚12号、定亚23号2个胡麻新品种通过了国家胡麻新品种鉴定，陇亚11号、晋亚10、11号、坝亚12号、坝选3号、内亚9号等7个新品种通过省（区）品种审定委员会审（认）定，这些新品种已经在各自的适宜区域大面积推广应用，为农民增收发挥着作用。

（2）不育系及杂交种选育。利用杂种优势大幅度提高作物产量和品质的有效途径。对于胡麻而言，雄性不育系的选育是杂种优势利用的关键。针对胡麻这一育种关键，甘肃省农科院党占海等利用抗生素诱变选育成功了受隐性基因控制的低温保持不育，高温育性恢复的温敏型亚麻雄性不育系。利用该不育系创建的在高温地区繁殖不育系、低温地区生产杂交种的两系法胡麻杂种优势利用技术已获得国家实用技术专利。2010年育成世界首例胡麻杂交新品种陇亚杂1、2号，2012年又育成陇亚杂3号，在区域试验中表现突出，其中，陇亚杂1号2年14点次试验中平均折合亩产130.40千克，较对照陇亚8号增产10.27%，增产达极显著水平，居参试材料第一位。陇亚杂系列杂交种在生产试验及示范中增产幅度在10%以上，让胡麻杂种优势的利用成为了现实。

（3）胡麻高值化品种筛选。国家胡麻产业技术体系在国内6省区6个试验点开展亚麻酸性状的生态鉴定，并考察品种的丰产性、抗病性、生育期等性状。张亚2号亚麻酸含量平均为55.25%，均居第一位。临夏白、皋兰白、山丹白平均值在52%以上，含量较高。2013年1月18日，甘肃省农业科学院作物研究所和兰州工业研究院合作完成的《高值亚麻品种筛选及燕麦亚麻籽食品研究与开发》项目通过了科技成果鉴定，成果达国内同类研究领域领先水平。项目从高值亚麻品种筛选入手，筛选出已通过审定的抗病性强、农艺性状好、适合于食品加工的陇亚8号、陇亚10号、张亚2号等品种，对优质亚麻资源进一步开发利用有重要的意义。研究和开发出燕麦亚麻（胡麻）营养麦片、胡麻营养油茶和燕麦冷饮产品3种方便食品配方和工艺，均获得了发明专利授权。

（4）抗旱品种筛选。我国胡麻集中分布在西部、华北十年九旱干旱地区，干旱是制约胡麻高产稳产的主要因素，选用抗旱品种是对稳定胡麻生产具有重要意义。胡麻产业体技术系收集国内近年育成品种40多份，在国内5个省区进行抗旱品种筛选，筛选出抗旱性突出、丰产性好的陇亚杂1号、晋亚10号、陇亚11号、坝选3号等品种。为干旱地区合理选用品种提供了理论依据。

（5）种质资源抗旱性鉴定。国家胡麻体系以定西17号为对照，对400多份种国内外种质资源进行抗旱评价和抗旱等级划分。根据两年加权抗旱系数的平均值，将其中表现较好的167份种质的抗旱性由强到弱划分为5级，一级27份、二级23份、三级66份、四级19份、五级32份，其中属一级抗旱性的为：张北白胡麻、礼县白胡麻、静宁红胡麻、定西17（CK）、宁亚19号、武威红胡麻、陇亚4号、皋兰白胡麻-1、敦煌白胡麻、榆中红胡麻、No.547、民勤胡麻、西礼红胡麻、陇西红胡麻、定亚21号、庆阳胡麻等16份资源。这些资源可作为抗旱育种的亲本材料加以应用。

2. 胡麻栽培技术发展迅速

（1）旧膜重复利用胡麻免耕穴播栽培技术。近年来，全膜双垄沟播玉米和全膜覆土穴播小麦栽培在干旱地区发展迅速，各种方式的旧膜重复利用栽培技术应运而生。针对旧膜重复利用栽培胡麻的技术问题，开展了不同厚度地膜选择、冬季地膜保护、品种选用、适宜播期、穴播密度、施肥技术及穴播机选型等多项研究。结果显示：①相对较厚的地膜破损少，随地膜厚度增加保墒增温，增产增收效果好，依次为：0.012>0.010>0.008>0.005毫米；②冬前用砍下的玉米秸秆覆盖于地膜之上，春节清除秸秆相对冬季地膜裸露越冬具有保护地膜和保墒的作用；③地膜穴播栽培选用多枝型的品种较紧凑型的品种更好；④旧膜重复利用栽培胡麻的适宜播期应较露地栽培提前10天左右为宜；⑤每亩3万～3.5万穴、每7～10粒，折合每亩30万～40万株较为适宜；⑥利用降雨追施化肥5～10千克。这些技术被成功组装集成应用于生产。2012年在定西安定区西贡驿示范区示范面积3 200亩。现场测产结果为旧膜利用穴播栽培的陇亚杂1号96.5千克、陇亚杂2号117.5千克、定亚22号92.32千克，较露地种植的定亚22号（44.9千克）均增产100%以上，较露地增收175.22元/亩，种植效益明显增加。

（2）旱地胡麻垄膜集雨沟播种植技术。旱地胡麻垄膜集雨沟播种植技术是根据旱作农田覆膜垄沟种植微集流富集叠加高效利用的技术原理，采取垄上覆膜，沟内种植作物，形成沟垄相间作物种植方式。通过几年的试验示范，得出结果如下：①使小于10毫米的无效降雨通过集流储存到膜下作物根部，转变为有效利用，达到增产的抗旱栽培技术。②适用于年降雨量350～450毫米的生态区域，坡度<10°、土层深厚、土质疏松、肥力较好的旱塬地、川旱地或梯田推广应用。③研究旱地胡麻垄膜集雨沟播种植不同行距对产量的影响，确定最佳行距，以垄沟种植60厘米（种植6行）处理的种子产量最高，为128.24千克/亩，比对照增产26.88%，垄沟种植60厘米（种植5行）处理的种子产量为113.88千克/亩，比对照增产12.67%。④研究旱地胡麻垄膜集雨沟播种植不同垄沟比例对产量的影响，以垄沟种植90厘米（种植6行）处理的种子产量较高，为112.3千克/亩，比对照增产14.17%。2011—2012年通过的大面积示范，2年平均亩产92千克，比露地种植平均亩产（74千克）增产24.3%

五、病虫草害防控

1. 病害防控研究 主要开展了胡麻枯

萎病菌菌株的分离、胡麻枯萎病菌（尖孢镰刀菌）菌株的形态学鉴定、胡麻枯萎病菌菌株 DNA 的提取、胡麻枯萎病菌菌株 ITS 序列测定及分析、ISSR—PCR 反应体系的正交优化、ISSR—PCR 扩增引物的筛选、ISSR—PCR 体系稳定性的检测、菌株 ISSR 聚类分析和新品系抗枯萎病鉴定等多项实验研究。内蒙古自治区农牧业科学院胡麻病圃内对 86 份材料进行了抗枯萎病鉴定试验。鉴定结果如下：全国区试根据枯死率、田间表现，试验鉴定出 6 个高抗品种，其抗病性顺序从强到弱依次为 H08-2、H10-2、99-42、2000-16、H10-1、9910-4。

2. 虫害防控研究 胡麻主产区建立虫害监测预报点，胡麻体系在 6 个主产省区的 10 个各综合试验站建立了虫害监测预报点，开展胡麻虫害发生危害监测调查。调查结果统计，胡麻田间出现的主要害虫有：蚜虫、蓟马、潜叶蝇、苜蓿盲蝽、漏油虫、金针虫等。开展高效杀虫剂毒力测定，根据试验结果判定。高效氯氟氰菊酯和高效氯氟菊酯对胡麻蚜虫防治效果最好，其余药剂不作为防治胡麻蚜虫药剂推荐。蚜虫危害防治指标研究，试验结果：蚜虫危害期 10 天，百株虫量 500～1 000头，胡麻单株产量没有下降现象；百株虫量1 000～2 000头，胡麻单株产量平均下降 12.22%；百株虫量2 000～3 000头，胡麻单株产量平均下降 21.11%；百株虫量3 000头以上，胡麻单株产量品均下降 25.99%。虫口密度与单株产量损失率的对数方程拟合度比较好，$R2=0.813$。

3. 胡麻田化学除草技术 胡麻田化学除草技术是胡麻体系主要针对胡麻种植面临的除草困难、劳动力成本提高等诸多不利因素而研发出的一项轻简化实用技术。也是近两年来通过大面积示范推广示范，农民口碑最好的一项重要成果。2011—2012 年内蒙古乌兰察布市胡麻田杂草化学防除大面积示范结果表明，40%2 甲·辛酰溴乳油 100 毫升+108 克/升高效氟吡甲禾灵乳油 100 毫升/亩苗期（胡麻株高 5～10 厘米）茎叶喷雾一次用药对胡麻田阔叶杂草的平均株防效为 91.14%，鲜重防效为 92.80%；对禾本科杂草的平均株防效为 87.85%，鲜重防效为 91.94%；胡麻平均亩产 143.0 千克，平均增产率 61.66%。

4. 胡麻产品深加工发展现状 近年来，国内对胡麻精油、亚麻酸胶囊产品研发也已经初具规模，对发展胡麻油、木酚素、亚麻胶等精深加工技术日趋成熟，胡麻产品及深加工方面做了大量的工作，取得了一些可喜的成果。一是胡麻适温压榨和压榨胡麻油冷炼和风味调控技术，采用冷榨胡麻油在 55℃ 条件下固相吸附剂吸附、4℃冷冻过夜沉降、离心分离工艺，所生产的胡麻油经检测完全符合国标 GB/T 8235—2008 压榨一级亚麻籽油的质量标准。二是开展了固定化酶制备工艺技术研究，以提高酶的使用寿命和次数，在此基础上研究了固定化酶催化合成 α-亚麻酸甾醇酯的工艺技术研究，并针对现有油脂酯交换反应设备转化效率低、成本高等问题，创新性地开发了一种连续化逆流旋转塔式反应装置，提高了反应效率，并实现连续化生产。三是开展了强化微量营养成分对亚麻籽油营养特性的影响，为开发高附加值功能产品奠定理论基础。主要针对目前精炼亚麻籽油中营养成分流失的现状，研究了强化微量营养成分对其营养特性的影响并开发出了相应的产品配方并准备与企业合作开展示范生产。同时中国农业科学院油料所黄庆德博士根据亚麻籽油中的α-亚麻酸在体内可转化为DHA，DHA在大脑和视网膜等神经系统中含量丰富，对维持正常视网膜功能及促进学习行为活动等方面发挥重要作用原理，与企业合作成功研发出一种缓解视疲劳保健产品并投放市场销售。

（国家胡麻产业技术体系首席科学家党占海提供）

2013年度棉花产业技术发展报告

(国家棉花产业技术体系)

一、国际棉花生产与贸易概况

(一) 世界棉花面积产量下降

2013年度世界棉花种植面积为5.03亿亩，平均单产50.8千克/亩，预计产量为2 573万吨，同比减少4.4%。全球棉花生产主要集中在中国、印度、美国、巴基斯坦、巴西、澳大利亚和乌兹别克斯坦，以上七国棉花产量占全球棉花产量的84.91%，其中，中国、印度、美国分别占28.93%、21.91%和14.31%。2013年世界棉花产量下降的主要原因是美国、中国等主要国家种植面积减少。据美国农业部预测，2013/2014年度美国棉花产量同比减少24.31%；据中国棉花经济信息系统监测数据，中国产量同比减少5.4%。

(二) 世界棉花消费量略有回升

2013年度全球棉花消费量约为2 370万吨，比2012年度略增1%。消费略增主要得益于全球经济复苏步伐缓慢，但棉花需求大幅回暖仍需时日。国际货币基金组织(IMF)10月预测显示全球经济增长动力不足。近期欧美制造业形势略有好转，11月份美国制造业采购经理人指数(PMI)为54.3，已经连续5个月扩张，美国经济呈现持续复苏势头；同期欧元区制造业PMI为50.4，环比下降0.5个百分点，显示制造业仍在增长，增速下降。欧美经济形势好转有助于带动国际市场棉花消费需求，但增长的持续性尚待进一步观察。

(三) 棉花贸易量同比减少

2013年度，世界棉花进口量预计为860万吨，比上年度降低14.3%，世界棉花贸易量减少的主要原因是由于中国进口量的下降。预计2013/2014年度中国进口量为320万吨，比2012/2013年度下降40%。世界其他地区的进口量保持在540万吨。

(四) 国际棉花价格先涨后跌

2013年，国际棉价呈先增后稳中略降的变动趋势。1～3月，在全球棉花供给预期下调、需求预期上调影响下，国际棉价呈现出一轮恢复性上涨格局，涨势十分明显。4月份，国际货币基金组织(IMF)在最新发布的《世界经济展望报告》中预测2013年全球经济增速为3.3%，比1月份预测下降0.2个百分点；美国和欧元区经济增长均比前期预测下降0.2个百分点。受此影响，引起大宗商品市场价格下挫。此后5～8月，国际棉花基本稳定在93美分/磅左右。9～11月，受北半球新棉陆续上市，国际市场供给充裕影响，全球棉价下行压力巨大，国际棉价连续下跌，月均价分别为90.09美分/磅、89.35美分/磅和84.58美分/磅，环比分别下降2.91%、0.83%和5.33%，整体下降6.1%。2013年1～11月，国际棉花均价为91.29美分/磅，整体下跌1.1%。

（五）全球棉花库存消费比保持高位

2013年度，世界棉花期末库存约为2 080万吨，同比增加11.67%。大约55%被中国持有。全球棉花库存消费比为87%，为历年来最高水平，国际棉价下行压力仍存。2013年度我国棉花临时收储政策对国际棉花价格仍形成一定支撑。

二、国内棉花生产与贸易概况

2013年是我国棉花的减产年景。据中国棉花生产监测预警数据，2013年全国棉花生产呈现“三减一降”特点——面积减、单产减、总产减、品质降。

（一）面积减，单产减，总产减，品质降

面积减——2013年全国棉花播种面积为7 346万亩，比2012年7 800万亩（中棉所数据）减454万亩，减幅为5.8%，比国家统计局7 050万亩，增296万亩，增幅4.2%。单产减——单产88.9千克/亩，比2012年101.4千克/亩减幅12.3%。总产减——总产653.1万吨，比2012年733.7万吨（中棉所数据）减80.6万吨，减幅11.0%，比2012年国家统计局685.0万吨减31.9万吨，减4.7%。品质降——商品棉品质大幅下降，高品质棉较2012年减少一成以上。

（二）主产区播种面积有增有减，总产都减少

长江流域面积1 763.0万亩减17.6%；单产56.4千克/亩减36.2%，总产99.5万吨减37.1%。本流域单产除铃数减少、铃重减轻和烂铃以外，衣分率降低很多，生产上大多35%～37%，降低5～6个百分点。黄河流域面积2 383.0万亩减9.5%；单产86.4千克/亩增7.7%，总产191.2万吨减4.4%。本流域整体情况好于2012年，其中黄淮平原全年降水偏少，日照充足，是一个丰产年景。西北内陆面积3 189.0万亩，增5.6%；单产113.4千克/亩减9.7%，总产361.4万吨减3.5%。

（三）中国棉花生长指数（CCGI）年均值为90，长势较去年差一成

中国棉花生长指数（CCGI）为91，表明棉花长势差于2012年一成，与历年（101）相当。CCGI 5月为91、6月为93、7月为95、8月为88和9月为90。主要特点：

1. 前期长势差，生产开局差 主要原因是4～6月的持续低温、多阴雨，少日照。全国大部播种时间长，出苗不顺，苗情整齐度差，缺苗多，密度减少。

2. 中期转化慢，长势仍较差 7～8月长江遭遇极端高温热浪和持续干旱危害，8月下旬又遭遇“潭美”台风过境及随后的阴雨天气，是一个灾害年景。7月中下旬华北遭遇强暴雨导致棉田积水深、出现渍涝和淹

没绝收；黄淮平原降水减少，有旱情。西北气温上升，7 月下旬到 8 月初南疆出现极端高温导致上部成铃减少。

3. 后期利弊并存 长江阴雨天气多，因 8 月下旬“潭美”台风过境和 9 月的持续阴雨，加重烂铃，僵瓣花比例极高，纤维色泽差，黄点多，级别低。黄河秋高气爽，有利采收；南疆、北疆低温早临吐絮进程偏后 7～10 天。

（四）2013 年为中等偏差年景，后期黄河棉区呈丰产走向

2013 年全国主产棉区气候极端异常，变化多样。总体看，棉区气候呈现“日照时数减少与阳光炙热灼烧并存，降水减少、干旱与渍涝并存，积温减少、低温与高温热害并存”的“干、热、涝”特征，但棉区没有直面台风侵袭。

（五）棉花灾害偏重发生，绝收面积增加；病虫害发生危害正常略重，局部危害大

2013 年全国棉花灾害发生偏重，绝收面积增加，长江流域棉区高温热浪和西北内陆特别是北疆持续的低温，全年热量不够。全国病虫害正常略轻，黄河局部棉铃虫重；“两萎病”内地发生普遍较轻，南疆大暴发，烂铃偏轻。

三、国际棉花产业技术研发进展

（一）棉花育种方面

2013 年，随着棉花 A、D 基因组测序工作的完成，国内外科学家利用 SNP 标记等分子标记技术，大规模挖掘利用棉属高产、优质、抗性基因资源，在纤维发育机制研究领域，表皮原因子（GhPDF1）、类黄酮代谢、阿拉伯半乳聚糖蛋白（AGPS）基因 GhFLA1 等数个重要基因的功能得到了解析，开始用于棉花分子育种。随着棉花高产与优质遗传机理的不断解析，实现棉花全基因组分子设计育种将不再遥远。

美国、印度等世界主要植棉国家持续加大对棉花转基因育种研究的投入及棉花转基因商业品种的推广力度，其中第二代转基因抗虫棉的推广种植面积，占陆地棉种植面积的 90%以上。此外，美国在育种过程中非常注重棉花新型抗虫、抗除草剂和抗旱性状的培育，培育了以新型抗虫、抗除草剂为主的一系列棉花新品种。中国围绕“适合机械化采收”这一育种目标，加大了对适宜机械化采收的高产、优质棉花新品种选育的投入及推广力度，选育出了中 MBC27811、中 915、机早 66 等一系列优质、高产的机采材料，加快了棉花全程机械化的进度。

（二）棉花栽培方面

2013 年，继续开展植物生长调节剂产品研制、试验和示范。研究 PIX 和 1-MCP 在棉花上作用和技术。继续开展精准施用和诊断技术研究，提高肥料效果，减少环境污染。精准农业生产装备取得新进展，产量监测器、遥感，数字图像技术在棉花产量监测应用，为棉花实现精准自动化管理提供了快捷、适时的手段。带称量功能的采棉机，自动导航功能的播种、植保机器扩大应用。智能化、自动化等精准农业为基本特征的机械化生产管理技术，如精准长势监测、精准灌溉、精准施肥、精准植保等技术取得了很大的进展。

（三）棉花植保方面

在棉花病害方面，乌兹别克斯坦发现一种新的棉花枯萎菌——轮状镰刀菌，其致病力强于当地的尖孢镰刀菌。棉花束顶病引起澳大利亚棉花严重减产，该病原是病毒组（*Polerovirus*）的一个新成员。由山扁豆生棒孢霉引起的棉花靶斑病在美国东南部棉区发生迅速，损失严重。巴基斯坦采用烟草提取液有效防治棉花细菌叶斑病；通过调节棉花营养（低磷高钾）能在一定程度上防治棉花曲叶病毒病。美国开发了一种分子生物监测系统可准确、快速、定量检测棉花根腐病菌，可明确病原菌群体的动态，进行早期诊断。在棉花虫害方面，美国、澳大利亚重点发展寄生蜂释放、杀虫剂科学使用等盲蝽防控技术，美国、巴基斯坦等集中研发天敌保护利用、抗性棉花品种利用等烟粉虱防控技术。在草害方面，随着抗草甘膦棉花的大面积种植和草甘膦除草剂的大量施用，抗草甘膦杂草问题日益突出，抗性杂草的治理成为研究热点和焦点；美国和澳大利亚已经形成了针对棉田抗性杂草的综合治理技术。

（四）机械化采收方面

目前，国际棉花生产机械化技术最先进的依然是美国，以约翰迪尔公司和凯斯公司两大农机制造巨头为代表研制生产的水平摘锭式采棉机，其采收效率、采收质量、采收品质都是最好的。而其他国家研制开发的采棉机还是一些试验机型，如土耳其的垂直摘锭采棉机、阿根廷的梳齿式采棉机等机型因其采收质量或采收效率而不被看好。

美国公司在采棉机上应用了GPS定位导航技术、自动驾驶技术、自动测产技术和自动打包技术。减少了收获籽棉的田间转运工序，减少了用工量，大幅度提升了采棉机的作业效率。如约翰迪尔公司新研制开发的7760型打圆包采棉机和凯斯公司研制开发的635打方包采棉机。

世界棉花生产采用机械收获面积约占总面积的30%，美国、澳大利亚、巴西等国已实现棉花生产全程机械化，阿根廷、土耳其、巴基斯坦开展一些机械采收试验，埃及、印度等棉花生产大国仍采用手工采摘。

（五）综合利用方面

棉籽等副棉产品是一项宝贵的资源，各植棉国对其利用十分很重视，其中棉籽及棉籽粕一般被用作牛羊等牲畜的饲料，而棉秆大多粉碎后返还于农田。近年来，棉油脱酚精炼、棉籽蛋白提取等方面已取得重要进展，如许多国家，特别是美国的脱酚脱色棉油和脱酚棉籽蛋白作为食品种或食品添加剂已进入商业化应用。另外，棉籽油作为生物柴油、维生素E及其他营养成分提取等研究也已取得较大的进展，在美国清花废料的加工利用也取得显著进展。对于提高棉籽品质为目的的育种研究也有显著的进展，集中于采用生物技术手段降低棉籽中的棉酚含量，以提高棉籽的利用价值。

（六）棉花产业经济方面

在国际棉花产业经济研发方面，国内外相关机构一直予以极大关注。国际方面主要有：国际棉花咨询委员会（ICAC）、美国农业部（USDA）、英国利物浦棉花展望公司（Cotlook）以及联合国粮农组织（FAO）等，除了以上国际机构外，还有国际著名的企业及贸易公司参与其中，这些机构与企业对全球棉花生产、市场、贸易以及各个棉花主要生产、消费与贸易国家情况均予以极大的关注与分析研究。特别影响较大的国际机构，如国际棉花咨询委员会（ICAC）、美国农业部（USDA）以及英国利物浦棉花展望公司每个月定期对全球棉花市场进行平衡预警分析。这些研发成果对各棉花主产、主销国家的棉花产业发展与企业经营贸易决策均有着重要的参考意义。

四、国内棉花产业技术研发进展

（一）棉花育种方面

2013年，以棉花基因组信息为基础，国内棉花科研工作者通过基因组水平上的棉花品种分子设计，选育了一批具有机采潜力的高产、优质、早熟、多抗的棉花新材料/品种，其中，优质陆地棉品种的纤维长度可达31.00毫米以上，断裂比强度可达33.00厘牛顿/特克斯以上；高产棉花品种在新疆地区亩产籽棉可达600千克，长江、黄河流域可达250千克以上。

据统计，2013年棉花产业体系共育成棉花新品种9个；矮化、早熟、紧凑等适宜棉花机采的新材料128份；参加省级区域试验的品系有52个，生产性区域试验的品系有10个；参加国家区域试验的品系有6个，生产性区域试验2个；有望通过省级审定的品种有19个。

（二）棉花栽培方面

在栽培方面，棉花机械化移栽和机械化采收是2013年全国棉花科研和示范推广的重点，亮点纷呈。中国农业科学院棉花研究所与山东青州火绒机械制造有限公司联合研制板茬移栽机。该机实行免耕移栽，一次完成打孔、移栽、覆土和“安家水”作业。2013年4月25日在江西省九江县江洲镇试栽成功，机型2ZBX—1，移栽30亩/日；2ZBX—2，移栽50亩/日，适合长江、黄河油菜、麦后、蒜后移栽棉及其他旱地植物栽植。与耕整地比较，免耕移栽可节省费用100元/亩，且争取农时。机械化采收在内地如火如荼开展，内地机采棉种植模式约3万多亩，新增采棉机10台和清花生产线2条。各地召开机械化采收观摩会10多场次，观摩人数2 000多人次。采收机为国产4MZ—2.6复指秆采棉机，和美国约翰·迪尔9970型水平摘锭式采棉机。

（三）棉花植保方面

在棉花病害方面，根据壳聚糖能够影响棉花黄萎菌细胞膜的渗透性，在农药中加入适量壳聚糖预防棉花黄萎病。非致病变黑轮枝菌菌株CVn-WHg和低致病力大丽轮枝菌菌株CVd-WHw对棉花黄萎病具有极显著的交叉保护作用，可用于研发棉花黄萎病的植物疫苗。具有自主知识产权的新杀菌剂氟醚菌酰胺对棉花立枯丝核菌有明显抑制作用，已进入农药登记程序。进一步证明棉田行间覆膜技术可以有效防治棉花烂铃病，挽回经济损失。在棉花虫害方面，盲椿象性诱剂正式进入产业化阶段，植物源引诱剂、灯光诱集、色板诱集、寄生蜂人工释放等盲椿象防控新技术先后进入了田间试验示范阶段；烟粉虱的测报技术标准制定进展顺利，有望明年通过审定。在草害方面，已初步建立了黄河流域和长江流域棉区棉田恶性杂草化学防除技术规程。

（四）机械化采收方面

我国植棉业仍属劳动密集型产业，新疆以外的棉区耕整地、播种、中耕、喷药等环节采用了小型机械，其余作业仍采用人工。棉田投入劳动工时约470个/公顷，生产100千克皮棉消耗工日约50个。2013年，山东省滨州市、东营市、潍坊市及河北省河间市和内蒙古额济纳旗等植棉区，正在探索棉花生产机械化技术的试验示范。目前我国除了广泛采用水平摘锭式采棉机之外，还在仿制一种作为补充机型的梳齿式采棉机。

新疆兵团70%以上棉花生产实现了全程生产机械化，2013年机械采收棉花超过366.67千公顷，占总播面积63.22%以上。其中149团采用的先进机械化技术有：激光平地技术、大型农机具耕整地作业技术、GPS定位导航技术、铺膜铺管精量播种技术、滴灌施肥技术、田管机械化技术、化学调控技术、收获机械化技术、籽棉转运机械化技术、机采籽棉清理加工技术、清理加工智能控制技术等。

（五）综合利用方面

由于资源缺乏，我国在副棉产品的综合利方面仍然走在世界的前沿，棉籽油一直是我国棉区的主要食用油，而棉籽饼粕则作为是重要的蛋白资源被用于反刍动物的饲料，棉籽壳主要用于食用菌的培养，培养食用菌后的棉籽壳菌渣已开始用于制作再生炭。此外，有关棉籽蛋品质的改良，包括棉籽油和棉籽蛋白质含量的分析方法及其遗传改良等已取得了显著的进展，降低棉籽棉酚含量的专用棉育种也已取得显著的进展，育成的低酚棉品种已在生产上大面积应用。

（六）棉花产业经济方面

在国内棉花产业经济研发方面，越来越多的政府政策研究部门、科研院所、大专院校以及全国性的企业研究机构参与其中，在国内有较大影响的棉花产业经济研究机构有国家棉花产业技术体系产业经济研究室、中国棉花储备管理总公司棉花信息中心、全国棉花交易市场棉花展望公司、中国棉花协会信息部、中国农科院棉花所棉花生产景气分析等。其中中国棉花储备管理总公司棉花信息中心（中国棉花网）和全国棉花交易市场棉花展望公司（中国棉花信息网）主要关注棉花市场短期变化，及时分析发布信息月报，并发布各自的市场价格监测数据。2008年国家棉花产业技术体系产业经济室构建棉花数据信息库和共享平台后，连续6年对全国253个县的棉花生产进行监测分析，并及时发布信息月报和生产快报，同时结合棉花产业体系的重点任务，对棉花产业经济的问题进行中长期发展研究，为国内棉花产业发展提供政策储备与决策参考。

（棉花产业技术体系首席科学家喻树迅提供）

2013年度麻类产业技术发展报告

（国家麻类产业技术体系）

一、国际麻类生产与贸易概况

不同于国内苎麻、亚麻、大麻、红/黄麻和剑麻并重发展的格局，欧洲目前种植的最主要麻类作物是亚麻和大麻。其中，法国（6.78万公顷）和俄罗斯（5.50万公顷）的亚麻种植面积约占全球的2/3；全球工业大麻种植面积稳定维持在6万公顷左右；麻类纤维的单产近年来也没有重大突破。2013年，国际麻类生产与贸易状况受到全球经济和贸易形势的有利影响，出现了复苏和增长态势。截至2013年11月，世界麻类的进出口规模较大，与2012年同期相比亚麻、大麻、黄麻及其纱线、织物等相关制品的进出口的数量和价格总体呈上升趋势。国际麻类生产与贸易的格局依然以中国、日本、孟加拉国等亚洲国家为主要出口国，而欧盟、美国则为主要进口目的地。从总体来看，麻类的国际贸易在2013年出现了向好的发展趋势，对麻类的深加工市场需求不断加强。

二、国内麻类生产与贸易概况

我国保持了麻类作物种植与加工的国际优势，各类麻的种植面积与加工量均居国际前列。与2012年度相比，亚麻、工业大麻种植面积有所增加，苎麻等其他麻类作物种植面积稳定，而麻纤维价格则表现出大幅上涨的态势。受国际上经济发展的影响，我国纺织出口量不断增长，麻纺行业迎来新的一轮发展机会。国内纺纱企业在调整产品结构的过程中，高价棉催生可替代产品的涌现，加之越来越多的国家实行禁塑令等环保法令，世界各国对天然纤维制品的需求持续走高，麻纤维替代棉纤维的应用将成为未来纺织产品的发展趋势。

海关数据显示，2013年我国麻纺行业进口市场总体情况良好，但麻原料进口数量小幅下降。截至9月份，全国麻纺织行业累计进口总额5.30亿美元，同比增长15.08%，累计出口总额10.31亿美元，同比增长24.27%。其中麻原料累计进口金额4.30亿美元，同比增长14.24%；累计进口数量546.12千吨，累计数量同比下降2.33%；麻织物累计出口6.13亿美元，同比增长35.95%。

分析进出口产品结构可知，主要进口产品为麻原料，其中亚麻企业的生产经营活动较为活跃，成为麻纺织原料进口的主要拉动力量；主要出口产品为麻织物与麻纱线，麻织物的出口增长态势稳定，其中苎麻织物与亚麻织物累计出口金额分别为3.80亿美元与2.21亿美元，同比增长分别为72.43%与1.29%，黄麻织物的出口增速也较快。

三、国际麻类产业技术研发进展

（一）育种与栽培

2013年国际上未见关于苎麻育种以及麻类作物栽培方面的研究报道。在亚麻和工业大麻研究方面，美国、加拿大及欧盟部分国家已开展基因组学及功能基因相关工作。2013年国际上公布许可种植的工业大麻品种有约70个，与2012相比有所增加。红麻育种主要集中在孟加拉和印度，品种选育以中迟熟品种和玫瑰麻为主。在黄麻育种中主要着力于耐涝性育种，国际黄麻组织、孟加拉和巴基斯坦开展长果种和圆果种选育。在剑麻种质资源方面，发现了2个龙舌兰科植物的新品种（*Agave verdensis* 和 *A. yavapaiensis*）。

（二）病虫草害防控

国外在亚麻病虫草害防控方面的研究进展较快。Kostyn K等研究亚麻枯萎病的苯丙氨酸代谢途径基因在应对亚麻枯萎病早期感染时被激活，能够抵抗病原的侵染。这是第一个报告在亚麻早期应对病原体研究的基因和代谢产物的一个全面的方法。荷兰瓦赫宁根大学Huiting HF等人研究用噻虫嗪对亚麻种子进行处理，防治亚麻跳甲和亚麻大跳甲效果显著。W. J. Swart等报道，在南非首次发现红麻茎腐病、霜霉病、枯萎病、菌核病、灰霉病，并分别详细阐述病害的危害性、症状、病原菌形态学与分子生物学鉴定和遗传多样性。

（三）设施设备

2013年国外科研机构和企业研制的典型麻类剥制收获机械有：德国农业工程研究所研制的工业大麻产品加工生产线，主要包括大型的大麻纤维提取、大麻碎屑物质的加工利用机械等。加拿大马尼托大学生物工程系，对亚麻自动化收割机械进行了研究。但在麻类的耕整地及田间管理、收获及剥制脱粒机械方面，未见新技术、新机型的相关报道。

（四）加工

国外麻类纤维加工产业化程度已经很高，但关于麻类作物纤维提取及加工新技术、新产品的研究报道较少。Dochia报道了亚麻脱胶进入工厂化中试；Raveendran Nair报道了一种新的微波辅助亚麻茎脱胶的方法；Silv报道了利用PLA、PLC和PLD的混合物进行酶法脱胶的研究进展；Sung等报道了大麻纤维提取方法的发明专利。同时，还研究了不同的纤维表面修饰方法在黄麻和红麻纤维复合材料中的应用，还对黄麻纤维的微结构进行了初步研究。

（五）麻类多用途研究

各国在麻类作物多用途开发方面的研究探索已成为热点。研究已经广泛涉及生态价值挖掘、生物活性物质分析、生物复合材料研制等，而且针对其应用于新产业开发、食品医药、汽车工业、玩具制造等领域的商业化模式进行了深入调研和分析。如意大利探索了在未充分利用及废弃的土地上种植麻类作物的潜力；荷兰对麻类作物的多糖成分进行了研究；希腊针对本区域的气候环境、土壤条件等，将红麻作为一种新的农作物引入种植可行性做了研究，并将麻类作物作为工业产品的一种生物基材料，对它的种植情况、经济价值、市场行情等做了相关研究，旨在通过各项数据的搜集和分析，建立中欧长期的纤维作物研究合作关系。

四、国内麻类产业技术研发进展

（一）遗传育种研究

2013 年，在麻类作物品种选育方面取得了重要进展，共选育新品种 20 个，其中苎麻 1 个、亚麻 6 个、黄麻 7 个、红麻 6 个。在基础研究方面，继续开展了无融合生殖悬铃叶苎麻花粉母细胞减数分裂行为；首次成功克隆圆果黄麻纤维素合成酶基因 CcCesAl 5′端 500 碱基对序列以外的全部 cDNA 序列；发现了亚麻差异表达基因富集的 4 条途径，并研究了盐碱胁迫下基因表达差异；研究了抗生素对剑麻愈伤组织生长和植株再生的影响；探索了烷化剂 EMS 诱导剑麻愈伤组织突变的方法。

（二）栽培与耕作研究

在高产栽培方面，麻类纤维及副产物产量均取得了重要突破。其中苎麻的试验产量全面突破亩产 300 千克原麻、600 千克嫩茎叶和 900 千克麻骨的高产目标，并在部分区域坡耕地突破亩产 200 千克原麻、400 千克嫩茎叶和 800 千克麻骨的高产目标。红/黄麻、工业大麻和亚麻分别在生麻、麻皮和原茎产量上达到了“十二五”预期目标。

在基础研究方面，抗旱、耐盐碱、耐重金属等抗逆栽培机理仍然是当前的研究重点，并建立了苎麻抗旱栽培优化数学模型、验证了麻类作物可作为重金属污染修复较理想的植物、筛选出多个耐盐碱亚麻和红/黄麻品种、获得了影响红麻生长发育及产量性状的因素优先序、明确了水肥耦合对剑麻生长的叠加效应。

（三）麻田病虫草害防控研究

对麻类作物主产区的病虫草害进行了监测，进一步明确了麻类作物主要病虫草害的发生情况和流行规律，并通过不同品种抗病性筛选、环保型生物农药研发、不同药剂混配药效试验等，研发了一系列麻田专用植保药剂与技术。集成了苎麻炭疽病单项防控技术、苎麻根腐线虫绿色防控技术、苎麻花叶病绿色防控技术、亚麻白粉病防治技术、亚麻顶枯病防治技术、亚麻重大有害生物综合防控技术、黄/红麻主要虫害的防治技术、大麻灰霉病防治技术和剑麻叶斑病防治技术等，为提升麻类生产效率起到了重要作用。

随着麻类作物“三地”转移战略和饲料化等多用途技术研究的深化，相应病虫草害防控技术研发的重点也向多生态区域、食品安全等方面靠拢。针对苎麻饲料化、牧草化战略，研究了菊酯类农药在苎麻植株和土壤中残留消减动态和最终残留规律，建立了饲用苎麻农药残留的检测技术。

（四）麻类生产机械研究

2013 年农业部南京农业机械化研究所进行了新一代履带自走式 4LMZ—160 型苎麻联合收获机的优化设计、试制和田间收割试验，通过了湖北省农机鉴定站的性能鉴定。中国农业科学院麻类研究所设计了一种大型、高效、专用的横向喂入式苎麻剥麻机并进行了样机试制和剥麻试验，能够完成长度800～2 040毫米的苎麻茎秆剥制；其生产率达131千克/小时，鲜茎出麻率4.14%。此外，武汉纺织大学设计了一种序批式苎麻分纤水洗机和一种自动苎麻表皮纤维拷麻机，均已申请国家发明专利。河南舞阳惠方现代农机有限公司设计了一款针对高茎秆类作物收割的双塔牌GL—160/185玉米胡麻（亚麻）收割机，农业部南京农业机械化研究所研究设计了与50马力①级拖拉机配套的大麻收割机，还有待优化改进。湛江农垦第二机械厂生产出了配套动力为40千瓦的YGL—120—1400MA—5剑麻理麻机，该机可完成将已脱胶水洗后的剑麻纤维进行开松、梳理、牵伸、清除杂质等工序。

（五）纤维加工研究

麻纺市场的迅速回暖促进了麻类纤维加工技术的研发与应用，各项行业标准逐步出台。有关苎麻脱胶的研究涉及脱胶菌株的选育、生物脱胶工艺、化学脱胶工艺、复合方法脱胶工艺、生物脱胶工艺设备和脱胶废水治理方法等研究或发明。麻类研究所在模拟工厂化条件下试验，红麻生物脱胶高浓度废水中COD约4800毫克/升，沉淀物约占污染物总量的80%；低浓度废水在60毫克/升以下。筛选出碱性脱胶菌株DA8，对亚麻具有较好的脱胶效果。并发现采用碱性果胶酶对亚麻原茎进行脱胶时，在脱胶温度为40℃、加酶量为1∶10、pH为9.8、加入尿素作为脱胶助剂时脱胶效果最好。麻类研究所完成了大麻韧皮工厂化生物脱胶中试，脱胶制成率达到62%以上。亚麻纤维精细化处理到产品加工已逐步形成生产链。“亚麻棉精梳混纺纱”和“大麻棉精梳”混纺纱标准的制定，已通过专家审定。

（六）麻类多用途研究

国内对麻类作物多用途的认识不断加深，麻类纤维及麻骨麻渣等副产物的新型利用途径开发成为当前研究的一个热点，研究内容涉及重金属污染耕地利用与农业产业机构调整、籽粒油脂提取与保健食品开发、生物复合材料研制与商业应用等领域。其中，发展苎麻、亚麻、黄麻产业的技术措施已纳入湖南省重金属严重污染耕地产业结构调整工程实施方案；油纤兼用亚麻品种选育取得新进展；苎麻饲料化与多用途技术研究和应用继续深化，湖南、湖北、四川、江西、重庆等多省区进行了产业化示范；初步形成了苎麻副产物青贮料栽培杏鲍菇技术，苎麻、亚麻、大麻、红麻副产物及剑麻渣栽培食用菌技术等；浙江、江苏等省区企业的红麻复合材料产品进入市场；麻育秧膜在水稻机插育秧中使用解决了机插水稻秧盘散秧的重大瓶颈，并已在湖南、黑龙江、湖北和浙江等省区建立了生产示范基地。

（麻类产业技术体系首席科学家
熊和平提供）

① ①马力为非法定计量单位。1马力＝2.685×10^{6}焦耳。——编者注

一、国际甘蔗及制品生产与贸易概况

（一）全球甘蔗与食糖双双增产，市场供求处于过剩状态

2012/2013 年度全球甘蔗与食糖双双增产，食糖产量约为 1.804 亿吨，市场供给过剩1 000万吨。2012/2013 年度，全球食糖生产形势仍然较好，产糖量明显增加，主要受甘蔗产量增加推动。主要产糖国中，巴西、中国、美国等国增产，在一定程度上抵消了印度、欧盟和俄罗斯等国减产的影响。巴西产糖量或再次多于全球将准备吸收的数量，Unica 对 2013/2014 榨季甘蔗产糖量预计为 3 420万吨，略高于 2012/2013 榨季（3 400万吨）；印度 2012/2013 榨季由于马邦、卡纳塔克邦和泰米尔纳德邦的降雨偏少，全国糖产量为2 514万吨（上榨季2 634万吨），糖消费量为 2 280 万吨（上榨季 2 200 万吨），2013/2014 年初结转库存为 885 万吨，市场预计2013/2014榨季印度食糖产量为2 500万吨，消费量为2 000万～2 300万吨，如果不积极开拓国外市场，期末库存将达 875 万吨，供给严重过剩，印度糖业或连续第四年生产过剩；泰国甘蔗和糖协会办公室估计，泰国 2013/2014 榨季甘蔗产量或为 1 亿～1.1 亿吨，糖产量或为1 000万～1 100万吨；美国因糖产乙醇项目提振糖消费，消费增长下调 2013/2014 榨季糖库存 18％至 198 万吨（上月预估为 240 万吨），同时报告亦下调糖库存使用比至 16.1％，2012/2013 榨季同期为 17.9％；俄罗斯 2013/2014 年甜菜糖产量将由 400 万吨调升至 430 万吨，但仍低于上榨季 475 万吨；由于湿冷天气及降雨引起的收割延迟可能导致欧盟各甜菜糖主产国甜菜含糖量下降，欧盟 2013/2014 年糖产量或为1 600万吨，低于上榨季（1 659万吨）59 万吨。国际糖业组织（ISO）2013 年 11 月预计，2013/2014年全球糖产量为 1.815 亿吨，较 2012/2013 年创纪录高位 1.836 亿吨下滑 1.2％。同期，全球糖消费量或增加 370 万吨至1.767 5亿吨。目前，国际糖市仍处于供过于求的局面，各大机构预估过剩量将在 440 万～540 万吨，但过剩量相比 2012 年减少。ISO 预计 2013/2014 年度全球糖供应过剩 470 万吨，略高于此前预估的 450 万吨，但低于 2012/2013 年度的1 060万吨；美国农业部估计，全球糖产量为1.748 3亿吨；因预期产量强劲，全球食糖生产前景看好，瑞士糖业机构 Kingsman 于 12 月 10 日将全球糖供应过剩量预估从此前预计的 450

万吨上调至540万吨；Czarnikow12月份预计2013/2014年度全球糖产量为1.818亿吨，糖消费量将增至1.789亿吨，同比增加1.9%，所以将糖市供应过剩预期由之前的390万吨下调到210万吨，明显低于2012/2013度全球糖市供应过剩数值（910万吨）。尽管ISO、美国农业部、Kingsman、荷兰合作银行对于食糖供给过剩量的数额略有差异，但食糖供给过剩格局的判断总体一致。未来国际市场重点关注巴西、泰国、中国的产糖状况，以及石油价格对巴西糖产量的影响。

（二）全球蔗糖贸易总体稳定，巴西仍是头号出口国

全球食糖出口贸易量保持在5 656万吨左右，2012/2013年巴西、澳大利亚、阿尔及利亚、墨西哥、阿尔及利亚出口上涨，泰国、印度食糖出口有所下降。由于糖价下滑用于食糖生产的甘蔗下滑，以及持续降雨导致甘蔗单产提升但出糖率下降，巴西食糖出口量2013/2014年估计约为2 500万吨；印度糖厂协会（ISMA）估计，因季雨强劲提振甘蔗单产，印度2013/2014年糖出口量估计为200万～400万吨，已有50万吨被迪拜AlKhaleej加工厂预定；泰国甘蔗与糖协会预计，因糖料作物种植面积扩大，食糖产量提升，2014年泰国食糖出口将增长15%至850万吨，将创纪录高位（2013年出口740万吨）；欧盟食糖进口仍将增长，已批准120万吨配额外食糖进口；由于俄罗斯种植面积减少20%，俄罗斯将把2013/2014榨季原糖进口量从上榨季46万吨提高至少70万吨；2013/2014年墨西哥计划不再向美国出口自产糖，出口方向将转至大西洋自由贸易区以外的国家，有望向国际市场出口糖65万～70万吨。印尼食糖产业部门称，为满足激增的行业需求，2013年将发放380万吨原糖进口许可，较此前（285万吨预估）增长1/3。从近年发展趋势来看，巴西、泰国、澳大利亚是主要食糖出口国，欧盟、美国、印尼和中国是主要食糖进口国。

二、国内甘蔗及制品生产与贸易概况

（一）甘蔗与食糖出现第二年恢复性增产，食糖消费量略有增加

自2008/2009制糖年连续三年减产后，2012/2013榨季是第二年恢复性增长。据中国糖业协会统计，2012/2013制糖年全国食糖产量为1 306.84万吨，较上制糖年的1 151.75万吨增加13.47%。其中蔗糖为1 198.34万吨，比上制糖年的1 051.01万吨增加147.325万吨，甜菜糖产量为108.5万吨，较上制糖年100.74万吨增加7.765万吨。同期全国食糖消费量为1 380万吨，同比上涨30万吨，涨幅为2.17%。

（二）国家收储180万吨食糖，食糖进口猛增至411.13万吨

为稳定市场价格、维护糖农和企业的利益，2012/2013制糖年国家收储180万吨的储备糖。与此同时，食糖进口量也大幅增长，据海关统计，2013年1～11月份全国累计进口食糖411.13万吨，比2012年同期增长18.17%，并超出关税配额进口216.63万吨。2013年1～11月我国出口食糖4.34万吨，比2012年同期减少0.1%。

（三）供给过剩，食糖价格低位盘桓

2012/2013 制糖年，国内食糖产需基本平衡，产量为1 306.84万吨，消费量为1 380万吨，两者大致均衡。2013 年 1～3 月份，由于国际食糖供给过剩，市场预期国内食糖产量将大幅增产，且经济低迷导致消费需求增长放缓，1 月 22 日的 70 万吨收储和 5 月 20 日 30 万吨收储对糖价基本没有起到支撑作用，糖价从年初的5 660元/吨下滑到 7 月底的5 300元/吨；8 月份，随着新榨季全球增产预期下调，糖价反弹，从 8 月初5 320元/吨涨到 10 月 21 日的5 630元/吨，10 月份巴西桑托斯港发生重大火灾，对于 10 月份的价格短期上涨起到了一定的推动作用；之后，受供给过剩影响，伴随新榨季开榨带来的供给压力，糖价继续保持低位震荡态势，糖价一路下滑到 12 月的5 015元/吨。

（四）2013 年糖料面积有所缩减，2013/2014 制糖年有望产糖1 350万吨

由于 2012 年糖价下跌，2012/2013 年糖料收购价广西 475 元/吨，云南 420 元/吨，糖料价格下滑以及糖厂反哺农民力度下降，导致农民种植糖料收入同比大幅下滑。糖价和蔗价下滑使得 2013 年糖料种植意愿下降，种植面积下滑。据统计，2013/2014 年糖料种植面积达2 805万亩，同比增长 1.7%。其中，甘蔗种植面积2 566万亩，增长 2.65%；甜菜种植面积 239 万亩，大幅下降 32.43%。截至目前，由于云南 50 万亩的甘蔗受到大范围低温降雪霜冻灾害天气影响不算大，若后期天气状况较好，糖料生产较为顺利的话，据中糖协预计，2013/2014 榨季我国食糖产量约为1 350万吨，比上榨季产量估值下降 3%。其中蔗糖1 277万吨，甜菜糖 73 万吨。

三、国际甘蔗产业技术发展动态

（一）甘蔗遗传改良创新研发进展

2013 年度，国外发表了上百篇甘蔗育种技术领域的论文，涉及甘蔗开花与杂交、分子标记开发与辅助种质评价包括基因型与表型关联的分子标记研究、种质遗传多样性评价、抗逆育种与逆境相关基础研究、GGE biplot 5 种模型应用于品种稳定性和适应性评价、抗病性遗传、转基因改良、基因克隆与鉴定（包括功能蛋白基因、转录因子基因、病毒编码小 RNA 与逆境胁迫下小 RNA 的靶标基因鉴定）等，其中逆境尤其是低温和病害逆境的研究明显增多。上述研究的共同目标是：提高甘蔗育种各环节的科学性，而不是单纯依赖表型性状。选育种方法和技术手段的进步，是提高甘蔗育种效率和科学性根本，被国外先进育种机构如澳洲 BSES，巴西 CV、CTC 公司等应用于育种过程的各个环节。各主要甘蔗国家都一如既往地重视甘蔗品种改良与新品种培育。Q 系列品种增至 253 个，新批准种植的新品种有 Q248、Q249、Q250、Q251、Q252 和 Q253；斐济新释放 LF-4694 和 LF-04448；CTC 公司最新育成的高糖作为糖用和糖能兼用的新品种 CT10、CT11、CT12、CT14 和 CT15，估计增效 12.5%和 38%；美国路州 HoCP 96-540、L99-226、HoCP 00-950、L01-283、L01-299、L03-371 和 HoCP 04-838 7 个占了绝大部分甘蔗面积。此外，2013 年在斐济召开了“斑茅高贵化国际研讨会”；全球首例抗旱转基因甘蔗在印尼获

批商业化，为转基因甘蔗商业化种植迈出关键一步；先正达公司在巴西建成世界最大，年产350万～600万株甘蔗脱毒组培苗。

（二）栽培耕作技术研发进展

1. 开展甘蔗精准栽培技术研发 应用植物生理学方法，分析甘蔗光合作用、干物质及蔗糖分积累机理，指导甘蔗高产高糖栽培。利用遥感技术识别甘蔗品种，监控甘蔗长势、需肥等情况，指导准确施肥，并辅助预测收获前甘蔗的含糖分及其产量水平。澳大利亚甘蔗种植系统模型ASPIM-Sugarcane被用于甘蔗生长季节期对产量、水和氮需求定量预测的管理当中。

2. 计算机网络信息技术在甘蔗生产中应用 以GIS、GPS、RS等空间信息技术为手段，以计算机、现代网络和通讯技术为技术支持，精准制定、调整各项土壤和作物管理措施，最大限度地优化各项投入，以获取最高产量和最大经济效益。

3. 开展甘蔗全程机械化保护性耕作技术研究，重视蔗田地力的提升 用高质量、高精度、高通过性能设备取代常规精耕机械化、更多依靠化控技术，开展甘蔗全程机械化保护性耕作技术研究，实现节本、增效。使用非传统肥料（如滤泥、炭灰和生物炭）、甘蔗固氮及蔗叶还田等培肥地力。

（三）病虫防控技术研发进展

甘蔗病毒的遗传进化、基因型分子鉴定、遗传多样性、病毒重组等是甘蔗病理研究的热点之一。甘蔗黄叶病毒（Sugarcane yellow leaf virus，SCYLV）属于黄症病毒科（*Luteoviridae*）马铃薯卷叶病毒属（*Polerovirus*）成员，是一种属内种间重组而来的一种新病毒。至今，国内外报道至少有9种株系（基因型），而中国甘蔗蔗区至少有5种，即巴西型BRA、秘鲁型PER、古巴型CUB、中国型CHN1和CHN2。Chinnaraja等（2013）克隆了来自印度的4个SCYLV分离物基因组全长，系统进化表明为印度型（IND），与CHN1、CUB亲缘关系比较近，而与BRA、HAW、PER、CHN3、REU亲缘关系较远。他们也发现SCYLV基因组重组现象明显。关于甘蔗宿根矮化病的研究，目前主要集中利用血清学和PCR的方法对甘蔗宿根矮化病的发生情况进行调查和品种抗性筛选。关于甘蔗病毒病的研究，目前主要集中在病原的生物学鉴定和分子检测、甘蔗病毒分离物全基因组测序、甘蔗病毒蛋白与寄主蛋白之间互作关系的研究等方法方面，以进一步了解植物病毒粒体分子结构和装配、病毒的核酸复制、基因表达调控、介体传播的分子机制、运动模式、致病机制等，为进一步防治甘蔗病毒病提供理论基础。关于甘蔗害虫综合防控的研究，目前主要集中在3个方面。一是生物防治：①利用天敌防治甘蔗害虫（主要天敌为赤眼蜂、螟黄足盘绒茧蜂、螟黑卵蜂、古巴蝇、大螟拟丛毛寄蝇、红蚂蚁、蜘蛛、蠼螋等）；②利用昆虫病原微生物防治甘蔗害虫（主要昆虫病原微生物为颗粒体病毒、核型多角体病毒、苏云金芽孢杆菌、微孢子虫、白僵菌、绿僵菌和昆虫病原线虫等）。二是利用诱杀技术防治甘蔗害虫（如性诱剂、灯光诱杀等）。三是利用高效低毒化学杀虫剂防治甘蔗害虫（也包括一些生物源仿生农药）。

（四）设施与设备研发进展

在美国、澳大利亚和巴西等甘蔗生产先

进国家，种植仍以蔗段种植机为主，收获仍以切段式联合收割机为主。以CASE8000和John Deer3520为代表的切段式甘蔗联合收割机标志着其向大型化、智能化发展的趋势。甘蔗生产系统以GPS导航技术为依托，在种植、中耕管理、收获和田间运输各环节采用各类机械的轮距与行距相匹配，实现作业轨迹固定在行间。澳大利亚仍在探索合适的宽窄行距与合适的作业机械轮距之间的匹配，以实现产量最大化和作业机械对土壤压实影响最小化之间的平衡。约翰迪尔针对中国市场研发出CH330新型甘蔗收割机。

（五）产后加工研究进展

在国际上对制糖的研究主要集中在制糖结晶和脱色的研究、葡聚糖对制糖的影响及葡聚糖酶的应用研究、淀粉的测定研究等；对甘蔗副产物加工主要集中在生物乙醇燃料、利用蔗渣作生物材料研发和糖蜜中抗氧化物质提取上。巴西甘蔗产业已建立起从甘蔗种植到蔗糖、生物乙醇燃料及生物材料生产的完整产业链。把蔗糖业产生的废料甘蔗渣转化为工业用途广泛的新材料——碳纤维，不仅实现了废物的利用与再循环，而且还使副产品大幅增值。巴西开发以甘蔗渣乙醇生产塑料的技术，甘蔗渣制生物塑料，包装更低碳。

四、国内甘蔗产业技术研究进展

（一）遗传育种与种业

本年度11个品种通过审（鉴），其中鉴定品种7个，即福农38号、福农39号、桂柳二号、云蔗05-51、赣南02-70、云蔗06-407和粤糖02-305，其中前4个品种蔗糖分和产量均超主栽品种新台糖22号；广西区审定品种4个，即桂糖40号、41号、42号、43号。斑茅种质创新利用取得明显进展，2个后代YCE07-71、YCE07-65提供作为亲本利用，并利用双色荧光和原位杂交技术，证明了不同世代（F_1、BC_1、BC_2、BC_3、BC_4）斑茅后代中斑茅染色体的遗传行为和染色体构成。抗螟虫、钾高效、抗真菌性病害的转基因改良均取得明显进展并获得了改良系。采用高通量测序技术，通过甘蔗应答黑穗病菌、干旱、低温、盐胁迫的表达谱或转录组分析，发掘差异表达基因与功能鉴定以及干旱、低温、盐胁迫的生理生化变化均有一系列研究。利用分子标记分析我国甘蔗种质的遗传距离以及利用表型性状与分子标记结合，构建甘蔗细茎野生种的核心种质库均有报道。此外，本年度我国育种依然保持较大的实生苗规模，仅体系育种室年种植实生苗超过50万苗，各单位均选育了一批优良的育种材料，新亲本和组合的四省区生态点的联合评价依然进行，并已从中筛选出一批优异的母本、父本和组合，对后续育种有重要意义。利用GGE、AMMI等评价品种稳定性和适应性研究也有多篇报道。此外，花粉活力保持技术也有明显进步，新增了一批来自国内外种质的甘蔗杂交亲本。

（二）栽培与水肥管理

1. 继续开展和完善甘蔗机械化生产配套农艺技术研究 着重研发适用于甘蔗机械化作业条件下的专用肥料、种植主要参数以及机械化收获对宿根蔗生长、产量和土壤理化性状的影响。

2. 研究利用有益微生物促进甘蔗生长，

降低肥料投入 施用 AM 菌剂能提高土壤有效氮、磷和钾含量、真菌数量及 pH，促进对根际土壤微量元素吸收；施用促生型或抗线虫功能性生物有机肥，比普通有机肥增产 33%～53%；还开展了甘蔗优良固氮基因型的选育及生理生态研究。

3. 研究推广多种间套作种植模式，促进蔗地单位面积收益的提高 甘蔗与马铃薯、春西瓜、大豆等间套种均有增产增收作用，并形成与大豆间套种标准化的种植模式。

（三）病虫防控研究进展

我国已开展甘蔗病毒的比较 microRNA 组学研究，以深入了解甘蔗功能基因抗病毒的 microRNA 调控网络，为培育优良的甘蔗新品种提供辅助及对转基因甘蔗生物安全评价提供数据支撑。*SCMV CP* 基因的系统进化树分析表明，所有 SCMV 分离物可以划分为 4 组，即Ⅰ、Ⅱ、Ⅲ和Ⅳ。其中所有侵染甘蔗杂交种的 SCMV 分离物聚合在Ⅲ组。SrMV 病毒分离物可以划分为 6 组，即 G1-G6。其中 SrMV-G3 和 SrMV-G5 为新报道的基因型。在虫害研究方面，开展了①新农药防治甘蔗害虫的筛选试验示范，筛选并推广包括 SP003 颗粒剂、蔗来茎在内的一批新产品、新技术；②进行赤眼蜂防治甘蔗的田间试验示范，研究了性信息素与赤眼蜂相结合对螟虫进行协同控制，对提高甘蔗生长中后期螟虫防治效果明显；③建立甘蔗螟虫测报数学模型、测报技术规范，开发研制数字化害虫监测预警设备，探索天敌与昆虫性诱剂、灯光与昆虫性诱剂协同控制甘蔗螟虫应用技术；④甘蔗主要害虫如木蠹蛾、蛀茎蔗象甲等形态及生物习性观察及防治技术研究；开展了地下害虫防治技术研究。

（四）设施设备技术研究进展

随着实时切段式甘蔗种植机技术的不断完善，机械化种植已与人工种植产量相近，机械化种植技术正逐步被蔗农接受，机械化种植面积增加迅速；现有种植机依靠人工喂入蔗种的作业方式所造成的辅助人工多的问题也越来越突出，已开始进行蔗种自动喂入技术研究。微型甘蔗中耕机得到普遍使用，针对其存在的劳动强度大，作业效率低的问题，已开始研究适合甘蔗中耕管理的菱形四轮龙门架式高地隙中耕管理机。机械化收获面积逐步提高，含杂率高、土壤压实、宿根质量、传统经营模式及土地等问题仍困扰着机械化收获的推广；农机—农艺—糖厂三结合对推广甘蔗机械化收获的重要性正逐步得到认可；国产切段式收割机在喂入与通道技术方面取得突破。开始了蔗段式种植机技术的研究。

（五）产后加工研究进展

在国内，在制糖工艺领域，主要围绕生产过程节能减排关键技术开展研发。广州甘蔗糖业研究所、华南理工大学、广西大学、广西农垦糖业集团、广西永鑫华糖集团等研发制糖生产过程节能与清洁生产关键技术及示范，提高澄清效率，提高糖分回收，节能减排。华南理工大学开展甘蔗糖蜜连续乙醇发酵及其残糖控制技术的研究。广西农垦糖业集团研究重硫氧对甘蔗混合汁澄清脱色的影响，提出一种低硫低磷甘蔗制糖澄清新工艺，该工艺过程使用聚季铵盐、重硫氧、磷酸二氢锌混凝剂及石灰乳对甘蔗混合汁进行澄清脱色。在综合利用领域，主要围绕提高加工附加值、延长产业链进行研发。广州甘蔗糖业研究所、华南理工大学、浙江大学、福建师范大学、广西农垦糖业集团等开展蔗梢（叶）牛饲料、滤泥饲料、利用碱法或超声波辅助提取甘蔗渣木聚糖、蔗渣基复合材料、蔗渣接枝丙烯酰胺絮凝剂、甘蔗糖蜜减水剂、甘蔗制朗姆酒、蔗糖发酵右旋糖酐、甘蔗皮多酚的提取及抗氧化活性等方面的研发。

（甘蔗产业技术体系首席科学家
陈如凯提供）

2013年度甜菜产业技术发展报告

（国家甜菜产业技术体系）

食糖是排在粮、棉、油之后涉及我国国计民生的大宗农产品之一。甜菜和甘蔗一直是世界上最重要的糖料作物，长期以来世界甜菜糖产量约在食糖总产量的35%左右，目前虽然我国甜菜糖产量占食糖总产量不到10%，但却是我国食糖有效供给的必要补充，对于保障我国食糖安全起着重要作用。随着人民生活水平的不断提高，我国已经成为全球第二大食糖消费国，年消费量约占世界消费总量的10%左右。随着需求日益增长、食糖消费逐渐进入新一轮增长期。近年全球食糖产量的波动和糖价起伏不断，我国甜菜产业的发展也随之相应的波动，相比而言，我国食糖价格走势与全球食糖价格走势基本一致，而我国甜菜产业发展与我国糖价走势又趋于一致，这说明目前我国甜菜产业发展基本遵循了全球农产品价格走势的基本规律，也是我国经济发展和全球经济一体化的必然结果。

一、国际甜菜生产及贸易概况

2013/2014榨季全球食糖产量预计将达到17 900万吨，食糖消费量预计为17 550万吨，全球食糖剩余量近3年来首次下降到350万吨，减少70%。其主要原因是由于食糖价格下跌导致主要产糖国减产。

2012/2013年制糖期纽约原糖价格从期初的22美分/磅持续下行，最低跌破16美分/磅，国际市场食糖价格与国内食糖差价持续扩大。

二、中国甜菜生产及贸易概况

2012/2013年制糖期全国产糖1 306.84万吨，同比增加155.09万吨，增幅为13.46%。其中，甘蔗糖产量为1 198.34万吨，同比增加14.18%；甜菜糖产量为108.5万吨，同比增加7.75%。甜菜主产区糖产量分别是，新疆54.66万吨，黑龙江23.69万吨，内蒙古16.28万吨，河北5.97万吨，其他地区7.9万吨。

2012/2013年制糖期全国食糖消费量1 390万吨，较上个制糖期同比增加60万吨。但考虑到进口糖等因素2012/2013年制糖期全国食糖供需关系仍较为宽松。国家分三批以6 100元/吨价格收储180万吨食糖，以5 442元/吨价格轮换出库16.5万吨国家储备糖。但收储仍然没有挽回国内糖价，国内食糖价格一路走低，2012/2013年制糖期全国制糖工业企业累计平均销售价格为5 532元/吨，较上个制糖期下跌13.18%，累计亏损31亿元，实现利税总额6.16亿元，同比下降92%。

2013年度全国甜菜种植表现为下降趋势，2013年度播种面积为239万亩，同比2012有下降，其中：黑龙江播种面积为50万亩，内蒙古播种面积为61万亩，新疆播种面积约为95万亩，河北播种面积为20万亩，其他地区播种面积为14万亩。

2013/2014榨季我国食糖产量预计将小幅增产，产量预估在1 350万吨左右。其中甘蔗糖1 277万吨，甜菜糖73万吨。到目前甜菜糖生产已全部结束，实际生产甜菜糖74.63万吨，其中黑龙江产糖2.99万吨，内蒙古产糖17万吨，新疆产糖44.91万吨，河北产糖5.63万吨，其他地区产糖4.1万吨。2013/2014榨季消费量预计将达到1 400万吨。

据海关总署2014年1月份公布的数据显示，我国2013年1～12月份累计进口食糖为454.6万吨，较2012年增加21.31%；我国2013年1～10月份累计出口食糖4.34万吨，同比减少0.1%。11月份出口食糖0.3417万吨。近年甜菜糖占总食糖产量的比例基本维持在10%之内，故其在全国食糖进出口贸易中比重很轻。

三、甜菜产业技术研发进展

（一）世界甜菜产业技术研发进展

欧美等国甜菜育种水平明显领先于我国。这些国家显著的特点，一是甜菜科研机构品种选育的基础性工作坚实，分工合理。例如美国从国家层面主要做种质资源收集与保存，评价与创新和高效育种技术研究等方面的工作。而具体品种选育与推广由企业负责。二是种质资源拥有的数量特别多，研究的深度和广度明显优于我国同行。三是科研设施完善、设备先进、条件优良。四是研发经费充足。五是种子加工分级及丸粒化包衣种子处理技术先进，促进了品种种性的充分发挥。

20世纪60年代欧美一些国家就把甜菜遗传单胚种育种作为研究重点。甜菜遗传单胚种20世纪70年代已育成并开始在甜菜生产中使用。近些年随着选育出的遗传单胚种品种产质量性状及抗性等方面的显著提高。通过种子加工分级及丸粒化包衣，种子做到精量点播，单胚种便于机械化作业同时省工省力，目前欧美日等国外主要甜菜种植国生产中均使用遗传单胚种。

与此同时，种子加工分级及丸粒化包衣种子处理技术与设备先进。特别国外近些年在种子加工上广泛使用EPD技术、3D技术和醒芽技术，大大提高了种子成品率，明显提高了成品种子质量，进一步促进了品种种性的充分发挥。种子包衣和精量点播两项技术，保障了甜菜出苗期苗齐苗壮，为甜菜实现优质高产，提供了一个十分重要的基础。为此很多国家现都颁布了专门条例，明确规定种子必须包衣才能出售使用。

近些年，欧美日等主要发达国家利用现代农业生物技术与传统育种技术结合方面也取得了良好成效。借助分子辅助技术在品种抗病虫、含糖率、根产量、耐低温等方面都有显著的提升。在单倍体育种技术、转基因育种技术等方面都有新的突破。

欧美日等国外甜菜主产国，甜菜种植中广泛推进机械化作业，充分发挥其雄厚装备制造技术优势，围绕甜菜耕作、栽培、管理等环节对机具的需求，研发出大量先进适用的机具，使耕、种、管、收等全部实现机械化。欧美日等国除草采用化学药剂加机械，收获使用联合收获机和分段收获机。大量新机具的使用有效提高了作业精度和生产效率，降低了劳动生产成本，机具农艺先进性和良种种性优势互相结合，做到了甜菜生产机械化，有效节约了生产成本，保持了甜菜长期优质高产。

（二）中国甜菜产业技术研发进展

目前我国甜菜自主品种，虽然多数是多胚品种，但遗传单胚种在国内研究单位也陆续选育出几个，与国外同类品种比，含糖率、抗病性不错，但产量低一些，植株出苗及生长整齐度较差。生物技术在甜菜育种上的应用，虽在国内各大甜菜科研单位已经开展，但就研究深度广度和商业化程度还落后国外。

甜菜栽培和耕作技术整体现状与国外发达国家相比还存在不小的差距，特别是由于我国农业整体装备技术落后，甜菜产业装备技术落后，从耕、种、管、病虫草害防治到起收，都缺乏相应成熟的专门机具，不仅限制了先进栽培和耕作技术有效发挥，而且不能切实做到良种良法结合，品种优良种性在生产上发挥受到制约。

目前我国甜菜产业科研的整体设备、设施和条件虽然近些年得到了有效改善，但还远远落后于国外，不能满足科研的需求。设备与设施、科研条件以及人才等因素也一定程度影响甜菜产业的研发能力。

近年来，由于国家甜菜产业技术体系大力加强甜菜新品种选育与筛选和高产高效栽培技术、施肥技术、病虫草防控技术和农机具研发与示范，一批优质、高产、高效、抗病虫的综合集成技术相继推广转化用于生产，发挥了重要作用。对农民增收，企业增效，提升甜菜产业竞争力等方面作出了较大贡献。

甜菜是费工、费时，生育周期长，种子发芽弱，病虫害危害严重的作物。2013年国家甜菜产业技术体系面对目前我国甜菜产业发展面临的用工难、用工成本大幅提高；种植甜菜的地区缺水干旱，特别是出全苗、出齐苗、出壮苗难；各个甜菜种植区域缺乏优良品种或在诸多品种中不知该选种哪个品种更适宜；良种与良法脱节，有效的增产增糖栽培技术不到位；与农机作业相配套的农艺技术研发滞后；农民劳动强度过大，生产成本较高等问题。以及我国甜菜产业分布广、跨度大、各区域种植模式差距大，生产中存在的问题各不相同的现实，本着立足于生产、服务于生产的宗旨，以综合试验站为依托。积极推进甜菜规模化种植，提高甜菜机械化作业水平，研发、示范与推广高产高效模式化栽培与病虫草害综合防控技术以及与农机配套的农艺技术为重点，积极推广农业节水技术、科学施肥技术、合理密植技术，走提高单产、降低成本的路子，从而推动农民科学种甜菜水平上台阶。由于各项增产增糖技术的应用，单产的提高、农机的推广、原料收购价格的上涨，种甜菜的比较效益相对合理，农民种甜菜的积极性有所回升。

在品种使用方面，通过品种筛选试验，推荐了各地区最适宜种植的品种，减少了品种使用的盲目性，提高了单位面积块根产量、含糖率与抗病性。在综合栽培技术方面，推广了窄垄密植、纸筒育苗、机械化精量点播、膜下滴灌、覆膜加纸筒、干播湿出等综合栽培技术，有效地提高了甜菜保苗率，提高了水分利用率，提高了单位面积块根产量与含糖率。在农机具研发与示范方面，试验示范了一些小型农机具，如纸筒育苗移栽机、起收机等，有效地减轻了农民种植甜菜的劳动强度，为集约化生产创造了条件。在肥料利用方面，研发推广了甜菜育苗苗床专用肥，甜菜专用复合肥等，确定了较为合理的配方，有效地提高了肥料利用率。在病虫草害防控方面，研发推广了一些有效的配方与施用规程，防控效果得到较大的提高，尤其是在除草方面。综合上述研发推广的新技术与成果，在不同区域提出了不同的综合栽培技术模式图。

另外，我国大部分产区均有了自育的品种在生产中小规模推广种植，特别是在新疆产区新甜15、新甜14、新甜12，东北产区甜研307，华北产区内2499等品种在生产中使用后单产适中，含糖较高，抗病性较强，受到农民和企业认可。种子加工仍是国产品种推广应用的瓶颈问题。一些新育成的品种（如新甜18、甜单304、甜研312、农大甜研4号、内28102、内28128等）在各地示范后表现不错，具有一定的推广潜力。

四、我国甜菜产业发展应着重加强的几个问题

（一）加强研发甜菜种子加工分级与丸粒化包衣技术

近一两年，甜菜生产中机械化精量播种和纸筒育苗移栽技术的大量推广普及，要求甜菜种子必须丸粒化包衣，虽然通过最近几年全国各育种单位的共同努力，已先后育成各类品种十几个，但由于国内没有种子加工清选、分级、处理技术与设备和丸粒化包衣技术，国产自育单胚品种无法形成合格的商品化种子，严重制约了自育品种的推广应用。因此要加快甜菜种子加工分级与丸粒化包衣技术的研发，从而推进国内自育品种的推广应用。

（二）加快推进甜菜机械化作业的同时要切实加强与机械作业相配套的农艺技术研发与示范

当前我国甜菜生产同其他农业生产一样面临劳动力短缺、用工难、用工贵的现实问题。这就要求甜菜生产加快普及推广甜菜机械化作业，特别是在甜菜生产中从整地、播种、深松、育苗移栽、中耕锄草、施肥、病虫害防治及收获等各环节，分步骤积极推进机械化作业，有效地减轻劳动强度，提高劳动生产效率，降低生产成本，提高甜菜种植效益。在加快推行甜菜机械化作业的同时，一定切实加强与机械作业相配套的农艺技术研发与示范。特别是在机械作业条件下适宜品种的选育与筛选、合理的密度、高产高效的综合栽培技术、施肥技术、病虫草害的综合防控技术。

（三）着重解决甜菜生产中随着单产提高含糖率下降的问题

随着甜菜规模化种植程度的不断提高，机械化作业的推广以及各种高产高效栽培技术、节水措施的实施，甜菜单产水平在显著提高的同时，甜菜块根含糖率逐年下降，如何通过高产高效栽培技术，合理施肥技术，病虫草的有效防控技术和品种选用等措施在提高单产的同时，来实现甜菜块根含糖率少下降或不下降是我们必须突

破的问题。

（四）加快实现甜菜规模化生产，集约化经营

我国甜菜产区主要集中在黑龙江、新疆、内蒙古、河北 4 个省区，其中除了黑龙江农垦、新疆生产建设兵团两个地方土地集约化程度比较高外，其他地区多数农民种植甜菜还是以户为单位，分散经营。这种传统的生产方式，严重影响了先进科学技术成果的推广转化，极大限制了劳动生产率和土地产出率提高。因此，当前加快甜菜产业发展步伐，必须尽快实现甜菜产业规模化生产，集约化经营。大力倡导和扶持农民建立合作组织，结合农村中土地经营权流转，倡导制糖企业与农民联合、农民间相互联合。要以科学的态度，坚持市场的观念，进行优势区域的规划，确定甜菜优势区域，形成稳定连片规模化种植，使甜菜生产提高到集约化经营水平，走专业化生产的路子。政府与企业应在资金上给予支持。提升科学种植甜菜的水平，降低成本，提高效益。

整体来看，由于我国甜菜产业多年来在人力、物力及财力整体投入不足，使得我国甜菜产业无论是科研积累还是企业科技转化水平明显落后于欧美等发达国家，近几年中央不断加强农业科技的研发投入，特别是农业部现代农业产业技术体系启动以来，使得甜菜产业在必需的研发经费上有了相对持续稳定的投入，甜菜产业技术体系全体研究人员上下一心、齐心协力，坚信在农业部相关司局的支持下，甜菜体系各位专家以产业发展为导向，在各位专家的共同努力下，与欧美发达国家的差距将会逐步缩小，为我国甜菜产业的持续发展提供强有力的技术支撑。

（甜菜产业技术体系首席科学家
白晨提供）

2013年度蚕桑产业技术发展报告

（国家蚕桑产业技术体系）

一、国际茧丝生产与贸易概况

目前世界上形成了以中国为主并包括印度、乌兹别克、巴西、泰国和日本的国际蚕丝业生产格局，其中中国的茧丝绸生产及贸易均占全世界80%以上份额。目前世界人均丝绸消费量平均水平为55克，日本人均丝绸消费量最高，达217克，而中国人均丝绸消费量仅为9克。作为丝绸主产国，中国将致力扩大国内外丝绸消费。

据中国海关统计，2013年，中国真丝绸商品进出口总额为37.7亿美元，其中出口35.1亿美元，同比增长3.0%；进口2.6亿美元，同比增长3.5%。亚洲、欧洲和北美洲仍是我国真丝绸商品出口的主要市场，分别占出口份额的51.6%、25.9%和17.6%。我国真丝绸商品出口额排名前五位的国家和地区依次为：美国（出口额5.8亿美元）、印度（出口额3.2亿美元）、意大利（出口额3.1亿美元）、日本（出口额2.9亿美元）和中国香港（出口额2.7亿美元），对该五市场出口额合计占对全球出口总额的50.5%。

受2008年9月爆发的世界金融危机冲击，蚕丝贸易供需失衡加剧，蚕丝业进入了新一轮调整，2009年世界桑蚕茧生产量急剧下降为74.1万吨。2010年以来，伴随茧丝价格上涨，蚕丝业得到恢复性增长。预计2013年世界桑蚕茧生产量为83万吨，其中中国约占79%，印度约占15%，乌兹别克、巴西、泰国和越南等其他国家约占6%。

二、国内蚕桑生产与茧丝绸贸易概况

2013年我国蚕桑生产规模基本稳定，2013年中国桑园面积达1 251万亩，桑蚕产量64.7万吨，全国桑蚕总收入达到230亿元。2013年前10月，生丝累计产量11.2万吨，同比增长7%。

2013年我国蚕桑生产格局基本稳定，东部地区桑园面积和蚕茧产量占全国的比例下降到25%和30%左右，而西部桂川渝滇陕五省区市桑园面积和蚕茧产量占全国的比例升到60%以上。广西蚕丝业实现了蚕茧产量、桑园面积、蚕种产量、亩桑产量、生丝产量、蚕农售茧收入6个“全国第一”，以广西为主的西部地区作为我国最大蚕桑生产区的地位得到进一步巩固。

2013年，真丝绸商品出口额排名前五位的省市依次为浙江（占37.4%）、江苏（占13.5%）、广东（占9.8%）、上海（占

7.5%）和四川（占6.3%），五省市合计占真丝绸商品出口总额的74.4%。

面对长期低迷的国际丝绸市场，我国茧丝绸行业积极开拓国内市场，2013年国内丝绸及其制品的贸易量已经占到我国丝绸贸易总量的1/3左右。我国茧丝绸产业产品日趋多元化，已经从传统的丝绸织物向中高档真丝服饰、艺术产品发展，并向医疗、食品和化妆品领域渗透，已开发出桑叶茶、桑枝条培育食用菌、桑皮纤维、雄蛾酒、蚕蛹油、蛹虫草、蛋白粉、蚕沙枕、缫丝废水提炼丝胶等一系列产品，特别是大规模鲜茧缫丝和食品级蚕蛹开发，提高了资源综合利用率和产品附加值。

三、国际蚕桑产业技术研发进展

进入21世纪以来，国际蚕业科技研究发生了很大的变化。尤其是随着国际家蚕基因组计划的实施，家蚕为核心的基础研究不断取得重要进展，蚕业科学研究出现加快发展的良好态势。目前，蚕业基础研究主要由中国、日本、美国和印度学者开展。

日本蚕业科技综合研发能力仍居强势。进入21世纪以来，日本采用产管学结合的模式推进产业创新，以获取家蚕有用基因及相关知识产权为目标，以转基因技术为手段，重点研发蚕丝新品质新用途，生产新型蚕丝、生物材料和药用蛋白，建立新兴产业。近年来，以家蚕SNP标记连锁图谱为基础的定位克隆研究取得重要进展，先后克隆并鉴定了*nsd-2*、*ch*、*so*、*ow*、*od*、*lem*、*w-3*、*w-2*、*Vg*、*CD360*、*cts* 突变、*BT cry1Ab* 毒素抗性、二眠蚕等基因，解析了相关性状形成的分子机制，这标志着国际蚕业研究进入了家蚕基因争夺的阶段。

从2000年日本Tamura首次报道了家蚕转基因技术以来，先后育成了茧丝中含有绿色萤光蛋白、红色萤光蛋白的彩色茧丝、含有胶原蛋白的茧丝等家蚕转基因系统，育成了含蜘蛛丝基因片段的转基因家蚕系统，已进入公司开发阶段。由此可见日本蚕业科技研发的趋势是以高新技术为重点以创造蚕丝新用途、新材料、新产品为目的，实现创造新兴产业的目标。

印度1987年超过日本成为世界第二产丝国，印度蚕业主产地集中在南方卡纳塔克、安得拉、泰数尔纳得3个邦，加上西孟加拉邦占印度蚕茧总量的98%。印度建立了较为完整的蚕桑产业研发体系机构，中央丝绸委员会下设9个中央蚕丝研发单位，11个地区蚕桑研究站，9个地区柞蚕研究站，42个蚕桑研究推广中心，12个柞蚕研究推广中心，3个国家蚕种管理机构。印度蚕业属西热带蚕业，以桑树高产育种和蚕病防治研究为重点，近年来印度与日本合作培育的二化白茧蚕品种已经在北部蚕区逐步得到推广应用。印度蚕桑产业研发主要集中在普及产业技术层次。以印度为代表的热带蚕业是近年产业发展的一个动向。

近年来国际上利用家蚕丝素蛋白丝胶蛋白研发各种生物材料的研究已经形成热点。

四、国内蚕桑产业技术研发进展

（一）蚕桑遗传育种

我国已经建立了以蚕业科教机构为主体的世界最大蚕桑种质资源保存机构，保存了约3 000份桑品种资源、约1 000份蚕品种资源、300余份蚕遗传突变资源。我国已建立了完善的家蚕实用品种的选育、繁育和质检制度，全面实现了家蚕品种的良种化。

我国已经初步建立家蚕转基因技术平台，获得了多个荧光蛋白彩色茧、抗 NPV、药用蛋白等应用目标的转基因家蚕素材。

我国高产优质多丝量蚕品种的水平已经达世界最高水平，近年育成的中细纤度品种的生丝品质性状进一步得到了提升。近年来利用我国新发现的 NPV 抗性主基因，已经培育多个具有抗 NPV 特点的蚕品种通过了省级审定，其抗病效果在多个实验室及全国各主产区实际生产示范中得到验证，抗血液型脓病蚕品种培育取得的重大突破对于有效控制 NPV 这一主要蚕病的危害发挥重要作用，将为轻简化养蚕技术的应用提供重要技术支撑。

在雄蚕品种的选育及其实用化方面，结合采用孤雌生殖蚕品种制种，基本克服了雄蚕品种繁育率低的缺陷，已经开始推广并产业化，我国处于国际领先水平。

（二）栽桑养蚕技术

研究开发了适应主要产区生态条件和养蚕布局的快速、低干、密植丰产桑树栽培体系，长江流域亩桑产茧量提高到每亩100～125 千克，珠江流域亩桑产茧量提高到每亩150～200 千克。

近年来积极推行计算机控制高密度催青、小蚕电气化加温补湿、小蚕少回育与商品化共育、大蚕条桑育、方格蔟上蔟等优质高效饲养技术，机械化伐条技术研发取得进展，养蚕的劳动生产率得到提高。

（三）蚕桑病虫害防控技术

建立了以消毒为主的蚕病综合防治技术体系和以母蛾检验为主的微粒子病防治技术体系，蚕药生产和流通流域管理日益规范，蚕病损失率已经下降到 12%左右。近年来，研究在生态友好新蚕药、主要蚕病毒病的高效检测技术研发等方面取得了良好的进展。

在桑树病虫害防控技术方面，我国对桑疫病、桑青枯病和桑花叶病等主要病害的防治以及桑树抗性育种等进行了一定的研究，仍然未能建立起有效的防治技术。

（四）设施与设备技术研究进展

近年来在桑收获和剪伐设备、催青装备、蚕室温湿度调控设备、大蚕省力化饲养设备、蚕茧收烘设备等的研发取得重要进展，蚕桑机械已经开始纳入国家农机管理和补贴范围。

但是桑园的管理与桑叶收获、大蚕期饲养及上蔟采茧等劳动强度大而集中的工序未能建立高效的机械化作业技术，已经成为影响蚕桑产业稳定的重大技术难题。

（五）蚕桑资源利用技术

我国蚕桑各种资源在食品、保健品、医药等方面开始得到开发利用。包括蚕沙叶绿素、蚕蛹虫草、桑果及其深加工产品、桑枝食用菌、桑叶食药用产品等一大批产品实现了产业化，在江苏、广东、广西、四川等蚕桑主产区已经出现一批蚕桑综合利用规模化企业。近年来在蚕沙的无害化资源化利用、蚕蛹的高效资源化利用方面取得了重要进展。

（桑蚕产业技术体系首席科学家
鲁成提供）

2013 年度茶叶产业技术发展报告

（国家茶叶产业技术体系）

一、国际茶叶生产与贸易概况

（一）国际茶叶生产

根据茶叶主产国的生产情况数据，估计 2013 年全球茶叶总产量同比增长 7%左右，总产量在 495 万吨左右。世界主要茶叶生产国的茶叶产量基本都实现了快速增长。中国全年茶叶产量将达到 190 万吨，同比增长 6.7%左右。截至 2013 年 10 月，肯尼亚的茶叶产量为 35.5 万吨，同比增长 23%；斯里兰卡为 27.9 万吨，同比增长 3.4%；印度为 102.9 万吨，同比增长 8%。

（二）国际茶叶贸易

2013 年四大出口国茶叶出口量整体呈上升趋势，较 2012 年增长 5%，估计总出口量 193 万吨。其中，中国和肯尼亚分别同比增长 2%和 18%，印度和斯里兰卡茶叶出口量分别同比下降 7.73%和 11.2%。全球主要茶叶进口国进口量趋于稳定，进口额上升明显，其中，俄罗斯、美国、英国和巴基斯坦四国的茶叶进口量同比下降 1.73%，略有下滑，但总进口额同比增长 8.24%。

（三）国际茶叶消费与价格

全球茶叶消费量持续上涨，估计 2013 年全球茶叶消费总量达 457 万吨左右，同比上涨 3.8%左右。目前全球茶叶消费依然以红茶为主，但是近几年绿茶的消费量也在稳定上升。2013 年国际茶叶平均拍卖价格为 2.86 美元/千克，同比下降 1.38%，是从 2011 年达到历史最高价格后连续 2 年持续下跌。

二、国内茶叶生产与贸易概况

（一）国内茶叶生产

2013 年我国茶叶生产规模继续保持快速发展态势，估计 2013 年全国茶园总面积可达3 820万亩，同比增长 12.4%，其中开采面积2 860万亩，同比增长约 9.93%。干茶总产量可达 190 万吨，同比增长 6.7%。其中，绿茶产量与 2012 年基本持平，产量达 124 万吨；红茶、黑茶、普洱茶产量增长幅度达到 40%以上，产量分别为 19 万吨、12 万吨、9 万吨；乌龙茶产量 23 万吨，增长 4.7%；名优茶产量为 85 万吨，增长 12.5%。茶产业农业总产值 998 亿元，同比增长 12%。

（二）国内茶叶贸易

2013年1～11月我国茶叶出口29.41万吨，金额约11亿美元，分别同比上升3.04%和18.32%。其中，绿茶出口23.9万吨，同比上升5.64%；红茶、乌龙茶出口分别为2.9万吨和1.56万吨，分别同比下降9.19%与5.57%；花茶出口0.62万吨，同比下降7.05%。估计全年茶叶出口量32万吨，同比增长2%。

（三）国内茶叶消费与价格

2013年我国茶叶总体价格有所上涨，毛茶价格整体上升5.1%，增速下降7个百分点。其中大宗茶价格受成本因素推动同比增长5.22%，高端礼品茶价格下降20%左右。名优绿茶、乌龙茶整体售价同比上浮1.4%和1.1%；传统红茶产区红茶价格上升5%，部分新产区和新创制红茶价格则下降10%以上；黑茶、普洱茶受市场营销推动，价格同比增长10%和13%。受宏观政策调整影响，2013年高端礼品茶销售量显著下降，平均销量下降25%左右。春茶中后期，市场主体积极调整产品结构，简化包装降低成本，并不断加大促销力度，促使中低价位茶消费的增加。基于批发市场和示范县的调查结果来看，茶叶年度整体销售没有出现大幅下滑现象，且呈现稳中有升的态势，80%以上地区的销量与2012年相比处于不变和有所上升，总销量增长幅度达2%。

三、国际茶叶产业技术研发进展

（一）遗传育种

茶树再生系统构建仍然是茶树良种快速育苗和转基因的主要障碍因素。阿根廷研究者以两个不同品种无性系茶树的茎段、腋芽和分生组织为外植体探索植株再生条件，证明再生新梢发根的最适宜条件是：1/4MS+6毫克/升IBA。印度与英国学者以5个茶树品种的未受精子房诱导单倍体愈伤组织，发现不同品种间存在明显差异，TV18愈伤组织诱导率最高；而且细胞分裂素/生长素比例高时、培养温度高、黑暗条件下愈伤组织形成量最大；流式细胞仪分析显示，大多数愈伤细胞为单倍体。以金花茶未成熟胚诱导愈伤组织，胚性愈伤组织可以分化为体细胞胚，胚胎发生不定梢取决于植物生长调节剂：BAP最有利于不定芽发生；在WPM培养基+24.6微摩尔/升IBA and 0.3微摩尔/升NAA诱导中，80%芽长出根；在WPM培养基+0.9微摩尔/升IBA+0.1微摩尔/升NAA诱导中，47.5%的体细胞胚直接萌发为小植株。

茶树育种鉴定技术研究取得新进展。国外研究者开发了UHPLC－MS非定向检测方法，用于检测茶叶生物化学成分，结合多变量统计分析以及原产国家标记性金属离子指标动态分析，可以清晰地区分绿茶的原产国。将近红外（NIR）光谱技术结合多元校正技术，可以对茶树多酚类和维生素C进行无创检测，提高育种早期筛选效率；利用遗传算法（Genetic algorithms）优化电子鼻系统进行品质鉴定取得进展。肯尼亚研究者以当地10个红茶品种为对象研究显示，咖啡因和黄烷醇类化合物随着品种和地理位置差异显著，但季节间变异不明显，地理位置与品种以及地理位置与季节之间存在显著互作效应，说明不同地区需要培育出适合于相应地区的优质红茶品种。为了获得优质三倍体茶树资源，用茶树二倍体和四倍体杂交以得到三倍体，对获得的97个F_1代的分析显示，大部分杂交后代的咖啡因和EGCG的含量表现出杂种优势。有学者根据总儿茶素类和咖啡因含量将西喜马拉雅山茶树资源分为9组，进一步分析证明，ECG与收敛性因子AF高度相关；高ECG和EGCG是茶黄素-3，3-二没食子酸酯（TFDG）形成的关键因素，而TFDG是红茶汤收敛性和鲜度形成的主要成分，可以作为育种筛选指标。非洲学者利用6个RAPD引物扩增出9个特异性带，分别与6个性状（红茶品质、抗旱力、抗高温、抗低温、抗茶茎溃疡病和产量）有关，这些标记可以在育种早期筛选中应用。印度学者研究了干旱胁迫下基因转录和表达的差异，差异表达基因涉及碳水化合物代谢、逆境响应、蛋白修饰和翻译等过程，通过聚类分析将它们分为Ⅰ类和Ⅱ类，其中Ⅰ类包括5个片段，Ⅱ类包括25个片段，可以用于抗旱力筛选。

分子生物学技术在茶树遗传育种中得到了更好应用。利用Illumina测序技术完成了山茶属6个种的7个完整叶绿素（*cp*）基因组测序，*cp*基因组长度约157千碱基对，含123unique，23个在IR区重复。*cp*基因组数据的获得有助于明晰山茶属中“种”的定义，按“种”构建出基于细胞器的“条形码”，并用于揭示种间的系统发育关系。在大理茶*cp*基因组鉴定出32个微卫星标记，在滇山茶的4个自然群体96个个体中检出10个多态性微卫星标记。用三引物PCR法从3 205个克隆的富集文库中筛选微卫星，获得400个阳性克隆，根据阳性序列中设计78对引物多态性分析显示，多态信息含量（PIC）、期望杂合度（He）、群体观测杂合度（Ho）分别为0.1～0.9，0.1～0.9和0.0～0.8，平均值分别为0.6、0.7和0.5。有学者以茶树品种‘TTES 19’和‘TTES 8’的杂交F_1分离群体为材料，构建了茶树遗传图谱，共有367个连锁标记，分成18个连锁群，连锁群总长度为4 482.9厘摩尔，图谱密度为12.2厘摩尔。

（二）栽培技术

德国研究了茶树咖啡碱合成部位，认为咖啡碱在茶树叶片光合细胞的叶绿体中合成，通过微管束运输。印度的一项研究发现施锌可改善茶树抗旱能力，提高酚类物质含量，降低过氧化氢和脂质过氧化，减缓干旱引起的抗坏血酸、谷胱甘肽等含量的下降。印度还报告了阿萨姆茶区土壤养分状况，有机质含量处于中等水平，有效氮和磷处于中等到高水平，有效钾水平处于低到中水平，根据土壤有机质、有效氮、磷和钾含量水平分成中—中—中—低、中—中—高—低、中— 中—中—中、中—高—高—低、中—高—高—低、中—中—高—中6个肥力水平。

日本茶园管理机械发展水平一直处于世界前沿，为了进一步提高作业效率，降低成本，正逐步从小型茶园管理机向大中型自走式乘坐式管理机过渡，新兴的大型茶园管理机开始占据日本的茶场，小型茶园管理机正逐步从市场退出。同时日本着力提高茶机作业精度，改善茶叶生产品质，对自走式采茶机的升降刀具作业高度作了进一步改良，在采茶刀具两端设计了可调式机器手结构，保证茶机在作业过程中，刀具能稳定在一个平面上作业，保证采茶质量。目前该改良采茶机已进入实验阶段，正在做质量评估，很快将投入市场。

（三）病虫害防治技术

茶树上的黑刺粉虱的学名长期来被命名为 *Aleuricanthus spiniferus* Quaintance，与柑橘上的黑刺粉虱同名同种。2011 年起日本多个单位进行了多学科的联合研究，从形态学、分子生物学、震动声学、遗传学、生态学等多方面对 *A. spiniferus* 种和日本各地发生的粉虱进行比较，结果认为，日本目前在主要茶区发生的粉虱不是 *A. spiniferus* 种，而是 *A. camelliae* Kanmiya& Kasai 种，在熊本和福冈地区的粉虱是 *A. spiniferus* 种，研究还认为此虫是由中国传入的，还列出检疫部门从苗上传入的记录日期等信息。日本在国际权威刊物 *Zootaxa*（动物分类学）上详细报道了山茶刺粉虱是一个新种，区别于柑橘刺粉虱（黑刺粉虱）。在有害生物鉴定的技术上，日本现在应用形态学、分子生物学、遗传学和声波学相结合的方法来确定。他们认为，昆虫鸣声对害虫的鉴定非常有参考价值。最近在对茶叶上叶蝉和粉虱的研究中取得很大进展。在种群发生种类上，日本报道了一种金龟甲（*Heptophyll apicea* Motschulsky）在日本茶园发生有日趋严重之势，以幼虫危害茶树根系，对春茶产量有较大影响。日本发现茶树桑盾蚧初孵若虫对水敏感的生物学特性，采取在桑盾蚧第一代卵初孵期喷清水进行防治，92%的卵可出现褐化而不能孵化，成本低，效果好，已在生产中推广应用。日本还研发了具有吸风能力的吸虫机（风速 20 米/秒），该机械在茶蓬上通过可将 40%左右的叶蝉、蓟马、螨类等小型害虫吸入机内，具有一定的防治效果。印度更加重视的是有害生物的生物防治。选用木霉菌（*Trichoderma atrovoride*）防治茶树胴枯病（*Phomopsis theae*），但尚未达到大面积防治的程度。

在农药安全使用方面，由欧盟食品安全的权威单位（EFSA Panel Plant Protection Products and their Residues，PPR）署名发表的论文报道了吡虫啉和啶虫脒对实验动物的脑有毒性，并提出要停止吡虫啉、噻虫胺和噻虫嗪 3 种新烟碱类农药的应用以及提出目前所制订的 ARfD 已不足以保护其神经毒性对人体影响的意见。

（四）加工技术

绿茶加工：日本研究了鲜叶保存条件对夏茶品质的影响，认为将鲜叶在 15℃条件下保存 2～4 小时后加工的绿茶品质，优于将采下的鲜叶立即加工的绿茶或按照常规鲜叶保存方法加工的绿茶；进一步研究发现，采用鲜叶摇青（3 转/分、30 分钟）、低温保存（15℃、16 小时）可以显著提高绿茶香气品质（具有明显花香）；在鲜叶低温保存前，将鲜叶进行热风萎凋，热风温度从 25℃升到 30℃，香气成分总量有增加趋势，而到 35℃时香气成分总量有降低趋势，并开发出一种专门用于新香味茶生产的萎凋机。此外，还研究报道了采用 UV-A 照射鲜叶能够显著提高成品茶氨基酸总量和儿茶素总量，从而有效提高成品绿茶品质；开发出一种绿茶脱咖啡因新技术，采用液化二甲醚（DME）作为萃取溶剂，对热水提取后的茶叶（即生产茶饮料的茶渣）进行脱咖啡因，可完全去除茶叶中的咖啡因，儿茶素保留率为 25.2%～56.0%。韩国研究了绿茶在微生物米曲霉（*Aspergillus oryzae*）作用下发酵产生的次生代谢产物及其抗氧化和抗菌活性。

红茶加工：印度对传统条形红茶超临界CO_2脱咖啡因的工艺条件和质量参数进行了研究，提出超临界CO_2脱咖啡因最适工艺参数为温度60℃、压力90巴、时间90分钟，在此条件下，脱咖啡因红茶中茶黄素、茶红素、儿茶素保留率最大，分别为88.88%、81.18%和73.53%；研制出热风和射频混合的新型干燥设备，将条形红茶的干燥时间缩短为55分钟，CTC红茶的干燥时间缩短为85分钟，发现在射频功率16千瓦下干燥的红茶的香气指数高于射频功率20千瓦下干燥的红茶。日本采用3个不同茶树品种的鲜叶，进一步验证了红茶的低温发酵技术（3.7～6.7℃、20小时），发现该技术与传统工艺相比，红茶产品的香气和滋味品质相近；此外，日本还开展了茶多酚—咖啡碱复合物调节红茶"冷后浑"的研究。

四、国内茶叶产业技术研发进展

（一）遗传育种

茶树品种选育研究：由中国农业科学院茶叶研究所、浙江天台九遮茶叶公司和天台县林业特产技术推广站联合选育的特异茶树新品种中黄1号通过了浙江省林木品种审定委员会的新品种认定。浙江宁波从天然突变枝无性繁育培育而成的黄色白化茶树新品种御金香。浙江嵊州从自然突变体选择出新品系更楼白茶，游离氨基酸总量达到7.2%。四川通过系统选择培育出川沐28号和马边绿1号，春季发芽期分别比福鼎大白茶早4～5天和2～4天。四川农业大学培育出川农黄芽早，感官品质明显优于对照。陕西在紫阳群体种单株选育出陕茶1号，适合于陕南及周边茶区种植。云南茶树品种紫鹃的种子搭载"神十"航天飞船进入太空。

分子生物学技术应用研究：四川利用SRAP标记对30份茶树种质资源进行遗传多样性分析表明，30份茶树种质资源的基因多样性指数为0.342 1～0.545 5，平均0.422 7；Shannon信息指数为0.204 3～0.371 0，平均0.271 1；遗传相似系数为0.583～0.919。云南借助RACE方法克隆了茶树羟甲基戊二酰辅酶A合酶基因的cDNA，并证明该基因在成熟叶片中表达量高于幼嫩叶片。河南克隆了茶树早期光诱导蛋白1基因（*CsELIP1*）cDNA，并认为该基因可能涉及茶叶细胞的光保护作用。四川分别采用RAPD引物和ISSR引物对福选9号和特早213等茶树品种进行鉴定，证明茶树新品种特早213和福选9号具有完全不同的谱带类型。云南与安徽合作，揭示S-腺苷甲硫氨酸合成酶基因（*sAMS*）和次黄嘌呤苷-5-单酸脱氢酶基因（*TIDH*）的表达水平对咖啡碱含量影响不明显；而咖啡因合成酶基因（*TCS1*）在高咖啡碱株系中的表达比在低咖啡碱株系中高。

（二）栽培技术与田间作业机械的研发

茶园土壤生物性状是近年来的研究热点，研究表明茶园土壤细菌丰度与酸性森林土壤大致相当，与土壤pH和微生物量碳呈极显著正相关（$P<0.001$），与施氮量和茶树种植年限呈极显著负相关（$P<0.01$），影响土壤细菌丰度最重要的因子是土壤pH，其他依次为树龄和施氮量。随着茶树种植年限的增加，茶树根际土壤的微生物群落结构发生了明显变化，微生物量减小，群

落多样性降低，适应于贫瘠条件与低代谢能力的种群增多，一些关键酶活性出现较大幅度下降，反映出根际土壤的整体质量呈下滑状态。栽培技术措施对茶园土壤生物性状有重要影响，套种豆科绿肥、与银杏等间作，对微生物群落结构有显著影响，可以促进土壤有机质累积，提高土壤酶活性，保持土壤的生产能力和可持续性。增加有机肥料用量或比例，提高茶园土壤pH、有机质、有机氮、土壤微生物量碳、氮和磷含量，有机氮矿化和硝化作用增强。

施肥对环境有着重要影响，研究发现施氮肥后茶园土壤N_2O、NH_3和NO的排放明显增加，亚热带丘陵茶园10月底上午10：00～10：30土壤N_2O排放通量为－6.42～79.56克氮/（公顷·天），平均5.88克氮/（公顷·天），全天的排放通量约为26.8克氮/（公顷·天）；亚热带典型茶园大气年氮沉降可达34千克/公顷，其中干沉降约占36%。氨氧化古菌在酸性茶园土壤硝化反应、硝态氮径流损失过程中发挥重要作用，明显强于氨氧化细菌的作用。

茶园土壤酸化原因及改良措施也是研究重点。有研究表明，茶园土壤中Al^{3+}活度对土壤pH的影响显著，植茶促进交换态铝在茶园土壤中的累积，使土壤酸化；随着植茶年限的增加茶园土壤活性铝中Al-HA含量呈明显下降趋势，Al^{3+}上升，单聚体羟基铝$Al(OH)_2^+$缓慢下降。室内模拟试验表明在淋溶条件下茶树修剪叶对土壤具有酸化作用，同时促进土壤盐基离子的淋失。植物残体具有调节改善酸性茶园土壤pH的作用，C/N比越高改良效果越好。碱性炉渣与菜籽饼合用可以起到改良土壤pH的作用，实验室结果表明二者比例以碱性炉渣8.0克/千克和菜籽饼（低于2.5克/千克）作用效果最好。

我国在土肥管理机械、灾害管理机械、茶树管理机械方面取得了较多的研究成果，包括新产品、论文、专利等共30多项。解放军理工大学与农业部南京农业机械化研究所针对名优茶采摘设计了一种直角坐标型采茶机械手，机械手共有4个自由度，机械手臂直角坐标系下的3个移动自由度和末端执行器的腕部旋转自由度，可在三维空间内运动，控制采茶机械手到达精确位置，具有结构简单、定位精确、控制方便等优点，具备名优茶采摘的能力。吉林大学开发了一套基于ZigBee无线传感网的茶园防冻控制系统，实现了传感器防冻风扇，并根据最省风扇、最省布线等原则，提出风扇最佳布置方案，开发茶园环境实时监测与防冻预警系统，达到茶园环境的实时监测，实现了茶园防冻系统无线远程控制和温度信息采集，在冻害发生前进行及时预警的目的。

（三）病虫害防治技术

中国农业科学院茶叶研究所对诱虫黄板的产品标准化进行研究，提出了规范化的数字化色板，2013年与市场上生产的同类非规范化的产品比较，对叶蝉的诱集效果提高25.0%～79.6%，叶蝉和天敌的比值有明显增加。中国农业科学院农机化研究所研究出吸虫机在茶园中应用，对叶蝉、螨类等小型害虫有一定防效，风力越大，控制效果越好，据廖冬晴等报道，当风速达30米/秒时，处理后1天的假眼小绿叶蝉校正虫口减退率达76.25%，处理后7天校正虫口减退率为61.49%。

中国农业科学院茶叶研究所等单位分析

了我国各茶区的茶叶和茶产品中吡虫啉和啶虫脒两种农药的残留水平，并对上述两种水溶性农药的替代农药品种进行试验，已筛选出溴虫腈、茚虫威、唑虫酰胺、阿立卡4种低水溶性农药，在35万亩茶园面积上示范推广，效果显著优于吡虫啉、啶虫脒，每亩年防治成本低于上述水溶性农药，在使用技术上也简易可行。此外，还开展了有害生物的测报研究，根据全国16个监测点提供的2009—2013年（39条）叶蝉田间调查数据和气象资料，应用“专家经验”验证了假眼小绿叶蝉第1峰，预测准确率达到71.8％，华南茶区预测准确率88.89％，江南茶区准确率达85.71％，西南茶区预测准确率达68.75％，江北茶区达42.86％。

（四）加工技术

绿茶加工：中国农科院茶叶研究所发表了恒温远红外提香技术在绿茶加工中的应用研究，与传统提香工艺相比较，恒温远红外提香技术有助于提高生产效率，降低加工成本，且对成品茶的提香、润色效果明显；此外，还研究了电磁内热滚筒杀青技术对绿茶品质的影响，优化了电磁内热滚筒杀青工艺参数，并与其他杀青方式进行了比较，发现此工艺下杀青叶色泽嫩绿、鲜活、清香浓郁，所制绿茶的感官审评得分较其他杀青方式要高1.5～3.6分，热能利用率可达50％～60％，作业耗能成本约为0.38元/千克。农业部南京农业机械化研究所报道了远红外茶叶杀青机和理条机在名优绿茶加工中的应用，远红外杀青机和理条机节能效果显著。杭州市农业科学院茶叶研究所报道了夏秋醇香绿茶加工技术，将茶鲜叶经过摊放养护可以明显提高茶叶花香，减少苦涩味。湖南湘丰茶叶机械有限公司研发出半烘炒型绿茶全自动生产线，并成功地进行了示范应用，实现了半烘炒绿茶加工从传统技术到现代技术的突破。

红茶加工：中国农业科学院茶叶研究所研究了红茶萎凋的温湿度条件对多酚氧化酶（PPO）活性、过氧化物酶（POD）活性及茶多酚和色素含量的影响，发现萎凋期间PPO活性与萎凋叶含水量呈显著的正相关，相对湿度（RH）70％的萎凋条件下，制得的红茶茶黄素含量最高；开展了工夫红茶发酵适度判定方法研究，初步建立了一种工夫红茶发酵适度判定的决策树模型。此外，中国农业科学院茶叶研究所还报道了采用茉莉酸甲酯诱导提高红茶香气品质。湖南农业大学进行了摇青工艺在工夫红茶加工过程中的应用研究，发现对萎凋叶进行中度摇青处理，能显著提升工夫红茶的品质，可在工夫红茶生产过程中推广应用。广东省农业科学院茶叶研究所研制出了英德条形红茶连续化加工机械，并获得了英德红条茶连续化加工的基本工艺技术指标，研制了一条红条茶连续加工生产线，生产应用表明，该生产线解决了传统生产工艺的清洁生产难题，自动化程度高，生产的产品品质好，具有较好的经济效益和推广前景。福建农林大学开展了保香低温速溶红茶粉的研发，采用高压脉冲电场（Pulsed Electric Field，PEF）技术辅助提取和杀菌，并结合冷冻浓缩和真空冷冻干燥联合真空吸附干燥法生产速溶红茶粉，使得整个加工工艺都在低温状态下完成，所得的速溶红茶粉的得率为22.7％，且其冷溶性高，滋味鲜浓而醇厚，香气高而纯正，汤色红艳明亮，无沉淀。

乌龙茶加工：福建农林大学开展了乌龙

茶振动做青设备研制与做青环境调控性能试验，研制了一种集振动摇青、晾青、做青环境控制为一体的振动做青设备，振动做青毛茶品质极显著优于传统做青方式，不舒适性为 6 级的作业姿势仅为传统做青的 1/3，节省劳力 50%，节省能耗 50%。华南农业大学报道了做青和烘焙对单枞茶品质及生化成分的影响，发现做青对单枞茶的品质及生化成分变化起到主要的作用，烘焙起着次要的作用。西南大学报道了焙火对乌龙茶挥发性化合物的影响。

黑茶加工：云南农业大学开展了移动式普洱茶翻堆机的设计研究，实现了翻堆、输送、解块等工艺一次完成；云南农业大学还比较了双层保湿转动式普洱茶自动发酵罐与传统发酵方式加工普洱茶品质之间的差异，发现自动发酵罐发酵普洱茶大幅缩短了发酵周期，且两种方式加工的普洱茶在品质上无显著差异。云南省普洱茶树良种场报道了普洱茶借母堆发酵技术。华南理工大学分析了不同渥堆工艺参数对普洱茶品质的影响，提出最佳的渥堆工艺参数为：初始水分含量应为 45%，翻堆间隔为 6 天。安徽农业大学报道了原料级别和储藏时间对普洱茶品质影响。福建师范大学开展了“金花”菌的分离鉴定及其对茶叶成分的生物转化研究。北京大学开展了千两茶的化学成分研究。

（茶叶产业技术体系首席科学家杨亚军提供）

2013年度食用菌产业技术发展报告

(国家食用菌产业技术体系)

一、国际食用菌生产与贸易概况

2000年以来，世界食用菌生产格局变化趋势基本一致，世界食用菌产业由西方向东方转移，即西方欧美发达国家产量稳定下降，东方日韩工厂化生产稳步上升，中国食用菌产业快速发展。欧美发达国家产量下降的主要原因是人工成本增加、劳工的劳保和环境条件要求提高，导致成本上升、菇房利用率下降，继而效益降低。如美国2012—2013年度较2011—2012年度产量减少了440万磅，发展中国家如中国、越南、印度等食用菌产业则处于上升态势，在中国的援助下，非洲的坦桑尼亚、赞比亚、纳米比亚、卢旺达、喀麦隆等也开始了食用菌生产，而且发展速度较快。2013年全球食用菌总体发展态势是欧美及日韩等国家在食用菌工厂化生产方式上继续保持领先，而中国在农业栽培方式上，技术水平得到进一步提升。东南亚尤其是印度尼西亚和泰国作为世界草菇的主要生产国，在各个生产环节上，仍然处于传统的农业方式生产状态，机械化水平与生产效率较为低下。

随着全球经济发展和人们健康饮食观念的形成，作为富有营养的生活消费品，食用菌产业发展向好趋势将进一步展现。据FAO数据，在2000—2011年间，全球双孢蘑菇（含块菌）产量年均增长5.67%，进出口的贸易量年均增长6.39%。波兰、荷兰、爱尔兰、中国4个国家为主要出口国，约占全球出口总量60%，英国、德国、俄罗斯、美国是主要进口国，约占全球进口量的一半。

二、国内食用菌生产与贸易概况

据中国食用菌协会统计，2012年全国食用菌产量（鲜重）达2 828万吨，产值达1 772.06亿元，其中产值超过亿元的县市有500多个，是世界最大的食用菌生产国。我国人工栽培食用菌有60多种，其中超过百万吨的有平菇、香菇、黑木耳、双孢蘑菇、金针菇、毛木耳6种，占食用菌总产量的79%。农业方式的生产处于基本稳定，稳中略升的态势。工厂化由于投资扩张过快导致产能过剩，市场竞争日趋激烈，一些企业控产或歇业或转产，2013年工厂化企业关停并转119家，新建81家，企业数量较2012年的788家减少4.8%，是自2008年以来首次出现负增长。全国工厂化食用菌日产6 159.24吨，较2012年增长21%，由于供求关系失衡，导致产品季节性积压严重，80%～90%的工厂化企业出现亏损。

在贸易方面，我国食用菌出口近年来来一直居于世界前列。据海关数据显示，2013年1～10月，我国食用菌出口额21.15亿美元，较2012年同期增长46.89%，创历史同期最高。其中，干品占出口总额的60.51%，用醋或醋酸以外的其他方法制作或保藏食用菌占出口总值的26.19%。出口量香菇、食用菌罐头和木耳排在前三位，1～10月累计实现出口额分别为9.83亿、4.37亿和2.49亿美元，其中的罐头以双孢蘑菇为主。东南亚市场得到进一步扩展，仅出口到越南、香港和泰国的市场香菇就占食用菌出口总额的31.87%。从出口市场分布看，主要集中在越南、中国香港和日本，相比2012年同期，越南由第三升至第一，中国香港维持第二不变，日本由第一降至第三。2013年1～10月，出口到越南、中国香港、日本的食用菌金额分别为4.28亿、3.68亿和2.55亿美元，占同期食用菌出口总金额的20.24%、17.40%和12.06%，出口产品集中度进一步增强。在进口方面，随着国内消费能力的提升和居民对品种结构调剂的要求，吸引了国外食用菌高端品种进入中国市场。据海关统计，2013年1～10月份，中国大陆进口食用菌1 652吨，比2012年同期减少5.67%，进口额668万美元，比2012年同期增长37.86%。主要是醋或醋酸以外方法制作或保藏的蘑菇及块菌（占进口总量的40.37%）。

三、国际食用菌产业技术研发进展

国际食用菌产业技术在近年来的研发进展主要体现在以下几个方面。

1. 工厂化栽培种类的技术研发继续增强 由于饮食习惯和历史原因，100多年来欧美发达国家一直栽培的仅双孢蘑菇单一品种，20世纪30年代实现了标准化的机械化生产，70年代日本的金针菇工厂化栽培成功以来，欧美和日韩的食用菌工厂化技术研发不断加强，包括菇房设计、建筑材料、机械设备专业化、工厂化品种选育、环境控制、栽培技术等，专业化、智能化、自动化水平不断提高，栽培种类增加，栽培周期缩短，单产显著提高，效益稳定，工厂化几乎成为发达国家食用菌生产方式的全部。在金针菇、杏鲍菇、斑玉蕈、灰树花、滑菇等成功产业化的基础上，平菇、香菇工厂化技术也实现了突破。目前的日本基本成熟的香菇工厂化生产技术，主要问题在于成本过高，经济效益差，从现有技术和社会购买力综合分析，业内普遍认为香菇工厂化生产存在技术上可行、经济上不可行的状况。

日本韩国金针菇、杏鲍菇、灰树花、滑菇、斑玉蕈等生产效率和综合效益较高，工厂化生产率达到80%左右。在栽培技术方面，日韩尤其是日本的标准化生产水平在金针菇、杏鲍菇等品种上达到较高水平，近年来设施化栽培香菇在日本也慢慢形成规模，并有向工厂化方向发展的趋势。

2. 农业方式的生产技术取得全面进步进而向轻简化机械化方向迈进 总体而言，经历了近百年的食用菌传统农业生产方式正在由半机械化向机械化和自动化方向发展，并将演变成为食用菌工业。在东南亚及非洲地区的发展中国家，食用菌生产技术较为落后。作为草菇主产区，东南亚国家中尤其是印度尼西亚和泰国，主要以废棉和稻草为主要栽培原料。在栽培方式上，印度尼西亚以床架式栽培为主，泰国则多采用地栽。其生产栽培过程几乎是较为原始的纯手工生产，缺少机械设备，单产较低，生物学效率仅为10%～20%。我国援助的非洲多个国家，农业栽培方式起点相对较高，从我国进口了成套的机械设备，拌料、装袋、运送、灭菌等基本实现了机械化和半机械化的轻简化生产，生产水平高于东南亚。

3. 病虫害防控技术研究全面展开 2013年国际上开展的食用菌重要病虫害生物防治主要以双孢蘑菇病害、平菇绿霉病、细菌性病害和腐食酪螨等病虫害为重点研究对象。研究表明，蘑菇菌渣的堆肥浸提液可控制双孢蘑菇干泡病。双孢蘑菇软腐病的发生规律和乙酸（或盐酸）溶液对杏鲍菇细菌性黄斑病控制效果的研究也有一定进展。在平菇绿霉病生物防治方法上，引入拮抗菌芽孢杆菌的防治效果得到了初步印证。由于运用化学药剂防治腐食酪螨（储藏类害虫）存在安全隐患，因此，有学者从牡丹根部提取芍药醇、苯甲酸类物质，从松红梅 *Leptospermum scoparium* 提取精油纤精酮（leptospermone），从日本川芎 *Cnidium officinale* 根茎中提取 butylidenephthalide 等具有杀螨活性的物质，筛选安全有效的生物制剂。在螨类捕食性天敌研究方面，剑毛帕厉螨、*Parasitus bituberosus* 在国外已被应用到食用菌上眼蕈蚊、根螨 *Rhizoglyphus echinopus* Fumoze、蚤蝇和矮蒲螨的防治。

4. 不同层面的加工及其技术成为研发重点 作为营养美味健康的食用菌产品一直备受市场青睐。不论野生菌还是栽培种类，各类食品的加工技术不断成熟，鲜品加工除传统的食用方便的罐头、盐渍品和风干品外，进入主粮制作挂面、方便面、面包、蛋糕、饼干、点心等技术已完全成熟。香菇松、猴头菇软糖、油炸金针菇等食用菌休闲已经上市。食用菌风味的菇精调味料、蘑菇酱油、草菇酱油等多种调味品、汤包汤料、速食汤等调味品受到市场欢迎。添加灰树花、金针菇、灵芝、猴头菇的各类功能饮料，灵芝浸膏、双孢蘑菇浸膏、香菇冲剂、银耳晶等各类浓缩型保健品生产工艺业已成熟。蜜环菌糖浆、灵芝注射液、云芝肝泰、猪苓多糖等以食用菌为原料的药品制备工艺和产品都已获通过用于临床。以茯苓、灵芝、银耳等食用菌为滋养、保湿、美白等因子的润肤霜、洗发香波、牙膏、香皂已研发成型。总之，食用菌加工正在向产品多样化发展。

四、国内食用菌产业技术研发进展

1. 工厂化生产技术在艰难中进步 本体系的技术研发工作几乎没有涉及工厂化系统技术。相关技术研发主要集中在个别大型企业中。杏鲍菇和金针菇工厂化生产在2012年获得了高速发展，但是，市场、成本、管理、技术四大问题，导致大多数企业处于亏损边缘。从技术研发上，多数企业已经认识到了自身的不足，一方面与科研单位合作，开始了栽培技术、环控技术和菌种的提纯复壮工作；另一方面开始注重自身技术人才的培养。栽培配方更加科学，环控更加精密，菌种质量在逐步提高。同时，受金针菇和杏鲍菇产能过剩的影响，将有一些企业拓展栽培种类，从现有的金针菇、杏鲍菇、真姬菇转向灰树花、猴头菇、香菇的栽培。随着自动装袋、自动灭菌、自动接种等技术的完善和相关机械的研制成功，将推动食用菌袋栽工厂化发展进程，尤其是日本的香菇工厂化生产技术将引起业内关注，特别是如何实现技术经济的可行。

2. 农业方式的栽培技术日臻规范和完善 基本形成了适宜我国国情的主要种类的区域性的成套技术，形成了“区域—季节—设施参数—品种—主料—配方—菌棒参数—发菌参数—出菇管理—病虫害防控—采收保鲜—运输”的高效栽培集成技术。农业方式生产的最大特点在于一是一次性投资少，便于推广，二是出菇分散，易于市场拓展与销售，市场压力较工厂化小。为了充分发挥农业方式的优势，在技术不断规范的基础上，积极探索反季节栽培技术，包括设施、设备、耐高温品种的筛选、病虫害的无害化防控、采后保鲜和运输，取得了系统性的技术进步。

随着产业规模的不断扩大，栽培原料将日益紧缺，新型基质开发产业化技术迫在眉睫。经过几年的努力，适用于多种食用菌替代原料研究获得一定突破。棉柴、豆秸、油菜秆栽培平菇形成了系列的配套技术，达到可产业化应用水平。杏鲍菇和金针菇菌渣做主料二次种菇，特别是栽培双孢蘑菇和秀珍菇，参数量化，跟踪经济分析，效果良好，形成了配套技术。蔗渣、牛粪、稻草混合栽培双孢蘑菇，就地取材，充分利用蔗渣，获得了较好的产量。在培养料中添加嗜热革节孢，不经堆料发酵过程就可直接用于双孢蘑菇栽培，且具有明显的增产作用。利用疏林、清林剩余物以及桦树、杨树、山核桃、桑枝屑等在黑木耳传统栽培原材料的替代上也进行了一系列试验，取得了一定进展。新型基质开发以及原材料研究试验所取得的部分成果，为解决传统原材料不足，缓解与资源环境的潜在矛盾奠定了一定的技术基础。

3. 基本形成了适于不同种类食用菌的病虫害无害化综合防控技术 2013年国内食用菌病害主要集中于对毛木耳油疤病和双孢蘑菇湿泡病发生规律和防控技术研究，害虫防控主要针对双翅目害虫开展研究，各项综合防控技术在产区示范取得显著成效，深受菌农欢迎。0.25%大蒜提取液对食用菌青霉、根霉、木霉等杂菌的抑制效果最佳。在植物源农药研发以及防治食用菌重要害虫——黑腹果蝇方面，藜芦碱对其卵和幼虫的生物活性以及苦参碱对其成虫的杀虫活性较高，具有较好的应用开发前景。不同颜色LED灯绿色、白色、黄色杀虫灯对害虫总量的诱集效果远高于蓝色和粉色杀虫灯，绿色杀虫灯对瘿蚊科的诱集效果明显优于其他灯具，蓝色杀虫灯对蝇科有更好的诱集效果。

4. 加工技术研发不断扩宽和深入 面对食用菌加工链条短、产品技术含量较低和加工产品种类不多的现状，加强了食用菌脆片等即食休闲食品的技术研究。食用菌汤料及添加食用菌的谷物饼干、面包等烘焙产品也正在推向市场。食用菌饮料、食用菌粉、食用菌活性成品、食用菌纳米薄片等深加工产品的产业化取得重要进展。此外，食用菌的挤压膨化等先进技术已经起步，食用菌的气调保鲜、辐照保鲜、复合涂膜保鲜技术趋于成熟。真空脱氧充氮烫漂作为一种新型保鲜技术应用于双孢蘑菇并取得显著效果。草菇、松茸等保鲜期短的品种依然是保鲜领域需要突破的技术难题。在技术集成上，利用超声波、微波等物理辅助提取技术，生物酶破壁技术、蛋白水解技术、核酸酶解技术等生物技术，超滤膜法分离技术，冻干或喷雾等干燥技术，分子富集浓缩、强化复配和微囊包埋等技术以及其他关键技术进行集成重组，正在成为未来食用菌深加工技术开发的一个重要方向。

5. 综合利用有新发现 食用菌的综合利用主要是在菌渣的利用上，除了作为主料二次种菇外，还有土壤改良、有机肥、育苗和栽培基质、能源化利用、动物饲料等方面。以食用菌生产和菌渣综合利用为纽带的农业废弃物高效循环利用模式不断完善。目前较为成熟的模式有：农业废弃物—食用菌—菌渣—堆肥/有机肥—种植业、农业废弃物—食用菌—菌渣—二次种菇—堆肥—种植业。尚处于开发应用阶段的循环模式有：农业废弃物—食用菌—菌渣—生物饲料—养殖业、农业废弃物—食用菌—菌渣—养殖垫料—有机肥/沼气—还田、农业废弃物—食用菌—菌渣—育苗基质/栽培基质—种植业等，这几种模式虽然在生产应用上具有可行性，但一些技术环节仍有待进一步完善。农业废弃物—食用菌—菌渣—生态修复材料—环境保护、农业废弃物—食用菌—菌渣—生物活性酶/功能性组分等其他类型的循环利用模式也正在成为目前研究的热点问题。另外，对野生牛肝菌的研究表明，食用菌不仅自身可产生价值，还可有效降低泡菜中的亚硝酸盐积累，可作为消除泡菜亚硝酸盐积累的生物型添加剂。

6. 食用菌活性功能成分研究与开发成为热点 食用菌的保健功能和药用价值一直受到人们的高度关注，含有的多糖、多肽、生物碱、萜类化合物、甾醇、酶、核酸、维生素、抗生素等多种生理活性物质，对人体有增强肌体免疫力、抗肿瘤、抗病毒、抗辐射、抗氧化、抗衰老以及益胃健脾、保肝补肾和调节神经系统等多种功能。目前主要集中在灵芝、冬虫夏草、茯苓等少数进入《中华药典》的药用菌的研究上，多种作为蔬菜食用的食用菌的功效成分还不十分明确，研究还有待深入。这限制了食用菌功能食品的开发。表现为以粗提物为主，活性成分的纯品物质深加工产品较少。多糖类是食用菌深加工开发产品最多的一类主要功能成分，但是产品纯度与国际先进水平尚有差距。

（食用菌产业技术体系首席科学家
张金霞提供）

一、国际蔬菜生产及贸易概况

（一）国际蔬菜生产

据 FAO 数据估算，2012 年世界蔬菜收获面积约为 5 693 万公顷，较 2011 年增长约 0.4%；总产量约为 11.09 亿吨，较 2011 年增长约 1.9%。蔬菜产量排名前五的国家继续保持不变，仍为中国、印度、美国、土耳其和伊朗，分别占全球总产量的约 50.92%、9.37%、3.15%、2.35% 和 1.93%；蔬菜收获面积排名前五的国家为中国、印度、尼日利亚、印度尼西亚和土耳其，分别占全球收获总面积的约 42.42%、12.80%、3.28%、1.97%和 1.94%。

（二）国际蔬菜贸易

1. 贸易总量 据联合国统计署数据，2012 年受世界经济增长放缓影响，世界蔬菜进出口贸易总量 1.4 亿吨，比 2011 年下降 2.8%；进出口总额 1 527 亿美元，比 2011 年下降 2.2%。其中，出口量为 7 210 万吨，出口额 771 亿美元；进口量为 6 797 万吨，进口额 756 亿美元。

2. 贸易结构及流向 2012 年鲜冷冻蔬菜、加工保藏蔬菜、干蔬菜和蔬菜种子四大类蔬菜出口占世界蔬菜总出口额的比重分别达到 55%、33%、7%和 5%。2012 年世界蔬菜出口额排名前十位的国家依次为荷兰、中国、西班牙、美国、墨西哥、比利时、意大利、法国、加拿大、德国；世界蔬菜进口额排名前十位的国家依次为美国、德国、英国、法国、日本、荷兰、加拿大、俄罗斯、比利时和意大利。

二、国内蔬菜生产及贸易概况

（一）国内蔬菜生产

2013 年我国蔬菜产业规模基本稳定，据初步统计，蔬菜播种面积约为 3.08 亿亩，比 2012 年增加约 2.7%；总产量约 7.24 亿吨，比 2012 年增加约 3.4%。这是自 2007 年以来连续第七年实现播种面积和总产量的双双小幅增长。2013 年蔬菜市场价格全年保持高位运行，据国家统计局数据，2013 年中有 10 个月的鲜菜市场价格较 2012 年同期有明显上涨，仅 3 月和 5 月出现同比下跌，其中 10 月同比增长 30%，全年整体菜价高于 2012 年。

（二）国内蔬菜贸易

1. 贸易总量 2013 年我国蔬菜出口量

961.1万吨，同比增长2.8%；出口额115.8亿美元，同比增长15.7%；贸易顺差111.6亿美元，同比增长16.4%。我国蔬菜出口额和贸易顺差大幅增长主要得益于我国干蔬菜出口退税政策的恢复，2013年我国干蔬菜出口额25.7亿美元，同比大幅上升38.0%。

2. 贸易结构及流向 2013年我国鲜冷冻蔬菜出口金额为47.8亿美元，约占出口总额的42%；加工保藏蔬菜出口金额为40.7亿美元，约占出口总额的36%；干蔬菜出口金额为25.7亿美元，约占出口总额的22%。2013年我国对东盟国家蔬菜出口出现较大增长，其中，我国对越南、泰国和马来西亚的蔬菜出口额同比分别大幅增长99.7%、52.8%和47.9%。

三、国际蔬菜产业技术研发进展

（一）遗传改良与品种选育

1. 小孢子发生分子机制研究取得突破 荷兰Kim B. 课题组发现组蛋白去乙酰化酶抑制剂TSA能够大量诱导油菜和拟南芥未成熟花粉进行胚性分裂，并且提高小孢子胚胎的发生率。该试剂处理后组蛋白乙酰化程度升高，说明组蛋白乙酰化程度与小孢子的发育命运相关。TSA能够促进白菜的小孢子细胞分裂，影响小孢子胚胎的形态。

2. 发现一些新的蔬菜植物重要功能基因 研究表明，番茄滞绿基因（SGR1）在番茄果实番茄红素和类胡萝卜素的积累中发挥重要作用；SlNAC4作为一个正调控因子参与果实成熟和类胡萝卜素的积累的调控；β-胡萝卜素羟化酶2的cDNA中有1个A（709）到G的碱基转换导致辣椒果实橘黄色；BrpSPL9调控大白菜的开花时间。发现1个同时控制黄瓜果实黑刺和成熟黄瓜果实橙色果皮颜色两个性状的*B*基因的候选基因*R2R3-MYB*。

3. 水引发、生物引发等蔬菜种子引发技术取得的新进展 研究表明，用水引发花椰菜种子效果比PEG引发好，尤其在低温（10℃）下发芽效果更好，但就劣变种子修复而言，水引发效果不及PEG。英国国际园艺研究组织发明的滚筒引发是一种水引发技术开拓性成果，已申请专利。Warren和Bennett建立了生物渗透引发，将生物引发与渗透引发结合。据报道，用生物拮抗菌AB254包衣番茄种子，然后将包衣种子浸在−0.8兆帕$NaNO_3$溶液中4天，可抑制腐霉菌生长，提高了番茄健康苗的比率。

（二）栽培与生产技术

1. 蔬菜分子生物学研究取得进展 发现真菌小RNA通过同寄主RNA干涉抑制番茄免疫性、番茄中抗营养物质生物碱的合成的调控基因；利用VIGS技术提出了番茄红素的合成途径；发现MADS-Box是番茄果实成熟的一个调节因子、番茄叶片发育的调控因子；建立了M82株系的Ac/Ds系统；发现SlARF4生长素响应因子在果实发育中参与调控糖代谢。

2. 采用生理学、分子生物学、蛋白质组学等手段研究蔬菜作物逆境适应性与抗逆调控 针对设施亚适宜环境，研究了设施主要作物如黄瓜、番茄、西瓜、茄子、甜瓜等的逆境适应机制，发现14-3-3在调控碱胁迫中的作用，开发了植物体内油菜素内酯的测定方法，发现硫还原酶可保护植物二氧化硫毒害。

3. 蔬菜嫁接育苗技术不仅在亚洲得到进一步推广，而且在欧洲等国家和地区也受到青睐 Scientia Horticulture 出版了蔬菜嫁接技术专辑，内容涉及砧木对不同病害、盐、低温、重金属等抗性，不同接穗和砧木之间的抗性，砧木对手指、品质和抗性的影响；植物工厂受到日本、北欧等一些国家或地区的密切关注和应用。

（三）设施蔬菜技术

1. 低能耗玻璃温室研究取得成果 荷兰瓦哈宁根科教中心采用真空双层玻璃和能量可回收的降湿通风平衡系统，成功研制出低能耗的玻璃温室。该温室使用低温加热系统和漫反射的玻璃，装备内部降湿系统，可将用于蒸发和降湿能耗的大部分能量回收。

2. 温室环境控制技术取得新进展 荷兰瓦哈宁根科教中心开展新的温室吸湿降湿系统研究，通过盐的吸湿性，降低空气湿度，实现把热量保持在温室中，又避免温室高湿，以取代传统的开窗通风降湿方法。瓦哈宁根大学研究者采用富含 CO_2 而低 O_2 的温暖气体处理位于人工气候室中的植株，发现这有助于消除根结线虫、牧草虫、蚊幼虫和其他害虫。研究还表明，在采用 LED 光源和自然光结合条件下，温室番茄产量能够提高 6.6%，采用 LED 的蓝光与红光照射番茄果实，果实中的维生素 C 含量可以提高 1 倍。

3. 网络技术在设施栽培种得到进一步应用 法国 Parrot 公司开发出一种新型测定光照和基质的 EC、水分和温度的传感器，这些数据通过无线网络发送到手机上，可以随时了解植株对水分和养分的需求情况，为进一步的低成本精准灌溉和施肥提供了方便。

（四）病虫害防治

1. 开发出新的生物信息学分析方法，并用于测定病毒全基因组序列 针对基于核酸序列同源性鉴定病毒方法的缺陷，美国科学家在高通量测序 siRNA 片段、组装基础上，采用新开发的生物学软件，去除与寄主同源的 siRNA 组装序列。剩余的 siRNA 组装序列，先在 NCBI 中进行同源比对，确定病毒种类，对于同源性低或者无同源性的组装序列，进行后续 RT-PCR 验证及后续病毒侵染性的研究，确定是否是新病毒。目前，已有 5 种蔬菜（黄瓜、油菜、甜菜、大白菜和番茄）和 2 种蔬菜病毒传毒介体（蚜虫和烟粉虱）的全基因组序列已经测序完成。

2. 通过探讨干扰烟粉虱传毒相关基因发展出防控病毒病的新方法 研究确定媒介昆虫烟粉虱体内与传毒相关的路径或蛋白，然后发展沉默或干扰与传播双生病毒相关的基因，抑制烟粉虱对双生病毒的传播。在针对烟粉虱体内共生细菌的相关基因开展 RNA 干扰技术研究方面取得进展。

3. 发展环境友好型的根结线虫控制新技术成为研究热点 法国科学家基于比较基因组及其进化生物学方法，鉴定出15 952个线虫保守但非靶标生物（植物、人类、昆虫等）基因组中不存在的基因，鉴定出 99 个非靶标生物不存的根结线虫分泌型类效应子基因，为发展环境友好型控制新技术提供了潜在特异安全防治靶标基因。根据相似研究思路，中国农业科学院蔬菜花卉研究所从南方根线虫发掘出具有高效 RNAi 调控效应的 ATP 酶小亚基基因，并建立了生防真菌介导的根结线虫RNAi调控技术。

4. 卵菌病害关键致病因子蛋白结构及其大分子生物抑制防治技术研究取得进展 英国、荷兰、美国科学家分别开展了植物卵菌病害蛋白结构生物抑制技术研究与探索，相关研究先后在*Cell*、*PNAS*等顶级刊物上发表高水平学术论文。该研究可能在未来10年内产生高效的蛋白大分子生物抑制防治病害技术，拓宽植物卵菌病害乃至真菌、细菌、病毒、线虫病的防控技术研究，实现真正意义上的基因和蛋白分子调控技术。

四、国内蔬菜产业技术研发进展

（一）遗传改良与品种选育

1. 蔬菜作物基因组研究取得新突破 在完成黄瓜、马铃薯、白菜、番茄等重要蔬菜作物基因组测序之后，我国科技人员进一步开展了重要核心种质资源的重测序研究，并在黄瓜变异组图谱的绘制工作中取得重大突破，通过从3 342份材料中筛选出来的115份核心资源的重测序确定了3.6个变异，鉴定出112个与驯化相关的选择信号，并通过分析发现了黄瓜胡萝卜素合成相关基因，相关成果发表在*Nature Genetics*。在进一步分析白菜基因组序列的基础上，首次确定了芸薹属物种的共同二倍体祖先，解决了多年未解白菜、甘蓝、油菜、萝卜等重要作物的染色体进化难题。有关成果在*Plant cell*发表，并配发了编辑推荐文章。完成了甘蓝和萝卜等基因组的测序，其中甘蓝基因组即将在*Nature communications*发表。

2. 蔬菜基因组学研究成果促进了分子生物学在蔬菜育种中的应用，显著提高了蔬菜育种效率 利用基因组高通量测序技术，构建了包括白菜、甘蓝、黄瓜、辣椒等主要蔬菜作物超高密度遗传图谱，完成了黄瓜抗黑星病、白菜抗TuMV等抗病基因，甘蓝显性雄性不育基因、黄瓜性别决定基因等与杂交制种技术相关的重要基因，白菜和番茄花青素含量等品质相关基因的精细定位或克隆。

3. 民族种子企业发展势头良好，但整体形势不容乐观 国发〔2011〕8号文件、国办发〔2013〕109号文件都指出，要建立以企业为主体的育种体系。在国家政策的指引下，我国民族种子企业得到良好发展，像京研益农、天津科润、中蔬园艺、浙江浙农、江苏种苗、上海科园等10余个育种科研单位种子企业销售额达到1 000万～5 000万，少数接近1亿，形成了“中蔬”“津优”“湘研”“京研”等知名品牌，这些单位已完成或正在进行种子企业的剥离。特别值得一提的是，一批像德瑞特、东方博纳、华盛农业、湖南湘研、德高种苗、陕西金鹏等民营企业发展比较迅速，营业额一般在2 000万以上，有的已超过6 000万。但是，总体来说，我国蔬菜民族种子企业规模不够大，育种科研单位兴办的种子企业体制和运行机制创新步伐缓慢，民营种子企业技术创新能力弱。而国外如孟山都、先正达、利马格兰、瑞克斯旺等大型种子公司都在中国开展蔬菜育种研发工作，这些公司机制灵活、技术力量雄厚、种子产品质量高，对我国蔬菜民族种子企业造成巨大威胁。

4. 我国蔬菜品种“国有化”育种有起色 总体来说，我国国有蔬菜种子在蔬菜生产中约占80%，但是，有些蔬菜种类如保护地长季节栽培的茄果类蔬菜、早春保护地栽培西葫芦、春季栽培耐抽薹大白菜和白萝卜以及黄皮洋葱等，国外品种占据着优势。近年，国内一些育种单位针对这一问题开展了蔬菜品种国有化育种工作，一些曾被国外品种垄断的蔬菜作物有了国内自己的优良品种，如浙江农业科学院、上海农业科学院、中国农业科学院、华中农业大学、东北农业大学等单位选育的抗Ty保护地长季节栽培番茄品种正在推广应用，北京蔬菜中心、华盛农业选育的保护地栽培西葫芦品种已大面积推广，国内单位育成的娃娃菜品种已占市场的20%，春夏季种植的大白菜国内品种已占10%，耐抽薹白萝卜、黄皮洋葱都有品种育成，正逐步大面积推广。

5. 基本摸清了我国蔬菜育种现状 我国蔬菜育种实力雄厚、成绩显著，据不完全统计，我国从事蔬菜育种的地市级以上科研机构179个，从事育种的科技人员2 046人，开展了36种蔬菜作物的育种工作。改革开放以来，我国在抗病育种、杂种优势利用、分子生物技术育种等育种技术取得显著成绩，通过几代人的努力共育成通过审定、认定、登记的蔬菜新品种4 825个，在与国外种子公司的激烈竞争中，国有品种仍占80%以上，为我国蔬菜产业发展、农民增收和民众的菜篮子作出了巨大贡献。

（二）栽培与生产技术

1. 工厂化育苗机械研究进展显著 设计出了穴盘苗移栽自动取喂系统；设计出了基于液压顶杆式的番茄穴盘苗自动移栽机取苗装置，并用于番茄、辣椒等经济作物大面积机械移栽；对圆盘凸轮机构的两针式取苗爪进行结构与原理分析，确定了工作参数和优化；利用可视化人机交互优化方法，建立了移栽机取苗机构优化数学模型，编制基于Visual Basic的计算机辅助分析与优化软件，优化获得符合取苗要求的结构参数组合；利用ADAMS软件和高速摄像技术对取苗机构运动特性进行了移栽机仿真和台架试验验证。

2. 设施蔬菜资源高效利用日益受到重视 研究了24种典型日光温室透光覆盖材料在300～2 500纳米波长范围的分光透过率测试；不同颜色果袋内微环境的变化及其对果实生长发育、产量和品质的影响；温室环境因子条件下不同光质对番茄幼苗叶片光合作用特性的影响；局部根区灌溉下不同水氮耦合措施对设施黄瓜生长、土壤中硝态氮分布及累积的影响；利用模型定量分析不同水肥管理对设施菜地氮素损失及水氮利用效率的影响；不同亚磷酸盐浓度对黄瓜植株各部位氮、磷养分含量，干重及根冠比，植株氮、磷总量以及叶片光合特性的影响；不同浓度沼液对空心菜生长和品质的影响，明确了磷饥饿番茄幼苗根中蛋白质变化机制；水分亏缺对番茄生长发育及生理特性的影响，明确了水分亏缺降低了根系活力，加速了根系的衰老；沟灌、滴管和无压灌溉不同方式对番茄根系特性、产量、耗水量和水分利用效率的影响；春季日光温室栽培条件下，痕量灌溉管不同埋深对灌溉量、番茄产量和品质的影响。建立番茄红素含量与水肥因子的数学模型，对各单一因素的效应及两两因素的耦合效应进行分析；建立番茄果实中硝酸盐含量与水肥因子的数学模型，对各单一因素的效应及两两因素的耦合效应进行分析。提出有利于可持续发展的冬春茬黄瓜季化肥配施猪粪—秋冬茬番茄季化肥配施秸秆方案。

3. 抗逆调控技术受到广泛关注 研究

了根际加温对冬季水培油菜生长、产量以及品质的影响。明确了番茄 *SlGSNOR* 基因在耐热中的作用。提出二氧化碳加富配合高温可以更有效地提高温室嫁接黄瓜的光合作用，进而促进了温室嫁接黄瓜植株的生长。发现冬季升高土壤温度可促进土壤养分转化，提高黄瓜产量；开花结果期不同光质LED灯侧面补光能促进黄瓜果实生长和营养品质的增加；夜间补光处理的黄瓜幼苗干重、叶面积、根冠比、壮苗指数、矿质元素积累量、吲哚乙酸（IAA）、赤霉素（GA3）、（ZR+GA3+IAA）/ABA 和根系活力提高，脱落酸（ABA）含量降低；亚适宜温光可抑制了黄瓜生长。用沟施油茶籽饼对大田瓜蒌根结线虫病有较好的防效。进行了7种不同土壤处理化学消毒药剂对黄瓜根结线虫的防治效果田间试验。

4. 设施蔬菜功能基因研究受到青睐 通过蛋白序列同源比对和PCR技术从黄瓜中克隆获得了3条生长素响应因子ARF10基因序列。利用番茄基因组数据库，通过生物信息学手段，鉴定了番茄LBD家族成员。利用酵母双杂交技术鉴定出番茄RBX1蛋白与番茄CUL4蛋白有直接的相互作用。研究了编码拟南芥14-3-3蛋白的基因 *grf9* 导入番茄并超量表达后，转 *grf9* 基因番茄在土壤不同供磷条件下的生长和对磷的利用特征。对番茄全基因组共编码17个SBP转录因子成员进行分析，对查尔酮合成酶基因进行定位，发现 *Mdip1* 基因通过调控氧化还原信号在番茄抗氧化胁迫响应中起重要作用。利用番茄全基因组测序结果鉴定了 *WRKY* 基因，分析了其系统发育关系、内含子—外显子结构、染色体上的分布及其表达方式。研究了4个果实成熟时期的番茄红素含量及八氢番茄红素合成酶（Psy1 和Psy2）和番茄红素环化酶（*Lcy*）基因的表达。

（三）设施蔬菜技术

1. 新型材料得到广泛应用 沈阳农业大学研制开发了彩钢板保温装配式节能日光温室，采用半圆弧形钢结构骨架、岩棉彩钢板滑动保温覆盖形式和可移动保温山墙，有效解决了传统日光温室抵御雨、雪、风、火自然灾害能力差的问题。利用废弃物研制的环保型双膜大棚骨架得到了环保结构认可，并在西北地区推广应用。混凝土空心砌块墙体的日光温室已逐步试验，并正在得到推广。

2. 环境调控技术的发展为高产奠定了基础 相变材料、主动蓄放热—热泵联合加温等主动式蓄热形式在日光温室研究和应用越来越多，降温主要通过通风、换气技术实现。人工补光技术越来越受到重视，目前多采用碘钨灯、钠灯、LED光源等进行补光，但补光时间、光质种类和成本、效率评价方面需进一步研究。研究了使用多年的日光温室室内空气漂浮物及有害气体对人体的影响和评价。水肥一体化技术已经由过去的局部试验、示范发展发展到现在的大面积推广应用，辐射范围从华北地区扩大到西北旱区、东北寒温带和华南亚热带地区。大宗蔬菜产业技术体系设施工程研究室完成了“日光温室光环境模拟评价与屋面形状辅助设计系统（RGWSGHJ&WM V1.0）软件”，已开始散发试用和征求意见。

3. CO_2 增施技术、装置和仪器的开发主要集中在化学反应法、发酵法、燃烧法和液态 CO_2 钢瓶法等方法 研发了新的化学反应方法，农户可自主手动控制原料反应时间和施肥时间。新高效发酵菌剂的研制，减少了CO_2发生过程中有害气体的产生，同时可提高温室温度1～2℃，实现了农业废弃物资源的高效利用。研制了基于燃烧法的自动控制装置、基于液态CO_2钢瓶法的CO_2自动施肥装置等新的CO_2施肥测控一体化装备。

4. 温室植保机械及技术发展取得进展 适用于温室喷雾设备的研究主要包括静电喷雾器、热力烟雾机在设施蔬菜病虫害上的应用以及自动化精准施药技术，申请的专利主要涉及车载喷雾机、果园喷雾机、高秆作物喷雾机以及喷雾机部件结构优化等。静电喷雾及风送喷雾技术仍为热点，涉及温室专用的喷雾机专利有2项，内容涉及智能遥控移动式喷雾机及多喷杆式喷雾机。利用新型的物理方法和工具来防治病虫害的发展迅速，如利用紫外线、臭氧等技术进行杀菌，利用杀虫灯及黄板诱杀害虫，开发生物防治技术。但相对大田栽培，设施植保技术发展仍显相对缓慢。

5. 日光温室应用智能控制系统研究及应用受到重视 物联网在日光温室中的应用逐渐增多，2013年9月山东省农业厅、财政厅发布山东省农业物联网技术应用示范工程，在济阳、肥城、东昌府、阳谷、寿光、青州、临淄、沂南开展园艺作物智能化管理示范县建设（蔬菜）项目，主要包括蔬菜生产信息实时监测系统、蔬菜生产环境智能控制系统、蔬菜生产数据远程传输系统等。

（四）病虫害防控技术

1. 十字花科蔬菜根肿病、雾霾天气造成的灰霉病等低温高湿病害发生范围大，危害严重 应加强抗根肿病新品种的选育与综合防治研究工作，加强生物防治、农业防治、安全化学防治技术的研发，控制病害的蔓延，保障产量与产品安全。

2. 烟粉虱与双生病毒互作的机制研究取得新进展 浙江大学在揭示烟粉虱与双生病毒互惠关系的生理机制和分子机制上取得突破，发现病毒侵染压抑了植物体内茉莉酸防御信号途径和萜类化合物合成相关基因的表达，降低了植物中茉莉酸的滴度以及萜类化合物的释放，从而提高了植物对烟粉虱的适合性。通过基因过表达和沉默试验证明，由病毒卫星编码的致病蛋白启动了病毒对茉莉酸代谢相关抗性的压抑，病毒侵染压抑了萜类化合物的合成，进而促成了这种通过寄主植物介导的媒介昆虫—植物病毒之间的互惠关系。研究进展先后在第十届国际茄科植物大会、第二届国际入侵生物学大会、首届国际粉虱学术研讨会、第七届国际双生病毒学术研讨会等重要国际学术会议上以特邀主题报告形式汇报了这一重要研究进展。

3. 土传病害防控技术研究在基础病理学方面取得突出进展 开发了对辣椒抗性基因*Me3*表现毒性的南方根结线虫变异群体的分子标记；发现茉莉酸等植物激素及信号分子不仅可调控植物的生长发育，还能在植物抵御病原侵染中起到信号转导作用。

4. 研究出可提高真菌杀虫剂抗逆性的微菌核培养方法 研究发现有的真菌在将液体培养成分和培养条件控制在一定的范围内，就可产生微菌核，经过真空干燥后可以长期贮藏，在适宜的条件下仍然能萌发出菌丝和有致病力的分生孢子。应用昆虫病原真菌微菌核进行得防治西花蓟马试验表明，用蜡蚧轮枝菌微菌核处理的土壤中西花蓟马土栖阶段的死亡率达80%以上，明显高于对照。该研究可在一定程度上克服分生孢子作为昆虫病原真菌杀虫剂的繁殖体存在的缺陷和货架期短、不耐储存等不足。

（五）采后处理与加工技术

1. 新型保鲜与干燥技术得到应用 热处理、冷激、减压、辐照、变温贮藏在青椒、黄瓜等蔬菜采后保鲜上应用延长了保质期；1-MCP、钙制剂在豇豆保鲜上的应用延长了豇豆保质期，提高了商品品质；壳聚糖在绿芦笋、西葫芦等蔬菜上的应用和中草药提取物在番茄保鲜上的应用都取得较好的保鲜效果。在单一控制技术研究的基础上，综合控制逐步成为农产品保鲜技术发展方向。小规模应用的高温热泵干燥技术、热风联合太阳能干燥技术相结合，节能效果显著；多段式间歇微波热风耦合干燥技术干燥胡萝卜等效果较好；针对产地加工推出了生产型高效太阳能集热厢式果蔬干燥房。

2. 自动化无损检测技术得到进一步推广 高光谱成像技术用于菠菜质量鉴定；国内研发出替代进口设备的小杂果光电分选设备，实现根据小番茄的形状、大小颜色及表面的粗糙度进行分级，提高产品的保鲜期及附加值。

3. 物联网技术用于大白菜贮藏 实现了通过手机对贮藏白菜窖的监控和管理，白菜贮藏省力化得到重大突破。

4. 蔬菜副产物的综合利用逐渐加强 农业部公益性行业专项“蔬菜副产物的综合利用”启动，重点针对田头、大型批发市场以及蔬菜加工厂的废弃物，研究利用其开发功能性食品、饲料及有机肥料等。项目承担单位研发出利用辣椒红素提取副产物生产辣椒碱技术，并开始生产应用。

（大宗蔬菜产业技术体系首席科学家杜永臣提供）

一、国际西甜瓜生产与贸易概况

1. 国际西甜瓜生产概况 西甜瓜生产在世界水果生产中占重要地位。根据联合国粮食及农业组织 FAOSTAT 数据库，2011 年全球西瓜产量10 447.24万吨，占全球水果总产量的 13.07%，仅次于香蕉，居全球各水果品种产量第二位。西瓜收获面积 356.84 万公顷，在全球十大水果收获面积中居第七位；甜瓜的收获面积和总产量，2011 年全球甜瓜总产量2 729.59万吨，收获面积 114.45 万公顷，分别位居第七位和第五位。

亚洲是世界最重要的西甜瓜主产区。亚洲一直是西瓜最重要的产地，2011 年亚洲西瓜收获面积达到 273.83 万公顷，占世界总收获面积的比重上升为 76.74%，产量8 773.82万吨，占全球西瓜产量的 83.99%。

2. 国际西甜瓜贸易概况 世界西甜瓜贸易总量和总额出现下降。根据世界粮农组织发布的数据，2011 年世界西瓜进出口贸易总量为 515.6 万吨，贸易总金额为 22.43 亿美元。2011 年世界甜瓜总贸易量为 408.05 万吨，贸易总金额 30.18 亿美元。

世界西瓜贸易地区集中在美洲、欧洲和亚洲。2011 年排名前五位的西瓜出口国分别是墨西哥、西班牙、伊朗、美国和越南。2011 年中国大陆西瓜出口量为 4.7 万吨，在世界总排名为 14 位，出口金额1 574.8万美元。2011 年排名前五位的西瓜进口国分布是美国、中国、德国、加拿大和法国，2011 年中国大陆进口西瓜 39.8 万吨，是仅次于美国的第二大西瓜进口国。

世界甜瓜贸易地区主要分布在美洲和欧洲。亚洲无论是贸易总量还是进出口贸易量方面跟欧美相比都相对偏小。

二、国内西甜瓜生产与贸易概况

1. 国内西甜瓜生产概况 根据《2012 中国农业统计资料》公布的数字，2012 年全国西瓜播种面积 180.15 万公顷，总产量7 071.3万吨，每公顷产量 39.25 吨，比 2011 年播种面积减少 0.16 万公顷，总产量增加 181.9 万吨，增加 2.64%，每公顷单产提高 1.04 吨；全国甜瓜播种面积 41.04 万公顷，总产量1 331.6万吨，每公顷产量 32.45 吨，比 2011 年播种面积增加 1.29 万公顷，总产量增加 53.1 万吨，增加 4.15%，每公顷单产提高 0.28 吨。由于栽培技术的进步，西瓜、甜瓜单产水平不断提高，2012年全国西瓜单产的提高弥补了种植面积的减少。由于种植结构的调整，近年来全国甜瓜种植面积保持增长的趋势，甜瓜产量增幅较大。

2. 国内西甜瓜贸易概况 中国是世界西甜瓜最大生产国，但西甜瓜进出口贸易量在世界的比重不大，近年来中国西甜瓜贸易呈现出口量减少、进口量大幅增加，而出口、进口金额均大幅增加的趋势。中国西瓜进口量占世界进口总量的10%左右，但不足国内产量的1%；相比之下，甜瓜的进口量比西瓜更小。西瓜、甜瓜出口量较少，近年平均在4万～5万吨。总而言之，国内西甜瓜进出口贸易量较小，国际市场对国内市场的影响不大。

三、国际西甜瓜产业技术研发进展

1. 国际西甜瓜育种技术研发进展 本年度，在基因组研究方面，国外学者继续开展了不同种质资源材料重测序、叶绿体基因组测序、西甜瓜果实成熟过程中不同组织、发育阶段的转录组测序以及嫁接西瓜miRNA测序，对于深入探索西甜瓜进化历程、果实颜色调控相关候选基因筛选、果实脱落机制分析以及阐明嫁接西瓜抗性机制具有较大理论意义。

在分子育种与重要基因挖掘方面，本年度继续进行了类胡萝卜素合成代谢关键酶基因、编码ABA 4个关键酶的基因等的全基因组检索、克隆和表达分析，对探明西瓜植株生长发育机制具有重要理论意义。同时，采用SSR等分子标记技术分析不同品种间亲缘关系，有利于鉴定、发掘新的种质资源，为育种者提供丰富的亲本材料。

本年度比较受关注的是分子标记在育种实践的实际应用。如Amir Sherman等将BSA法与基因芯片相结合定位甜瓜酸度性状相关基因，不仅得到了一些与甜瓜酸度紧密关联的分子标记，而且在群体中验证了该标记的准确性。Ling等发现获取抗枯萎病抗性的关键因素是嫁接到非寄主砧木上，但根部渗出液组成也显示出对抑制FON有贡献。

2. 国际西甜瓜栽培技术研发进展 嫁接技术研发主要集中在如下几方面：新育苗基质配方研发；西甜瓜嫁接机理研究包括嫁接后矿质元素在植株体内分布差异；嫁接提高西瓜黄萎病抗性；利用叶绿素荧光参数预测嫁接植株的亲和性；嫁接甜瓜耐盐性与气孔调控等。

栽培与生产技术研发主要集中在如下几方面：温度调节对西甜瓜产量及品质的影响；西瓜花粉长期保存技术研究与应用；耕作方式以及除草对西甜瓜生产的影响。最有意义的是，Martínez等（2013）采用废水浇灌甜瓜与地下水浇灌甜瓜，植株在长势和产量上没有显著的差别。而且废水处理还可以节约大量的氮肥和钾肥。

3. 国际西甜瓜病虫害技术研发进展 本年度，国外学者对影响西甜瓜生产的主要病害如真菌性病害（枯萎病、白粉病）、细菌性病害（细菌性果斑病）、病毒病害（甜瓜坏死斑点病毒、番茄叶皱缩病毒、南瓜黄脉病毒、黄瓜绿斑驳花叶病毒）的病原菌鉴定、抗病机理、遗传规律、快速检测及其防治方法进行了详细研究。发现，壳聚糖A在0.40毫克/毫升的浓度时，能够显著抑制西瓜嗜酸菌的生长。LAMP比常规RT—

PCR 检测方法的灵敏度高 100 倍。

对西甜瓜害虫的研究多集中在烟粉虱传毒影响因子及机制、高效防治药筛选及抗性机制研究等方面。发现烟粉虱携带病毒后，Q 型烟粉虱的寄主适应性要强于 B 型烟粉虱，即具有更高的竞争优势。杀虫剂的轮换使用可以有效延缓抗药性的发生和发展，田间施药防治时需要特别注意。

4. 国际西甜瓜采后处理加工技术研发进展 目前国外已有相关学者对大型瓜果分级检测技术已进行了相关研究。例如在日本的超市里，冬季上市的西瓜要在标签上标出糖度数值。多项高新技术如声波特性、振动频谱法、电磁技术、计算机视觉技术以及光谱技术已经为大型瓜果的检测分级提供了广大的空间，这些技术的发展和应用为提高大型瓜果的市场竞争力和农民增收具有重大意义。

此外，国外学者继续对西甜瓜采后处理的仪器设备、果实成熟过程风味物质检测等方面进行研究。发现一种便携式超快速气相色谱耦合表面声波传感器（UFGC-SAW）被用来在果实成熟过程中监测挥发性物质的产生。这种新技术将来可以用来快速监测风味质量。酸味甜瓜中的柠檬酸的含量是普通甜瓜的 2 倍左右。

四、国内西甜瓜产业技术研发进展

1. 国内西甜瓜育种技术研发进展 在基因组研究方面，国内学者对遗传图谱构建与重要农艺性状基因定位、基因克隆、标记开发和高效再生体系构建等方面进行了分析。其中张屹等（2013）开发的 3 个 CAPS/dCAPS 标记可以有效区分栽培西瓜对枯萎病菌生理小种 1 的抗病、感病性，Wang 等（2013）建立了高效再生体系可用于在遗传工程应用中再生植株，是西瓜遗传转化研究中的有效工具。

在育种理论、遗传进化分析方面，对传统的西瓜多倍体化、系谱选育技术、西瓜染色体易位系选育技术进行了分析，并探索西瓜主要果实性状与裂果性状的相关关系以及西瓜组织的显微结构。最引人注目的是，王福建等（2013）开发出集系谱管理、组合管理等功能为一体的可视化育种管理系统，操作简单、界面友好、通用性较强。

在种质资源挖掘与遗传进化分析方面，众多学者从形态学、细胞学、遗传学角度对资源的遗传多样性、优异资源挖掘和进化等方面进行了研究。发现西甜瓜种质资源不同性状指标的变异程度和多样性指数较大，具有丰富的变异程度和多样性。

在品种选育方面，2013 年国内文献报道涉及的西瓜新品种有 15 个，甜瓜新品种 12 个。

2. 国内西甜瓜栽培技术研发进展 西甜瓜嫁接技术研发主要集中在如下几方面：各地嫁接育苗以及嫁接栽培生产经验总结；不同生态条件不同栽培模式下特定西甜瓜品种的适宜砧木筛选；适合小型无籽西瓜嫁接的侧芽嫁接技术；西甜瓜以及砧木种子处理技术；西甜瓜嫁接栽培中典型病害的发生与防控；西甜瓜嫁接耐盐、抗病机理研究等。

西甜瓜肥水管理技术研发主要集中在如下几方面：西甜瓜主产区简约化栽培模式及经验总结；西瓜蜜蜂授粉技术研究与应用；花粉保存技术研究与应用；地膜覆盖宽度、

砂田全膜覆盖栽培等农艺管理技术研究与应用；瓜类与甘蔗不同的套作模式研究；温室厚皮甜瓜不同整枝留果方式研究。

在土肥方面，研究学者对各种肥料的配比、施肥后对西瓜的生物学、酶活性及经济性状、产量影响、新基质的开发；土壤物理改良、新型肥料尤其是生物有机肥的研发及在西甜瓜生产中的应用进行了分析，以期建立西瓜高效的栽培技术体系。

3. 国内西甜瓜病虫害技术研发进展 本年度，研究学者对葫芦科物种 *R* 基因、白粉病、枯萎病、绵腐病、衰萎病、菌核病、各种病毒病的生物学特性、致病机理、物理防治、生物防治及高效低毒化学药剂的筛选和应用进行了分析，以期建立西瓜抗病育种的理论基础。

4. 采后处理加工与综合利用 本年度，国内学者对甜瓜果实采后进行预冷、冷链运输，应用乙烯吸收剂及生理作用抑制剂，延缓果实衰老，保持品质等方面进行深入了研究。同时，分析了不同杀菌剂及对物理、诱导处理甜瓜采后病害控制效果。由于甜瓜对热加工敏感，国内研究非热加工对甜瓜加工的工艺如高压杀菌、膜过滤技术等，以解决甜瓜加工过程对热敏感的问题。

西瓜含有多种营养成分，具有多种保健功能。西瓜除鲜食外也用于加工提取番茄红素、瓜氨酸、西瓜霜等保健食品和药品供人们食用。本年度，国内学者对西瓜汁、西瓜籽油、西瓜皮与西瓜藤再利用的加工工艺进行了探索。

（西甜瓜产业体系首席科学家许勇提供）

一、国际柑橘生产与贸易概况

(一)国际柑橘生产概况

作为全球第一大类水果的柑橘，近些年在各国政府大力支持下呈现稳步增长的趋势，无论是在种植面积上还是产量上都具有较大幅度的提高。据FAO统计，2011年世界柑橘种植面积为873.31万公顷，产量为13 120.40万吨，与2010年相比，分别同比增长1.04%和6.02%。其中，甜橙种植面积为391.28万公顷，与2010年相比下降3.56%，产量为6 946.18万吨，与2010年相比增长0.72%；宽皮橘种植面积为224.57万公顷，与2010年相比增长3.10%，产量为2 603.00万吨，与2010年相比增长11.64%；葡萄柚及柚的种植面积为28.77万公顷，与2010年相比增长2.73%，产量为789.33万吨，与2010年相比增长11.18%；柠檬及酸橙的种植面积95.86万公顷，与2010年相比下降3.56%，产量为1 518.38万吨，与2010年增长1.05%；其他柑橘类水果的种植面积为132.83万公顷，与2010年相比下降0.93%，产量为1 263.52万吨，与2010年相比增长2.52%。

据FAO数据公布的数据显示，2011年世界柑橘类水果总产量排在前五位的国家依次为：中国、巴西、美国、印度和墨西哥。其中脐橙最主要的产地位于巴西，2011年巴西脐橙的产量占世界脐橙总产量的28.52%，中国是世界宽皮橘的主要产地，2011年中国这皮橘的产量占世界总产量的47.95%，中国也是葡萄柚及柚的主产国，2011年中国的产量占世界总产量的44.70%，柠檬和酸橙的主产地在印度、墨西哥、中国。

(二)国际柑橘贸易概况

2012年的柑橘鲜果类产品进出口额在2011年的基础上有所减少，分别为108.52亿美元和106.57亿美元，同2011年相比减少2.80%和5.30%。而在进出口总量上，与2011年相比，进口总量略有下降，同比下降5.79%，出口总量也出现小幅度的下降，下降幅度为4.44%。

从分品种的进出口情况上看，甜橙的出口额和出口量最大，2012年分别达到40.13亿美元和553.03万吨，分别占世界柑橘鲜果总出口的37.66%和41.21%；其次是宽皮橘，2012年宽皮橘的出口额达到39.59亿美元，出口量为440.08万吨，分别占世界柑橘鲜果总出口的37.15%和32.79%；

柠檬和酸橙、葡萄柚及柚以及其他柑橘属水果的出口比例相对较少，出口金额分别占世界总出口的6.91%、18.91%和0.56%。

在加工品进口上，2012年全世界冷冻橙汁进出口总额达27.81亿美元，其中出口额为13.88亿美元，进口额为13.93亿美元，与2011年相比，出口额和进口额分别同比减少28.71%和32.05%；2012年世界冷冻橙汁的进口总量为142.88万吨，其中出口量为74.60万吨，进口量为68.28万吨，与2011年相比分别同比下降46.63%和55.93%。而2012年非冷冻汁（白糖度≤20）进出口总额28.68亿美元，其中出口额为15.80亿美元，进口额为12.88亿美元，与上一年度相比有所下降，同比分别下降了16.97%和18.48%；而在进出口总量上，2012年非冷冻橙汁（白糖度≤20）的进出口量为425.59万吨，其中出口252.28万吨，进口173.31万吨，与2011年相比，同比分别下降15.71%和18.40%。2012年非冷冻橙汁（白糖度>20）的进出口总额为45.67亿美元，其中出口额为21.95亿美元，较2011年有略有下降，同比下降13.34%，进口额为23.72亿美元，与2011年相比，同比下降9.05%，而在进出口总量上，2012年非冷冻橙汁（白糖度>20）的进出口量仅为234.12万吨，其中出口104.16万吨，进口129.96万吨，与2011年相比，同比分别下降16.98%和11.70%。

在柑橘罐头的进出口贸易上，2012年全世界柑橘罐头出口金额达8.96亿美元，与2011年相比，同比增长6.29%，出口量达61.69万吨，与2011年相比，同比下降4.03%；其进口金额为9.09亿美元，与2011年相比，同比增长2.60%，进口量为58.24万吨，与2011年相比，同比下降6.34%。

从主要出口国家上看，西班牙是世界上最大的柑橘类水果的出口国，其出口金额占世界柑橘类水果总出口金额的32.80%，出口量占世界总出口量的29.11%。其他国家的出口额和出口量相对较小，出口前十的国家的出口总金额占世界总出口金额的88.44%。

从主要进口国家上看，俄罗斯、德国、法国和荷兰是世界柑橘类水果最主要的进口国家，2012年四国进口金额分别占世界柑橘类水果总进口额的13.93%、9.76%、9.21%和8.55%。进口量占世界总进口量的13.50%、8.92%、8.72%和8.67%，进口金额前十的国家占世界柑橘进口总金额的68.44%。

二、国内柑橘生产与贸易概况

（一）国内柑橘生产概况

2012年我国柑橘总产量达到3 166.80万吨，种植面积达到3 459.38万亩（230.63万公顷），与2011年相比分别增长了7.57%和0.78%。我国的柑橘主产区主要是湖南、广东、广西、湖北、四川、福建、江西、浙江和重庆这9个省市。2012年宽皮橘产量占总产量的68.95%（其中柑类占32.31%、橘类占36.64%）、甜橙占18.68%、柚类占10.64%、其他柑橘类占1.73%。从成熟期上看，早熟（包括极早熟）、中熟、晚熟（包括极晚熟）的比例大约为1∶8∶1，70%～80%的果实在11～12月份上市，存在成熟期过于集中的严重问题。

（二）国内柑橘贸易概况

2012 年中国柑橘类鲜果出口达 108.22 万吨，金额达797 190.22万美元。与 2011 年相比，出口量和出口总额分别同比增长 20.03%和 33.79%。在主要出口品种中，宽皮橘的出口量最多。占总出口量的 75.69%，其次为柚类和甜橙，分别占了 11.49%和 11.41%，而柠檬和酸橙只占了 1.22%，其他仅占 0.19%。我国柑橘类鲜果出口主要集中在与我国近邻的东南亚国家和地区，例如，马来西亚、印度尼西亚、越南和俄罗斯等。在加工品出口上，我国柑橘罐头出口继续保持较快增长，2012 年其出口金额达 4.44 亿美元，占世界柑橘罐头总出口金额的 49.55%，与 2011 年相比同比增长 14.43%。我国柑橘罐头出口高度集中于美国、日本、德国和泰国等四个国家。

2012 年我国从世界进口柑橘类水果 15 077.60 万美元，比 2011 年同比增加 1.64%，进口总量达 12.62 万吨，比 2011 年同比下降 4.18%。其中从美国进口所占比例最大，达到 60.19%，进口金额为 9 210.49 万美元，进口量达 7.71 万吨。2012 年中国柑橘罐头进口金额为 0.82 亿美元。进口量为 7.81 万吨，与 2011 年相比，进口金额和进口量分别同比下降 28.07%和 31.91%。其中，美国和巴西是我国柑橘罐头最主要的进口来源。我国是橙汁消费大国，但是我国橙汁生产供不应求，主要靠进口保持平衡。2011 年我国进口冷冻橙汁达 5.57 万吨，金额达 1.41 亿美元，与 2011 年相比，同比分别下降 24.01%和 13.50%。巴西是我国冷冻橙汁最主要的进口来源地。

三、国际柑橘产业技术研发进展

（一）遗传育种

1. 资源创新与砧木评价已成为常规性工作 杂交育种一直以来都是柑橘种质资源创新的来源之一，探索单性结实，自花授粉与异花授粉对果实品质的影响以及对柑橘杂交品种的评价等是现今的研究重点。在砧木育种中，如何有效的筛选出优良砧木或者最佳砧穗组合是当今砧木育种中研究的热点，比如抗旱性砧木筛选、水胁迫对砧木的影响、矮化砧木的形成原因、砧木对果实品质的影响等，同时砧木对矿质元素的缺少耐受性也是倍受研究者们的关注，比如对缺铁和硼的耐受性比较等。

2. 分子标记辅助育种的地位越来越重要 由于新的生物核苷酸序列测序分析技术不断应用，各种分子标记方法应运而生。开发新的、效率更高的分子标记成为研究的重点，比如 SNP、DNA-CAPS 分析系统、DAMD-PCP markers 等。单核苷酸多态性 SNP 因其快速、简便、高通量，应用日益广泛。同时，运用多种分子标记分析多态性也广泛利用。提高分子标记的开发效率也是分子标记发展的重要方面，有研究者采用了一种新的方法去开发 SSR 分子标记，尤其适用那些缺少 EST 或者基因组数据库的植物种类。另外，在分子标记的基础上建立遗传图谱对于柑橘育种也是非常重要的，有人结合克里曼丁的雄性植株和雌性植株分离数据，采用共显性标记建立了一个原始的中等密度的克里曼丁的遗传图谱（961 个标记，1 084.1 厘摩尔）。

3. 功能基因研究主要集中在无籽、优

良抗性和优质果实品质等方面 随着分子生物学的发展，越来越多的功能基因被发现，它们参与到柑橘生长发育的各个过程，也让我们越来越了解柑橘分子调控机理。无籽、优良抗性和优质果实品质等是柑橘育种的目标，因此许多相关的基因研究也主要集中这些方面。柑橘果实中类胡萝卜素合成调控对果实成熟很重要，对于类胡萝卜素相关代谢途径方面的研究一直都是人们关注的热点。与柑橘无籽、果实品质以及抗性相关的研究也取得了非常多的成果。由于 miRNAs 在基因调控中所发挥的重要作用，对于 miRNAs 的研究也一直都是研究的热点，越来越多的 miRNAs 被发现，其功能也不断地被揭示。

4. 组学及生物信息学研究发展迅速 经过多年的努力，柑橘基因组正在不断地完善，越来越多柑橘品种的基因组进行了重测序，大大丰富了柑橘基因组数据库包括基因组、转录组、miRNA 数据库和蛋白质组数据库等。因此随着大数据时代的到来，生物信息学也显得越来越重要。有研究者对甜橙进行了全基因组测序，序列覆盖了 87.3% 的甜橙基因组，通过基因组分析确定甜橙是来源于柚子与橘的回交后代，随着柑橘基因组数据的不断完善，基于基因组数据的生物信息学也快速发展，取得了良好的研究进展，为柑橘功能基因的研究提供了理论基础。

（二）栽培与耕作

1. 营养元素是柑橘栽培领域研究的重点 国内外柑橘栽培领域研究最多的是营养元素，主要涉及营养元素的吸收、代谢、流失、丰缺诊断、缺素矫治、菌根利用、新型肥料研发和肥料高效利用等，在缺素分子生物学方面也有部分研究。作为水肥高效利用和省力化的重要手段，滴灌施肥在发达国家已形成较完整的技术体系。不过，在叶片营养诊断基础上为果园配置 BB 肥（桶装掺混肥），仍然是发达国家柑橘施肥的主要形式。

2. 推行省力化和精准农业技术 柑橘生产朝着省力、低成本、机械化、自动化和信息化方向发展。根据柑橘对水肥的需求特点，精确定量、适时供给，以减少水肥浪费。

3. 注重环境保护 随着全球环境日益恶化，人们积极开展有机柑橘的生产，促进生态农业的发展。

（三）病虫害防控

1. 柑橘主要病害研究取得一定进展 黄龙病菌美洲种和来源于广西的亚洲种相继测序完成，为比较基因组学奠定基础；通过使用 D-亮氨酸和吲哚-3-乙腈可以有效抑制溃疡病菌生物膜形成；首次报道了由 *Cladosporium cladosporioides* 引起的温州蜜柑霉斑病；哥伦比亚发生的类似柑橘麻风病的病害是由细胞质型 2-柑橘麻风病毒引起。

2. 虫害研究进展迅速，特别是黄龙病传播媒介——木虱成为各国研究的热点 沉默柑橘木虱翅盘异常发育基因能干扰成虫翅的发育，并提升了若虫的死亡率；通过建立基于震动吸引力的方法，从而干扰或干涉柑橘木虱的交配；沃尔巴克氏（Wolbachia）在柑橘木虱体内普遍存在，并可根据其特性设计防治木虱的策略。通过合理组合丁香粉、精油及诱捕装置，可以作为一种经济有效的橘小实蝇田间管理系统。南非研制出柑橘园果实蝇绿色新型蛋白饵剂。

（四）采后处理与加工

1. 建立了较完善的橙汁加工技术体系 国外柑橘产业发达的国家，如美国、巴西、西班牙等均开发了专用的橙汁加工设备，并建成了具有一定规模的适宜于加工的柑橘种植基地，橙汁加工技术体系较为完善。

2. 注重加工技术的革新 主要集中在：在革新浓缩橙汁加工技术的基础上，不断创新NFC加工技术；根据原料种类、采取不同的加工方法，研究柑橘品种和榨汁性能之间的关系；十分重视柑橘皮渣的综合应用，深度开发皮渣的延伸产品，使柑橘果实的加工利用率提高到90%以上；通过现代食品工程技术对原有柑橘汁生产工艺的改进，尽可能保存柑橘汁的色、香、味及其营养物质；橙汁脱苦技术的创新；节能减排技术。

（五）果园机械

1. 注重果园喷雾系统的研发与利用 研制出使垂直喷雾系统侧面适应植物冠层特性自动喷雾系统，并成功应用于果园农场；开发了基于雷达测速喷雾量的果园喷雾机样机；设计了基于激光扫描仪的风送式喷雾机喷雾臂定位算法；研究了具有不同排风系统类型的空气辅助果园喷雾器。

2. 开发智能化灌溉控制系统，大力发展节水灌溉技术 利用时域反射测量法测定柑橘树树干水分应力，以此实现柑橘树的智能化灌溉；开发基于无线传感器网络的灌溉控制系统；研究探索调亏灌溉下作物生长情况及灌溉调度方法、灌溉方式对柑橘病害发展的影响、环境参数间关系和灌溉管理模型，提高灌溉用水效率。

四、国内柑橘产业技术研发进展

（一）遗传育种

1. 获得了一种优良新品种 通过实生选种获得品质优良、结实早、丰产稳产性好的柑橘新品种——华橙1号；通过芽变选种获得了粤农晚橘、赣南早脐橙、华晚无籽砂糖橘、柳城蜜橘等品种。此外，华中农业大学、中国农业科学院柑橘研究所等单位配制了大量杂交组合，包括以异源四倍体体细胞杂种为亲本培育三倍体；在云南及周边地区生物资源调查项目中首次发现宜昌橙，扩大了我国宜昌橙分布区域；通过选择不同的授粉品种，对解决一些品种如玉环柚、真龙柚的裂果问题进行了探索。

2. 开展筛选优良砧木或者最佳砧穗组合研究 对103种柑橘种质资源进行了抗病筛选，除传统抗脚腐病砧木资源枳、枳橙、酸橙外，还发现罗汉橙、早花枳、黎檬类、香橙类等为高抗病资源，柚类中古老钱沙田柚、晚白柚、五步红心柚等鉴定为感病资源，柠檬、巴柑檬、甜橙、枸橼类中多数为感病资源。此外，对柑橘体细胞杂种进行了砧木适用性评价；砧木品种区域实验正在展开。

3. 采用分子标记鉴定杂种与遗传变异、利用胚抢救技术结合常规育种技术进行种质创新仍然是常规性工作 花药与花粉培养仍然有研究者在探索；利用组学技术及转基因技术预测抗性资源或特异性状资源的抗性机理成为热点；有研究者通过构建无籽沙糖橘和沙糖橘抑制差减杂交文库，筛选出多个与无籽性状有关的候选基因；同时对外源基因在转基因柑橘中的遗传稳定性方面也做了较多研究。

（二）栽培与耕作

1. 柑橘矫正施肥技术应用效果显著 国内柑橘的氮、钾过量和缺锌、缺镁（红壤区）现象普遍。近年来，重庆、江西、福建等在柑橘叶片营养诊断和配方施肥方面取得明显成效，缺素矫正技术已日趋成熟，且逐渐被果农接受。一些肥料生产企业开始与柑橘研究机构合作，开始生产针对性较强的配方肥料，取得较好效果。

2. 果园省力化栽培技术的研究和应用得到加强 果园季节性自然生草栽培、肥料撒施、大枝修剪、果园滴灌等技术在产区被普遍应用。密改稀、大冠改小冠、隔年轮换结果、起垄、地面铺膜、控水控肥等技术的应用面积扩大。

3. 延迟采收和留树保鲜技术发展迅速 柑橘延迟采收和果实留树越冬栽培在四川、广西、重庆等地的面积进一步扩大；晚熟柑橘在重庆、四川、云南发展较快。

（三）病虫害防控

1. 柑橘黄龙病、溃疡病等重要病害仍是研究的重点 应用一个串联重复位点对中国柑橘黄龙病菌株系进行分析，表明中国种群内存在显著多态性；首次从黄龙病菌中鉴定了两个微型转座子并对其生物学特性进行初步研究；基于对 tale 基因的酶切和杂交，将中国溃疡病菌分为 14 种不同的基因型；完成了柑橘绿霉病菌中国菌株的基因组测序，明确有 3 种间座菌与柑橘病害有关。

2. 柑橘大、小实蝇及螨类等主要虫害研究均有一定进展 利用不同药剂处理橘小实蝇成虫，筛选出表达量显著上调的基因，为进一步研究药剂代谢和抗性机理奠定基础；研究了低温对柑橘大实蝇蛹滞育的作用以及温度和寄主植物对其化蛹的影响；发现柑橘全爪螨体内 *CYP4CF1* 和 *CYP4CL2* 基因均能被阿维菌素、三唑锡、哒螨灵和螺螨酯诱导表达，且在哒螨灵田间抗性种群中二者表达量显著提高。

（四）采后处理与加工

1. 研发延长柑橘果实贮藏期的实用技术 在采后处理与贮藏技术方面，形成旨在延长柑橘果实贮藏寿命与货架期的实用技术，包括改进柑橘贮藏的设施或简易设施、贮藏过程中的技术处理、改进柑橘果实包装和运输方法等。

2. 加强柑橘加工特性及其加工工艺技术与装备研究 评价不同品种、不同地区柑橘加工适应性，筛选适宜加工的柑橘品种；开展柑橘汁加工工艺技术与装备研究，尤其是关键性的工业化加工技术、柑橘汁调整技术、工业化脱酸与脱苦技术等；对果肉加工利用、囊胞利用技术、柑橘汁加工副产物的综合利用开展系统研究工作。

3. 关注节能减排技术和零废弃加工技术的开发及应用 重视柑橘零废弃加工技术的开发，利用柑橘皮渣开发高附加值的产品。

（五）果园机械

1. 喷雾系统成为果园机械研究的热点 研发出通过拖拉机传动装置带动药泵和风机旋转工作的果园风送式喷雾机、适于低矮果园的自走式风送喷雾机和在密植低矮果园中以电力驱动的小型助力推车式果园喷雾机；设计了喷雾机喷雾量垂直分布测试系统、基于模拟正弦调制的红外靶标探测系统；规定了风送式果园喷雾机的作业质量，试验方法和检验规则。

2. 山地果园综合利用系统发展迅速，特别是果园运输机 研发的10种山地果园运输机进行产业化生产，并发布了《7SYQ山地果园牵引式运输机》企业标准；研发了便携式电动挖穴机，开沟、施肥及覆土一体的联合作业开沟施肥机；研制了太阳能供电的微灌系统恒压供水自动控制装置、橘园轮灌控制系统，开展了集雨节水渗漏灌溉技术、洞穴灌溉技术应用研究，实现了肥液浓度的闭环控制；优化设计果园无线监测系统。

（柑橘产业技术体系首席科学家
邓秀新提供）

一、国际苹果生产与贸易状况

1. 苹果生产　2013 年，世界苹果产业继续在波动中上升，实现了产销双增长。据美国农业部报告预测，2013 年世界苹果总产预计为 6 747.1 万吨，比 2012 年增长 1.7%。产量超过 100 万吨的世界苹果主产国和地区有中国、欧盟 27 国、美国、土耳其、印度、智利、俄罗斯、巴西和乌克兰，其总产量占世界产量的 93.1%。

总之，世界苹果各主产国产量呈现出波动上升的特征，其中中国、智利、巴西、乌克兰等国家状况尤为明显，欧盟和美国的苹果产量基本持动态平衡。

2. 苹果贸易　2012/2013 年度，预计世界鲜食苹果出口总量为 552.7 万吨，比 2011/2012 年度增加 1.7%。其出口量超过 10 万吨的主要出口国国家和地区依次为欧盟 27 国、中国、美国、智利、南非、新西兰和阿根廷，他们的出口量分别占全球苹果出口量的 27.1%、19.9%、15.9%、12.7%、7.4%、5.4%和 2.9%。其中，欧盟 27 国与上 2012 年持平，出口量预计达 150 万吨，主要出口目的地是俄罗斯和乌克兰；中国鲜苹果市场主要在国内，2012/2013 年度预计全年出口量约 110 万吨；受东南亚和俄罗斯等传统市场需求增长的拉动，中国出口增长 8.7%，成为世界苹果出口增长的主要因素。此外，其他多数苹果主产国的出口都有所增加，尤其是阿根廷和巴西，出口量分别增长了 22.1%和 25.0%。

2012/2013 年度，预计世界鲜苹果进口总量为 490.1 万吨，比 2012 年增长 1.9%，而进口量在 10 万吨以上国家和地区有 16 个，依次为俄罗斯（130.0 万吨）、欧盟（51.5 万吨）、墨西哥（28.0 万吨）、加拿大（23.0 万吨）、阿联酋（22.0 万吨）、印度（20.0 万吨）、印度尼西亚（17.5 万吨）、美国（17.5 万吨）、中国台湾（15.0 万吨）、泰国（14.0 万吨）、哈萨克斯坦（13.6 万吨）、沙特（13.0 万吨）、阿尔及利亚（11.3 万吨）、中国香港（11.1 万吨）、马来西亚（10.3 万吨）、孟加拉国（10.2 万吨），其中欧盟、巴西和孟加拉国持续下降明显，俄罗斯、阿联酋、泰国增加显著。

二、国内苹果生产与贸易概况

1. 苹果生产　2013 年，中国苹果种植面积预计为 225.3 万公顷，比 2012 年增长 1.5%；其中，环渤海湾优势区种植面积基本持平，但占全国面积的比率有所下降；在市场驱动力与地方政府推动力的共同作用下，黄土高原优势区发展苹果产业的积极性仍很高，种植面积稳中小幅增长，甘肃增幅相对较高。2013年全国新增果园面积为3.2万公顷。

2013年由于受花期霜冻、冰雹、阴雨、干旱等自然灾害的影响，山西、陕西、甘肃、山东等主产省产量下降明显，预计全国总产量为3 170万吨，比2012年度减产6.0%左右。同时，果品质量、优果率、商品果率均有所下降。

据体系产业经济研究室抽样测算，2013年苹果主产省产量，陕西（820万吨）、山东（688万吨）、河北（290万吨）、河南（286万吨）、辽宁（250万吨）、山西（230万吨）和甘肃（230万吨），占全国总产量的88.1%。

2. 苹果贸易 鲜果出口数量、价格在2013年度预计比2012年有所增长，出口量预计为102万吨，出口单价上涨5%～8%，呈现高位运行趋势。

2013年度，预计浓缩汁的总出口量为60万吨左右，与2012年持平，平均价格下降20%左右。国内原料资源短缺，行业资质约束能力加强，出口价格下降导致果汁价格企业面临利润下降甚至亏损的风险。

2013年国内鲜苹果市场价格有升有降，畅销与滞销并存；优质果价高畅销，而劣质果价低且销售滞缓。春节前销售的效益较好，春节后3～5月份价格回落，上市前期价格偏低，后期销价有所上涨。早、中熟苹果价高，后期晚熟苹果大量上市，价格下降，但同期价格高于去年，全国苹果均价上涨0.5～2.0元/千克。苹果多以现货销售为主，总体销售进度显著好于2012年度，特别是优果价高畅销。

三、国际苹果产业技术研究进展

1. 苹果资源创新与遗传改良 2013年苹果注册新品种共计26个，其中以鲜食品种为主。美国的康奈尔大学推出的苹果新品系NY1、NY2正式定名为Snap Dragon和Ruby Frost。意大利成功地将Modi等品种进行了商业化开发。新西兰推出的Envy、Kanzi、Jazz等新品种的市场竞争力也逐步增大。

美国保存苹果资源约8 500份、英国2 460份、意大利2 750份、法国1 200份、俄罗斯2 460余份、日本2 000份、印度750份、新西兰500余份。材料保存主要采取田间和液氮离体两种方式进行。

育种技术上仍旧以杂交育种为主，芽变选种为辅。分子标记辅助选择和转基因等新技术逐渐被用于苹果育种研究当中。美国通过分子标记研究的苹果重要性状包括斑点病、白粉病和火疫病抗性基因，以及柱形、果实酸度、矮化、自交不亲和、果实软化和果实香气等性状基因，建立了苹果的基因数据库。新西兰目前采用苹果基因组序列、巨大的SNP库、高通量的基因分析平台、精细的QTL、全基因组关联分析技术、基因组筛选技术等现代技术与传统育种技术相结合，使苹果新品种的选育周期缩短了5年。日本除了传统的育种目标外，最近也开展了特色育种和功能成分育种，主要的目标有红肉品种、风味和香气育种、抗褐化育种等。

转基因研究方面，德国的早花基因转化植株T1190产生及应用。新西兰已经发表的成果包括转早花基因、耐贮藏基因和红肉基因。

2. 栽培技术 矮砧研究主要集中在各类砧木的评价上。Fallahi，E等对不同树龄"太平洋嘎拉"苹果利用4种砧木和2个以作物蒸散量为基础（ETC）灌溉系统对水分利用，树体生长，产量以及果实品质的影响进行了研究，Nic9（RN29）砧木的植株单株产量较高、单果重大，WUE高，较为抗旱。Marini，R等研究4种矮化砧木（M9、T337、G6、M26）的金冠苹果树种植在11个地区，其中作物密度范围在3～14果实/主干横截面面积，以确定砧木是否影响作物密度与再开花之间的关系。Ma Li等了解根系生长模式和苹果树形对商业苹果生产是非常重要的。

果园最常用的专用授粉树是Snowdrift和Manchurian crab，在行内按20∶1的比例配置专用授粉树。2013年日本利用一种驯化了的野生花蜂为苹果树授粉。野生花蜂的授粉能力相当于普通蜜蜂的7倍，果树坐果率从15%提高到50%以上。日本化学疏果剂为西维因，浓度为0.12%，在中心果直径10～12毫米时喷施。

从苗木繁育到果园管理等都实现了机械化和智能化，研究多侧重到了精准农业、信息化农业、智能机械装备的学科领域，将机器人、计算机、导航定位技术等高科技应用到果园管理中。

3. 土壤与肥水管理 根据每5年1次的土壤分析和每1～2年1次的叶分析来指导施肥，采用灌溉施肥技术。在节水灌溉技术上，美国康奈尔大学研究了苹果蒸散量模型，种植者输入萌芽期、树体行间距、果园树龄等参数，计算输出具体蒸散量模型，模型可提供自萌芽期每日水分平衡量、7天的水分平衡量预报。Fallahi，E等研究将作物蒸发量（ETc）作为一个精准的作物系数值（Kc），为确定用水需求提供一个可靠灌溉工具。土壤管理普遍采用生草覆盖制度，研究主要集中在各类草种在物质利用方面的差异，生草对土壤理化性质、土壤微生物群落结构的影响。

4. 病虫害研究

Phomopsis cotoneastri 首次作为引起苹果树腐烂病的病原被报道。伊朗新发现了一种苹果树腐烂病病原真菌 *Diplodia malorum*（Hanifeh S等）。试验证实多效唑对苹果腐烂病有良好的防治效果，另一种由氢氧化钠、防腐剂、姜汁、硫酸铜、高锰酸钾、黏土、去离子水配成的化学农药用于保护和治疗苹果树腐烂病均有良好效果。

苹果轮纹病在欧美称为苹果白腐病，报道认为葡萄座腔菌（*B. dothidea*）的寄主范围很广，能够侵染苹果果实和枝干引起苹果轮纹病。剪枝后尽快用合适的药剂保护剪锯口，是防治苹果轮纹病的有效方式，最有效的药剂有咯菌腈、多菌灵等。RS69和RS33昆虫病原线虫品系对梨小食心虫老熟幼虫有很高的感染率，在果园对树干喷洒可以引起94%和97%的死亡率，有很高的生防价值。

5. 采后处理与加工 发达国家苹果采后处理实现了机械化，果品预冷设施、水线分级包装开始流行，其总贮藏能力一般为总产量的75%～80%，有完整的冷链物流系统运输与销售。2012/2013产季，世界苹果加工量约为1 184.2万吨，中国、欧盟27国、美国、俄罗斯、阿根廷、智利和巴西作为最大的苹果加工国，苹果加工量约为1 120.1万吨，占世界苹果加工总量的

94.6%。苹果果渣综合处理技术在以往研究的基础上，主要集中在苹果果渣中多糖、多酚、膳食纤维等营养功能物质的提取工艺研究，并深入开展这些功能物质的功能与活性研究。苹果其他加工产品主要有苹果酒、苹果醋、脱水苹果及苹果粉等。

四、国内苹果产业技术研发进展

1. 资源创新与遗传改良 我国苹果种植资源主要以田间保存为主。目前，兴城苹果圃现保存1 011份材料，公主岭寒地果树圃现保存383份材料，云南特有果树及砧木圃现保存苹果属植物112份材料，新疆名特优果树及砧木圃保存野苹果、苹果、红肉苹果、海棠等苹果属植物154份，合计1 660份。

目前我国22家育种单位共保存796个组合、苹果杂种实生苗36.2万株。在育种材料方面，主要杂交亲本为富士、嘎拉、秦冠、金冠、寒富、蜜脆、粉红女士等。共选育品种7个，分别为华丹、早果矮化苹果砧木Y-1、昭富1号、昭富2号、华苹、苹锦和苹光。3个引进品种通过审定，为美味、黄冠、皮诺娃。

研究筛选出6个耐缺铁复选优系。收集了222份苹果野生资源。对602份苹果种质资源腐烂病和轮纹病的抗性评价；对多份砧木进行了抗旱性、抗寒性、耐盐碱能力；克隆抗逆、耐缺铁、花青苷、轮纹病菌酶抑制蛋白等有关基因29个，并对基因功能进行了验证；鉴定得到3个斑点落叶病菌有关的防御反应相关PR类蛋白，分析了蛋白变化与秦冠苹果高WUE相关的调控机制；建立了苹果矮化砧木G41的遗传转化体系，获得苹果矮化砧木M26 MdDREB2A转基因株系5个。

2. 栽培技术 国家体系研究确定了我国苹果主要砧木区划方案和7个苹果主产省新栽培模式砧穗组合方案，制定了栽培技术规范。研究了不同苹果砧木对水分胁迫，对氮、磷和锌的利用效率及对土壤根际微生物数量的影响等。利用3D技术对苹果高纺锤形和自由纺锤形进行了评价，高纺锤形适宜光截获效率为0.1632，提高14%；果台副梢提高53%；果台副梢枝叶面积增加155%；单位叶面积产量是2.21倍；单位空间产量是1.59倍；适宜叶面积指数3.16；树体紧凑，修剪量小，易于成花结果；高细纺锤已经成为矮砧集约栽培模式的主要树形。建立苹果砧木全光弥雾绿枝扦插繁殖技术，外源IBA和H_2O_2能够促进苹果砧木生根，3 000毫克/千克 IBA＋50毫摩尔/升H_2O_2为最优处理组合。5月绿枝扦插生根率显著高于6、7月份。集成了壁蜂＋人工辅助授粉、蜜蜂＋人工辅助授粉、人工器械授粉等多元化高效授粉技术。刘俊峰等研发了多功能果园作业机。

3. 土、肥、水管理 土壤管理方面，研究主要集中在生草对果园土壤理化性质和树体生长发育的影响；草种的评价、选择和引进比较重要；有机材料覆盖趋于多元化和应用方式多样化。苹果园的水分管理主要研究降雨资源的高效利用和节水灌溉两个方面；在施肥方面，应用DRIS法研究建议环渤海产区增加K、N、Ca、Fe和Zn施用，黄土高原产区增加P、K、N、Zn、Cu、Mn、Fe施用，同时重视有机肥施用。研究开发出了简易肥水一体化施肥枪施肥技术，已在生产上应用。

4. 病虫害研究 苹果树腐烂病随着树龄增高有逐年偏重发生的趋势，主要表现为始发期逐年提前，病株率逐年增大。2013年筛选得到两种对苹果树腐烂病有良好防治效果的药剂：12.5%烯唑醇WP和绿都菌剂一号WP（解淀粉芽孢杆菌菌剂）。研究发现野胡萝卜籽精油对苹果炭疽病菌（*Glomerella cingulate*）的菌丝生长和孢子萌发均有很强的抑制作用。苹果矮砧密植园中的幼树普遍带有2～3种潜隐病毒。炭疽叶枯病近两年在我国苹果高温高湿产区以商丘为中心，向东发展到山东文登、向北发展到河北的衡水、向西发展到陕西的乾县等地，且有蔓延趋势。

5. 采后处理与加工 2012/2013产季我国苹果贮藏能力只有总产量的25%左右，贮藏技术研究主要集中在无损检测、简易方法等方面。"冷破碎"技术在苹果浓缩汁加工生产上的应用已经趋于成熟。近100万吨的果渣综合利用和绿色饲料开发已受到行业的高度重视。2013年开发出了苹果干、苹果酱、干装苹果罐头、苹果脆片、果粉、速冻苹果、苹果白兰地、苹果醋等多元化加工产品。但是，苹果白兰地、苹果醋的发酵质量不稳定，难以实现大规模及标准化工业生产。苹果片脱水干燥仍然以热风干燥为主，干燥设备的智能化程度会越来越高。

（苹果产业技术体系首席科学家韩明玉提供）

2013 年度梨产业技术发展报告

（国家梨产业技术体系）

一、国际梨生产及贸易概况

（一）国际梨生产概况

据联合国粮农组织最新统计（2014 年 2 月 16 日）2012 年世界梨收获面积、总产量和平均单产分别为 162.30 万公顷、2 358.08万吨和 14.53 吨/公顷（表 1）。

全球栽植梨树的国家和地区中，栽培面积最大的 10 个国家依次是：中国、印度、意大利、土耳其、阿根廷、阿尔及利亚、西班牙、美国，占全球总种植面积的 82.75%；从产量来看，2012 年产量排名前 10 位的国家是中国、美国、阿根廷、意大利、土耳其、西班牙、韩国、印度、南非、日本。

表 1　近十年间世界梨生产情况

项　目	2001 年	2003 年	2005 年	2007 年	2009 年	2010 年	2011 年	2012 年
收获面积（万公顷）	155.6	156.9	163.2	157.9	157.0	152.7	161.4	162.3
总产量（万吨）	1 645	1 758	1 937	2 090	2 248	2 264	2 390	2 358
单产（千克/公顷）	10 575	11 204	11 866	13 235	14 317	14 821	14 805	14 529

数据来源：由联合国粮农组织 FAOSTAT 数据库整理计算而得。

2012 年，全球平均单产为 14.53 吨/公顷，其中奥地利最高，为 487 吨/公顷，比 2011 年有所提高；其次为瑞士 62 吨/公顷；其他如新西兰、美国分别为 43 吨/公顷和 35 吨/公顷，而中国仅为 14 吨/公顷，与发达国家差距较大。

（二）国际梨贸易概况

1. 世界梨贸易概况　21 世纪以来，全球梨贸易持续稳定增长。从出口贸易量来看，2012 年世界梨出口 263.89 万吨，较 2010 年度上升了 2.77%。预计 2012 年全球梨出口贸易数量仍将有小幅上升。从出口贸易价值来看，经历 2009 年大幅下降后，2010 和 2011 年梨贸易价值额增长势头有所恢复，出口价值分别为 23.16 亿和 25.13 亿美元，如图 1 所示。

2. 主要梨贸易国概况　从进口数量来看，俄罗斯、巴西、荷兰、德国和英国为 2011 年世界前五大梨进口国，其中俄罗斯在 2009—2011 年间一直排名第一。巴西在 2010 年超过德国，位居世界第二位，2011 年的进口量达到 21.03 万吨。荷兰在 2011 年进口量达到 19.07 万吨，位居第三位。上述五大进口国在近十年期间的进口量占世界总进口量在 40%左右（图 2）。

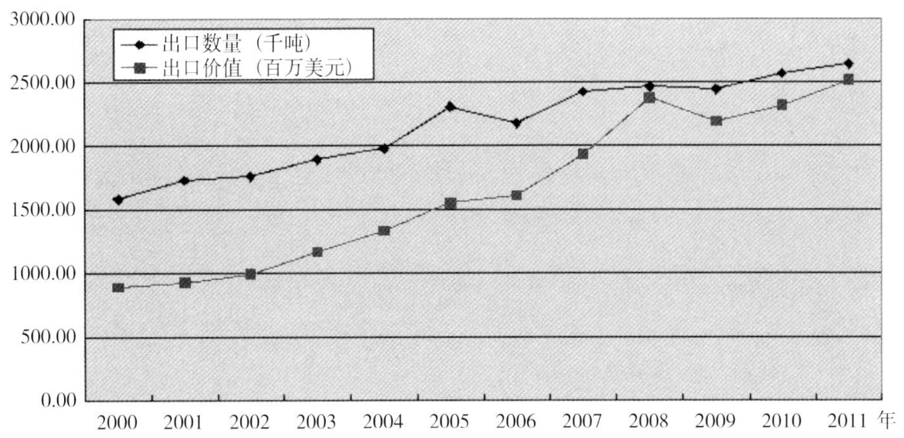

图 1　2010—2011 年全球梨贸易数量与贸易价值的变化趋势

数据来源：联合国粮农组织数据库。

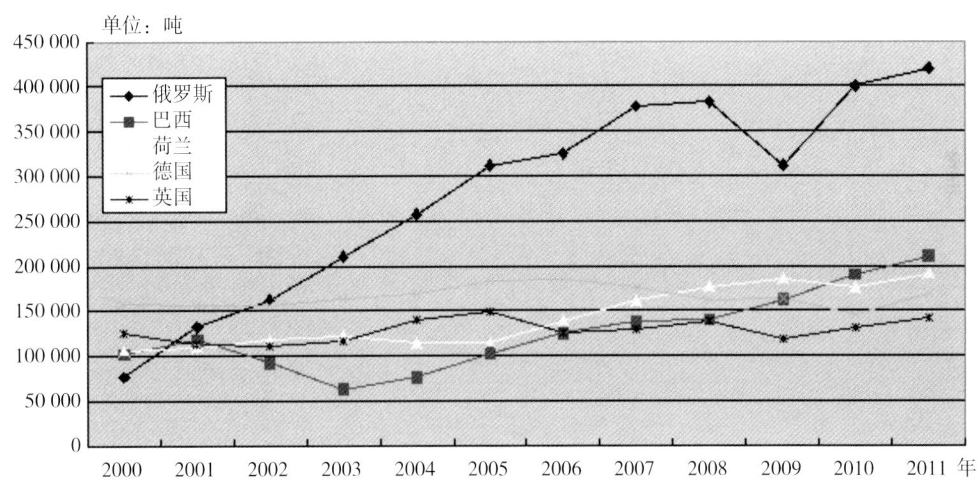

图 2　2000—2011 年全球梨主要进口国进口数量变化趋势

数据来源：联合国粮农组织数据库。

从出口数量来看，中国、阿根廷、荷兰、比利时和南非为主要的出口国。其中，中国和阿根廷出口增长较快，一直是全球前两位的出口大国。上述 5 个出口大国在近 10 年间的出口数量占世界总出口量在 65% 左右（图 3）。

二、国内梨生产与贸易概况

（一）国内梨生产概况

近 10 年我国梨生产面积年均增长率仅为 0.29%，而产量稳定增长，年均增长 6.37%。2012 年我国梨生产面积达到 108.86 万公顷，产量达到1 707.30万吨，分别占我国水果生产的 8.97%和 11.30%，相对 2011 年分别增加了 0.28%和 8.09%。主栽品种类别看，砀山酥梨、雪花梨和鸭梨三大主栽品种产量超过全国梨总产量的 1/2，但这 3 个品种占我国梨产量的比重均呈下降趋势。

从产区分布看，2012 年我国大陆地区只有海南没有梨生产统计数据，河北、辽

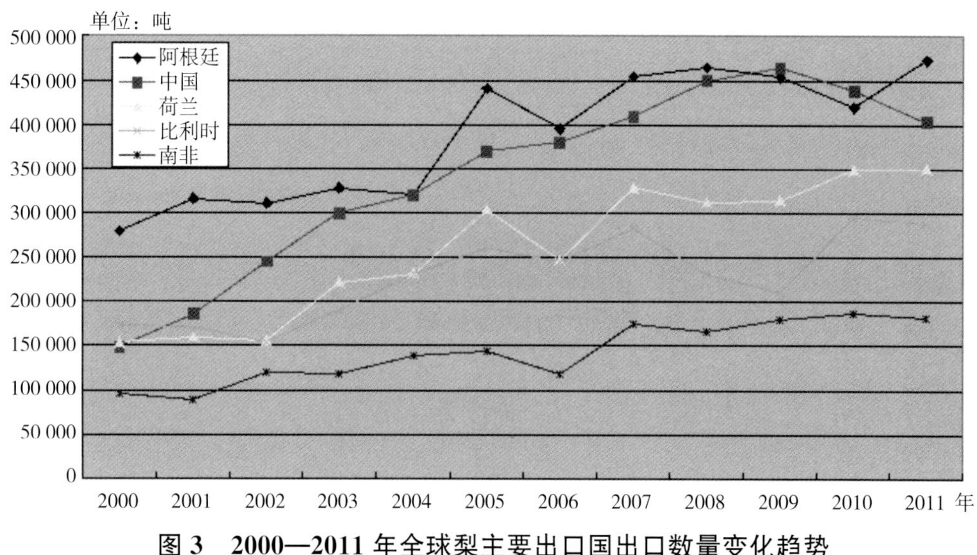

图 3　2000—2011 年全球梨主要出口国出口数量变化趋势

数据来源：联合国粮农组织数据库。

宁、山东、安徽和河南 5 个省份产量在 100 万吨以上（表 2），生产面积合计为 42.45 万公顷，产量合计为 930.19 万吨，分别占我国梨生产的 39.00%和 54.48%。

表 2　2012 年我国梨分省（区、市）生产情况表

省（区、市）	面积/千公顷	产量/吨	与 2011 年相比增减/%		占全国梨生产比重/%		在全国排位	
			面积	产量	面积	产量	面积	产量
河北	193.97	4 450 544	0.29	9.39	17.82	26.07	1	1
辽宁	98.77	1 547 193	−0.03	10.39	9.07	9.06	2	2
四川	83.3	960 290	1.71	4	7.65	5.62	3	6
新疆	70.23	950 197	0.47	56.87	6.45	5.57	4	7
云南	52.25	416 326	5.34	14.33	4.8	2.44	5	12
河南	51.99	1 043 927	5.67	3.87	4.78	6.11	6	5
陕西	48.58	896 932	−0.65	1.75	4.46	5.25	7	8
贵州	48.05	217 178	−1.54	11.17	4.41	1.27	8	17
山东	42.48	1 190 939	−6.43	−2.97	3.9	6.98	9	3
江苏	39.42	748 219	−10	2.53	3.62	4.38	10	9
湖北	37.35	536 352	−5.44	15.87	3.43	3.14	11	11
安徽	37.31	1 069 300	2.22	6.47	3.43	6.26	12	4
甘肃	36.33	333 281	1.2	−0.17	3.34	1.95	13	15
山西	35.1	663 588	4.78	12.45	3.22	3.89	14	10
重庆	34.95	340 983	4.95	12.25	3.21	2	15	14
湖南	33.32	154 253	0.66	2.23	3.06	0.9	16	20
江西	27.14	140 594	2.42	4.29	2.49	0.82	17	21
浙江	23.72	390 500	−2.79	1.25	2.18	2.29	18	13
福建	22	205 745	0	4.32	2.02	1.21	19	18
广西	21.25	257 690	2.66	6.68	1.95	1.51	20	16
吉林	13.71	112 603	−7.36	−15.44	1.26	0.66	21	22
北京	9.07	162 632	−0.33	0.57	0.83	0.95	22	19
广东	7.78	77 982	1.04	5.6	0.71	0.46	23	23
内蒙古	7.49	74 924	29.14	−2.98	0.69	0.44	24	24

（续）

省（区、市）	面积/千公顷	产量/吨	与 2011 年相比增减/%		占全国梨生产比重/%		在全国排位	
			面积	产量	面积	产量	面积	产量
天津	4.11	36 218	−10.65	−7.79	0.38	0.21	25	27
黑龙江	3.98	37 259	7.57	−7.37	0.37	0.22	26	26
宁夏	2.04	14 161	−11.3	−51	0.19	0.08	27	28
上海	1.92	37 359	6.67	17.96	0.18	0.22	28	25
青海	0.88	4 708	10		0.08	0.03	29	29
西藏	0.09	1 150	−10	−1.71	0.01	0.01	30	30

数据来源：《中国农业年鉴（2013）》。

（二）国内梨贸易概况

1. 我国梨国内销售概况 由于 2013 年早春雪灾、冻害造成减产，另由于人工成本增加，农资价格上涨，2013 年我国国内梨果销售价格总体上涨 15%左右。

2. 我国梨出口贸易概况 据联合国统计，在经历 2010 和 2011 年世界经济危机后，2012 年，我国梨出口量开始恢复性增长，出口量达到了 41.0 万吨。

与出口数量不同的是，我国梨出口价值量保持连年增长势头，2012 年出口价值为 3.25 亿美元，是 2000 年的 9.03 倍，年均增长 20.12%（图 4）。

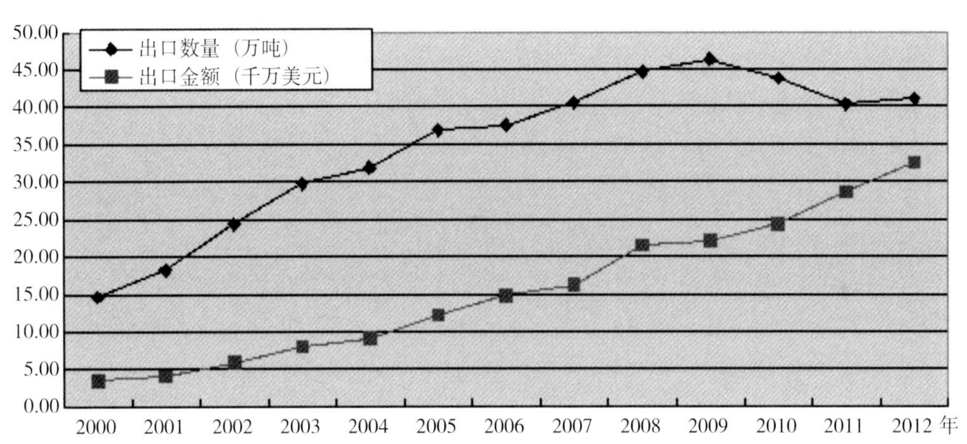

图 4 2000—2011 年我国梨出口数量与金额的变化趋势

2000—2011 数据来源：海关统计年鉴，2012 数据：商务部。

3. 我国梨进口贸易概况 与出口贸易相反，近年来我国进口贸易呈波动递减趋势。但 2009 开始略有增长，其中 2011 年进口量较 2010 年大幅上涨，为 526.6 吨，上升了 513.2 吨（图 5）。

进口金额多年来一直保持与进口数量相似的变化趋势，2011 年进口金额大幅上升为 104.3 万美元。此外，尽管进口金额总量较小，但进口单价总体上升，在 2010 年达到最高峰（5.59 千美元/吨）。

三、国际梨产业技术研发进展

（一）国际梨栽培技术研发进展

1. 栽培模式及栽培技术 日本神奈川县的科研人员发明了一种类似葡萄独龙干形的棚架树形，其结构简单，只有主干，直接在主干上配备结果枝，修剪也变得异常简单，只是对结果枝进行培养和更新。

西洋梨不管是矮化密植，还是乔化密植，都采用稀行密株的方式。欧洲初步的研究表明，与中等密度的栽培方式相比，高密度和超高密度栽培可以获得较高的早期产量和累计产量，但果实体积下降。这种栽培方式树高小于或等于行距，通风透光良好，适宜机械化操作，是西洋梨栽培地区摸索出的成功栽培模式。

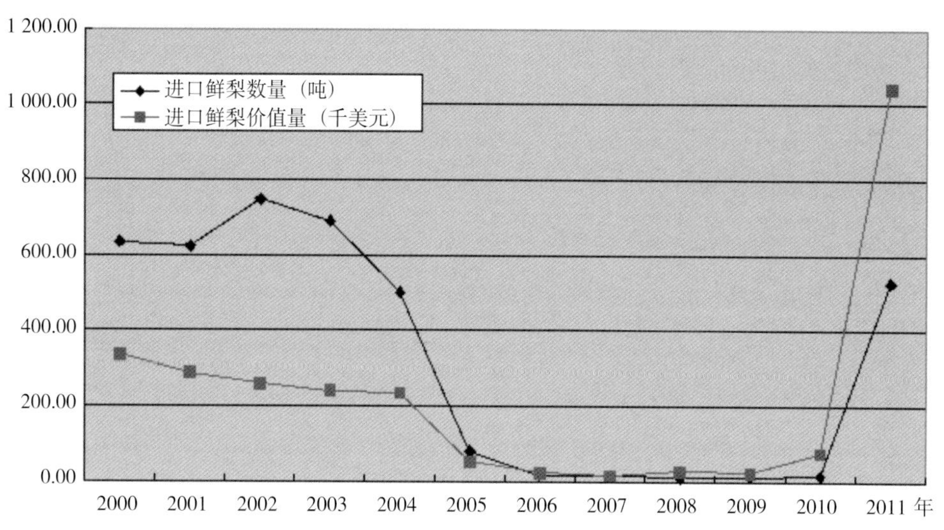

图5　2000—2011年我国梨进口数量与金额的变化趋势

数据来源：海关统计年鉴。

比利时的研究表明长修剪方式可以得到最好的经济效益，其次是Drapeau形和高密度V形。

此外，以色列开发了不同色泽、不同网眼大小和不同网格编制方式的覆盖材料，在梨树上的应用，可以起到调节成熟期、增加着色等的作用。

2. 花果管理　研究表明，硫代硫酸铵具有明显的疏花效果；苄基腺嘌呤有疏果和提高梨果品质的效果；而开花期喷施尿素后对幼果有轻微的疏果作用。印度研究人员提出叶面喷施和土壤基施多效唑能显著提高果实的总糖含量和糖酸比，且能有效降低落果率。日本研究人员发现Cu^{2+}和Zn^{2+}对日本梨花柱核糖核酸酶活性产生抑制作用。

3. 果园机械化　美国正在大力发展水果采摘智能机器人，以采摘特定的理想成熟果实，同时研制出基于超声波探测的果树精准变量喷雾机，实现了农药在果树上的精准变量使用；新西兰成功研制出一种循环喷雾机，使90%以上被浪费的农药得到重新利用。总体来说，欧美发达国家果园都配备了一套完整的整地、喷药、除草、施肥、修剪、运输等机械设备，实现了果园的全程机械化管理和标准化、规模化种植。

（二）国际梨遗传育种技术研发进展

遗传育种的主要趋势是育成栽培简便，抗生物和非生物逆境，适宜栽培地区更广，对健康有益，可持续高产的新品种。

1. 育种计划与新品种选育　由欧盟支持的DARE和HiDRAS计划，通过对育种工具的改进使育种者预选出抗苹果黑星病和白粉病株系，其他育种计划正在发展类似的分子选择工具提高对火疫病的抗性。欧美RosBREED计划专注于果实品质性状，它的主要目的是使育种者落实DNA辅助技术。

韩国选育出一个抗梨黑星病和梨黑叶斑病的早熟砂梨新品种Sinhwa；其他梨新品种还有适应西洋梨Coscia的新杜梨砧木Lavi 1和埃及早熟品种Basateen MKM等。

2. 分子标记开发 日本学者用鸟枪法在丰水上开发分子标记，获得270万个单端测序，设计237个SSR标记，获得415个位点。此外，日本研究人员使用苹果的ESTs设计的PIP引物，在日本砂梨丰水和西洋梨品种Barrlett中评估170个PIP标记，鉴定梨的内含子区域从而发现SNP。

3. 种质资源评价 种质资源研究方面，采用微卫星标记对波黑地区西洋梨资源、立陶宛野生梨资源和栽培梨品种进行了评估和分析；通过叶绿体DNA分析，揭示了野生秋子梨的系统发育网和中国云南省的川梨遗传结构、亲缘地理。

4. 离体再生体系 Reed B M等研究并得到了一套有效的梨组织培养技术；Karimpour S等建立了梨栽培种体外无性繁殖体系；Javadi S等优化了3个重要商业价值的梨品种的组培体系。

（三）国际梨病虫害防控技术研发进展

1. 梨病害防控技术的研发 多国对梨主要致病菌进行了鉴定和侵染特点研究，筛选得到最易感叶斑病的Santa Maria，最抗叶斑病的Rocha和Abate Fetel，最佳组合榅桲A和Abate Fetel，高抗火疫病的梨基因型US 625-63-10及中抗、中感和高感火疫病的基因型。

西班牙筛选得到对梨火疫病菌有强拮抗作用的植物乳杆菌菌株PC40、PM411、TC54和TC92；阿根廷研究者阐明了膜璞毕赤酵母NPCC 1250和C. victoriae NPCC 1263菌株有效防治梨果食采收后病害的机理。

日本学者研究表明土壤中可利用磷的积累会影响日本果园里梨根部菌根真菌的群落组成。

2. 梨虫害防控技术的研发

（1）明确了低温条件对梨小食心虫滞育阶段体内糖分含量、抗氧化酶活性的影响及在滞育解除中的重要作用。瑞士学者提出了全球性入侵的害虫——梨小食心虫的世界群体遗传结构。

（2）美国和新西兰均证明梨酯+醋酸诱捕剂能够明显吸引雄性苹果蠹蛾以及提高雌性苹果蠹蛾的捕获量。

（3）美国通过幼虫取食排趋性实验筛选出最抗梨木虱幼虫取食的2个砂梨和西洋杂交变种（NY 10355和NY 10359）以及西洋梨品种landrace Batjarka和Zelinka。

（四）国际梨贮藏加工技术研发进展

研发形成通过监测叶绿素荧光变化确定气调贮藏环境中梨黑心病发病情况以及冷藏和模拟运输过程中不同处理方式梨果的成熟机制和品质变化以及褐变情况的技术。

基因克隆、基因序列比对与分析、基因同源进化分析、亚细胞定位、蛋白质空间结构预测等基础分析技术被应用于梨果采后研究。

预计果实冷藏后货架期间和运输期间品质维持和通过一些无损指标来预测果实的贮

藏和货架期是梨果采后的研究热点之一。

四、国内梨产业技术研发进展

（一）国内梨栽培技术研发进展

1. 省力高效栽培模式 确定大砧嫁接建园是较为理想的建园方式，并建立了前期种植黑麦、后期自然生草、秋季施用有机肥的土地培肥应用模式，可大量节省肥料投入成本，使梨园土壤有机质含量不断增加，保障梨园生产的可持续发展。“梨省力高效现代栽培模式与技术研究”2013 年 4 月通过技术鉴定，达到国际先进水平。

2. 土肥水管理 秸秆、枝条粉碎还田技术及梨园清耕、生草、覆盖试验，在全国多地区开展，筛选出梨园树盘覆盖的最佳草种，即紫花苜蓿，对梨园土壤性状和肥力有一定的改良作用。

分离纯化了有益于梨树枝叶降解的 5 个菌株，有效应用于梨树修剪枝条堆肥还田利用方面。

确定了甘肃景泰当地条件下膜下滴灌适宜灌溉量，能有效促进梨果可溶性固形物和可溶性糖含量的增加。

3. 整形修剪 研发出梨树新树形倒个形，以及适宜北方省力高效栽培的圆柱形树形和适宜南方的双臂顺行式棚架梨新树形。

4. 花果管理 研究筛选出适合新疆地区的成本较低的液体授粉配方；对脱萼技术进行改良，筛选出有脱萼功能的液体授粉配方；蜜蜂授粉技术得到进一步完善，形成完整的蜜蜂授粉技术规程；初步形成果蔬钙及 PBO 防治库尔勒香梨顶腐病的方法；开发出两种提高梨果实香气的新技术，并获得国家发明专利。

5. 果园机械化 完成了组合式枝条粉碎机的样机试制，保证了硬质与高纤维枝条物料输送的均匀性、连续性，又能实现主动、安全、连续和均匀切碎喂料。

（二）国内梨遗传育种技术研究进展

1. 梨分子生物学方面

（1）梨基因组测序。首次完成梨基因组测序，序列长度 512.0 兆碱基对，包含 97.1%全基因组内容，获得了梨基因组精细图谱。通过转录序列分析推测梨基因组可能含有42 812个基因，其中1 376个基因家族（3 693个基因）是梨属植物特有的，鉴定出 396 个与抗病相关的 *R* 基因，提出抗性基因的进化可能与基因家族的串联复制和分化相关。

（2）分子标记应用。我国研究人员通过梨基因组序列设计开发 120 对 SSR 引物，其中 67 对引物显示出良好的通用性和多态性；利用 4 对 SSR 引物（CH01b12、CH01d03、CH02a08、CH03g12）对 18 个早熟梨品种成功进行了鉴定，可鉴别各品种。同时，还基于梨转录组设计开发了 194 个 EST—SSR 标记，这些标记在其他蔷薇科果树上也有较好的多态性。

对 12 个野生秋子梨群体及 51 个分属秋子梨、白梨、砂梨、新疆梨和西洋梨品种叶绿体 DNA 高变区的测序，揭示了野生秋子梨进化及中国梨亲缘演化关系。

（3）基因克隆。发现了 2 个梨生长素抑制蛋白基因 *PpARP*1 和 *PpARP*2；克隆了梨糖转运体基因并分析了其时空表达特性；发现了 *IAA*1 基因编码生长素响应蛋白 AUX/IAA 参与梨果实发育过程和水杨酸响应机制；分析了砀山酥梨芽变种中与黄褐色果皮形成相关基因的表达特征；研究了在水杨酸处理下，梨果实发育过程中乙烯受体基因 *PpERS* 的基因调控和表达；分析了梨聚半乳糖醛抑制蛋白基因（*PpPGIP1*）在水杨酸处理下和在病果中的表达调控；研究、分析了日本砂梨在解除自然休眠过程中与休眠相关的 *MADS-box* 基因的结构和表达差异，以及梨 10 个 *MADS-box* 基因在果实发育和成熟过程中的差异表达及特征。

2. 杂交群体研究 我国学者以红巴梨和南果梨杂交后代为研究群体，构建出红巴梨和南果梨的遗传图谱，进行抗寒性基因的 QTL 分析和分子标记辅助育种研究。在抗病虫害方面，筛选出了高抗梨木虱的 2 个秋子梨和西洋梨的杂交组合 NY 10355、NY 10359 和 2 个西洋梨品种 Batjarka 和 Zelinka；克隆和鉴定了抗梨火疫病 luxR 转录调控因子；对抗梨火疫病和梨木虱性状进行了 QTL 定位。

3. 梨新品种选育 选育出抗梨枝干轮纹病和枝干腐烂病的矮化砧木中矮 3 号；中熟砂梨新品种山农脆；外观优于翠冠的早熟砂梨新品种翠玉；高品质红皮晚熟梨新品种红香蜜；优质晚熟梨新品种新梨 9 号等。

（三）国内梨病虫害防控技术研发进展

1. 梨病害防控技术的研发

（1）分离、鉴定了腐烂病菌，并研究了不同类型致病菌在不同梨品种上的致病力差异，此外对 101 个梨品种成熟果实抗炭疽病菌和轮纹病菌扩展能力进行了评价、聚类分析。

（2）明确了中国苹果褪绿叶斑病毒分离物分子变异特点以及与地域起源和寄主种类的相关性；建立了快速检测梨衰退植原体的实时荧光 PCR 检测方法。

（3）在梨根围土壤中鉴定出土壤线虫 27 个属，并证实植物寄生线虫所占比率是影响土壤健康的关键因素之一。

（4）连续 3 年对黄金梨铁头病的发病症状和发病规律进行调查研究，提出该病是果顶细胞发育障碍的生理性病害，并提出了相应的防治技术措施。

2. 梨虫害防控技术的研发

（1）通过大量调查，建立了梨小食心虫诱蛾量与卵果率、百果卵量的回归方程，并研究发现环境颜色可以影响梨小食心虫成虫的产卵生物学。此外通过对海城地区的调查，发现梨小食心虫发生消长规律以及发生高峰期，确定了 7 月中下旬是喷施农药的关键时间点。

（2）通过对山西太谷地区的研究发现，梨园间作黑麦草能有效减控梨木虱种群发生数量。

（3）研究发现黄色黏虫板诱杀技术及 1.2%苦·烟乳油 800 倍液、森得保可湿性粉剂 1 500 倍液、2.5%功夫乳油 2 000 倍液 3 种药剂可有效防治梨茎蜂。

3. 病害的生物防治 我国学者发现壳聚糖有增强亚洲梨致病性细菌短小芽孢杆菌抗菌活性的作用，同时证明生防菌酵母和低浓度嘧霉胺能有效抑制青霉菌引起的梨果实青霉腐烂病。

（四）国内梨贮藏加工技术研发进展

在黄花、黄冠、黄金梨、南果梨、库尔勒香梨、秋水、莱阳茌梨及早红考密斯等品种上研究了不同处理方式对梨果采后生理、贮藏保鲜以及生理病害的影响。分离筛选了生物防控真菌病害的有效菌株。

鲜切梨异军突起，在国内的受关注程度和消费量增加迅速；梨汁、罐头、梨干、梨脯、梨茶、梨酒、梨醋等加工工艺逐渐成熟，部分大型加工企业拥有多条先进的现代化生产线及国内甚至世界领先的创新工艺多项。

冷杀菌技术，食品真实性识别的同位素分析技术，复原果汁识别技术，指纹图谱技术、电子鼻嗅觉指纹分析系统等现代科技手段也在梨果加工业中大量应用。

此外，果品加工企业已着手皮渣等加工副产物的综合利用及产业化开发，对其中所含多酚、果胶、多糖、膳食纤维、香气物质加以提取利用，努力提高产品的附加值。

（梨产业技术体系首席科学家
张绍铃提供）

2013年度葡萄产业技术发展报告

（国家葡萄产业技术体系）

一、国际葡萄生产与贸易概况

（一）国际葡萄生产概况（FAO）

2012年，世界葡萄园收获面积为6 969 373公顷，葡萄总产量为67 067 129吨，单产为9 623千克/公顷。葡萄园收获面积比2011年略有降低，为近10年来最低，总产量和单产也均有所下降。

从区域性分布来看，欧洲是葡萄种植面积和产量最大的地区。2012年，欧洲的葡萄产量占世界总量的35%，比重比2011年有所下降，而葡萄园收获面积占世界葡萄园收获面积的51%，与2011年基本持平；其次是亚洲，产量约占世界总量的32%，收获面积占世界收获面积的27%，与2011相当；其余为美洲、非洲和大洋洲。2012年世界葡萄产量最大的前五国依次为中国、美国、意大利、法国和西班牙，而葡萄园收获面积最大的前五国依次为西班牙、法国、意大利、中国和土耳其，排名与2011年基本一致。

（二）国际葡萄及加工品贸易概况（联合国贸易统计数据库）

2012年，全球鲜食葡萄贸易进、出口量及进、出口额略有下降。进口量为364.0万吨，比2011年降低了2.43%；进口额为738 938万美元，比2011年降低了0.58%。出口量357.9万吨，比2011年降低了18.48%；出口额658 085万美元，比2011年降低了3.27%。鲜食葡萄主要进口国家有美国、荷兰、德国和英国等，主要出口国有智利、美国、意大利等。

2012年，全球葡萄酒进、出口额保持增长态势，分别达到2 702 998万美元和2 698 666万美元。葡萄酒进、出口量分别为744 996万升和870 989万升，比2011年有所下降。美国、英国、德国、加拿大和中国为主要葡萄酒进口国，而法国、意大利、西班牙、澳大利亚和智利是五大主要葡萄酒出口国。

2012年的世界葡萄干贸易呈现略微下降趋势。其中，进、出口总量分别为70.10和60.90万吨，分别比2011年减少了7.3%和21.54%，出口量降幅较大；进、出口额分别为16.65亿美元和15.29亿美元，分别比2011年降低了1.54%和18.01%。英国、德国、荷兰和日本是四大主要葡萄干进口国，土耳其、美国、智利、希腊和中国为主要的葡萄干出口国。

2012年，世界葡萄汁贸易量出现下降

趋势。葡萄汁进、出口量分别为73.30和82.63万吨，分别比2011年降低了15.1%和6.2%；进、出口额分别为10.39亿美元和10.71亿美元，比2011年增加4.04%和7.02%。主要葡萄汁进口国为美国、日本、德国和加拿大，而意大利、西班牙和阿根廷是较大的出口国。

二、国内葡萄生产与贸易概况

（一）国内葡萄生产概况（中国农业统计资料）

2012年我国葡萄栽培面积和产量都有所增长。截至2012年底，我国葡萄栽培总面积为66.56万公顷，位居世界第四位，产量达1 054.31万吨，自2010年后一直跃居世界葡萄产量的第一位。

葡萄目前是我国第六大水果，产量仅次于苹果、柑橘、梨、桃和香蕉。从全国生产布局来看，新疆葡萄种植面积一直居首位，面积和产量分别占全国的21.5%和19.8%，其次是河北、山东、辽宁和陕西，以上5个主产区的栽培面积和产量约占全国的49.3%和53.3%，仍居主导地位，但栽培面积和产量比重均呈现下降趋势，表明我国葡萄生产的集中度有所降低。

（二）国内葡萄及加工产品贸易概况（中国海关统计资讯网）

2013年，我国鲜食葡萄进口量大于出口量，与2012年的情况类似。进口量为18.52万吨，比2012大幅增加了26.82%，出口量为10.52万吨，比2012年降低了13.57%。鲜食葡萄进出口额分别为51 438万美元和26 881万美元，比2012年分别增长了33.99%和2.55%。鲜食葡萄出口单价为2.56美元/千克，比2012年上升0.4美元/千克，进口单价基本不变，不过出口单价仍低于进口单价。

我国鲜食葡萄主要出口市场以泰国、越南、马来西亚、印度尼西亚、俄罗斯等周边国家为主；进口则主要来自智利、美国、秘鲁、南非等国。

我国葡萄酒贸易以进口为主，进口量快速增长，已成为世界前五的葡萄酒进口国。2013年，葡萄酒进出口量分别为36 814万升和182万升，进出口额分别为149 085万美元和3 712万美元；与2012年相比，葡萄酒进出口量分别降低了5.15%和7.61%；进出口额分别降低了1.98%和50.89%。2013年，葡萄酒进口单价基本不变，而出口单价则下降了46.84%，由2012年38.36美元/升降低到20.39美元/升。我国进口葡萄酒主要来自法国、智利、澳大利亚、西班牙、意大利和美国。

中国的葡萄干国际贸易一直保持贸易顺差。2013年，葡萄干出口量为3.60万吨，比2012年增加了17.44%；出口金额8 346.6万美元，比2012年增加了12.94%。而进口量为2.01万吨，比2012年下降了10.24%；进口金额为3 787.8万美元，比2011年下降了8.76%。葡萄干出口价格有所降低，进口价格基本不变。2012年，中国葡萄干出口量居世界第五，仅次于土耳其、美国、智利、希腊等国，主要出口市场有日本、英国和荷兰等。

中国的葡萄汁贸易量和贸易额都比较少。2013年，我国葡萄汁进口量为1.06万吨，进口额为2 646.7万美元，进口贸易量比2012年有所下降；出口葡萄汁0.20万吨，比2012年增加了132.95%，出口额393万美元，比2012年增加了142.45%；存在明显的贸易逆差。我国进口的葡萄汁主要来自西班牙、以色列、美国、澳大利亚、阿根廷等国。

三、国际葡萄产业技术研发进展

（一）国际葡萄遗传育种研发进展

2013年葡萄资源与品种选育方面的研究主要涉及葡萄的起源进化、种质遗传多样性分析和评价、种质资源的鉴定、遗传图谱的构建和QTL定位、细胞工程和遗传转化体系等方面。研究表明葡萄驯化的关键时期居于青铜器时代和铁器时代早期之间；与欧亚种鲜食葡萄相比，圆叶葡萄果实的渗透压和果肉的耐压力都高于欧亚种，但果肉硬度低于欧亚种；野生品种的遗传多样性略低于栽培品种；西欧品种群与野生品种关系更密切；葡萄的基因结构主要受人类利用和地理分布的影响；利用叶片的光谱特征，对Tempranillo、歌海娜和赤霞珠进行了鉴别，为葡萄酒行业提供了一种快速、自动、准确的葡萄品种识别的工具；利用QTL定位将葡萄成熟果实中的芳樟醇、橙花醇、香叶醇定位到葡萄的5号和10号染色体上，与几类挥发性芳香化合物有关的候选基因间隔分布在10号染色体上。利用QTL定位将铁亏缺基因定位于葡萄的13号染色体上；GST2和GST3的表达可以作为在体细胞胚胎的早期发育中胚胎产生的分子识别信号；智利、巴西、美国等共培育了10个葡萄品种。

（二）国际葡萄栽培技术研发进展

2013年度国外栽培领域主要集中在土壤管理、肥水高效利用、简化修剪、砧穗组合与嫁接、果园机械与信息化、土壤盐渍化、环境污染等方面。其中土壤管理研究发现免耕可以增加酿酒葡萄的色素积累，是一种可持续的农业实践；肥水高效利用主要开展了营养诊断、肥料减施、叶面肥使用、生物有机肥、调亏灌溉和根系分区交替灌溉等方面的研究；简化修剪主要研究了架式和最少修剪对果实品质和葡萄生长发育的影响；砧穗组合与嫁接研究发现嫁接苗成活率与砧木和接穗的基因型有关，它们分别与从土壤中吸收水分的能力和气孔控制的敏感性有关；果园机械研究的热点是信息化与传感器；土壤盐渍化研究发现非盐渍地区的氮素管理措施并不适用于盐渍地区，而且氮素的施用可能引起葡萄盐害；环境污染研究发现烟雾处理之后进行摘叶能使葡萄酒展现出较低强度的烟熏味，烟雾处理之前摘叶并不能降低烟雾污染对葡萄和葡萄酒的影响。

（三）国际葡萄病虫害防控技术研发进展

国际上葡萄病虫害防控技术方面的研究主要集中在以下几个方面。

1. 葡萄上的有害生物鉴定 加拿大及美国学者通过形态学鉴定，多基因整合系统发育分析，明确了美国引起葡萄枝干病害的Phomopsis主要种类、优势种群。法国和南非首次报道发现GFLV。

2. 检测技术及监测技术 国际上对病毒病的检测技术主要包括：ELISA、RT-PCR、多重定量、芯片、RT-LAMP，其中多重定量检测与RT-LAMP具有节时、简单，灵敏度高的特点，每年检测技术在简化程序、提高灵敏性都有所发展。巴西的学者开展了葡萄霜霉病预警系统在施用药剂防治葡萄霜霉病的过程及防治技术中的作用的研究。

3. 葡萄病虫害防治方法与技术 南斯拉夫采用不同的处理方法、不同的药剂及施药技术在两个葡萄品种上（Frankovka 和 Game）开展了葡萄霜霉病的防治实验，进行了药效评价；智力的科学家对 Neofusicoccum 和 Diplodia 等病原菌进行了杀菌剂筛选和评价实验；匈牙利评价了防治葡萄白粉病的药剂特点；德国科学家研究了异色瓢虫对葡萄根瘤蚜取食情况，评价了进行生物防治的可能性；乌拉圭比较了不同品种上葡萄根瘤蚜的发生规律及防治技术；Loxdale 等研究了利用根瘤蚜经过多代繁殖种群的不稳定性来减轻对葡萄的危害。

（四）商品化处理和加工技术

在贮藏保鲜方面，国外采后鲜食葡萄仍以冷链流通贮藏保鲜为主，注重果实采前质量管理、冷链物流和采后保鲜材料应用相结合。研究内容主要涉及采后生物类保鲜剂处理、植物生长调节剂、物理方式如低氧、活性包装膜等处理对贮藏品质的影响及物流过程包装、码垛、运输方式对果实品质影响。

葡萄酒酿造中的质量控制依旧是关注的核心，冷浸渍和浸渍酶的添加仍是葡萄酒酿造工艺手段中的一个热点；冷浸渍工艺结合辅因子咖啡酸的添加使得聚合花色苷、酰化花色苷、酚酸和总酚含量都有所提高。香气组分鉴定和特性香气研究是在葡萄酒化学和葡萄酒感官品评分析中都有重要的研究价值。

在酿酒微生物方面，发酵过程中酵母菌的检测趋于定量化。在酵母对葡萄酒感官质量的影响、酵母的硫代谢和氮代谢及其调控、酿酒酵母氧化胁迫应答机制、非酿酒酵母的研究利用及乳酸菌糖苷酶的研究利用、乳酸菌的抗胁迫应答等方面的研究延续了 2012 的热点，研究更加深入细致。

四、国内葡萄产业技术研发进展

（一）国内葡萄资源与育种研究进展

包括抗性鉴定、分子身份证构建、遗传多样性及指纹库构建、亲缘分析分子标记辅助育种、组织培养胚挽救技术和转基因育种等。国内共培育了 8 个葡萄新品种获得了当地品种委员会的审定或认定，同时中国农业科学院郑州果树研究所、北京农林科学院林业果树研究所、河南科技大学、昌黎果树研究所等选育的 10 个品种通过了田间考察，预计陆续会通过审定。本年度选育的葡萄品种中，仍以鲜食为主，缺乏酿酒、砧木、制干品种，育种方法以常规杂交为主。

（二）国内葡萄栽培技术研发进展

2013 年度国内葡萄栽培领域研究主要由国家葡萄产业技术体系完成。其中苗木生产方面，主要开展了无病毒优良品种和砧木培育及扩繁技术、嫁接苗木繁育技术规范与嫁接苗木分级标准、抗性砧木与品种的选择、品种区划等研究，制定葡萄优质苗木繁育技术规范 1 套，初步制定了全国鲜食葡萄主产区品种及砧木种植区划方案。简化修剪和花果管理方面，主要开展了高光效省力化树形和叶幕形、主副梢管理技术、花序整形、植物生长调节剂安全使用、果实套袋、适宜负载量、果品贮运保鲜等研究，制定了适合不同生态区域（东北区、西北区、华北区、华东及华南区、华中及西南区、山东省、黄土高原等产区）的简化修剪和花果管理技术规程。根域管理方面，主要开展了根域限制技术、肥水高效利用技术、越冬防寒技术等研究，在根域限制技术和越冬防寒技术方面取得较大突破，明确了根域限制栽培的原理，提出了机械化越冬防寒技术。病虫害综合防控方面，基本形成20套针对不同栽培区、不同品种的病虫害规范化防控技术规范。设施栽培方面主要开展了栽培设施的设计与建造、品种与砧木的选择、简化修剪、花果管理、肥水高效利用、休眠调控、环境调控、叶片衰老、连年丰产等研究，制定了适于不同生态区的避雨栽培、促早栽培和延迟栽培技术规程。此外，葡萄园机械化生产技术配套农机设备的研发也取得了较大进展，研发出12台套机械设备，通过了农业部组织的专家鉴定，认为该项成果在同类研究中总体达国际先进水平。

（三）葡萄病虫害防控技术研发进展

1. 葡萄病虫害防控方法与技术 国家葡萄产业技术体系病虫害防控研究室通过5年试验，经过室内毒力测定、盆栽、田间等试验，选择烟草作为生态调控植物，利用次生代谢物质及根系交叉把靶向次生代谢物运输到靶标，证实复合种植可以作为防控葡萄根瘤蚜的有效措施，并且筛选出1种对葡萄根瘤蚜高活性的物质；对新出现的葡萄溃疡病、酸腐病等进行了研究，筛选了防控药剂及研发了综合防控技术；葡萄霜霉、白粉病、炭疽病、绿盲蝽等重要病虫害病防控药剂及防控技术等取得进展，对许多药剂进行了试验和评价；试验了高效氯氰菊酯、苦参碱、吡虫啉等药剂对葡萄二黄斑叶蝉若虫的毒杀效果；探索了色板对绿盲蝽和叶蝉的诱集效果，证实不同色板诱集的害虫种类和数量存在差异；利用频振式杀虫灯诱集透翅蛾和叶蝉，试验表明频振式杀虫灯杀虫量大，杀虫范围广。

2. 葡萄病虫害流行与监测 病虫害防控研究室各岗位及果树霜霉病行业专项课题各单位，对田间霜霉病孢子囊捕捉技术及孢子囊时间动态等相关性进行了研究，为病虫害流行监测体系的建立进行了探讨。

3. 检测技术 建立了LAMP和PLP 2种对葡萄霜霉病的检测技术和1种RT-LAMP对病毒病的检测技术，具有简便、快速、灵敏、准确率高等特点，具有良好的应用前景。

葡萄病虫害综合防控技术体系建立：根据不同产区的气象条件、地域特征、品种特性、栽培模式等，初步建立了30余套葡萄病虫害规范防控技术体系，为产业健康发展和优质安全葡萄产品生产提供了技术支撑。

（四）商品化处理和加工技术

在贮藏保鲜方面，我国鲜食葡萄的中长期贮藏保鲜技术仍以“低温保鲜库＋保鲜剂＋保鲜膜”的技术方式为主，但我国食品安全要求和物流保鲜技术水平都已有所提高。葡萄酒加工重在基于原料特性的酿造工艺技术方案的完善；制定了葡萄与葡萄酒主要安全指标（农残、生物胺、EC）的分析检测体系。获得了两株优选本土酵母菌的活性干粉，并进行了试验中试和大生产试验，向本土菌株的工业化迈进了一大步。

（葡萄产业技术体系首席科学家
段长青提供）

2013年度桃产业技术发展报告

（国家桃产业技术体系）

一、国际桃生产及贸易概况

（一）国际桃生产概况

根据联合国粮农组织（FAO）最新数据统计，2011年全世界桃栽培面积和产量达到157.06万公顷和2152.87万吨，总面积继葡萄、香蕉、苹果、柑橘、梨之后，是世界第六大水果。欧盟2013年桃种植面积224 400公顷，桃产量为397万吨，受恶劣天气影响，比2012年减产7.3%。据美国全国桃子委员会统计，2013年，美国桃产量将比2012年增加约9%，达到120万吨，面积5.9万公顷。2012—2013年，世界主要桃主产国未出现严重影响桃生产的自然灾害和病虫害，预计世界桃总面积和总产量继续增加，全世界2013年桃栽培面积和产量约达到160万公顷和2 200万吨。

（二）世界桃贸易状况

根据全球贸易图测（GTA）最新数据统计，欧盟2013年进口量为45 000吨，比2012年增长10.64%；欧盟是净出口地区，2013年出口总量为390 000吨，比2012年增加4.04%。2013年美国鲜桃进口额约4 454万美元，比2012年降低11.38%，创5年来最低纪录（2011年4 858.6万美元）。出口额约15 253.1万美元，比2012年降低12.02%。

二、国内桃生产及贸易概况

（一）国内桃生产状况

我国是世界桃生产第一大国，栽培面积和产量均居世界第一位。据美国农业部（USDA）最新统计数据，2013年我国桃总产量占世界主要产桃国总产量的61.59%。据我国农业部数据推算，2013年桃总面积和总产量约占全国果品总面积和总产量的8.72%和6.69%，是中国第四大果品产业。2013年，预计全国桃面积略有增长，产量有所下降，全国桃总栽培面积达到72.5万公顷，产量约为1 100万吨。2013年我国产桃大省山东、河北、河南、湖北四省的种植面积稳中有增，产量略有下降。其中，河南产量稳中有增；山东、河北受花期低温影响减产约5%；湖北受天气因素和病虫害因素影响，桃产量下降幅度较大，约30%。产量方面，除山西、甘肃、辽宁、福建有所增加外，其余地区产量同2012年持平或略有下降，其中浙江、江苏、安徽下降幅度约为30%，原因是3月下旬至4月上旬发生低温阴雨天气，盛花不齐，坐果率下降。云南产量下降70%，原因是干旱和低温影响。

（二）国内桃贸易状况

2013年，国内市场批发价格比2012年略有提高。我国多数地区面积持续增加，产量连续下降，因此，2013年批发市场价格的提高除了与品种更新、品质提高有关以外，也与产量降低有关。据美国农业部统计，2013年中国鲜桃出口仍会保持强劲，但增长幅度低于2012年，预计将比2012年增加7.30%（2012年和2011年增幅达20%和40%），达到5万吨左右（2012年4.66万吨，2011年3.90万吨），原因是受天气影响，国内虽面积增加，但产量暂未见增长。

三、国际桃产业技术研发进展

（一）遗传育种研究

在种质资源（或品种资源）的评价方面，国外出现了一些新的模式。Reig等的研究表明霜冻会影响桃的产量和品种的选育，56个品种的耐低温和抗霜冻能力研究表明花期与雌蕊本身的敏感程度无显著相关性，与果实的类型和果形等也无相关性，是由品种本身的特性所决定。

2013年，Verde等（2013）在*Nature genetic*上发表了关于桃基因组信息的论文。利用Sanger鸟枪法长DNA测序的方法获得了桃的完整基因组，通过这些生物信息学的信息，预测了27 852个编码蛋白基因和非编码RNAs。桃的演化和起源一直是桃育种工作者争论的焦点。Fresnedo-Ramírez等（2013）进行了古老品种、新品种及杏的重测序研究，并与参考基因组比较，分析变异频率，认为老品种和杏的杂合度要高于近年来育成的品种，聚类分析认为其相似度要低。关联分析（Association mapping）是组合作图（Crossing mapping）之后定位性状的方法。2012年首次在桃研究领域获得应用，2013年又有这一方法的研究报道。Dhanapal和Crisosto采用简单线型模型（GLM）和混合显性模型（MLM）的关联分析，发现22个SNP（单核苷酸多态性）与低温冷害有关，其中3个SNP与目标基因的关联度较高。黄肉性状的分子机制研究取得突破，2013年Falchi和Adami等的研究认为*CCD4*基因在黄肉桃中发生了3种突变，导致其功能的丧失，不能降解类胡萝卜素，导致其依然呈现黄肉。

查阅到2013年国外专利品种50个，其中美国25个，法国7个，日本7个，韩国8个，智利2个，保加利亚1个；按类型分，桃35个，油桃11个，蟠桃1个，油蟠桃1个；按肉质分，不溶质5个，溶质44个；按肉色分，白肉31个，黄肉18个；按用途分，鲜食46个，加工1个。

（二）栽培技术

在产业技术应用方面，意大利、美国、西班牙、日本等桃主产国整形修剪的发展趋势都是向建立高光效、低消耗、省力化、机械辅助和化学控制的技术体系方向发展。

在化学疏果方面，Iuliana（2013）报道在罗马尼亚的普瑞安Spring Lady和Maja2个品种在坐果后25天喷施39.5%的500毫克/千克乙烯利可疏除近一半的果实，并可生产出较大果个的果实。在果实套袋方面，Lima等（2013）在巴西米纳斯吉拉斯研究了套袋对16个新引进品种品质的影响。发现尽管套袋能保护果实、改善外观品质、减轻药害，但多数品种果实糖、酚类物质和有机酸含量降低。但这并不意味着果实的感官品质降低。

在土壤管理制度方面，大多数国家的桃园都采用生草制，很少清耕。在桃树养分需求方面，目前在桃树氮素营养方面的研究较多，Rufat 等研究表明，在桃树生长的前 30 天内，所利用的氮来源于贮藏器官，当季树体从贮藏器官中释放的氮能持续到开花后约 75 天为止。当年树体累积的干物质与氮肥施用量正相关，施氮肥树体的总氮含量是不施肥的 2 倍。施肥桃园的氮日利用量大约是 1 千克/公顷，而不施肥的桃园仅 0.5 千克/公顷。在水分管理方面，具有双 S 生长曲线的桃果实体积大部分是在果实发育的最后 20～30 天获得的，果实第一速长期及之后的硬核期，对水分胁迫有较强的忍耐能力，国外部分桃园在桃需水非关键期进行调亏灌溉，取得了节水、不减产甚至增产与提高果实品质的效果，在此基础上，有的桃园还结合“部分根区干旱理论”（PRD-Partial rootzone drying）进行分区灌溉或交替灌溉实践，使节水技术体系更加完善。

（三）病虫害防治技术

2013 年国际上桃树病害研究较多的主要是桃褐腐病以及桃采后贮藏期真菌病害，其研究主要集中于病害生物防治及其机制、病原分布及频率、病害的发生规律、抗药性、农业防治、化学防治及桃抗病性等方面。

关于梨小食心虫的研究主要以种群生态学研究为主，美国学者主要开展了对梨小种群在桃园与梨园间的寄主转移与植物挥发性物质的季节变动之间的关系进行了研究。在梨小食心虫防治手段方面，美国仍以化学防治为主，通过性信息素诱捕器捉到的雄蛾数量来进行监测预报。强调使用杀虫剂对梨小的成功治理需要仔细把握用药的时机，而时机的把握则依靠性信息素诱捕器捉到的雄蛾数量来进行监测。另外，Ellis 等（2013）发现不同寄主种植相邻，对梨小雄虫扩散有一定的影响。保加利亚研究人员测试了分配干扰器在桃园中通过交配干扰方法防治梨小的效果试验。连续多年研究数据表明交配干扰区的果实危害率为 1%以下。且测试区与对照区各品种的果实危害率差异显著性很高，特别是晚熟品种差异更为显著。

（四）产后处理技术

Cano-Salazar 等研究了 Big Top、Venus 油桃和 Early Rich、Sweet Dream 桃在 −0.5℃、92%相对湿度的不同气调条件（2 千帕 O_2/5 千帕 CO_2、3 千帕 O_2/10 千帕 CO_2 和 6 千帕 O_2/17 千帕 CO_2）下分别贮藏 20 天和 40 天后的表现，结果表明影响果实贮藏期间风味品质的主要因素是贮藏期；此外，果实的风味也受气调成分的影响，2 千帕 O_2/5 千帕 CO_2 的气调风味较好，3 千帕 O_2/10 千帕 CO_2 的气调风味有所下降，6 千帕 O_2/17 千帕 CO_2 的气调风味最差。García-Parra 等研究认为抗坏血酸前处理可保护油桃果肉加工过程中的颜色降解，但高压处理后果肉呈低颜色稳定性、低生物活性和低抗氧化活性。热烫前处理可使果肉在高压处理后保持更好的品质。

四、国内桃产业技术研发进展

（一）遗传育种研究

在桃种质资源的分子评价方面，简单重

复序列（SSR）标记已经应用于桃种质资源的鉴定和亲缘关系分析。2013年，李雄伟等综合国内445份桃种质资源和西班牙IRTA研究的224份试材的数据，总结归纳了桃品种特异性荧光SSR分子标记数据库。

继桃基因组测序完成以后，国内一些单位开展了基因组和转录组的重测序研究。Wang等（2013）对红叶桃和满天红的嫩叶，红白花和满天红的大蕾期花瓣，白凤、锦香和大红袍花后65天和85天的果实进行了转录组测序，获得了较多的生物学信息。韩继成（2013）采用“重阳红”×“燕红”和“重阳红”×“大久保”两个杂交群体后代，利用SSR和SRAP（相关序列扩增多态性）标记获得与红色素在近核处果肉分布的标记6个，与红色素在皮下和果肉分布的标记3个。

2013年，通过审定、认定、鉴定的桃品种增加了20个。其中白肉桃品种14个、白肉油桃品种2个、黄肉桃品种2个、观赏桃品种1个，观赏鲜食两用桃1个。

（二）栽培技术

陈海江等通过调研不同树形生长结果状况、生产及管理成本，对生产中采用的主要树形及结构参数进行了评价。初步提出丰产优质桃园群体结构参数。总结提出三主枝自然开心形、三主枝高冠开心形、三主枝无侧枝开心形、无侧枝Y形、有侧枝Y形、规范侧枝Y形、四主枝字形、四挺身形、纺锤形、主干形、倾斜单干形等主要树形的结构参数指标，并通过模拟修剪、果实管理等田间作业，认为无侧枝Y形、四主枝Y形、四挺身形、主干形具有省力化和早果性特征。

在长江中下游地区，受到自然气候的影响，多数晚熟桃品种存在采收时着色不良、外观商品性差等问题，一定程度上影响了其商品价值。张斌斌等的研究认为铺设反光膜技术对改善晚熟桃果实外观色泽和内在品质都具有明显的作用，适合在长江中下游地区推广应用。

袋控缓释肥是利用微孔控释袋包装，达到控制肥料释放目的的新型肥料。在苹果、桃、冬枣等果树上的试验结果表明，采用肥料袋控缓释技术可以保持土壤速效养分浓度稳定，克服了肥料散施土壤养分浓度波动大的缺点，氮素利用率提高10个百分点。彭福田等研究表明，由于养分供应稳定，果树植株生长健壮，能有效克服肥料散施导致短期内土壤有效氮水平过高，刺激新梢旺长造成营养竞争和花芽形成难等问题，同一施肥水平比较，采用肥料袋控缓释技术比传统施肥产量增加15%以上，果实品质显著提高。

（三）病虫害防治技术

2013年，我国桃树上常见病害主要有穿孔病、褐腐病、流胶病、炭疽病、疮痂病、缩叶病、白粉病、根癌病，灰霉病、软腐病。其中关于桃褐腐病研究较多，也取得了不错的进展。麻莹等（2013）采用PCR（聚合酶链式反应）方法克隆了桃褐腐病菌（*M. fructicola*）的角质酶基因cut1，并在大肠杆菌中进行表达，重组菌角质酶的表达量约为对照菌的1.69倍，酶活约为对照菌的1.8倍，粗酶液的酶活可达40.33单位/毫升。符伟辉等（2013）采用菌丝生长速率法分别测定了小檗碱和多菌灵对桃褐腐病菌（*M. fructicola*）的抑制效果，EC_{50}分别为8.314微克/毫升和0.012微克/毫升。当小檗碱和多菌灵复配浓度比为3 657：1时具有增效作用，即在小檗碱中加入微量多菌灵即能增强其抑菌效果。

国内近几年也开始重视对桃树害虫发生与防治方面的研究，生产上常发性的重要害虫蚜虫和梨小食心虫仍然是重要的研究和防控对象，而橘小实蝇、桑白蚧、绿盲蝽等小型害虫也受到更多的关注。在陕西梨园，杜鹃建立了诱蛾量与卵果率、百果卵量的回归方程，分析得出当以不同卵果率为防治指标时，基于性诱剂监测的梨小食心虫的防治指标（每天每诱捕器诱蛾数量）。丁俊兴研究认为1.3%苦参碱As对甘蓝桃蚜具有较好的防治效果，药后7天的防效为92%以上。但植物源农药见效慢，应在蚜虫始发期用药。

（四）产后处理技术

千春录等研究发现以1微升/升的1-MCP处理可以显著降低艳红桃果实4℃冷藏中的乙烯释放量和呼吸强度，保持果实硬度和色泽，提高抗氧化能力，改善冷藏品质。氯化钙和热空气处理均能改善艳红水蜜桃果实在4℃低温下的贮藏效果，提高果皮抗坏血酸含量和其还原状态，提高了桃果的抗冷性，在一定程度上改善了桃果的冷藏品质。汪开拓研究认为0.2克/升BTH（苯丙噻唑硫代乙酸甲酯）处理可有效诱导大久保水蜜桃果实在20℃贮藏期间的抗病性反应，促进抗病相关酶几丁质酶和β-1，3-葡聚糖酶活性以及总酚含量的上升，减少果实贮藏期间的青霉病。但BTH处理诱导抗病性反应的同时导致果实出现后熟及次生代谢产物合成速度减慢等不良症状。吕健等研究发现大久保膨化桃片预干燥后的水分含量是影响膨化产品品质的主要因素，其次膨化温度、抽空时间对桃膨化产品品质也有较为显著的影响，而膨化压差、停滞时间在一定范围内对膨化产品品质的影响不显著。

（桃产业技术体系首席科学家
姜全提供）

一、国际香蕉生产与贸易概况

（一）香蕉生产

1. 面积、产量与地位 香蕉被联合国粮农组织（下简称FAO）认定为仅次于水稻、小麦、玉米之后的第四大粮食作物，是一些发展中国家农民的主要食粮。全球有约130个国家种植香蕉，主要分布在亚洲、拉美和非洲的发展中国家。据联合国粮农组织最新统计，2012年世界香蕉收获面积495.33万公顷，在常见水果中次于柑橘和葡萄居第三位；产量1.02亿吨；预计2013年世界香蕉收获面积略有下滑，大约为485万公顷，产量接近1亿吨。此外，FAO还统计出2012年全球大蕉（煮食香蕉）的收获面积为540.74万公顷，产量3 716.22万吨。预计2013年收获面和产量分别下滑为530万公顷和3 620万吨。

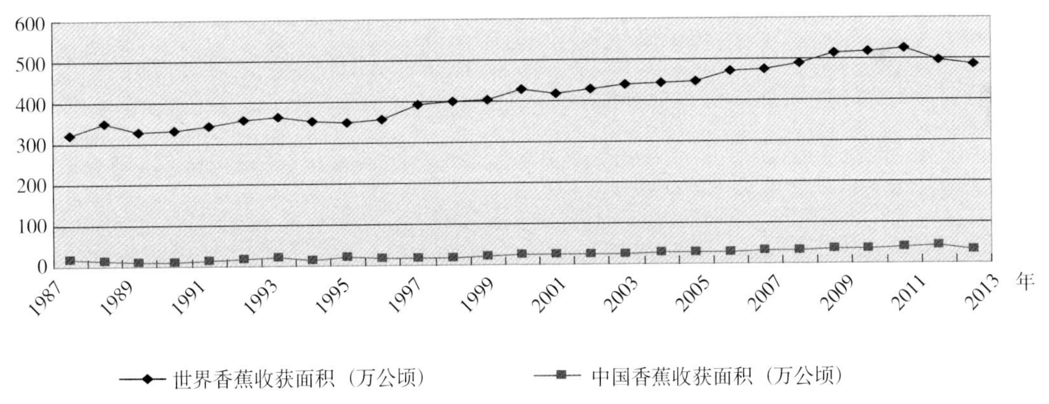

图1 1987—2013年中国与世界香蕉收获面积

2. 生产趋势 FAO最新数据显示，世界香蕉收获面积从1962年的205.58万公顷上升到2012年的495.33万公顷，年均增长1.77%；产量从2 192.18万吨增长到10 199.27万吨，增长4.65倍，年均增长3.12%；预计2013年世界香蕉收获面积大约为485万公顷，产量接近1亿吨。

（二）香蕉贸易

1. 继续保持全球农产品贸易前四强的地位 FAO最新数据显示，2010年全球香蕉出口量1 745.79万吨，进出口贸易额达

117.13亿美元，在农产品贸易中仅次于小麦、玉米和大豆。2011年全球香蕉出口量1 891.88万吨，进出口贸易额达130.69亿美元。受全球经济复苏的影响，2012—2013年全球香蕉年出口量和进出口金额预计在2011年的基础上略有增长，出口量预计突破1 900万吨，进出口额达到200亿美元。2013年，美国、比利时、俄罗斯占据全球香蕉进口的前三名。2013年，厄瓜多尔、菲律宾、哥斯达黎加占据全球香蕉出口的前三名。

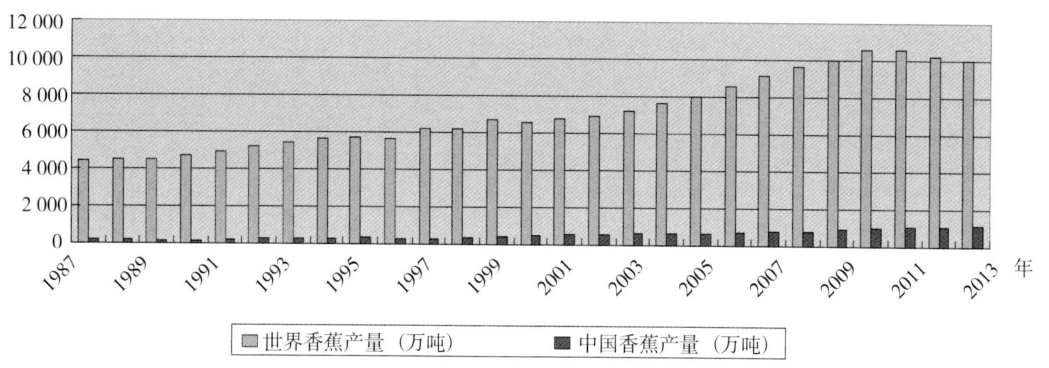

图2　1987—2013年中国与世界香蕉产量

2. 国际香蕉市场继续呈现垄断局面　2012—2013年全球最大的三家农业跨国公司（Dole Food、Chiquita和Del Monte公司）香蕉贸易额约占全球贸易总量的65%。

二、国内香蕉生产与贸易概况

（一）香蕉生产

1. 面积和产量　据FAO最新统计，2012年中国香蕉收获面积41.28万公顷，产量1 084.53万吨，面积和产量分别占世界的8.33%和10.63%。据调查，2013年较2012年全国有不同程度的下滑，下滑幅度约占5%左右；其中，传统的香蕉主产区广东、海南及福建，下滑较为明显，而新兴的香蕉主产区广西及云南，却不滑反增。无论五大香蕉主产区及至全国，香蕉单产均呈现不同程度的增长，2013年较2012年增长幅度约在1.3%左右。香蕉年产量，2013年较2012年下滑约5%左右，基本与面积的下滑幅度一致（表1）。

表1　2012—2013年全国香蕉的基本生产情况

区域	播种面积（万亩）		收获面积（万亩）		农户数量（万户）		亩产（千克）		年产量（万吨）		年产值（亿元）	
	2012	2013	2012	2013	2012	2013	2012	2013	2012	2013	2012	2013
海南	78	56	70	45	11.3	7.4	2 643	2 690	185.0	121.1	35.0	35.1
广东	150	130	130	114	21.0	18.4	2 345	2 380	304.9	271.3	45.7	76.0
广西	140	148	126	130	20.3	21.0	2 710	2 760	341.5	358.8	61.5	96.9
云南	145	150	130	136	21.0	20.9	2 700	2 750	351.0	374.0	63.2	101.0
福建	40	35	35	30	5.7	4.8	2 230	2 260	78.1	67.8	12.5	18.3
全国	570	540	498	459	80.4	74.9	2 480	2 510	1 235.0	1 142.8	210.0	321.7

注：(1) 全国除海南、广东、广西、云南及福建等为香蕉主产区外，重庆、贵州、四川等地也有零星的种植，因规模较小，没有单独列出；(2) 台湾地区的数据没有包括在全国的统计里；(3) 数据来源于国家香蕉产业技术体系固定观测点及调研统计分析整理所得。

2. 生产布局 2013年广西、云南香蕉进一步崛起，产业竞争力也得到迅速提升，进一步刺激了两省区香蕉种植户的植蕉积极性。而广东及海南，因受枯萎病等因素的影响，产业竞争力呈现下滑，植蕉积极性也明显降低。

（二）香蕉贸易

1. 出口贸 易据UN comtrade（联合国商品贸易统计数据库最新数据）显示，中国香蕉出口净重从1992年的3 245吨上升到2012年的7 888.25吨；贸易值从57.11万美元上升到581.90万美元（表2、表3）。

2. 进口贸易 据UN comtrade（联合国商品贸易统计数据库最新数据）显示，中国香蕉进口净重从1992年的20 474.65吨上升到2012年626 038.90吨；进口额从530.09万美元上升到36 585.75万美元（表4、表5）。

表2 1992—2012年中国香蕉出口情况

时间	报告国	交易国	贸易额	净重（千克）	贸易量（吨）
1992	中国	世界	$ 571 098	3 244 999	3 244 999
1993	中国	世界	$ 700 945	3 469 700	3 469 700
1994	中国	世界	$ 2 039 519	6 223 933	6 223 933
1995	中国	世界	$ 2 217 150	5 898 713	5 898 713
1996	中国	世界	$ 1 547 099	5 162 568	5 162 568
1997	中国	世界	$ 5 364 277	14 748 267	14 748 267
1998	中国	世界	$ 5 594 183	16 659 675	16 659 675
1999	中国	世界	$ 4 383 837	12 360 408	12 360 408
2000	中国	世界	$ 2 695 830	7 628 195	7 628 195
2001	中国	世界	$ 4 519 790	13 621 520	13 621 520
2002	中国	世界	$ 5 524 833	14 911 478	14 911 478
2003	中国	世界	$ 6 804 329	19 859 173	19 859 173
2004	中国	世界	$ 6 460 307	23 422 196	23 422 196
2005	中国	世界	$ 7 492 196	23 550 152	23 550 152
2006	中国	世界	$ 7 228 364	22 807 893	22 807 893
2007	中国	世界	$ 6 779 031	20 878 462	20 878 462
2008	中国	世界	$ 6 841 582	15 077 933	15 077 933
2009	中国	世界	$ 6 665 472	13 171 313	13 171 313
2010	中国	世界	$ 6 243 401	8 574 161	8 574 161
2011	中国	世界	$ 6 967 714	10 240 872	10 240 872
2012	中国	世界	$ 5 818 992	7 888 249	7 888 249

表3 1992—2012年中国对世界其他国家香蕉出口情况

时间	报告国	交易国	贸易额	净重（千克）	贸易量（吨）
2012	中国	世界	$ 5 818 992	7 888 249	7 888 249
2012	中国	美国	$ 1 588 011	183 800	183 800
2012	中国	中国香港	$ 1 099 091	2 851 000	2 851 000
2012	中国	俄罗斯联邦	$ 873 016	1 300 707	1 300 707
2012	中国	日本	$ 753 327	630 248	630 248
2012	中国	蒙古	$ 626 166	2 052 600	2 052 600
2012	中国	印度尼西亚	$ 291 194	115 805	115 805
2012	中国	中国澳门	$ 210 839	594 343	594 343
2012	中国	朝鲜	$ 105 711	115 808	115 808
2012	中国	（大不列颠）联合王国	$ 86 090	3 728	3 728

（续）

时间	报告国	交易国	贸易额	净重（千克）	贸易量（吨）
2012	中国	泰国	$59 404	7 318	7 318
2012	中国	菲律宾	$40 393	2 550	2 550
2012	中国	吉尔吉斯斯坦	$16 996	24 280	24 280
2012	中国	墨西哥	$16 347	599	599
2012	中国	德国	$13 769	1 178	1 178
2012	中国	巴西	$8 360	1 100	1 100
2012	中国	南非	$7 344	360	360
2012	中国	西班牙	$6 960	600	600
2012	中国	埃及	$5 000	500	500
2012	中国	马来西亚	$4 056	308	308

表4　1992—2012年中国香蕉进口情况

时间	报告国	交易国	贸易额	净重（千克）	贸易量（吨）
1992	中国	世界	$5 300 925	20 474 653	20 474 653
1993	中国	世界	$7 738 954	29 575 730	29 575 730
1994	中国	世界	$19 111 846	93 066 724	93 066 724
1995	中国	世界	$41 980 725	159 794 621	159 794 621
1996	中国	世界	$140 852 435	512 778 251	512 778 251
1997	中国	世界	$145 704 900	546 938 369	546 938 369
1998	中国	世界	$163 123 616	539 093 312	539 093 312
1999	中国	世界	$140 505 799	431 736 481	431 736 481
2000	中国	世界	$169 263 064	593 476 281	593 476 281
2001	中国	世界	$98 247 599	413 965 142	413 965 142
2002	中国	世界	$75 260 727	347 807 372	347 807 372
2003	中国	世界	$93 422 067	421 246 386	421 246 386
2004	中国	世界	$93 454 817	380 933 162	380 933 162
2005	中国	世界	$99 675 327	355 697 863	355 697 863
2006	中国	世界	$116 248 254	387 827 884	387 827 884
2007	中国	世界	$111 226 099	331 882 996	331 882 996
2008	中国	世界	$138 548 516	362 325 410	362 325 410
2009	中国	世界	$179 015 787	491 338 590	491 338 590
2010	中国	世界	$246 818 672	665 229 621	665 229 621
2011	中国	世界	$401 728 003	818 674 659	818 674 659
2012	中国	世界	$365 857 532	626 038 896	626 038 896

表5　1992—2012年中国对世界其他国家香蕉进口情况

时间	报告国	交易国	贸易额	净重（千克）	贸易量（吨）
2012	中国	世界	$365 857 532	626 038 896	626 038 896
2012	中国	菲律宾	$299 236 787	496 446 020	496 446 020
2012	中国	厄瓜多尔	$30 963 931	47 747 428	47 747 428
2012	中国	泰国	$21 702 589	22 517 473	22 517 473
2012	中国	缅甸	$8 122 924	44 422 512	44 422 512
2012	中国	哥斯达黎加	$2 969 664	4 718 104	4 718 104
2012	中国	越南	$1 997 639	9 302 796	9 302 796
2012	中国	其他亚洲国家	$746 944	704 285	704 285
2012	中国	印度尼西亚	$116 349	180 180	180 180
2012	中国	（大不列颠）联合王国	$661	72	72
2012	中国	马来西亚	$44	26	26

3. 进出口对象 2013年我国香蕉主要出口美国、我国的香港和澳门特区、俄罗斯联邦、日本、蒙古、印度尼西亚等国家；2013年我国香蕉进口国有菲律宾、厄瓜多尔、泰国、缅甸、哥斯达黎加、越南等国家，其中60%来自菲律宾、8.5%来自拉美的厄瓜多尔。

三、国际香蕉产业技术研发进展

1. 种质资源评价与品种选育 目前，世界各香蕉研究机构主要采用以下3种方法选育香蕉新品种。①常规育种，常用的两种常规杂交育种方法，用通过改良的二倍体作为父本与三倍体母本杂交成为四倍体。洪都拉斯的FHIA机构用这两种方法得到很多抗枯萎病的品种和抗性育种材料，如Goldfinger（FHIA-01）和Bananza（FHIA-18）均为四倍体AAAB类型。②突变体育种，用^{60}Co辐射育种和化学诱变剂甲基磺酸乙酯（EMS）、叠氮钠（NaN_3）、硫酸二乙酯（DES）、诱导抗枯萎病的突变体材料。在澳大利亚，已经用这种方法从香牙焦品种Dwarf Parfitt得到一批抗枯萎病4号热带生理小种（Foc TR4）且农艺性状优良的突变体。另外用体细胞变异性育种方法也得到较好的结果，台湾香蕉研究所采用这种策略，成功选育出宝岛蕉等。③分子育种，通过基因克隆、转基因等分子技术获得高抗、优质新品种。在转基因培育香蕉抗病品种上，比利时鲁汶大学Kovacs等（Transgenic Res，2013，22：117-130）获得转水稻几丁质酶基因的抗叶斑病的Gros Michel株系，印度学者报道过量表达水通道蛋白MusaPIP1；2能大幅度提高抗逆性（Plant Biotechnology Journal，2013，11：942-952）等。

2. 种苗生产 我国种苗繁育与组培苗产业技术一直处于国际领先水平，全国每年可生产组培苗约2亿株，不但满足了国内生产的需求，每年还有部分组培苗出口东南亚。香蕉体系种苗生产与良种选育岗位年生产、推广香蕉组培苗9 000万株，约占全国市场的50%，并有一定比例的香蕉苗销售缅甸等边境地区；主要品种为桂蕉6号、桂蕉1号、金粉1号等；但在印度等亚太区域，多年留吸芽不换种及进行吸芽转移繁殖的方式仍然处于主导地位。

3. 土壤肥料 国外的研究内容主要是探讨东非香蕉产量限制因子，认为低产的主要原因是养分投入不均衡，表现在氮钾供应不足，其中钾亏缺对产量的影响甚至要大于干旱胁迫；另外侧重于养分形态及用量（主要是磷和钾）对产量的影响研究。总体而言，土壤酸化及土传病害的传播仍是制约目前香蕉生产的首要限制因素。

4. 栽培管理 国外很多研究学者开始重视将有效防治枯萎病的技术与标准化栽培技术有机结合，构建土壤、植株病原菌的微生态平衡体系；欧美的Dole、Chiquita、Del monte和Fyffes等跨国香蕉企业多数蕉园采用电脑自动控制，根据土壤的养分和水分情况，以及香蕉的生长情况确定灌水方案；澳大利亚香蕉的生产技术模式比较独特，从蕉园规划、种植方式、水肥管理、果实护理到采收包装都体现较高的机械化水平，特别是特制的采收拖卡和集中包装系统，与我国的香蕉生产实际比较接近，很值得我们认真研究和引进吸收。

5. 枯萎病防控 分析国外文献发现中国学者在国外发表论文数量比明显增多。特别在枯萎病防控和机理研究上大多为中国学者所发表。就枯萎病文献研究来看，主要集中在病害在新国家或区域报道、病原菌生防菌鉴定和应用、病菌检测、病菌对抗感品种致病和感病机理，以及不同地区病菌遗传多样性分析研究等。对国外香蕉的重要文献分析来看，2013年报道的重要事件主要有1条：FOC4传播到西亚和非洲（先前在中国台湾、印度尼西亚、马来西亚、菲律宾、中国大陆；澳大利亚北部），2013年10月29日在约旦首次发现（Garcia et al. Plant Dis. http：//doi. org/qd3；2013），同月在非洲莫桑比克（2013年10月）首次发现，*Nature*于2013年12月11日发表评论文章"Fears rise for Latin American industry as devastating disease hits leading variety in Africa and Middle East."（*Nature* Volume：504，Pages：195-196. Date published：12 December 2013）。表明枯萎病在世界范围内正逐渐从发病区向非病区扩展，该病无疑将成为世界香蕉产业发展的重要障碍。

6. 采后保鲜技术 2013年有关香蕉采后保鲜的英文论文80多篇，中文论文20多篇，有关香蕉采后保鲜技术与基础研究理论的代表性成果主要有：①无损伤检测技术：巴西学者报道了利用9种不同商业化的灯管照射下，依据香蕉果皮颜色来进行果实成熟度的分级；英国学者报道了一种新的电子成像技术，相对于传统的颜色对比表的方法，电子成像技术可以更简单方便，更准确的确定香蕉果实的成熟度。②保鲜技术：美国学者对比分析了5种温度、同一相对湿度下和5种相对湿度、同一温度下贮藏的Goldfinger香蕉果实的品质变化；泰国学者研究了1-MCP处理后结合PE袋包装，并贮藏在14℃温度下，对香蕉果实品质的影响；菲律宾学者报道了一种解淀粉芽孢杆菌DGA14结合热处理保鲜香蕉果实的方法：解淀粉芽孢杆菌DGA14结合热处理，可以显著抑制香蕉果实轴腐病菌孢子萌发，显著降低采后轴腐病的发病率、失重率，并且也可以很好地保持果实品质；日本学者分析了低氧贮藏后对香蕉果实成熟过程中香气成分的变化，0.5%和2%的低氧贮藏都延缓了香蕉果实的脂类香气成分降低，影响了果实香气；巴西学者报道了不同香蕉品种（Nanicao和Prata）经冷藏后，成熟过程中香气成分的变化。结果发现，冷藏对Nanicao品种果实的香气成分影响更大，脂类的香气成分，经过冷藏后，含量明显降低。研究结果表明由于品种对低温的忍受程度不一样，导致香气物质的变化也有差别。

四、国内香蕉产业技术研发进展

1. 品种选育 国内新品种选育与推广工作主要集中在香蕉体系内，2013年体系审定的"巴西蕉1号和桂蕉6号两品种继续保持国内当家品种的地位，两品种栽培面积占国内香蕉栽培品种的95%以上，同时新的抗（耐）病枯萎病品种不断涌现，其中宝岛蕉、南天黄、中蕉3号等品种陆续通过品种审定，目前已在枯萎病发病区大面积试种、田间性状表现较佳。

2. 种苗生产 2013年我国组培苗生产量约2亿株，我国香蕉组培苗生产技术较普及，生产工艺成本低；小型组培厂较多（苗性状稳定性较低），规模化工厂较少（苗性状稳定性较好）；组培苗生产数量巨大；组培研究尚未深入发展，仅维持在香蕉吸芽球茎繁殖。近几年由于二级苗的不规范繁育，种苗带毒已经成为枯萎病扩展的主要因素，因此包括体系土壤肥料岗位在内的种苗繁育与研究中心采用无土基质育苗，取得较好的防病效果。

3. 土壤肥料 从2013年发表的文章来看，国内的研究内容主要是新型肥料（缓控释肥料、生物有机肥及滴灌施肥）在蕉园的应用效果、生物有机肥对香蕉枯萎病的防治效果及防治机理探讨等方向。体系在土壤肥料方面始终围绕香蕉产业的问题及国内外研究热点，以解决土壤酸化问题为出发点，目前已研发出碱性肥料并通过田间及盆栽试验验证，表明该肥料不仅能有效改善土壤酸化问题，还能在一定程度上降低香蕉枯萎病病害的发生。

4. 栽培管理 围绕抗枯萎病栽培的综合管理措施已成为主要的研究方向，体系联合攻关取得阶段性成果，表现为枯萎病综合防控技术方案的已初步确定，形成了以种苗检测与无病种苗生产、土壤消毒、配方施肥技术、水肥一体化技术、有机肥施用技术、拮抗菌发酵液施用技术、后期果实养护与栽培管理技术为主要方法的技术体系。2013年体系重点在广东、广西、云南、海南等省区的综合试验站进行枯萎病综合防控试验示范，目前示范区域内防效稳定。

5. 枯萎病防控 国内是枯萎病研究的主要研究力量，在枯萎病防控和机理研究上大多为中国学者所发表。主要研究内容包括：病原菌致病基因克隆和序列分析、抗感品种植株根系在病菌侵染后转录组学分析、病菌毒素致病机理、不同地区病菌遗传多样性分析、病菌检测、病菌对植株的侵染过程、拮抗微生物分离鉴定和防效分析、病区可培养微生物生态特征、田间轮作和连作土壤微生物群落分析、韭菜对病菌抑制、作用机理、田间防控效果研究、生物有机肥、豆粕有机发酵液、甲壳素和恶霉灵等田间防治效果分析等。

6. 采后保鲜技术 中国学者报道了草酸对香蕉果实贮藏保鲜和品质的影响。发现20纳摩尔/升的草酸浸泡10分钟，可以很好的延缓香蕉果实成熟，维持果实品质；在香蕉成熟衰老和逆境响应的分子生物学研究方面，中国学者报道了香蕉果实泛素激活酶基因与成熟的关系：克隆到一个香蕉果实泛素激活酶基因MuUBA，该基因收到乙烯和成熟的诱导，1-MCP抑制其表达，更为重要的，MuUBA可以与香蕉果实成熟相关的重要转录因子MuMADS1互作，表明可能MuUBA与MuMADS1形成蛋白复合体，共同调控果实成熟；分析了MaGCS与香蕉果实成熟的关系：克隆到一个香蕉果实柠檬酸合成酶基因MaGCS，该基因受到乙烯和成熟的诱导，1-MCP抑制其表达；此外，草酰乙酸促进香蕉果实成熟与增强了MaGCS、MaACO1和MaACS1有关，而柠檬酸延缓果实成熟与抑制了这些基因的表达有关；香蕉体系贮运与保鲜岗位采用酵母单、双杂（Y2H）、双分子荧光互补（BiFC）等蛋白质-蛋白质和DNA-蛋白质互作技术，分别阐明了香蕉果实MYC2、ERF、bHLH、WRKY和bZIP等转录因子参与对果实成熟和逆境响应的转录调控机制。研究结果加深了对香蕉果实成熟和诱导抗性转录调控机制的认识，为改进采后香蕉果实贮藏保鲜技术提供了理论基础。

（香蕉产业技术体系首席科学家
张锡炎提供）

2013年度荔枝龙眼产业技术发展报告

（国家荔枝龙眼产业技术体系）

一、国际荔枝龙眼生产与贸易概况

2013年世界荔枝和龙眼生产稳定。荔枝分布和商业主产于南北纬17～24℃狭窄区域范围内，包括亚洲地区的印度、越南、孟加拉国等国，印度洋地区的马达加斯加和南非等国，以及澳大利亚、美国、以色列和巴西等国。龙眼则主产于中国和东南亚的泰国和越南等地区。印度、孟加拉国、美国和巴西荔枝基本内销，澳大利亚、以色列等国荔枝产量不多，对国际贸易影响不大。

马达加斯加、南非和越南是主要的荔枝出口国家，前两个产区荔枝主要面向欧洲市场。越南荔枝则已经在中国市场立足。

根据中国荔枝龙眼市场价格信息监测与分析系统2011—2013年的监测数据，越南荔枝凭借其价格优势在我国市场势力持续扩大。2013年越南荔枝供应我国市场的时间提早到6月1日，至7月20日共计50天。销售区域深入内地市场，2011年仅在成都和重庆监测到越南荔枝销售，而2013年在华北（北京、郑州）、华东（上海、嘉兴和南京）、西南（重庆和成都）、华中（长沙和合肥）和东北（沈阳）市场，都监测到越南荔枝销售。销售的荔枝品种持续增加，2013年在我国市场售卖的越南荔枝包括白蜡、桂味、糯米糍、红花等；市场销售份额进一步提升，特别是在6月下旬后随着国产主栽荔枝品种结束大批量市场供应后，越南荔枝陆续占据长沙、沈阳、北京、成都、重庆等销地主要市场。越南荔枝对国产荔枝的冲击力度进一步加大。

二、国内荔枝龙眼生产与贸易概况

（一）产业概况

根据体系调研结果估计，2013年荔枝生产面积比2012年减1.87%，产量增加6.89%，估算2013年全国荔枝产量165万吨左右。黑叶、妃子笑、怀枝、桂味、白糖罂、白腊、鸡嘴荔、三月红、双肩玉荷包、糯米糍等10个荔枝品种的产量之和占试验站覆盖区域荔枝总产量的90.24%。

龙眼生产面积与2012年持平，产量减8.2%，估算2013年全国龙眼产量为130万吨左右。石硖和储良品种的产量之和分别占试验站覆盖区域龙眼总产量的75.94%、62.24%和67.48%。

试验站覆盖区域各主栽荔枝品种中，黑叶37.34万吨，增14.19%，妃子笑24.3万吨，增12.81%，怀枝（禾荔）12.96万吨，减3.43%，桂味7.55万吨，减5.27%，白糖罂5.86万吨，增12.69%，白蜡5.76万吨，增3.04%，鸡嘴荔3.28万吨，增2.72倍，三月红3.27万吨，增21.56%，双肩玉荷包2.89万吨，增1.86倍，糯米糍1.32万吨，减40.27%。储良24.79万吨，增2.86%，石硖21.63万吨，减5.87%。

荔枝龙眼产业总体上士气高涨，投入效益良好，优质品种桂味、糯米糍、鸡嘴荔、妃子笑顺产顺销，而黑叶（乌叶）、怀枝（禾荔）等价格仍较低迷；一些区域仍较低迷，如珠三角、粤东和闽南地区。这些地区和这些品种的表现既影响到果农管理果园的积极性，也拉低了全国荔枝和龙眼产业的整体效益。

果园基础设施总体落后的局面尚无根本改观，导致常规技术运用不够到位；反常天气频繁出现，而针对提高树体抵抗力的技术贯彻不够到底，导致授粉受精和结果不稳定，不能实现提升产量的预期目标；荔枝和龙眼大部分果品的品质仍然不高，生长发育调控新技术运用之后表现新的品质问题，而改善品质的根本技术创新和综合技术运用水平仍有待提升；果园人工管理环节多，劳动力成本比重大，节劳、节肥和节药创新技术不足；生产环节的组织化和技术服务社会化仍未成规模。

（二）贸易概况

根据来自海关CIQ的数据，2013年我国荔枝出口2 691批次1.08万吨，价值3 040.82万美元（其中广东出口荔枝2 546批次0.91万吨，价值2 587.50万美元）。龙眼出口0.98万吨，价值149.27万美元（其中广东出口0.97万吨，价值148.29万美元）。

据加工岗位专家初步估计，荔枝鲜果加工12万吨左右，约占全国总产量的7.2%。其中企业加工荔枝罐头约5万吨，荔枝干3万吨，荔枝汁及荔枝酒等约1万吨；个体加工荔枝干3万吨。因原料价格高于加工成本的承受价格，故主干加工企业加工量普遍下降。

据统计，广东茂名、广西玉林和福建漳州3个主产区加工桂圆肉1.19万吨，估计桂圆肉总产量约1.98万吨，若按桂圆肉：鲜龙眼为1：12计算，折合鲜龙眼加工量23.74万吨。桂圆总产量为0.39万吨，若按桂圆与鲜龙眼1：3计算，折算鲜龙眼加工量1.16万吨。海关数据表明，2013年1～7月我国龙眼罐头出口0.05万吨，预计全年龙眼罐头出口约0.15万吨，折算鲜龙眼加工量0.15万吨。上述各项合计，用于加工的龙眼鲜果约为25.04万吨，占总产量的19.26%。

2013年全国荔枝产期是5月1日至7月31日共92天；龙眼产期是7月8日至10月30日共115天。

我国荔枝龙眼产业仍处于重生产而轻市场的初级发展阶段，整个产业相关利益群体的市场意识较为淡薄，主要表现为：对消费市场存在认知观念问题而产区缺乏系统的市场开拓举措；产区政府层面缺乏对本地产业市场发展的战略布局；产业中企业或经营组织层面缺乏有实力有影响力的龙头企业；产区资源分配结构失衡，本土经销商队伍的缺失使得产区在销售中受制于人；果农市场意识淡薄，或缺乏把对市场的认识落实到生产环节的意识。

三、国际荔枝龙眼产业技术研发进展

2013年国外仅少数团队开展荔枝研究，

重大研究不多。

Madhou 等利用 SSR 标记鉴定了毛里求斯、留尼旺和西班牙的 88 份荔枝种质。

Padilla 等利用根癌农杆菌介导法，以 Brewster（Chen Tze）荔枝成年植株叶片来源的胚性愈伤组织为受体，将拟南芥 *PISTILLATA*（*PI*）反义基因转入荔枝，PCR 分析证实得到 4 个独立转基因株系，以期获得具有单性结实能力的荔枝转基因株系。实时荧光定量 PCR 结果表明，荔枝 *PI* 基因 *LcPI* 的表达水平在转基因株系中显著降低，但是否具有单性结实的能力还有待进一步研究。

Schoeman 等首次报道了南非荔枝上发现的卫氏缘蝽，该虫对荔枝幼果造成的危害率经常达到 50%以上。

Pandey 等用 1% NaCl＋γ 射线辐射处理后，荔枝在 4℃下贮藏 24 天后仍可有 3～4 天的货架期，果实外观指标好。Kumar 等发现 0.5%水杨酸和 1%的异抗坏血酸可抑制 PPO 的活性，延缓花色苷的降解，且 TSS、总酸、维生素 C 含量较高，可以代替 SO_2 熏蒸。

Gonzalo 等进行了荔枝种子对水溶液中 Ni^{2+} 的吸附动力学实验，发现荔枝种子对 Ni^{2+} 最大生物吸附能力量是 66.62 毫克/克。结果表明，荔枝种子可以作为一种高效且环境友好的对镍污染水体的生物吸附剂。

四、国内荔枝龙眼产业技术研发进展

（一）技术应用

荔枝园和龙眼园继续通过间伐、回缩修剪调整优化果园群体结构和个体结构，主要产区果农运用这些技术的自觉性不断提高。2013 年国家体系试验站覆盖区域荔枝园新增间伐面积108 142亩，其中隔行间伐14 055亩，隔株间伐18 752亩，隔行隔株间伐11 825亩，随机间伐63 510亩；回缩修剪44 8251亩；高接换种42 214亩，新安装灌溉设施27 993亩，其中水肥一体化9 360亩。2013 年国家体系试验站覆盖区域龙眼园新增间伐面积65 852亩，其中隔行间伐6 750亩，隔株间伐21 600亩，隔行隔株间伐2 040亩，随机间伐35 452亩；回缩修剪150 440亩；高接换种5 510亩，新安装灌溉设施10 395亩，其中水肥一体化2 700亩。

调研表明，按地头价计算，2012 和 2013 年加权平均亩产值为1 533.74元和1 703.25元。双肩玉荷包的平均亩产值最低，两年分别为 215.45 元和 616.48 元，不及白糖罂平均亩产值的 1/5；黑叶分别为 816.02 元和 956.45 元，为平均值的 53.2%和 56.1%；怀枝分别为 957.31 元和 929.27 元，为平均值的 62.4%和 54.5%。双肩玉荷包、黑叶和怀枝成为品种结构调整中重点调减的对象。而连续两年平均亩产值高于产业平均值的荔枝品种仅有白糖罂、桂味、妃子笑、糯米糍 4 个品种，比平均值高 1 倍左右。桂味、妃子笑和糯米糍等也成为品种结构调整中的主要选择品种。

（二）研发进展

1. 育种与分子生物学 2013 年全国新选育荔枝株系 3 个（皇醉、妃醉和北通红）、龙眼品种 1 个（东丰）。荔枝均为实生后代选育，其中皇醉、妃醉适宜酿酒，龙眼新品种东丰为杂交育种获得。

皇醉：果实平均单果重 22.0 克，卵圆形，皮色鲜红，龟裂片隆起、中等大，裂片峰楔形或毛尖、刺手，缝合线明显。肉质细软、酸甜适中；可食率79.31%；焦核率80%，品质优。

妃醉：果实平均单果重21.6克，卵圆形，皮色鲜红，龟裂片稍隆起、细密、均匀整齐排列，裂片峰毛尖、刺手，缝合线不明显。肉质爽脆、浓甜；可食率72.06%；焦核率40%，品质优。

北通红：在广西浦北县6月中下旬果实成熟。平均单果质量31.6克，果肉质地爽脆，不流汁，味浓甜，香气浓，风味佳，可溶性固形物含量18.1%；果肉厚，可食率75.8%，小核率26.7%。

东丰：果实扁圆形，平均单果质量10.2克，果皮黄褐色，果肉乳白色，爽脆，表面不流汁，风味清甜；可溶性固形物含量20.1%，可食率69.4%，维生素C含量386毫克/千克。果实成熟期7月底至8月上旬。病虫害较少、早结、丰产稳产、较易管理。

黄爱萍和郑少泉对32份龙眼种质资源的果肉黄酮含量进行了鉴定，结果表明：供试的龙眼种质果肉黄酮含量变异丰富(9.36～76.07毫克/千克)，平均含量19.70毫克/千克，变异系数61.21%。来源于广东的种质与福建、四川、贵州的种质果肉黄酮含量差异达极显著。筛选出高黄酮含量种质3份，即超高黄酮含量的云南8号、储良和施冲蒲（泰国）。

刘锴栋等利用扫描电子显微镜对粤西地区6个龙眼品种和6个荔枝品种的叶表皮及其花粉微形态进行观察，结果表明：龙眼、荔枝供试品种间的花粉大小和表面纹饰等均有明显差别，说明龙眼和荔枝的叶表皮和花粉微形态特征可作为品种间分类的一个重要参考。

王果等试验表明，以MS+0.4克/升水解乳蛋白（LH）+30克/升蔗糖+7克/升琼脂为基本培养基，‘紫娘喜’花药在添加1毫克/升KT、0.5毫克/升NAA和2毫克/升2，4-D的培养基上诱导胚性愈伤组织效果较好；‘无核荔’花药在添加0.5毫克/升BA、0.5毫克/升NAA、3毫克/升2，4-D培养基上诱导胚性愈伤组织效果较好。初步建立了花药愈伤组织诱导技术体系。彭兵等发现糯米糍荔枝冬梢的幼嫩部位是愈伤组织诱导的适宜部位，适宜培养基为MS+2.0毫克/升2，4-D+0.5毫克/升BA+2.0毫克/升PVP，诱导率为90.5%，愈伤组织颜色淡黄，结构疏松。在龙眼研究中，福建农林大学的赖钟雄等采用RT—PCR与RACE相结合的方法，从龙眼胚性愈伤组织中克隆GPX、Dlwrky44、γ-ECS等一系列基因，同时研究了龙眼胚性愈伤组织限制生长中淀粉含量的变化，对龙眼限制生长保存EC体胚再生植株进行了RAPD分析，结果表明，龙眼EC不同发育阶段体胚的RAPD谱带存在一定的差异，但不同保存时间的EC在体胚发生过程中的相对变异率都保持在5.1%以下。

卢博彬等以人工杂交获得的凤梨朵×大乌圆的F_1代杂交群体中的230个单株为试材，先通过40个RAPD引物对双亲进行扩增筛选获得父本特异性的显性标记，再以父本的小规模自交群体（9株）为材料，发现对双亲进行扩增的RAPD引物中有9个能扩增出父本特异性的显性标记，用这9个引物检测父本自交群体的分离情况，鉴别出纯显性标记1个，用其对FD群体中的230个单株进行杂种真实性鉴定，发现真杂种单株

223个，真杂种比例高达96.96%。孙清明等利用SNP和EST—SSR两种分子标记技术鉴定了荔枝稀优种质御金球。

一批与花芽分化、胚珠发育、果实糖分代谢、果皮着色、果皮组织水分运输等相关基因被分离，这些基因的克隆为从分子水平上阐明荔枝开花机制、落果机制、胚胎败育机制、果皮着色机理与采后褐化衰老的机理奠定基础。吴建阳等采用RT—PCR和RACE扩增技术相结合的方法，从黑叶荔枝分离得到ACC氧化酶基因*Lc-ACO*1，表达分析表明*Lc-ACO*1基因可能与荔枝幼果的脱落密切相关。*Li*等采用高通量*RNA*测序技术，分离荔枝遮阴诱导表达基因，共得到1 039个差异表达基因，从随机挑选的14个差异表达基因中发现11个可能参与荔枝落果。*Yang*等从荔枝中分离得到蔗糖合成酶基因*LcSS*、蔗糖磷酸合成酶基因*LcSPS*及蔗糖转化酶基因*LcSAI*、*LcCNI*，为研究荔枝糖分积累的分子机理提供基础。赵志常等采用同源克隆法从荔枝果皮中克隆到一个*DFR*基因，该基因的克隆对荔枝果皮着色的机理研究提供了一定的参考依据。王凌云等从荔枝中分离了9个质膜水孔蛋白基因*LcPIP*，9个*LcPIP*分为PIP1和PIP2两类，其中*LcPIP*2-3在果皮中特异表达且表达量高，可能与果皮组织水分运输有关。张静等从荔枝中克隆了一个ABA、衰老、成熟诱导基因*LcAsr*，发现*LcAsr*作为缺水的保护性分子发挥着重要作用。Liu等从荔枝果皮得到一个促衰老成熟诱导脱落酸的基因*LcAsr*，发现*LcAsr*基因是应答水分缺乏中重要的启动因子。

2. 成花与坐果分子生理 Liu等利用百草枯（MV）诱导活性氧（ROS）促进荔枝开花的基础上，用糯米糍花序原基建立抑制性消减杂交（SSH）文库，确定了93个响应活性氧的独特基因序列，有望进一步揭示内源激素诱导荔枝成花的作用机理。

台湾Chen等研究了花穗发育至开花期的温度和花穗长度对玉荷包荔枝产量的影响，结果表明开花期冷凉和花量过大直接影响玉荷包的坐果；疏花处理可提高挂果率。李志强等发现灌溉时间越早，次数越多，成花率越高，提出了“冬季适时、适度湿润，有利于桂味荔枝成花”的观点。

Cui等研究发现，外源ABA能够减少每个花序的小叶数量，增加腋生花序数量，并且促进荔枝*LcAP*1基因的表达。而ABA抑制剂减少成花母枝数量和成花量，同时抑制荔枝*LcAP*1基因的表达。进一步的研究发现，ABA促进*LcAP*1基因的表达受H_2O_2和Ca^{2+}影响而与NO无关。李宁等从糯米糍荔枝花芽中分离到了*LEAFY*同源基因*LcLFY*，半定量RT—PCR结果表明，*LcLFY*基因在糯米糍荔枝花芽分化的诱导期和花序原基形成期表达较强，但在花分化阶段表达水平明显减弱。

张锐等试图解释三月红荔枝果皮着色与果肉变甜不同步的原因，三月红果皮色泽发育相对滞后，果实全红时果肉可滴定酸含量增高导致风味变酸。Wang等研究了荔枝果实成熟衰老过程中能量状态的变化，指出保持高能的状态有利于减缓果实的衰老。

3. 病虫害防控及抗病性 研究发现*Hypothemycin*对荔枝霜疫霉菌的孢子萌发和菌丝生长都具有较好的抑制作用。更多的研究集中在植物源药剂和化学药剂对荔枝病害的防治。研究发现，植物提取物与化学杀菌剂，防效差异较大。

妃子笑、黑叶、糯米糍和桂味对荔枝蛀蒂虫具有引诱活性。郭育晖等采用顶空单滴液相微萃取（HS—SDME）结合气质联用（GC—MS）法，发现2-乙基-1-已醇、α-姜黄烯、姜烯、β-甜没药烯、β-倍半水芹烯及β-杜松烯6个物质主要存在于易感虫荔枝品种中，（E）-β-金合欢烯与（Z）-β-金合欢烯只存在于妃子笑成熟果实的果皮中。

张辉等采用扫描电镜和透射电镜观察了荔枝蒂蛀虫雌蛾性信息素分泌腺体和雄蛾触角感受器的超微结构。冼继东等利用Y形嗅觉仪测定了荔枝蛀蒂虫对寄主植物不同组织挥发油的行为反应，表明荔枝果肉挥发油和龙眼果肉挥发油对交配前荔枝蛀蒂虫的雌成虫引诱率最大（76%、68%），而荔枝叶挥发油和龙眼叶挥发油对该虫的引诱率最低（32%、40%）。荔枝果皮挥发油和龙眼果皮挥发油对交配后雌成虫引诱最大（72%、60%），寄主不同组织挥发油对交配后雄成虫引诱率均低于32%。

黎荣欣等采用封闭空间生物测定法研究了有无触角时以及光照和黑暗条件下荔枝蝽若虫的聚集情况。结果表明：未剪除触角的荔枝蝽若虫的聚集百分比（46%～68%）显著高于剪除触角的荔枝蝽的聚集百分比（22%～38%）。光暗条件对荔枝蝽的聚集行为没有明显影响。

4. 采后生物学与保鲜加工　探讨了温度、湿度、酸度、果皮含水量等不同因素对荔枝果实采后病害的影响，认为低温、低pH能抑制荔枝霜疫霉菌的生长，热水浸酸处理和低湿度能有效控制荔枝霜疫霉病和青霉病的发生。

Fang等研究了热处理和酸处理荔枝果皮的生理变化。发现70℃热水浸泡果实，再用2%HCl浸泡，25℃条件储存可以有效保持果实红色。热酸处理果实*LcPOD*基因表达下调，而热处理诱导了*LcPOD*基因表达。热处理可能激发了荔枝果实的褐变与花青素降解，而热酸处理可能抑制了降解酶*ADE*酶基因的表达，使果皮变酸，从而较好地保持果色。

郭芹等发现用80毫克/升ClO_2可明显抑制淮枝荔枝采后病害的发生，减缓褐变程度，荔枝果实的贮藏品质较好。杨胜平用壳聚糖复合涂膜保鲜妃子笑荔枝，用5%CO_2、5%O_2、90%N_2、进行气调包装的妃子笑荔枝，在41℃冷藏条件下可藏42天，商品好果率达到90%以上，具有良好的商品价值。李昌宝等以壳聚糖为成膜剂，复配抑菌剂（纳他霉素、双乙酸钠）和抗氧化剂（茶多酚、抗坏血酸），制备荔枝涂膜保鲜剂用于荔枝保鲜。有效抑制冷藏过程中荔枝的腐败，保持荔枝表皮颜色，冷藏至第18天，经该复合保鲜剂涂膜的荔枝仍未发生腐败。

Wu等探讨了用固相萃取技术和高效液相色谱技术测定荔枝果汁中的酚类物质的方法。王惠聪等利用气—质联用和液—质联用技术，在荔枝和龙眼中检测到丰富的白坚木皮醇，黑叶荔枝的叶片、树皮、果皮、果肉和种子白坚木皮醇质量分数分别达到7.7、4.6、10.8、1.6和9.6克/千克，储良龙眼白坚木皮醇质量分数分别达到7.6、7.3、5.6、6.3和5.6克/千克，探讨了利用荔枝和龙眼栽培和加工废弃物提取市场价值高的白坚木皮醇的可行性。

（荔枝龙眼产业技术体系首席科学家陈厚彬提供）

一、国际天然橡胶生产及贸易概况

(一) 世界天然橡胶生产情况

1. 世界总产量持续增长 根据预报数据初步统计，2013 年全球橡胶种植面积达到1 312万公顷，天然橡胶产量1 228万吨，面积和产量分别增长 2.5%和 4.5%。亚洲国家的橡胶种植面积和产量分别为1 178万公顷和1 134万吨，分别占全球的 90%和 92%。其中，天然橡胶生产国联合会(ANRPC)成员国总产量到达1 100万吨，约占全球产量的 90%，比 2012 年增加 35 万吨，增长 3.3%。ANRPC 成员国中泰国、印尼、马来西亚和越南的天然橡胶产量分别为 402、318、82 和 95 万吨，共占全球产量的 73%。

由于印度天然橡胶产量增长缓慢和马来西亚产量减少，越南成为世界第三大产胶国。2013 年我国的天然橡胶产量达到 87 万吨，约占全球天然橡胶产量的 7.1%，暂时升居世界第四位。

初步统计，2013 年非洲天然橡胶产量为 68 万吨，占全球天然橡胶产量 5.5%。主要产胶国科特迪瓦、喀麦隆、利比里亚、尼日利亚的天然橡胶产量分别 34、11.3、7.8、6.4 万吨。

南美洲的天然橡胶产量约为 25 万吨。其中巴西、危地马拉的天然橡胶产量分别为 13.8 万吨和 8.9 万吨。

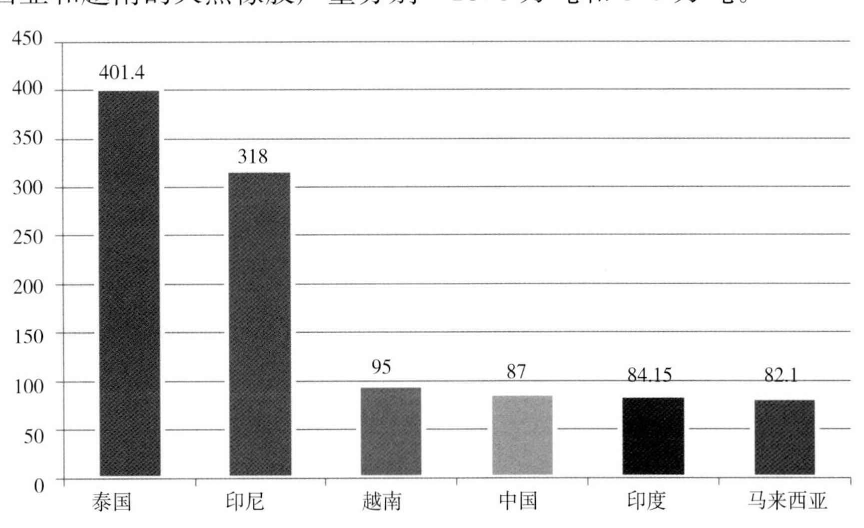

图 1 2013 年六大产胶国产量（单位：万吨）

2. 植胶和割胶面积继续增长 据ANRPC初步统计，2013年其成员国橡胶树种植面积为1 107.8万公顷，比2012年增加19万公顷，增长1.7%；割胶面积为761.2万公顷，比2012年增加16.3万公顷，增幅为2.2%。其中印度尼西亚、泰国和中国三国的植胶面积、割胶面积均排名为世界前三位，其中植胶面积分别为349万、299万、116.7万公顷，占ANRPC的69.1%；割胶面积分别为277万、226.0万和68.7万公顷，占ANRPC的75.1%。马来西亚、越南和印度的植胶面积分别为106.7万、92万、77.6万公顷，分列四至六位；越南、马来西亚和印度的割胶面积分别58.0万公顷、54.6万公顷和51.8万公顷，分列世界四至六位。从增长速度看，柬埔寨、菲律宾和斯里兰卡的植胶面积增长速度最快，分别为17.3%、10.2%和4.1%，其次为中国、马来西亚和印度；柬埔寨、菲律宾越南的割胶面积增长速度最快，均超过10%，其次为泰国、中国和斯里兰卡，增长速度均在3%～8%；2013年印尼的割胶面积有所下降。

3. 单位面积产量略有增加 2013年ANRPC成员国橡胶树平均单位面积产量到达1 444千克/公顷，比去年增加14千克/公顷，增长0.98%。但各成员国单位面积产量及其增减幅度不同。马来西亚、越南和中国的单位面积产量也均有增长，分别增长了2.6%、1.9%、1.1%。泰国、印度尼西亚、印度、斯里兰卡、菲律宾和柬埔寨的单位面积产量均比2012年有所下降，其中印度尼西亚减少4.7%，为1 104千克/公顷。越南、印度、泰国和马来西亚的单位面积产量分别为1 740千克/公顷、1 625千克/公顷、1 621千克和1 500千克/公顷。

（二）世界天然橡胶贸易情况

1. 世界主要产胶国出口情况 2013年ANRPC各成员国出口天然橡胶共882万吨，比2012年增加62.25万吨，增长7.6%。其中泰国、印尼、马来西亚和越南是四大主要出口国，占ANRPC出口总量的97.7%。泰国的出口增长速度最快，从2012年的312.1万吨增长到2013年的347.9万吨，增幅11.5%；印尼、马来西亚和越南的出口量依次为271.9万吨、134.6万吨和107.6万吨，增长速度分别为7.4%、0.05%和5.2%。非洲最大产胶国科特迪瓦出口天然橡胶约为32.4万吨。

2. 世界主要消费国进口情况 2013年全球经济复苏步伐缓慢，世界天然橡胶消费需求受到影响，主要消费国呈现出消费增减不一的局面。据初步估计，全年美国进口天然橡胶59.36万吨，同比减少38.8%；日本进口天然橡胶72.17万吨，同比增加3.1%。中国进口天然橡胶247.4万吨（不含复合胶），同比增长13.6%，增速比2012年增长10%。另外，中国进口含天然橡胶98%左右的复合橡胶154.0万吨，比2012年增加20.7万吨，增长15.5%。2013年我国进口天然橡胶和复合橡胶共401.4万吨，比2012年增加50.4万吨，增长14.4%。

3. 天然橡胶价格持续下跌 2013年，受国际经济发展缓慢、天然橡胶消费需求不旺等多方面因素影响，国际市场天然橡胶价格持续走低。1月份，在中国处于停割期、春节前工厂备货等因素推动下，天然橡胶市场价格暂现增长趋势，SMR20、RSS3月平均价格由2012年12月份的2 883、2 319美元/吨涨到1月份的3 038、3 334美元/吨。从2月份开始，由于供应增加、消费需求不旺、美国量化宽松（QE）货币政策预期退出，天然橡胶价格开始持续下跌，7月份国际市场SMR20、RSS3的价格降至每吨2 218、2 597美元，比1月份分别下降27%、22%。8～9月份，在全球经济形势好转、美联储延缓退出QE、中国国家物资储备局准备收储等消息影响下，天然橡胶略有回升。10～12月，在东南亚主产国天然橡胶生产进入旺产期、供应不断增加、而下游需求继续疲软、原油等大宗商品价格向下震荡等带动下，国际天然橡胶价格又开始下跌。

2013年国外市场马来西亚SMR20、泰国RSS3和印度尼西亚TSR20年平均价格分别为每吨2 510美元、2 805美元和2 555美元，分别比2012年下降19.8%、17.8%和19.8%。

二、国内天然橡胶生产及贸易概况

（一）国内天然橡胶生产情况

1. 植胶面积稳步增加 在良种补贴政策的支持下，农户等仍积极扩种橡胶。但受宜胶地资源限制和天然橡胶价格持续下降的影响，扩种速度已趋于下降。初步统计，全年橡胶种植面积增加3.2万公顷（48万亩），达到116.27万公顷，比2012年增加2.8%（表1）。

表1 我国橡胶树种植面积变化趋势

年度	2009	2010	2011	2012	2013
种植面积（万公顷）	97.1	102	108	113	116
比2012年增加（万公顷）	4.3	5.4	5.7	4.9	3.2
增长速度（%）	4.1	5.6	5.5	4.7	2.8

2. 产量保持增长势头 2013年初，全国开割时间正常；年中海南、广东受到多个台风的影响，橡胶生产受到一定冲击，但未对产量造成大的影响。12月份受低温阴雨天气影响，海南部分胶园提前停割。受胶价下降和胶工短缺影响，出现了企业空岗漏刀，胶农间隙性停割及胶园失管情况。但由于2003—2007年以来植胶高峰期定植的橡胶树陆续开割和进入盛产期，全年割胶面积增加3.6万公顷，达68.7万公顷。初步统计全年天然橡胶产量达87万吨，比2012年增加6.3万吨，增幅达8.5%。2013年，我国胶园平均单产为1 246千克/公顷，比2012年增长1.1%。

（二）国内天然橡胶贸易情况

1. 进口量仍保持持续增长 海关统计，2013年我国进口天然橡胶247.4万吨，比2012年增加29.7万吨，增长13.6%；进口复合橡胶154万吨，比2012年增加20.8万吨，增长15.6%。进口天然橡胶和复合橡胶共401万吨，比2012年增加50.5万吨，增长14.4%。

2. 消费量进一步增加，显性库存保持高位 海关统计数据显示，2013年我国生产轮胎9.65亿条，增长8.2%，增速比2012年增了1个百分点；2013年我国出口轮胎4.4亿条，共499.4万吨，分别比2012年增长6.4%和13.3%。在轮胎等下游产品生产及出口拉动和天然橡胶进口关税下调背景下，橡胶制品行业产销保持稳定增长，我国天然橡胶消费继续增加。

截至 2013 年 12 月底，青岛保税区天然橡胶和复合橡胶库存共 26.1 万吨，同比增长 3.2%。上海期货交易所库存 17.6 万吨，同比增长 79.1%。两地显性库存合计比 2012 年同期增加了 80.4%。

3. 国内天然橡胶价格不断走低 2013 年，我国天然橡胶价格跟随国际市场震荡下跌。1、2 月份，在我国处于停割期、供应偏紧影响下，国内市场天然橡胶价格呈上涨趋势，1 月国产五号标准胶（SCRWF）月平均价格为24 227元/吨，比 2012 年 12 月份上涨了 2.8%；2 月份月平均价格又上涨 1.9%至 24 684元/吨。从 3 月份开始，国内天然橡胶价格开始持续下跌，在 7 月份国内天然橡胶价格降至每吨16 878万元。8～10 月份，在全球经济形势好转、我国国家物资储备局准备收储等一系列利好消息影响下，国内天然橡胶价格震荡上扬。8 月份 SCRWF 月平均价格回升到 18 361 元/吨，10 月升至 19 424 元/吨。11～12 月，在国外供应不断增加、需求继续疲软，特别是收储量和收储价格低于预期等影响下，国内市场天然橡胶价格震荡下跌。12 月份，SCRWF 月平均价格跌至 18 275元/吨，比 1 月份下跌了 24.6%。根据全国三大天然橡胶产区市场日成交价格统计和平均，2013 年国内 SCR5 天然橡胶全年平均价格为每吨 2.01 万元，比 2012 年下降 19.6%。

三、国际天然橡胶技术发展动态

（一）育种领域

各主要植胶国开展了适合不同类型区品种筛选试验，取得阶段性成果。越南在该国北部地区进行了抗寒品种筛选，其中云研 77-4、RRIV124、RRIV121 显示出较强的抗寒能力。印度近年开展非传统植区品种表现调查，发现西部干旱的孟买地区 RRII208 表现较好，东北部低温区 RRII422、RRII429 和 RRII430 表现好，受低温影响较轻。

IRRDB 1981’种质利用上各国均认同生长具有较大优势，工作集中在通过杂交获得高产和副性状优良的子代。泰国已优选出 438 个优良单株进入小规模试验。印尼、越南、印度也筛选了一批材料进一步鉴定。

在橡胶树功能基因克隆基础上，橡胶树基因的功能研究上取得一定进展。如揭示了橡胶生物合成中 *HbREF* 和 *HbSRPP* 的自装配作用，*TbbZIP*1 基因在干旱条件下调控小橡胶粒子蛋白的表达机制，小 RNA 基因 *MIRgene* 在盐胁迫等逆境胁迫下的作用，几丁质酶在橡胶树防卫和反转座子在橡胶生物合成中的作用等。马来西亚在世界首次公布了橡胶树基因组测序结果，由于其采用 NGS 测序技术，N50 较低，拼接质量较差，但该项目揭示了约 1.1 吉碱基对的单倍体基因组，其中 78%基因组是重复序列，共发现68 955个基因。

（二）栽培领域

在砧木选择方面，Tila 等通过双列分析就砧木—接穗互作对橡胶无性系生势及产量的影响进行了研究，结果显示，砧木 PB235 及 IAN873 产量性能高，且一般配合力也相对较强。橡胶树抗逆研究仍是重点。Wang 等试图将拟南芥赤霉素不敏感基因（GAI）转入橡胶树达到矮化抗风的目的，但该技术仍在探索阶段。与我国学者重视橡胶树对寒害和风害的响应机制不同，法国、非洲等学者更注重橡胶树干旱响应机制。Kumagai等建立了一种模型用于模拟橡胶园冠层的水和二氧化碳通量，并据此提出了橡胶树初生产量和水分效率最高的株行距6.8米×3米，这与我们生产上推荐的株行距基本一致。其他研究多为在分子生物学方面的一些探索，如Sanier等研究了干旱对PB260生理和生化的影响。Nizinski等成功将Dixon-Tyree茎干湿度计用于测定橡胶树茎干、根木质部水势的无损、连续监测。

在胶园间作方面，科特迪瓦Snoeck通过17年试验，比较胶园大行间作与单一种植模式的收益，间作效益均高于单一橡胶种植，直至第13年后，这种差异缩小至不显著，间作作物的收益影响间作总效益。

（三）土肥领域

土壤肥力研究集中于植胶区土壤肥力区划以及养分状况评估。如Silva等对巴西圣埃斯皮里图州的植胶土壤进行肥力区划，找出适宜橡胶树生长的区域。Timkhum等评估了泰国南部植胶土壤养分状况，确定出氮、磷和钙为该区植胶土壤的主要限制性养分因子。另Li等对保护野生动物的廊道工程对土壤恢复的影响研究发现，种植天然次生林的廊道具有最强的土壤恢复能力，而种植单一橡胶的廊道的土壤恢复能力最差。

土地利用方式变化引起土壤有机碳的变化是当前研究的热点。次生林被橡胶林替代是否会引起土壤碳损失存在分歧，Blécourt等和Satakhun等发现由次生林转化为橡胶林后，土壤有机碳出现降低。而Petsri等与前两者的研究结果相反，认为橡胶园可以增加碳储量。此外，Blécourt等还探究了山地胶园构筑环山行引起的土壤碳变化。

（四）割胶领域

以乙烯利刺激为手段实行低频割胶是世界割胶生产的主流。印度在d3、d4和d7研究推广取得成功后，还进行了d6、d10探索性比较试验，2003—2013年11年结果表明d10割制累计干胶产量为d6的96%。越南研究结果表明从传统的d3降低至d4、d5，劳动效率可提高20%以上，且胶乳各项生理指标和死皮率无明显差异。近年来随着低频割胶技术的发展，防雨帽技术在印度、越南广泛使用，成为重要的配套装置。

气刺短线割胶技术已显示出在提高割胶劳动生产率上的优势。各主要植胶国根据本国橡胶生产特点对该项技术进行了试验示范。越南研究结果表明在中老龄GT1胶树上采用气刺短线割胶技术后干胶产量连续6年高于传统割胶制度，最大程度地提高了劳动生产率。

自动化和机械化的割胶工具的研究成为研究热点。马来西亚橡胶研究局研发了一套自动化割胶系统（ARTS）。该套装置利用太阳能为动力，通过智能控制系统预先设定割胶时间，通过旋转刀片装置进行割胶操作，装置上还配备了防雨系统，目前该系统投入小规模试验示范。

橡胶树死皮防控研究主要分析其发生和调控机制。如橡胶树死皮树表现出蒸腾调控失衡，Ajay Kumar首次报道了类病毒RNA可引起橡胶树死皮。Larissa A.C.M.等验证了氰化物在胶乳稳定性降低和TPD中起的作用。死皮病中的miRNA表达谱研究发现小RNA与死皮病抗性有关。

（五）病虫害防控领域

国外已筛选出抗棒孢霉落叶病、南美叶疫病、抗螨的橡胶品系。斯里兰卡已开始采用芽接大树换冠的办法将感病的品系更换成抗性品系，从而解决了棒孢霉落叶病的防治问题。

橡胶树抗病虫机制中分子生物学发展迅速。法国 Vincent Le Guen 从抗南美叶疫病的橡胶品系 Fx2784 鉴定出对南美叶疫病免疫的基因，杂交发现，该基因按照 1∶1 分离，通过微卫星连锁分析确定了该基因的精细位置，这是迄今为止发现的第三个抗南美叶疫病基因。此外，从橡胶树内生芽孢杆菌中发现了新的 β-1，3 糖苷酶基因，在橡胶树寄生菌中发现抗氧化多酚。

此外，危害橡胶树新型病害不断涌现，印尼近年发生的壳梭孢霉叶疫病（Fusicoccum leaf blight），有扩展蔓延的趋势。越南也发现一种由可可色二孢霉（*Botryodiplodia theobromae*）引起的橡胶树茎干病害。

（六）初加工领域

高性能、高品质天然橡胶开发是研发的重点。斯里兰卡采用化学反应去除橡胶粒子上的蛋白质、磷脂等物质制备高纯度天然橡胶（Ultral Pure Natural Rubber，UPNR）用于生产轮胎。日本住友橡胶工业成功开发出大幅度减少了杂质的高纯度天然橡胶。日本可乐丽公司将液体橡胶用于高性能轮胎的生产。

废弃物回收利用技术有所突破。欧盟研发团队利用焚烧废弃轮胎萃取的合成气生产出固体碳棒，再利用碳同氧化硅在高温下的化学反应生成碳化硅。加拿大环境废物国际公司成功开发出一种分解废轮胎并回收副产物的技术。印度中央道路研究院使用天然橡胶改性沥青作为铺设道路的黏结层和耐磨层材料。

（七）生态环境领域

重视天然橡胶种植对植胶区域生态环境的影响研究。研究认为橡胶林替代次生林后，对土壤、水域、区域气候产生了负面影响，建议通过建立生态补偿机制切实改善胶园生态环境。但也认为，橡胶林仍具有较强的生态服务功能，评价时需综合考虑橡胶种植的经济效益和生态效益，关键是要维持经济与生态的平衡。

测算了橡胶林的固碳水平。橡胶林生态系统碳贮量主要由土壤层、枯枝落叶层 、林下植被层和乔木层组成，碳贮量土壤层＞乔木层＞枯枝落叶层＞林下植被，不同植胶区橡胶林生态系统总碳贮量有所差异，橡胶树生命周期内不同生长阶段碳贮量呈现一定的变化趋势。橡胶林地单位面积碳排放量高于农地，排放温室气体为 0.32 兆吨/年。橡胶林土壤呼吸每年释放 CO_2 1.88 千克/米^2，自养呼吸和异养呼吸分别占 63%、37%，地下部分根及根际微生物呼吸、异养呼吸输入到土壤的 CO_2 明显高于地上凋落物分解释放到土壤中的 CO_2。

（八）产业经济领域

关注天然橡胶生产预测和价格波动。P. Arumugam 等比较分析认为，累加分解模型对生产预测更加准确，另利用传递函数模型预测了印度天然橡胶生产。Wei Chen Sang 等研究了泰国橡胶价格和汇率的关系，发现贸易额是产品国际定价的重要影响因素。Hari Sharma Neupane等建议通过橡胶产地整合和供需国家的合作来减少价格波动。

重视胶农、橡胶价值链与产业前景研究。D. Y. Giroh 等分析尼日利亚胶农生产的约束因素，建议胶农成立协会以获得银行资金支持。Stephen Evans 研究生产者和消费者的匹配问题，案例分析集成橡胶价值链。Pornthep Weerathamrongsak 等分析了泰国天然橡胶产业竞争优势以及保持优势的因素，而 Picheat Prommoon 认为增加潜在需求在于塑胶道路。

热点关注天然橡胶产业可持续发展。天然橡胶生产国协会年会与会者讨论了可持续发展的社会、经济和环境标准，认为关键是商业模式和环境，重视价格和政府干预。橡胶研究小组建议利益相关者把注意力聚焦到可持续发展原则和全球供应链对资源效率和购买原材料的需求。

四、国内天然橡胶技术发展最新进展

（一）育种领域

延续性开展各类品种比较试验，取得了阶段性进展。热垦628顺利通过了全国热带作物品种审定委员会审定，可在海南中西部、广东雷州半岛、云南一类植胶区推广种植。建立了高效的遗传转化体系，转化效率达到5%，发现适度负压处理能有效提高瞬时表达率。完成了6个功能基因在染色体的物理定位，成功分离了9号染色体，并构建了该条染色体的微克隆子文库。

我国在橡胶树基因功能研究进展处于国际领先水平，揭示了许多橡胶树重要基因。如TCTP、GTPase、E3泛素连接酶、GTPase ROP基因、67KD蛋白等功能。成功实现GA1基因的遗传转化，证明HbWRKY负调控HbSRPP基因家族表达。利用转录组数据分析了橡胶树高产机制，橡胶树初生黄色体和次生黄色体蛋白质组学，采用蛋白组分析橡胶粒子，开发定性了不同种属间的ILP分子标记和研究磷缺乏橡胶树根部的基因差异表达。这些研究成果为阐明胶乳代谢和营养调控机理打下良好基础。

（二）栽培领域

在苗木培育方面，开展了一系列的育苗装置和育苗方法研究。林位夫等发明了一种橡胶树插接育苗法，并设计出一种育苗杯盘。黄志等发明了一种橡胶树工厂化育苗装置，明显提高劳动效率和移栽成活率。在育苗基质方面，周珺等发现基质对橡胶树容器苗地下部分有显著影响，处理极显著高于对照。张祥会研究表明幼苗叶面喷施2.5毫克/千克微肥能显著促进养分的吸收。周珺研究了不同苗木类型采取折砧或截砧方式提高苗木质量。周立军等研究认为对橡胶苗木进行分级后定植，有利于提高橡胶树的可开割率。

抗逆栽培研究进展不多。抗风栽培方面，张京红等、刘少军建立了海南岛橡胶风害评估可拓模型，利用GIS技术设计开发评估系统。借鉴森林风害遥感评估技术，橡胶林的风害遥感评估研究也在开展。抗寒栽培方面，张希财模采用物理外包裹法进行了模拟实验和大田试验，从综合性价比来看，用橡塑板组合材料作为外包裹材料+化学物质的防寒方法效果最佳。抗旱栽培研究仅限于部分逆境胁迫相关基因及其转录因子的克隆与表达分析。

胶园林下方面，谢贵水等较系统调查了海南不同橡胶园生态系统林下植物的种类、分布及其多样性特征，发现胶园林下植物505种，隶属106科、339属，建立了海南橡胶园林下植物数据库。罗萍等对广东垦区常用于间作的香蕉、菠萝、甘蔗进行土壤养分对比分析，结果表明香蕉效果最好，菠萝次之，甘蔗最差。

（三）土肥领域

在胶园土壤肥力方面，国内主要研究不同覆盖对胶园土壤的影响。陈海坚等分析胶园覆盖作物对胶园土壤影响，陈永川等研究管理模式对胶园土壤酸性磷酸酶活性影响，罗萍等研究了幼龄胶园间作甘蔗、菠萝和香蕉对胶园土壤养分含量变化的影响。此外，探讨了割面涂施或叶面喷施液态肥后对橡胶树的多项生理指标的影响。覃怀德等研究表明在割面上施用钼磷营养元素和硫酸铜均能提高干胶产量；同时胶乳蔗糖、硫醇和蔗糖转化酶活性也相应提高，胶乳镁离子含量、黄色体破裂指数则降低。

在胶园土壤精准化管理方面，吴敏、覃怀德和吴炳孙等采用主成分分析及聚类分析相结合或采用养分空间分布等级图叠加的方法，将橡胶园土壤划分为性质相对均一的子区域，为橡胶园土壤精准管理提供了依据。

（四）割胶领域

我国近年来主要围绕低频割胶相配套的产量刺激剂和刺激方法等方面展开了相关研究。佘风华等研究表明：超声波刺激4分钟后割胶，干胶产量比不刺激的对照增加了23%，且与0.5%的乙烯利化学刺激的效果相当。但胶乳的硫醇含量显著低于对照和乙烯利刺激的处理。

研制了气刺割胶技术相配套的刺激装置，设计出了“一种橡胶树气体刺激充气装置”，同时开展了RRIM600和PR107不同乙烯气体刺激浓度以及气刺后胶乳养分消耗规律方面研究。防雨帽技术应用范围从云南逐步扩大到海南、广东，在民营胶园也开始应用。并已根据不同植胶类型、不同树体等设计出了不同材质、不同形状的防雨装置。

死皮防控研究方面，已成功研发对橡胶树死皮康复具有良好效果的“橡胶树死皮康复营养液”。药效持续时间评估和康复效果试验结果表明，约有一半的死皮植株可恢复正常生产，目前正在对剂型和施用技术进行深入研究。同时，为了配合死皮树处理，已完成了“去皮机”的前期研发。陈君兴等结合海胶集团龙江分公司生产实践，介绍利用割面调整与规划等技术措施预防和控制橡胶树死皮发生与发展。王权宝等对云南景洪农场六作业区进行调查分析表明RRIM600死皮病发病率虽较PR107高，但其存株率还比PR107高，并且通过加强生产管理，用阴刀复割的株数要比PR107、GT1、云研1号要多得多。蒋桂芝等分析认为二代胶园土壤营养不足是造成死皮率增高的主要原因。在分子水平上，覃碧等从基因最终的产物即蛋白质水平出发，进一步验证蛋白质泛素化在橡胶树TPD发生过程中的调控作用。秦云霞等克隆了*HbROPs*，黄亚成等克隆了*HbRAN1*，李德军克隆到了*HbTCTP1*，为进一步研究TPD的机理拓宽了方向。

（五）病虫害防控领域

橡胶树种质抗性评价和筛选取得了重要

进展，筛出对白粉病中抗品种 9 个，对炭疽病抗病种质 8 份，对棒孢霉落叶病抗性高抗种质 4 份。

确定了白粉病菌侵染寄主 5 个关键时期，为合理制定该病防治历期提供有力科学依据。对我国胶园根病发生情况进行了调查，三龄以上的胶园，根病死树率达到 0.96%，发病率达到 2.02%，其中开割树的死树率达到 1.17%，发病率达到 2.29%，根病种类则是红根病和褐根病。

橡胶炭疽病菌和白粉病菌的基因组测序、主要致病相关基因的克隆和功能鉴定方面也取得一定进展。

（六）初加工领域

高性能、高品质天然橡胶及轮胎开发取得显著进展。云南高深橡胶有限公司研发出高品质橡胶产品 GSRRSS，其品质达到国际先进水平。在世界上首次实现了 49～63 英寸①巨型工程子午胎超宽幅胶胚直接挤出成型。一些轮胎企业开始积极投资绿色轮胎项目，绿色轮胎技术规范也将正式发布规范市场。

低碳环保绿色加工工艺进入中试生产阶段。海南中投无氨橡胶投资有限公司率先开始无氨天然橡胶的中试生产；中国热带农业科学院农产品加工研究所集成天然橡胶微生物凝固技术、单螺杆脱水技术、微波干燥技术形成天然橡胶绿色加工新技术，并建成中试生产线。

废弃物回收利用与废气废水处理技术进一步优化。首家废旧轮胎热解回收生产线投产运营，实现了从热裂解、自动出渣、除铁除杂到精磨、活化、造粒、包装等工序的连续加工。此外，成功研制再生橡胶环保除臭剂，用于子午胎、线胎、杂品再生胶的混合脱硫过程。

（七）生态环境领域

国内也在开展了天然橡胶种植对植胶区域生态环境的影响研究，此外，重视灾害性气候评估防范技术，通过遥感技术、GIS 技术开展风害、寒害监测及建立了灾害性天气评估模型，用于天然橡胶生产的灾前预估和灾后评估，极大地提高了天然橡胶防灾减灾的决策能力。

（八）产业经济领域

在天然橡胶价格波动研究方面，刘锐金从多维度解释了价格波动。桂俊煜和张彩虹研究我国现货与期货市场关系，认为后者具备较强的价格发现功能，吴静杰等研究也证明了这一结果。日益重视胶农生产决策行为研究，了解农户应对价格波动、自然灾害风险、生产决策等方面的意愿，探索价格波动对生产者的影响。何长辉分析结果表明，影响农户种植橡胶决策行为的主要因素是土地面积、资金和技术水平。张红研究认为，胶农的文化程度、植胶面积、对合作社的认知程度、生产资料供应问题和对其他为农组织的满意度等因素对胶农的参与合作社有显著影响。

继续关注天然橡胶走出去战略。缪靖翊比较了中国与东盟地区天然橡胶产业的显示性竞争力、竞争潜力和定价能力。吴家政分析了 2 种海外市场进入模式。产业经济岗位构建了中国天然橡胶企业“走出去”发展的政策体系，分析了“回不来”的风险和规避

---

①英寸为非法定计量单位。1 英寸＝0.0254 米。编者注

风险的国家行为。

五、国内天然橡胶技术发展的主要问题及建议

（一）加快资源收集，促进育种进程

橡胶树新品种选育目前仍依靠传统的人工杂交方式，选育一个新品种往往需要至少30年的时间。人工杂交成功的关键在于亲本选配。由于橡胶树长期近缘杂交，造成栽培材料的遗传基础日趋狭窄。近期国际橡胶研究与发展委员会（IRRDB）拟启动秘鲁橡胶树资源考察引种工作，秘鲁橡胶树资源主要分布在高寒山区，对我国植胶环境特点选育品种有重要意义。我国拟积极争取参加考察，分享引种成果，进一步提高了我国橡胶树种质资源的战略储备，为我国橡胶树新品种的持续创新奠定了坚实的种质基础，推动了我国橡胶树选育种工作不断向前发展。

（二）加快高效割胶技术研发，应对未来胶工短缺

胶工的割胶技术水平普遍偏低，胶工短缺现象已经出现，未来将成为天然橡胶生产所面临的主要矛盾。割胶生产是技术性的纯手工作业，劳动强度大、生产效率低，必须加快轻简生产技术研发，探索效率更高的采胶技术，研究出更科学的施药方法或新型刺激剂，积极探索采胶工具自动化，以适应社会发展对技术发展的要求。此外，割胶技术研究要与割胶生产管理模式相结合，加快建立割胶技术培训体系和能留得住的乡村技术员制度。

（天然橡胶产业技术体系首席科学家
黄华孙提供）

2013年度牧草产业技术发展报告

（国家牧草产业技术体系）

一、国际牧草生产与贸易概况

（一）国际牧草生产情况

世界牧草种植面积波动下降，美国的牧草种植面积和干牧草产量逐年上升。1986年世界牧草种植面积达到最高，为1.03亿公顷（牧草及青贮产量22.3亿吨），1986年以来世界牧草种植面积波动下降，2011年世界牧草种植面积8 985万公顷（牧草及青贮产量17.5亿吨）。近年来，美国的牧草种植面积和干牧草产量逐年上升，2011年美国牧草种植面积2 252万公顷，干牧草产量5 315万吨；2013年美国牧草种植面积、干牧草产量分别比2011年增加4.7%、3.3%。

美国牧草价格比上年有所下降，未来价格保持增长。2013年美国牧草的价格相比2012年出现下降，2013年12月牧草平均价格168美元/吨，相比2012年同期每吨下降21美元。由于2013年12月末和2014年1月初的极端寒冷天气，促成牧草交易量上升，价格有所上升，但是目前仍然低于2012年同期水平，未来价格走势应该会继续上升。

（二）国际牧草贸易情况

国际草产品贸易量价齐升，彰显了势不可挡的需求状态。2012年国际牧草贸易量为979万吨，比1988年增加了近3倍；贸易价格则由123美元/吨增长至300美元/吨，增长了近1.5倍。以近2010—2012年的平均增长率进行估测，2013年国际牧草贸易量可达1 082万吨，贸易价格则上涨至318美元/吨。

国际牧草市场集中度非常高且卖方市场特征显著，进口国长期处于被动地位。从进出口国家来看，美国、澳大利亚、西班牙、加拿大及意大利是主要出口国，美国出口比较优势显著，出口量占总贸易量的46%，十几年来从未动摇过头号出口国的地位；日本、韩国、中国、中东是主要进口国，日本进口规模最大的国家，进口量占总贸易量的25%，十几年来一直为头号进口国。

二、国内牧草生产与贸易概况

（一）国内牧草生产情况

牧草种植面积继续保持增长，商品草企业逐步发展。随着2013高产优质苜蓿示范建设项目落实（50万亩）、草原生态奖补政策的实施等，我国牧草种植面积继续保持增长。高产优质苜蓿示范建设项目带动了商品草企业的发展步伐，商品草企业数量有所增加（90～100 家），并逐步由北向南扩展，商品草产量保持增长。

草产品市场需求趋于多元化，国内牧草供需呈紧平衡格局。受国内苜蓿草供应趋紧、价格居于高位的影响，羊草、燕麦草等其他牧草越来越受到国内牧场的认可，市场需求增加。2013 年牧草产量比上年有一定增长，但仍未满足市场需求，草产品价格逐步趋稳，个别品种（苜蓿干草）在局部地区略有小幅下降（河北沧州每吨下降了 150 元）。

（二）国内牧草贸易情况

牧草出口量继续下降，出口主要目的地为韩国。2013 年 1～11 月我国出口牧草产品 0.81 万吨（主要为苜蓿干草和苜蓿草粉及颗粒），比 2012 年同期减少 31.12%，主要出口到韩国（95.58%）。其中出口苜蓿草粉及颗粒 0.67 万吨，比 2012 年同期减少 25.24%，出口平均价格为 245.64 美元/吨，比 2012 年同期增加 2.45%。

牧草进口量大幅增长，进口主要来自美国。2013 年 1～11 月我国进口牧草产品 71.59 万吨，比 2012 年同期增加 67.26%，进口主要来自美国（94.07%）。其中进口苜蓿干草 71.46 万吨，比 2012 年同期增加 67.78%，进口平均价格为 371.94 美元/吨，比 2012 年同期降低 5.39%（图 1）。

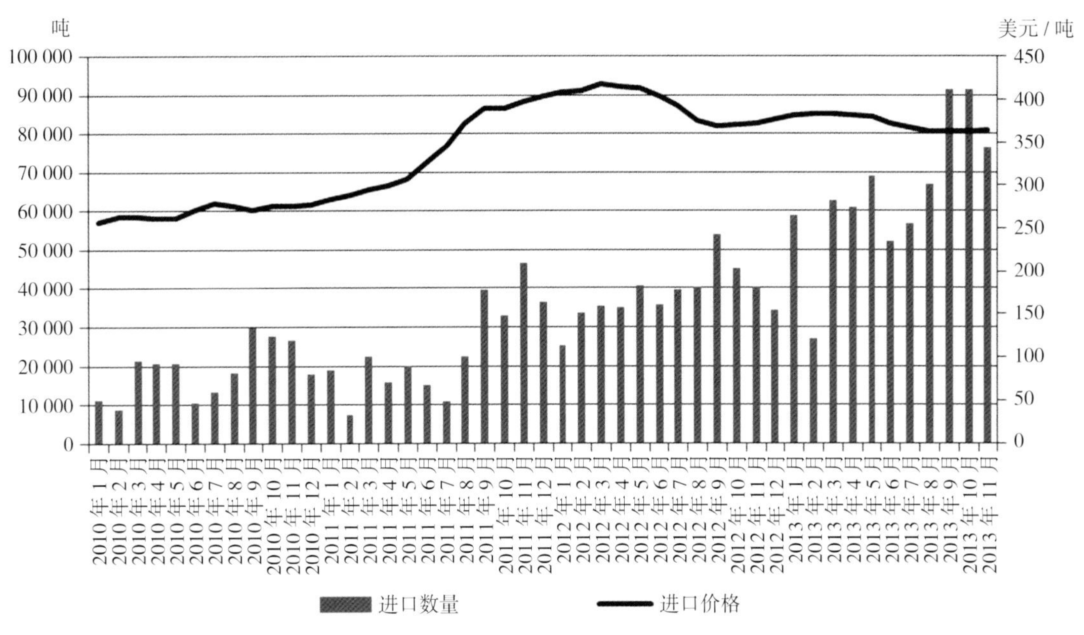

图 1　2010 年 1 月至 2013 年 11 月份我国苜蓿干草贸易情况

（资料来源：海关信息网）

三、国际牧草产业技术研发进展

（一）牧草资源、牧草育种和种子生产

能源草、环境治理中利用的牧草等特殊草资源的收集、保存及研究利用方兴未艾，是目前草资源研究的重要方向和趋势。世界各国围绕育种需求，利用传统的杂交、诱变等技术，创制与农艺、抗性、品质等性状相关的新种质，特别是现代转基因技术在牧草新种质创制中的应用，是今后长时间内全球

牧草资源研究的重要议题。国际牧草种子生产技术研究主要集中在灌溉控制、杂草防除、病虫害防治、辅助授粉、收获技术、收获后田间管理等方面，以促进种子生产潜力的充分发挥。

（二）牧草栽培、田间管理与草地稳产

国际上耕作制度研究以“农作制度优化，丰粮节本减排”为前提，对以下几个方面进行研究。一是应对复杂多变环境下的农作制度设计与优化；二是系统模拟在优化农作制度研究中的应用；三是节能减排保护性农业、循环农业的理论与模式设计；四是集约草地农业可持续发展的系统研究。随着人们对生态系统保护和农林业生产可持续发展的日益关注，微生物与牧草间的共生关系越来越受到重视，其双接种对宿主植物的影响及相互作用的机制逐渐成为研究热点。因不同地区间、年度间、品种间表现出很大差异，施肥对牧草品质及产量的影响以及混播草地品种筛选及适宜比例仍然是研究重点。

（三）病虫害防控技术

病害方面，注重病害监测、预报及综合管理，关注牧草病害与其他有害生物的相关性研究；系统开展了一年生和多年生草地植物病毒病发生、损失评定、流行及综合防治研究；开展了牧草抗病性品种评价与筛选以及利用木霉进行种子、土壤处理、利用休闲防治根腐的研究。虫害方面，国际上重视牧草虫害治理新理论、新技术研究，加强了分子生物学方面的基础研究，积极开展害虫监测预警、生态系统食物链作物—害虫—天敌通讯机制、害虫功能基因组、害虫与寄主植物协同进化的研究工作。

（四）牧草加工利用技术

在干草加工贮藏方面，苜蓿刈割前干燥剂的使用，可使苜蓿在生长状态时散失部分水分；宽列晾晒可明显缩短牧草干燥时间，提高干草及青贮品质；高水分打捆前可喷洒防腐剂避免发霉变质。在牧草青贮方面，重点研究具有改善发酵品质，提高养分保存率和利用率，提高青贮饲料安全性的乳酸菌；青贮微生态研究多集中在：PCR-DGGE 法在青贮微生物多态性研究中的应用；实时荧光定量 PCR 技术在青贮微生物中的应用；接种产共轭亚油酸乳酸菌对青贮中共轭亚油酸产量的影响。国外注重苜蓿安全性研究；对苜蓿提取物化学成分的研究比较深入，且重视自然环境因素对其合成量的影响。

（五）牧草机械研发

国外发达国家在 20 世纪 60 年代基本实现了饲草生产过程的全面机械化，牧草机械的保有量也达到了相当高的水平。目前，发达国家牧草机械化发展过程中，不断将新兴技术融入到传统机械化技术中，其发展趋势主要体现在以下几个方面：机械技术与生物技术相结合，达到节约资源、循环利用的目的；产品的成套性和系列化发展，进一步满足国际市场需求；大功率、高效、复合式作业机型的研制，以减少对草地碾压次数，提高作业效率和拖拉机利用率；缩短收获周期，提高饲草质量，使机具在田间能够达到更高的作业生产率；大量采用电子、液压精确控制、GPS 定位等现代技术，提高产品的科技含量，达到装备的智能化和信息化。

四、国内牧草产业技术研发进展

（一）牧草资源、牧草育种和种子生产

2013年，国家草种质资源库新增加草种质材料2 200余份，保存总量近30 000份，从保存数量上步入了牧草种质资源保存大国行列。国内开始了紫花苜蓿遗传关联分析、遗传作图等研究工作，高通量的分子标记技术和测序技术也开始在个别草种上探索性应用。在遗传育种领域目前研究的热点为遗传图谱及QTL分析、关联分析、重要功能基因克隆与功能验证和利用转基因技术创制优异种质。但应用现代分子遗传技术进行种质资源研究尚处于起步阶段，牧草基因资源发掘和功能解析研究工作基本处于跟踪阶段。苜蓿三系杂交育种也取得阶段性研究成果。我国主要草种的种子生产格局已经形成，种子生产技术研究主要集中在播种密度、灌溉控制、施肥时间和施肥量、生长调节剂的施用、收获时间与收获技术等方面。

（二）牧草栽培、田间管理与草地稳产

我国北方地区逐渐形成以紫花苜蓿为主的轮作体系，南方地区逐渐形成以多花黑麦草为主的轮作体系。草田耕作的研究内容主要还是集中在耕作制度对牧草产量和质量的影响；对土壤水分、土壤氮和磷含量的影响以及对杂草防除的影响等方面，但也开始重视草田耕作对CO_2和N_2O减排方面的前沿研究。目前形成基于光谱数据的多花黑麦草施氮肥施用技术；紫花苜蓿施肥推荐系统，提出苜蓿主产区氮肥优化施用模式。开展了紫花苜蓿渗灌技术及渗灌专用肥和磷肥长效缓释的研究，渗灌比漫灌苜蓿产量提高了21%左右。

（三）病虫害防控技术

病害方面，初步利用分子生物学方法鉴定了牧草病害病原菌；广泛开展了我国天然草地、栽培草地病害种类调查；系统研究了苜蓿根腐病、褐斑病、霜霉病等以及沙打旺根腐病、鸭茅锈病；筛选了紫花苜蓿抗镰刀菌、紫花苜蓿抗褐斑病、沙打旺抗黄矮根腐病、鸭茅抗锈病品种，开展了病害生物、化学防治。虫害方面，开展了牧草抗虫性评价、牧草虫害成灾机理、害虫对化学农药抗性机制研究等重要理论问题。提出牧草虫害监测预警新技术；“3S”技术监测害虫发生动态、建立牧草害虫防治示范基地、生物农药创新技术及推广应用等方面，取得了重大突破。

（四）牧草加工利用技术

干草调制方面，确定了科学的刈割频次和刈割留茬高度，不同类型苜蓿草产品最佳刈割期；在苜蓿高度尺方面有所进步；确定天然牧草最适刈割期，以伏草收获为核心的天然草地牧草低损耗收获技术取得技术性突破。青贮方面，在中药、蒙药添加剂方面有所进步；在青贮原料水分调控、添加剂筛选、贮藏管理措施及新型原料的开发等方面取得了较大的进展，在大型青贮设施的高效利用和切断捆包裹膜机械的研制推广应用方面取得了较好的效果。草产品利用方面，注重苜蓿改善牛奶乳蛋白和乳脂率的调控机理研究；苜蓿皂苷、黄酮、多糖等活性成分提取物的提取技术和

工艺的研究；使用干燥剂和防腐剂来提高牧草的利用率等。

（五）牧草机械研发

2013 年，我国牧草机械继续秉持统筹兼顾牧草产品经济效益和牧草生产生态环境保护的发展思路，大力发展优质草产品生产机械装备和草地改良机械，在牧草机械化技术研发和推广示范等领域都取得了重大突破，其集中表现为 9G-1.2 型、9G-2.1 型自走式苜蓿刈割压扁机在宁夏、河北、山东、湖北、云南等地进行了多场现场演示会，有望在 2014 年进入农机补贴目录；草地改良机械实 9QFB—2.4 型破土切根施肥补播复式机、9PDQ—2.2 型草地平地机、9QS—2.2 型马莲碎根机、9QPY—2.2 型狼毒剔除机四台机型均通过了试验检测鉴定，作业效果良好。实现了牧草生产工艺全覆盖、机械化作业成系列。

（牧草产业技术体系首席科学家张英俊提供）

2013年度生猪产业技术发展报告

（国家生猪产业技术体系）

一、国际生猪生产与贸易概况

1. 生产概况 2013年全球猪肉总产量达1.075亿吨，比2012年的1.057亿吨提高了1.7%。全年中国猪肉产量为5 380万吨，比2012年的5 235万吨增长了2.8%，占世界总产量的50%。2013年其他主要生猪生产国猪肉产量变化幅度在1%左右波动。从最近的5年统计结果来看，全球猪肉总产量总体呈现出上升趋势，年均猪肉总量增长率为2.1%。2014年，全球猪肉产量预计比2013年猪肉产量增长1.3%，达1.089亿吨。

美国：2013年，美国生猪产业由于受到饲料成本的增加，仔猪产量略微减少，猪肉产量为1 050.8万吨，较2012下降1%。预计2014年产肉量将增长1%，其增长贡献来源于饲养成本降低、屠宰体重提高和需求增加等利好因素的作用。

加拿大：最近几年，加拿大养猪业持续低迷，2013年猪肉产量与2012年基本持平，为184万吨，母猪存栏和仔猪产量都略有下降。较高的饲养成本及面临的金融困难，一些小的养殖户将通过减少投资以及降低屠宰体重等措施来降低饲养成本，预计2014年产肉量与2013年产量持平。

巴西：近年来巴西养猪业持续强势增长，由于国内需求强劲以及国际出口不断增加，2013年猪肉产量达到337万吨，增长1%。由于饲养成本较低、猪肉价格上涨和国内外对猪肉需求增加等利好因素的作用，预计2014年产肉量将持续增加1%，达344万吨。

欧盟：欧盟需求动力不足，欧盟27国猪肉产量持续下降，2013年猪肉产量为2 245万吨，下降1.0%。尽管有饲养成本下降和屠宰体重增加等利好因素的作用，但由于经济衰退而使人们更多地向价格低廉的禽肉市场消费，预计2014猪肉产量与2013年产量基本持平。

2. 贸易概况 2013年，全球猪肉进口总量达681万吨，同比下降1.0%。进口量最大的国家依旧是日本，进口总量为124万吨，其次为俄罗斯的90.0万吨。全年进口增幅较大的国家是墨西哥和美国，进口量分别为78.5万吨和38.9万吨，分别增加了11.2%和6.9%。受到一些国家对猪肉需求的不断增加，预测2014年全球猪肉进口量将提高1.5%，总量达691.3万吨，其中中国进口量将提高3.3%达77.5万吨，俄罗斯进口量将提高2.2%达92万吨。

2013年，全球猪肉出口总量达705.8万吨，同比下降2.7%。出口量最大的地区是欧盟27国的220万吨，其次为加拿大的124.5万吨。2014年全球猪肉出口总将提高2.6%，总量达达724.3万吨，其中美国出口猪肉总量将提高4.3%达239万吨，其出口国主要为日本、韩国和墨西哥。巴西出口猪肉总量将提高3.3%达62.0万吨，主要向香港、安哥拉等地出口。

2013年全球进口活猪为528.4万头，同比下降15.9%。美国仍是全球进口活猪最多的国家，2013年进口活猪495.7万头，但下降了12.4%，其次乌克兰的20万头。俄罗斯活猪进口量从2012年的33.4万头降低到8.5万头。预计2014年全球进口活猪量变化不大，将保持在522.4万头。

2013年全球出口活猪为727.5万头，同比下降11.7%。加拿大仍作为世界上活猪出口量最大的国家，2013年出口活猪489万头，下降12.3万头；其次为中国170万头和欧盟50万头。预计2014年全球出口活猪数量变化不大，将保持在729万头。

二、国内生猪生产与贸易概况

1. 生产概况 2013年平均存栏量为5 010万头，同比上升0.4%；9月份以来，能繁殖母猪存栏逐步下降，至12月能繁母猪存栏量为4 938万头，低于全年平均水平。由于疫病控制今年总体良好，2013年生猪出栏顺延2012年恢复性增长态势，上升2.5%至7.16亿头，猪肉产量将达到历史高位，达5 493万吨，猪肉供给量充足，存栏母猪头均产肉量高于1吨（但远低于美国2011年的1.78吨）。

尤其值得一提的是，广东温氏集团生猪出栏突破1 000万～1 013万，双汇国际收购美国Smithfield成为世界第一大肉类加工和生猪生产企业。

2. 贸易概况 2013年鲜、冷、冻猪肉累计进口量达到58.33万吨，同比上升11.68%；全年累计进口种猪21 444头，同比上升20.55%。

三、国际生猪产业技术研发进展

1. 育种与繁殖技术 2013年，在育种与繁殖技术领域，主要体现在：一是在B超技术获得广泛应用的同时，研究人员开始研究CT（计算机断层显像）等新型设备应用于猪的性能分析。与传统的超声波技术相比，用这种技术预测猪胴体肌肉、脂肪和骨骼产量的准确率分别可提高6.4%、5.6%和15.0%。二是有机或低投入生产体系猪育种技术研究。在长期追求高集约化、高产量的育种体系下，一旦采用有机和低投入管理时，现代基因型产品的质量、健康、福利和受精率均退化。三是在育种素材种质特性的分子机理研究方面，随着动物基因组学研究的发展，基因表达序列标签（Expressed Sequence Tag，EST）及全长cDNA数量迅速猛涨，成为开发新型分子标记，如全基因组测序、拷贝数变异（Copy Number Variation，CNV）、cSSR、SNP等的宝贵资源，这些分子标记具有数目多、适于高通量检测、低成本的优点，也是2013年猪遗传育种学家普遍关注的研究领域。四是全基因组选择仍是当前猪遗传育种研究的热点、重点。自从Meuwissen等2001年提出全基因组选择构想后，多年来应用上并未有太多突破。Akanno等（2013）的研究显示，当全基因组选择的准确度在0.38～0.66的时候，分别比常规育种效率提高38%～173%。PIC、Danbred、Hypor、TOPIGS等公司均先后把全基因组技术应用于种猪选育。丹育目前重点是利用全基因组选择来提高猪肉品质。据丹育2013年数据，其在大白与长白群体中应用全基因组选择可以比常规育种效率提高20%～25%，在杜洛克群体中可以提高10%～15%。据PIC的数据表明，应用全基因组选择，PIC产仔数的EBV精确度提高了71%，死亡率EBV精确度提高了58%。五是在猪繁殖技术领域主要是猪精液冷冻保存技术和精原干细胞（spermatogonial stem cells，SSCs）冷冻复苏机制以及SSCs介导的转基因动物研究。

2. 疫病综合防控技术

（1）美国发生猪流行性腹泻。2013年5月，美国确认境内首次发生猪流行性腹泻，之后疫情迅速扩散，截至2013年底，美国共有约15 000头生猪感染了该疫情，涉及美国中西部的17个州，并且依然呈现上涨的势头，引起了美国政府和国际社会以及科学界的关注，虽然美国发现的致病病原与2012年引起我国南方地区大流行的致病病原高度同源，但目前尚未发现该病在美国的暴发与之前在亚洲和欧洲的暴发间有任何直接联系。目前还没有有效疫苗用于防控。

（2）PRRS、PCV2仍是危害养猪业的主要病源。2013年，全球猪病仍以猪繁殖与呼吸综合征、圆环病毒2型为主。其他重大猪疫病，如口蹄疫、非洲猪瘟、古典猪瘟、猪流行性腹泻和猪流感等呈现全球散发性疫情，对全球的生猪生产产生了重要的影响。俄罗斯及欧洲部分国家的非洲猪瘟疫情依然严峻。虽然俄罗斯的生猪数量已经大为增长，但由于非洲猪瘟的持续影响，已给养猪业造成巨大影响，直接损失达数十亿卢布，间接损失数百亿。越南爆发严重的口蹄疫和蓝耳病疫情。其中猪繁殖与呼吸综合征疫情继续在越南30个省市横行，染病猪总数累计已达50万头。国际OIE近两年的数据显示，A型血清型感染率呈迅速上升趋势，而O型则趋缓。

（3）猪病诊断技术快速发展。准确诊断是猪病防控的重要环节之一。国际上猪病诊断试剂相对我国具有较大优势。传统诊断方法得到不断改进，新的诊断技术不断产生，其中，血清学和分子生物学诊断技术已经成为重大动物疫病诊断方法之一，而在这两种诊断方法中ELISA、PCR成为疫病监测与诊断的主要手段。猪瘟、猪繁殖与呼吸综合征、猪圆环病毒2型、猪伪狂犬病、猪细小病毒和流感等的抗体检测ELISA试剂盒十分普遍。同时，新技术如基因芯片技术、环介导等温扩增基因诊断技术（RT-LAMP），免疫层析快速诊断技术和纳米技术也逐渐成熟并广泛应用于猪病诊断。

（4）疫苗免疫仍是疫病防控的主要手段。经典毒株猪繁殖与呼吸综合征弱毒活疫苗、猪圆环病毒2型灭活疫苗和亚单位疫苗在防控起到了重要作用。目前，世界上的许多国家仍将传统疫苗免疫作为猪病防控的主要措施。2013年，核酸疫苗、活载体疫苗和亚单位疫苗等新型疫苗问世。此外，细胞因子、细菌毒素及CpG核苷酸等新型免疫佐剂开发也取得重要进展。国外大量新建反应器和产物表达量的提高已导致反应器容量过剩，发达国家市场已经出现饱和并有向发展中国家扩展的趋势，一些大生物制药巨头开始通过合作或并购等方式进入我国市场，如德国勃林格殷格翰和美国辉瑞（硕腾）等生物医药公司。同时，国外新型疫苗产业化技术日新月异，基因工程表达蛋白纯化工艺和 DNA 疫苗核酸提取工艺等日趋成熟。

3. 营养与饲料技术

（1）抗生素逐步停用，营养与健康研究活跃。国外（尤其欧美发达国家）生猪饲养环境较好、饲料资源稳定、日粮类型较简单，饲养过程中猪的应激较少，健康水平较高，繁殖性能较高，生产中基本停用了饲用抗生素，因此，营养的主要目标是发挥猪的生产潜力。但营养与健康方面的研究仍然活跃，主要集中在营养与免疫、营养与微生物、霉菌毒素等方面，重点是通过体内外模式探索营养与免疫力、抗逆性和霉菌毒素的互作规律及机制，拓展营养原理，研究对象主要是针对仔猪。另外，对于营养与母猪繁殖性能的关系也进行了相应的研究，重点在于饲粮中营养物质或非营养性饲料对母猪繁殖性能及后代发育的影响。

（2）肠道健康研究。以营养手段（包括丁酸钠、N-氨甲酸谷氨酸、核苷酸、脂肪酸、氧化锌、赖氨酸、精氨酸五粮肽等营养性添加剂，抗菌肽、益生菌、益生素、多糖、复合酶制剂、霉菌毒素吸附剂等非营养添加剂）实现调控肠道微生物菌群的技术，提高猪肠道健康，增强其免疫力和疾病抵抗能力。研究了营养（包括采食量、能量水平及来源、蛋白水平及来源、氨基酸比例、油脂水平及脂肪酸组成、纤维水平、微量元素、维生素及添加剂如酸化剂和调味剂等）对母猪繁殖性能、免疫功能及后代生长性能、肌肉发育、脂肪代谢的影响，为研究集成提高母猪生产效率的营养技术方案提供了一定的理论基础。此外，研究了霉菌毒素对动物健康和免疫功能的危害，并探讨其在机体内的残留和对于动物机体的危害，为有效控制其对健康的影响奠定基础。

4. 生产与环境控制技术

（1）综合运用各项养猪先进技术，提高母猪年上市猪数量。近年，欧美养猪发达国家如美国、加拿大、丹麦，母猪年提供上市肥猪数已达到 25 头以上，丹麦部分猪场每头母猪年生产 30 头断奶仔猪。生猪行业为实现生产更多的活仔数、更少死胎、更多断奶仔猪数，母猪高产且使用寿命长，舍内环境自动控制、人工授精、分胎次饲养、母猪精细饲养等技术的综合应用越来越普遍。设施设备上，主要以节约能源和节约成本为主要方向，如通过利用热交换器和猪体自身产生的热量实现能源循环利用的高效猪舍；使用地热泵的地下加热系统供热，使用太阳能和风能来降低养猪场的燃料消耗等。

（2）健康与福利养猪技术仍是研究主要方向之一。健康养殖和重视动物福利已成为世界各国共识。2013 年，健康养殖与福利养猪研究与应用主要趋势为：①欧盟动物福利新法规于 2013 年 1 月 1 日起正式实施，新法规提高了市场准入门槛，已成为国际贸易保护主义发展的一种新趋势。②实行畜禽环境与生产过程全程监视，实行生猪精细化养殖，通过动物身份识别来精细化养殖，并且新一代 ICT 已在现代化生产场广泛应用，并全程监督控制和精细管理。③妊娠母猪群养有利于提高妊娠母猪福利水平和降低母猪攻击行为。研究认为胚胎着床后混群明显增加母猪分娩率、产仔数，并增加母猪分娩时体重，但其同时也增加了慢性损伤；与动态混群相比，静态混群降低母猪分娩率，但能显著降低腿病发生率和慢性损伤。④头部击碎器屠宰技术是以压缩空气为力源的破坏脑部结构，让猪只瞬时丧失意识的物理安乐死方法，该技术安全性高，并且适用于各体重阶段的猪只，只是不同体重猪的撞击力量不同。

（3）猪场粪便和污水处理与利用仍然是国际研究热点。2013 年，猪场粪便和污水处理与利用技术仍然是国际研究热点，猪场污水处理研究相对较多，除常规的猪场沼液净化处理技术、垂直流人工湿地猪场污水处理技术、猪场污水活性污泥处理外，更多研究致力于猪场污水处理新型组合工艺开发，如土工袋和沸石袋及人工湿地组合工艺、超滤和反渗透与氨吹脱组合工艺、混凝与硝化反硝化组合工艺、沸石与生物絮凝组合工艺等，这些组合工艺对猪场污水具有较好的处理效果；在猪粪处理方面，主要集中于猪粪堆肥技术的深入研究，包括堆肥过程的生物转化机制、堆肥产品制备生物碳等后续处理等技术研究，同时也比较关注猪粪中病原微生物、抗生素和激素残留问题及其对环境的影响。在粪污沼气发酵技术方面，欧洲以混合发酵为主，主要研究猪粪和其他农业、餐厨废弃物混合发酵制取沼气的机理以及混合发酵产氢等。在美国，更多关注氧化塘处理猪场粪污方面的研究，藻类去除猪粪水和沼液中氮磷的研究是新热点。

5. 加工技术 2013 年国际上肉品加工技术研究主要集中在肉品品质形成、超高压、肉品营养、动物福利与肉品品质等领域。

（1）肉品品质形成机理。韩国 Joo 等系统研究了肌肉发育过程中纤维变化与肉品品质的关系，提出通过控制肌纤维类型来改善肉品品质。美国弗吉利亚理工大学 Garred 教授系统研究了宰后肌肉能量物质变化的规律，并阐释了宰前宰后相关因素对能量代谢及肉品品质的影响。此外，德国、英国、比利时等国的科学家也从宰后生物化学变化的角度阐释肉品品质的变化规律，均强调肉类生产加工过程中品质的综合调控。

（2）超高压技术的应用。超高压早期主要用来杀菌，近年来，英国、西班牙和澳大利亚的肉品科学家发现超高压技术还可用作杀菌兼烹饪的作用。对于鲜肉而言，超高压应用的压力参数不超高 400 兆帕，而对于肉制品，压力可升高至 600 兆帕。

（3）肉品营养学研究。美国、丹麦、比利时、芬兰等国家的科学家研究了肉中脂肪酸、胆碱等成分对人体健康的影响。以大鼠或小鼠作为模型动物，研究肉中脂肪酸组成、脂肪摄入量等对模型动物肝脏、血液生化等指标的影响，以及对健康的影响。英国、比利时等国家的动物和肉品学专家研究通过饲料调控的方式改变肉中脂肪酸的组成。此外，肉中血红素铁、蛋白质等的营养学问题也得到越来越多的重视。

（4）肉品微生物基因组学研究。随着新一代测序技术的发展，宏基因组学等高通量的方法在肉品微生物检测中的研究得到越来越广泛的应用，尤其是在肉类生产加工过程中环境污染所造成的安全隐患可得到更好的分析和控制。其中致病微生物的研究和控制更受关注。

6. 产业经济技术 2013 年，部分国外学者关注了外部环境和消费者需求对畜牧业造成的影响。为检验实行集约化畜禽养殖经营（ILFOS）的治理结构，Ramseya，Soldevila-Lafonb，Viladomiu（2013）集中研究了养猪行业，并选择了加拿大的马尼托巴湖地区和西班牙的加泰罗尼亚地区这两个差异明显的地区作为研究对象。这两个地区都经历了养猪业的快速发展，即都经过了产业在空间上的集中和产业规模的扩大，因此，需要相应的政策调整以适应不断扩大的生产规模，他们根据管理制度、环境规制和政治经济学的相关文献，进行了一个比较案例分析，研究环境规制对养猪业的影响，得出的结论是马尼托巴湖和加泰罗尼亚地区的环境政策在全面生产管理方面（如粪肥管理、经营场所等）比限制总产量更为成功。

在对中国的生猪产业发展研究方面，Klaus Grunert 和 Yanfeng Zhou 等人（2013）基于中国内地的案例，运用联合分析的方法调查分析消费者对不同生猪生产体系的态度，他们选取了中国 6 个城市的 472 个参与者进行了截面调查，结果发现中国消费者更偏好工业养猪生产系统（相对于大型或小型的家庭农场）。Shen Zhongming（2013）基于生猪产业化养殖模式的定义，深入阐述了自 1978 年以来中国生猪业的产业经营模式，同时，他们还分析了生猪行业发展的外部环境，比如全球化竞争、体验经济的发展、消费者对绿色环保的日益关注等。

在生猪产业的区域发展潜力研究方面，Benson Samuel Mugarura（2013）使用了 2008 年乌干达全国畜牧业人口普查数据，通过构建一个定量模型及计量方法，识别出了乌干达哪些地区具有投资潜力以扩大畜牧业的生产，以及哪些地区面临需要处理的重大挑战（比如人口与牲畜间的矛盾）。

在畜牧业的水资源消耗研究方面，Mubareka 等（2013）对欧洲畜牧业用水需求进行估计。他们通过使用 2005 年州际规模类型的畜牧业密度地图，计算并构建了一系列图表，用于显示欧洲畜牧行业的用水需求，其中包括牛、猪、家禽、绵羊和山羊。他们还同时使用了每天平均气温地图以构建畜牧业对水需求的时间系列。这些图表系列通过水文模型与其他行业水需求图表结合起来，有助于确定欧洲地区整体的用水量。

四、国内生猪产业技术研发进展

1. 育种与繁殖技术 2013 年，组建了由 74 家国家生猪核心育种场的组成核心育种群，B 超得到广泛应用并逐步标准化，核心育种场普遍采用动物模型 BLUP 估计育种值，种猪性能测定数量、选择强度逐步接近育种的需要。在数量遗传学研究仍然集中在经济加权系数的制订、遗传参数估计、遗传联系的构建、繁育体系建设等。

李学伟研究团队以藏猪和四川盆地家猪为代表，对我国优良地方猪种的主要优良特性进行分子遗传评估，从基因组水平充分揭示了藏猪特有高原环境适应性的分子机理，同时解析了四川盆地家猪在几千年的人工驯化过程中基因组中重要经济性状相关基因的进化方向。完成了藏猪和四川盆地家猪的群体基因组学分析，揭示了藏猪种群的遗传结构、历史进化过程中的群体大小变化，以及四川盆地家猪经受长期人工选择在基因组中留下的选择性清除痕迹。论文《比较基因组学鉴定藏猪和家猪的自然和人工选择》（Genomic analyses identify distinct patterns of selection in domesticated pigs and Tibetan wild boars）于 2013 年 10 月发表于国际顶尖学术杂志 *Nature* 子刊 *Nature Genetics*，引起了国内外媒体的广泛关注。

在基因组选择研究方面，主要针对基因组选择方法，如李加琪团队完成的多性状数据模拟程序 MTGPOPSIM 并获得软件著作权证书。在 GBLUP 基础上，引入 GWAS 先验信息构建关系矩阵，用德国荷斯坦奶牛数据进行验证，结果表明准确性有明显提升。李学伟团队比较了 5 种 GEBV 评估方法（GBLUP、Bayes A、Bayes B、BayesC 和 Bayes Cπ）在猪数据集中的选择效果，并对影响基因组预选择的一些关键因素（预选比例、标记密度和遗传力）进行了优化。在应用研究方面，黄路生团队确定了影响猪 7 号染色体上脊椎数最可能的因果突变位点（QTM）确定为 *VRTN* 基因内含子中的一段插入/缺失突变或其启动子区的一个 A-C 碱基突变，同时，通过基因的深度重测序和大群体（620 头杜长大三元猪）关联验证分析，最终鉴别到显著影响脂肪酸组成的主效基因位点。在基因组选择的产业应用方面，2013 年 11 月 11 日中国首例采用全基因组选择技术选育的种公猪在温氏集团诞生。

在新品种培育方面，地方优良品种的利用成为新的热点，2013 年，共有龙宝 1 号猪配套系、苏姜猪等获得新品种（配套系）证书，晋汾白猪、川藏黑猪配套系等通过农业部组织的初审。

2. 疫病防控技术

（1）猪病总体控制良好，部分疫病仍呈局部流行状况。2013 年猪病流行特点主要表现为：一是重大疫病得到有效控制。2013 年，中国养猪生产总体平稳，猪瘟、口蹄疫和高致病性猪繁殖与呼吸综合征得到有效控制，但仍呈局部、散发流行，其中，猪瘟病毒在母猪中持续存在，断奶仔猪出现临床异常表现，高致病性猪繁殖与呼吸综合征病毒广泛存在于猪群，出现多种基因变异现象，口蹄疫不同血清型或亚型同时存在，少数地区出现 A 型口蹄疫，给养猪业造成的经济损失依然很大。二是伪狂犬病继续在南方一些省份流行，造成严重经济损失，初步研究证明流行新毒株的毒力明显增强，抗原性发生改变，不少猪群呈现亚临床感染，母猪表现繁殖障碍，新生仔猪发生神经症状死亡和生产性能下降。三是新生仔猪流行性腹泻有所缓和，但各地仍有不少猪场发生，主要病原是猪流行性腹泻病毒，其抗原性发生变异，至今尚无有效控制措施。四是猪繁殖与呼吸综合征总体较为平稳，主要表现为散发性疫情，以猪呼吸道综合征（PRDC）形式广泛存在，并与猪圆环病毒 2 型、猪肺炎支原体、猪链球菌 2 型、副猪嗜血杆菌和巴氏杆菌等混合感染，同时影响种猪繁殖性能和保育猪的生长性能，不少猪场经济损失较大。此外，高致病性猪繁殖与呼吸综合征病毒减毒活疫苗的不合理使用和盲目使用，造成免疫猪群发病和临床的复杂性。五是一些传统细菌病重新出现。如猪丹毒等在部分地区重新发生，引起母猪与育肥猪急性死亡，但其诱因尚不清楚。

（2）疫苗研制未取得实质性突破。2013 年，猪用疫苗的研究和开发仍然是疫苗生产企业关注的热点。猪流行性腹泻疫苗、口蹄疫二价和三价灭活疫苗、猪圆环病毒 2 型重组亚单位疫苗、伪狂犬病流行新毒株基因缺失疫苗、猪传染性胸膜肺炎基因缺失疫苗是研究的热点，但尚未有产品上市。此外，多联、多价疫苗的研究逐渐受到重视，一些新的抗原浓缩和纯化等工艺研究有所突破，包括病毒超滤技术和细胞悬浮培养工艺等技术。

（3）诊断试剂盒仍以进口为主。2013年，我国研制与开发的一些诊断试剂盒，如口蹄疫ELISA抗体检测试剂盒、口蹄疫病毒3ABC ELISA抗体检测试剂盒、猪圆环病毒2型Cap-ELISA抗体检测试剂盒、猪流感病毒ELISA抗体检测试剂盒、口蹄疫抗体检测胶体金试纸条等，已在猪病诊断与监测上使用，但主流仍然是国外的进口诊断试剂。各类疫病病原的PCR、RT—PCR技术已在很多实验室已广泛应用，有的已经逐步形成试剂盒。

3. 营养与饲料技术 针对影响猪健康水平和繁殖性能的主要因素包括气候环境不佳、饲料霉变氧化严重、管理应激突出、卫生条件差和病原微生物感染概率高等问题，国内重点开展营养与免疫、营养与应激、营养与疾病、营养与防霉抗氧化的研究，重点集中在母猪与健康水平最差的仔猪阶段。此外，针对国内玉米、豆粕等大宗原料的不足，开展了对于非常规饲料原料应用的相应技术开发。

国内学者研究了正常生理状态下或攻毒（如注射环孢酶素A、脂多糖或霉菌毒素污染等）下，营养对仔猪生长性能、免疫功能、养分消化吸收、抗氧化能力、器官发育、肠道健康及肠道微生物结构区系等的影响，包括天冬氨酸、丁酸钾、谷氨酸、磷脂、硫酸亚铁、α酮戊二酸、氧化锌、二甲酸钾以及五粮肽等营养性添加剂，以及抗菌肽、酸化剂、益生菌、益生素、多糖、寡糖、复合酶制剂、精油、霉菌毒素吸附剂等非营养性添加剂，进一步建立了提高仔猪抗病力的营养技术。研究了营养水平（营养摄入水平）、能量水平、蛋白水平、氨基酸水平及氨基酸比例、脂肪与脂肪酸、纤维来源与水平、维生素及添加剂（如植物提取物、微生态制剂、酶制剂、抗菌肽、酸化剂等）对母猪繁殖性能及后代生产性能的影响，为研究集成提高母猪生产效率的营养技术方案提供了一定的理论依据。在饲料安全方面，进一步探讨了霉菌毒素产生危害的机制，为进一步防控霉菌毒素的危害作了很好的铺垫；探讨了饲料中部分重金属元素、转基因饲料原料和三聚氰胺等对动物的危害和相关机制。在饲料中在非常规饲料原料开发方面，研究了生物饲料和酶制剂（木聚糖酶、角蛋白酶、植酸酶、壳聚糖酶、葡聚糖酶等）生物添加剂的生产工艺参数（如菌株筛选与鉴定、酶基因克隆、发酵参数、底物合理选择等），并探讨了微生物发酵非常规饲料原料的相关发酵条件，为研发新型生物蛋白饲料及生物添加剂新产品提供了新思路。

4. 生产与环境控制技术

（1）舍内环境自动控制技术和自动化饲喂等新技术逐步推广应用。2013年，国内不少猪场实施了猪舍改造，尤其是新建猪舍，使用了先进的自动饲料输送工艺、母猪定量饲喂工艺、环境自动控制技术工艺、全漏缝地板工艺，自动控制通风工艺等先进的养猪生产工艺技术。智能化母猪饲喂系统、生长育肥猪自动分栏系统在国内顺义综合试验站、湘潭综合试验站等率先应用。猪舍设计上，刮粪板工艺在金华综合试验站、郑州综合试验站等新建示范场应用。这些技术的使用，人工成本大幅度降低，自动化程度大幅度提高，促进了养猪生产工艺和技术的产业升级。国内福建等地又有楼房式养殖场出现。

（2）养猪福利及相关技术开发受到更多关注。国内开始关注福利养猪技术的应用，注重猪舍环境丰富度、饲养密度等猪只健康水平、行为表现的影响，并研究开发了福利化妊娠（分娩）母猪圈栏等设施设备；开展了植物提取物、天冬氨酸等功能性添加剂对生猪正常生理或应激环境下生产性能和健康水平的影响。

（3）猪场废弃物有效处理和资源化利用技术研发与推广更加注重实效。2013 年初黄浦江死猪漂浮事件、11 月 11 日中华人民共和国国务院令第 643 号公布《畜禽规模养殖污染防治条例》（自 2014 年 1 月 1 日起施行），使生猪养殖业的环境污染问题成为焦点。在粪污处理技术研究方面，2013 年最突出的是对猪场废弃物处理技术模式的重视，各地都在探索适合其气候和自然条件状况的猪场粪污处理技术模式；另一特点是对已有技术的深入研究，如养殖污水短程脱氮以优化 SBR 控制工艺等；粪污的生物处理新技术开发受到重视，如猪场污水和沼液的光合菌剂净化技术、利用猪场污水培养能源微藻制备生物柴油等。在病死猪处理技术研究方面，对不同的资源化利用技术进行了探索，堆肥法、高温生物发酵等处理方面逐步在行业中广泛推广应用。关于猪场粪污处理的主要研究很多都集中在沼渣沼液的处理和利用技术上。在还田利用方面主要有：沼渣中重金属控制技术、沼渣沼液对不同作物作用机理研究、沼气发酵中氮磷等营养元素的平衡研究等。在达标处理方面主要有：新型高氨氮沼液达标处理技术、以藻类净化沼液为主的水生生物达标处理技术、处理猪场粪污的燃料电池技术、磷酸铵镁沉淀法处理沼液的氮磷配比技术等。对于沼气发酵过程，猪粪干发酵技术有着负荷大、容积产能高、沼液产量小等优点，但也存在流动性差、进出料设备开发难等问题，也逐渐成为研究热点。

5. 加工技术

本年度，国内在肉品加工与质量安全控制技术领域主要开展了如下几个方面的研究，主要进展如下。

（1）跟踪追溯技术。左明霞等研究构建了基于 RFID 技术的猪肉质量安全追溯系统。利用 RFID 技术通过串口模块向上位机传输猪的生长信息、屠宰信息以及销售信息，将采集到的信息放入数据库存储以备后续各种查询使用，消费者在网页上输入代码即可查到所买猪肉的相关信息。

（2）宰前管理与肉品品质控制技术。赵慧等研究了待宰时间和致晕方式对生猪应激及猪肉品质的影响，优化了相关参数。谷琳琳等研究了宰前短期添加不同剂量天冬氨酸镁对育肥猪肉质及肌肉抗氧化力的影响，发现宰前添加镁可有效改善肉色，提高新鲜猪肉肉色的评分 7.95%～27.20%；添加 6～8 克/天镁可极显著提高肌肉初始 pH 和总抗氧化力，并显著提高肌肉过氧化氢酶活性和显著降低丙二醛含量。

（3）肉品品质在线检测技术。张海云等研发了生鲜猪肉主要品质参数无损在线检测系统；赵杰文等利用嗅觉可视化技术，研究建立了猪肉新鲜度检测方法；郭培坤等研究基于近红外光谱技术的猪肉新鲜度分级方法，用 SOM 神经网络聚类方法重新划分了总挥发性盐基氮（TVBN）国家标准等级，由原来的 3 个等级划分成 5 个等级标准。为了提高模型预测准确度，在选用一阶导数+矢量归一化（平滑点数为 13）预处理方法基础上，在聚类分析前用主成分分析方法进行降维，使预测偏差减小，使样品预测正确率得到进一步提高，预测级别偏差减少，提高了模型预测能力。

（4）微生物安全。黄林等分离鉴定冷却猪肉中的优势腐败菌并测定其致腐能力，经选择性培养基分离和肉样感官评定共筛选得到 5 株优势腐败菌即 P3、PS1、J4、P5 和 S5，分别鉴定为 *Acinetobacter guillouiae*、*Pseudomonas koreensis*、*Bacillus fusiformis*、*Enterobacter cloacae* 和 *Brochothrixthermosph acta*。进一步研究其腐败特性发现，4℃贮藏时接种优势腐败菌的肉样在第 7 天已明显腐败。PS1 的 TVB-N 和 YTVB-N 明显高于其他菌株。研究表明，从冷却猪肉分离鉴定出的优势腐败菌中，PS1 导致冷却猪肉腐败能力较强。王真真等研究了真空包装冷却猪肉生物胺与腐败指标的相关性，发现真空包装冷却猪肉的腐败品质指标除了常用的微生物数量、pH、TVB-N 值和电导率之外，腐胺、尸胺和酪胺也可以作为判断冷却猪肉腐败品质变化重要的指标，其含量变化可客观反映冷却猪肉的腐败变质进程。

6. 产业经济技术 2013 年，价格波动依然是我国生猪产业经济研究的重点关注问题。刘芳、王琛和何忠伟（2013）运用 BP 神经网络模型对我国生猪市场的价格预警体系进行了实证研究分析，并对所得的生猪价格预警指数划分出了 5 个区间，分别对应不同的预警对策。于爱芝、郑少华（2013）利用协整检验和非对称误差修正模型（APT—ECM），对我国猪肉产业链上价格长期和短期的非对称性传递进行研究，其实证结果表明：长期价格的非对称传递体现为上游产品价格变化量没有 100％地传递到中下游产品中，养殖业的价格传递不如加工业的价格传递顺畅；短期价格传递体现为下游产品对上游产品价格的上涨（即利空）比价格下降（即利好）敏感，对上游产品当期的价格变化比滞后期的价格变化敏感。在产业组织对价格波动的影响方面，胡向东、王明利（2013）通过 HP 滤波法对美国生猪的生产和价格波动进行了研究分析。分析结果表明：美国猪肉市场稳定而生猪生产环节存在一定的波动，但高度的规模化和组织化缓解了生猪的波动，同时，美国生猪产业链条长有助于缓解生猪生产和价格波动，此外，猪肉出口及冻储有效缓解其短期国内产销的矛盾。这些结论，对于我国的生猪生产结构的调整，养殖水平的提高和政府的生猪产业发展政策制定都有一定的借鉴意义和参照价值。

在生猪产业政策研究方面，廖翼、周发明（2013）运用 Logistic 回归模型对我国生猪价格调控政策满意度的影响因素进行分析，发现：养殖规模对生猪价格调控政策满意度有正向影响，且影响程度较大；从事养猪的年限对生猪价格调控政策满意度有负向影响；认知程度对养殖户的满意度有正向影响；对生猪价格调控政策执行程序的满意度对养殖户的生猪价格调控政策满意度有正向影响，总体而言，现阶段养殖户对我国生猪价格调控政策的总体效果基本满意，普惠性的政策如能繁母猪补贴、能繁母猪保险等获得的满意度评价相对更高。

在猪肉消费研究方面，田金梅、袁合庆和张秀娟（2013）研究了产业链整合、喂养料、饲养方式对猪肉消费的影响，分析结果表明：产业链整合会提高顾客感知的安全、质量以及尝试和购买可能性；喂养料和饲养方式信息差异会导致顾客感知的安全、质量以及尝试和购买可能性差异，且喂养料对消费者感知安全、感知质量以及尝试和购买可能性的影响要大于产业链整合和饲养方式，另外顾客的职业、收入和受教育程度也是不可忽视的影响因素。

（生猪产业技术体系首席科学家
陈瑶生提供）

2013年度奶牛产业技术发展报告

（国家奶牛产业技术体系）

2013年，国内外学者在奶牛产业技术各个研究领域开展了大量工作，在理论和实践方面都进行了深入系统的研究，取得了一些具有突破性的研究成果，对奶牛产业发展具有深远的影响。本文从奶牛育种与繁殖、营养与饲料、环境控制、乳品安全与加工、疾病控制、经济贸易等方面对2013年奶牛产业的重要研究进展进行综述。

一、国际奶业生产与贸易概况

根据FAO的报告，2013年世界范围内的粮食安全状况逐步改善，人们营养水平不断提高，全球食用农产品市场供需两旺，价格仍然维持在历史较高水平，但是价格的相对波动程度逐步降低。2013年下半年，受到全球农产品增产，特别是谷物及油籽增产以及需求增长有限等利空因素的作用，全球食品价格呈现出小幅的回落；但是肉类、乳品市场需求的旺盛也对全球食品价格起到一定支撑作用。

具体到乳品而言，根据FAO最新预测，2013年全球鲜奶产量将达到7.8亿吨，较2012年的7.66亿吨增长1.9%，但是由于全球乳品需求旺盛，加之主要出口国，如新西兰、欧盟的减产，导致全球乳品贸易量受到影响，2013年全球折合为原料奶的乳品出口量为5 300万吨，较2012年的5 340万吨下降了0.9%，这也导致了2013年全球乳品价格创下历史新高。根据FAO食品价格指数，2013年全球乳品名义价格指数达到242.9，较2012年的194.1上涨了25.1%。从具体运行来看，2013年上半年，乳品价格指数就呈现出快速上涨的趋势，从2012年12月的206.4上涨到2013年6月的246.3；2013年下半年基本保持平稳，但是在12月又上涨至264.6，创下月度价格新高（表1、图1）。

表1　全球原料奶产量变化

项　　目	2011年	2012年	2013年	2013年的增长率
原料奶总产量（百万吨）	742.2	765.6	780.3	1.9%
总贸易量（折合）	49.7	53.4	53.0	−0.9%

（数据来源：FAO）

从具体乳品的价格来看，①由于中国的旺盛需求，加之新西兰、欧盟、阿根廷、澳大利亚4个主产区全脂奶粉的减产，而诸如白俄罗斯、美国等国家的出口产能无法弥补

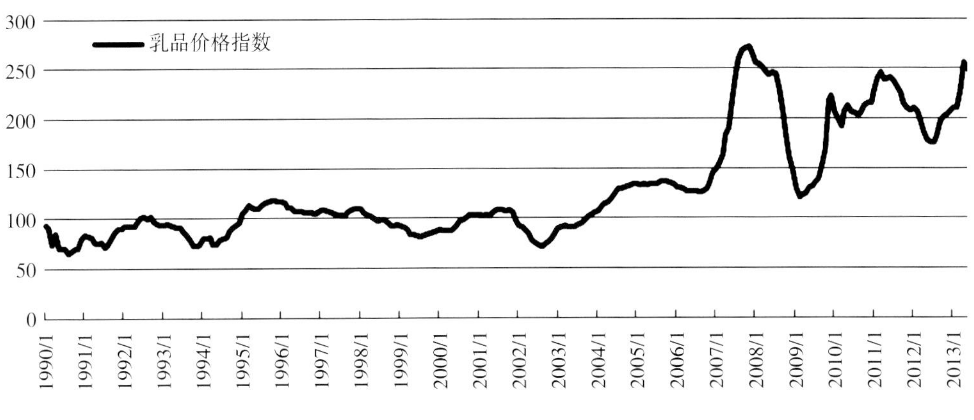

图1　1990—2013年全球乳品价格指数变化

主产区的出口缺口，全脂奶粉价格大幅度上涨，从2012年的每吨3 358美元上涨到2013年的4 745美元，上涨了41.3%，从而导致南亚、北非、加勒比地区的全脂奶粉进口量下降。②受此影响，全球黄油价格受到新西兰、欧盟、白俄罗斯、澳大利亚四国减产的影响，均价从2012年的每吨3 547美元上涨到2013年的4 484美元，上涨了26.4%；减产一方面原因来自于原料奶的减产，另一方面则来自于新西兰等国将黄油所需的原料奶投入全脂奶粉的生产导致黄油产出下降；与此同时黄油消费量仍然保持稳定增长。③与上述原因相一致的，脱脂奶粉价格从2012年的每吨3 119美元上涨到2013年的4 293美元，上涨了37.6%。④与其他乳品不同的是，乳酪市场的价格波动相对较小，其原因在于乳酪产业贸易，即出口国与进口国在很大程度上的一致性（如美国、沙特阿拉伯、欧盟、澳大利亚、瑞士等）保证了乳酪贸易的相对稳定。

二、国内奶业生产与贸易概况

2013年，全国农业生产能力进一步获得巩固，粮食总产量60 193.5万吨，比2012年增加1235.6万吨，增长2.1%，实现了历史性的“十连增”。而这一增产的取得，在一定程度上来自种植业内部的调整，这一调整既包括政策原因，又包括经济因素。与此相类似的，中国畜牧业在2013年也经历了快速的结构调整，其中乳业的结构调整尤为明显。具体而言，2013年，中国牛奶产量3531万吨，较2012年下降212万吨，同比下滑5.7%，是30年来中国牛奶产量历史上的最大幅度下滑。其中，政策层面的原因为政府对规模养殖场的扶持间接地将小规模和散养农户“驱逐”出奶牛养殖业；经济层面的原因为肉牛价格快速上扬导致了奶牛养殖的竞争性加剧，进一步助推小规模和散养农户的退出。此外，天气、成本等诸多因素叠加共同推动了2013年中国乳业的大调整。

由于2013奶牛存栏量的下降与牛奶产量的下降，加之国际乳品市场的紧张带来的价格上涨，国内乳品价格快速上涨。2013年全国原料奶平均收购价为每千克3.62元，较2012年的平均价格3.29元上涨了10%；从月度运行来看，原料奶收购价进入2013年以后一路上扬，从2013年1月的每千克3.40元上涨至12月的4.12元，上涨了

21.2%，也创下了2005年以来的最高纪录。相对而言，鲜奶零售价则较为稳定，2013年全年平均价格为每千克10元，较2012年每千克9.6元上涨了4.9%；从月度运行看，2013年鲜奶零售价基本维持在每千克10元左右。由此看来，流通和加工渠道在很大程度上消化了原料奶价格上涨带来的涨价压力。

2013年，我国乳制品进口量如下：①液态奶进口量为19.48万吨，较2012年同期增长了91.55%；②奶粉进口量为85.44万吨，较2012年同期增长了49.15%，受到国际市场价格上涨压力，奶粉进口金额35.85亿美元，较2012年同期增长了85.99%；③乳清进口量为43.41万吨，较2012年同比增加14.73%，进口额85 089.02万美元，同比增加13.87%；④苜蓿进口量约为75万吨，较2012年增长了70.89%。与此同时，中国乳品出口进一步减少，乳品进口的单边格局已经形成。

综合2013年以来的中国乳品的生产与消费，结合十八届三中全会精神以及2014年中央1号文件，不难得出：在2014以后的一段时期，随着“单独二胎”政策的放开，城镇化进程的加快，乳品消费的刚性需求增长仍将持续；另一方面，在政府前期乳业生产政策的引导下，全国规模化养殖场的产能将会逐步释放。但是，产需缺口仍然很难弥合，乳品进口的增长仍将会持续。2013年，受制于全球乳品减产以及中国需求增长，导致在国际食品价格走低的背景下，乳品价格逆势走高，从而导致了原先的乳品国际贸易格局进一步分化，部分传统的乳品进口大国被迫减少进口，“中国”因素在全球农产品市场上的影响力开始凸显，这一点尤为值得引起注意。根据中央农村工作会议提出“以我为主、立足国内、确保产能、适度进口、科技支撑”的国家粮食安全战略，其实借用在奶业的未来发展中也同样适用。

三、国际奶牛产业技术研发进展

（一）遗传与育种技术进展

1. 基因组选择技术 在2013年，基因组选择技术在美国、加拿大和欧洲一些奶业发达国家已经实施近5年，这项技术改变了世界奶牛的遗传进展，基因组选择作为一种革命性的遗传改良战略，显著地提高了遗传改良速度。

首先基因组选择显著提高了后备公牛的选择强度，北美对2008年出生的大约5 000头青年公牛做了基因组测定，最终约2 000头被北美人工授精组织购买；但到2013年，出生的公牛预计有超过29 000头进行基因分型，其中约2 000头有望被人工授精组织购买：选择强度接近15∶1。基因组选择在提高选择准确性方面也有显著作用，比较以前的系谱父母育种值平均，经基因组检测评估的青年公牛和青年母牛的可靠性几乎翻了一番，特别是对遗传力低的一些功能性状，如在群寿命、女儿产犊能力和女儿繁殖力等，其遗传评估的准确性更是显著提高。利用基因组选择遗传评定方法已为奶业生产者提供了遗传水平优越的青年公牛，使用更年轻的父母，包括未经后裔测定的基因组验证青年公牛，以及基因组验证的青年母牛和年轻成母牛，来生产下一代人工授精青年公牛，大大缩短世代间隔，加快遗传进展速度。

2. 全基因组关联分析（GWAS）成为重要性状基因定位的主要策略 奶牛遗传图

谱构建和全基因组测序计划的完成为基因定位提供了基础，高密度的遗传图谱是QTL精细定位和位置候选克隆的基础。1994年发表第一张牛遗传图谱（Barendse等），共202个标记，平均标记间隔为15厘摩；2009年4月公布了最新的7.1倍覆盖率的完整牛序列图谱（Btau _ 4.2）；2009年8月马里兰大学公布了UMD3.0图谱。Btau _ 4.2和UMD3.0目前已成为牛基因定位、位置候选克隆、高密度SNP芯片、重测序和比较基因组学研究的最佳数据库，是目前精度和密度最高的牛遗传图谱。

随着牛基因组测序计划的完成和商业化高密度SNP芯片及分型技术的发展，全基因组关联分析（GWAS）凭借先进的高通量分型技术和高效的统计方法，已经逐步取代常规的QTL定位方法成为鉴定畜禽数量性状基因最有效的策略。牛高密度SNP芯片（Illumina BovineSNP50 BeadChip）于2008年商业化，截至2013年，已有很多有关奶牛GWAS的报道，已发现体型性状显著SNP 216个、繁殖性状显著SNP 152个、健康性状显著SNP 107个、长寿性状显著SNP17个。

（二）饲料与营养技术进展

1. 粗饲料开发利用 粗饲料的开发研究对于缓解当前奶牛饲料资源短缺具有重要意义。研究发现稻秸采用7%氢氧化钠处理后再进行青贮发酵可以有效改善其饲喂品质及瘤胃降解率（Ghasemi等，2013）。保留一定粗饲料粒度可增加有效中性洗涤纤维（peNDF）的摄入，提高采食量、奶产量及乳脂率（Kahyani等，2013）。采用恰当的饲料组合效应可提高其利用率，如甘薯藤与氨化稻秸（Phesatcha等，2013）或禾本科干草（Megersa等，2013）混合饲喂。

2. 蛋白质饲料资源开发利用 DDGS作为一种优良的饲料蛋白源，正逐渐成为国际配合饲料原料市场的首选产品。Benchaar等2013年发现用10%、20%、30%的DDGS代替玉米和大豆时，能分别减少5%、8%、14%甲烷的产生，但不影响奶牛采食量和产奶量。而Zanton Heinrichs等指出，在以青贮玉米为主要粗饲料的基础上增加DDGS（10%～20%）会减少奶产量，乳脂含量和浓度，他们推荐DDGS的用量不超过20%。Li等2013年证明DDGS相比菜籽粕在等氮条件下，可提供更多小肠蛋白和氨基酸。Zanton等发现增加DDGS量可提高乳脂肪产量和含量。

3. 脂肪（脂肪酸）对奶牛生产性能及产品脂肪组成的调控作用 脂肪（脂肪酸）的添加对奶牛生产性能及产品脂肪组成有显著影响。日粮中添加富含C16：0的脂肪可以提高乳脂率、产奶量和饲料转化效率；在日粮中添加亚油酸有利于改善奶牛对日粮纤维的消化，并提高乳品质量；当日粮中玉米原料不足时，油料籽可以作为放牧奶牛可替代的能量饲料；在干奶期给奶牛饲喂油菜籽是一种启动奶牛脂肪代谢以满足泌乳早期需要的有效策略，并可迅速改善产犊后奶牛的能量平衡（Lock等；Ivan等；Soder等；Damgaard等；Petzold等）。添加顺式单不饱和脂肪酸钙盐产品（Ca-MUFA）能有效降低乳中饱和脂肪酸的浓度，提高顺式单不饱和脂肪酸的浓度，而对产奶量和乳成分没有任何负面影响（Mach等，2013；Kliem等，2013）。

4. 氮减排和甲烷减排的调控策略 氮

减排方面，Hassanat等人2013年发现用玉米青贮代替苜蓿青贮能有效增加氮的利用，减少CH_4的排放和氮的损失；Miyaji等发现在高谷物日粮中用糙米代替玉米，糙米组（40%）能增加N利用，减少N损失，但会降低奶产量。

甲烷减排方面，使用玉米青贮代替苜蓿青贮或者添加适量比例的DDGS和脂肪酸、植物精油等均能减少奶牛养殖中甲烷的排放（Hassanat等，2013；Lettat等，2013；Hristov等，2013；Amlan 等，2013；Benchaar 等，2013；Hünerberg 等，2013；Faciola 等，2013）。

另外，通过提高奶牛繁殖性能，适当减少后备牛存栏量也被证明能有效地降低温室气体排放，但是硝化抑制剂和耦合剂由于其高成本和相对较低的减排效用被认为不是一个有用的温室气体减排措施（Alfredo等，2013）。

（三）疾病控制与预防

1. 奶牛结核病流行病学及诊断、防控技术 发达国家一直想通过检测—扑杀来根除牛结核，但是该病依然流行。结核病没有根除的国家一直都在努力做好这项工作。西班牙的Julio Alvarez等（2013）在12年间对西班牙马德里的1700个结核根除计划中的牛群进行了长期持续的检测、分析研究发现奶牛的β（中位数为4.7）明显高于肉牛和斗牛牛群（分别为2.3和2.2）；此外，研究显示奶牛群与其他类型的牛相比传播结核更迅速，但是奶牛群爆发结核后比粗放型的其他畜群更容易控制，并且在牛群中应用γ-干扰素方法可在快速根除结核中发挥有效作用。Smith RL等（2013）建立了一个随机模拟模型可以监测牛结核分枝杆菌在牛群中的动态变化，通过优化控制方案，可以减少爆发结核牛群的结核控制成本。

2. 布鲁氏菌病疫苗与免疫技术 利用疫苗进行免疫保护是减少布病危害的有效手段之一。Zhang，J等构建了布鲁氏菌16M hfq的突变株（16MDeltahfq），能够克服目前在用的布鲁氏菌疫苗株Rev.1和M5-90的不足，能够减低小鼠巨噬细胞内细菌的存活并诱导强烈的保护性免疫，而且还能引起抗布鲁氏菌特异的IgG1和IgG2a抗体应答，诱导IFN-γ和IL-4的分泌，是一种理想的弱毒活疫苗候选株。

3. 奶牛口蹄疫疫苗与免疫技术 目前对FMD行之有效的预防措施是进行灭活疫苗注射，但是在大规模生产灭活疫苗过程中有可能导致活FMDV逃逸，造成FMD的大规模流行，同时疫苗的使用为FMD流行病学调查增加了难度。所以制备亚单位疫苗是解决这些问题的一种重要途径。FMDV空衣壳上表达有所有的抗原位点，且不含病毒的遗传物质，当核衣壳进入动物体内时，能引起体液免疫和细胞免疫，具有高的免疫原性，且不会在动物体内复制增殖，不会引起动物发病。阿根廷的Romanutti等用复制缺陷型病毒编码口蹄疫衣壳蛋白，免疫BALB/c小鼠，再用灭活病毒疫苗加强免疫。Zhou G 等利用重组腺病毒表达Asia1FMDV（Asia1/YS/CHA/05）衣壳蛋白，免疫BALB/c小鼠，产生了很高的抗体滴度。

（四）牛奶质量控制和乳酸菌基因组技术进展

1. 生鲜乳质量检测方法 检测方法落

后、效率低下等是影响生鲜乳质量监测的主要因素，迫切需要开展生鲜乳中主要危害因子高通量筛查检测方法和精准检测技术的开发。

美国食品和药物管理局 Zhang 等（2013）开发了一种稳定同位素稀释法和液相色谱一串联质谱法（LC—MS/MS）检测并验证了乳产品和婴儿配方奶粉中 12 种霉菌毒素，包括黄曲霉毒素 B_1、黄曲霉毒素 B_2、黄曲霉毒素 G_1、黄曲霉毒素 G_2 和黄曲霉毒素 M_1、呕吐霉素、伏马菌素 B_1、伏马菌素 B_2 和伏马菌素 B_3、赭曲霉毒素 A、T-2 毒素和玉米赤霉烯醇。该检测方法的平均回收率为 89%～126%，相对标准偏差小于 20%。定量限为 0.01 微克/千克（黄曲霉毒素 M1）～2 微克/千克（伏马菌素 B_1）。此方法对于在不使用标准添加物或有匹配基质校准补偿效应的情况下检测黄曲霉毒素 M_1 和其他霉菌毒素有较好的选择性、灵敏度、准确性和重复性。

Joung 等（2013）开发了一种基于纳米孔膜的阻抗型免疫传感器，可用于全脂奶中病原菌的检测。市售氧化铝纳米多孔膜经透明质酸（HA）修饰后能够有效地减少生物分子与其他细胞的非特异性结合，并能很好的固定抗体。该方法检出限为 10 菌落形成单位/毫升。

2. 乳酸菌基因组国际研究进展 近年来，越来越多的国际研究学者将目光投向乳酸菌群体的遗传结构及其变化规律。仅 2013 年，世界范围内就有超过 30 个乳酸菌基因组像公共数据库提交（http://www.ncbi.nlm.nih.gov/），大多数菌株属于乳杆菌属。在已完成全基因组测序和比较分析工作的乳酸菌中涵盖了嗜酸乳杆菌、瑞士乳杆菌、发酵乳杆菌等多个物种。研究人员从中发现了大量与环境适应性和菌株产业化生产相关的代谢途径或是功能基因，大量生物学数据的积累无疑会加速和推动乳酸菌菌种资源的开发和乳酸菌制品的产业化进程。

四、国内奶牛产业技术研发进展

（一）遗传与育种技术进展

1. 完善收集奶牛育种数据的管理和遗传评估系统，进行新一轮遗传评估 通过全国生产性能数据收集平台，增加 2012 年收集的全国奶牛育种数据，对于产奶量、乳脂率、乳蛋白率性状进行了新一轮的遗传评估。2013 年 5 月向农业部提交了常规评估结果和基因组估计育种值；确定的良补标准为 2007 年 1 月 1 日以后出生，已开展后测。中国奶牛基因组选择性能指数（GCPI）＞1 100入选良补。2013 年利用荷斯坦基因组技术选择青年公牛以 GCPI 入选 215 头、以 CPI 指数入选荷斯坦种公牛 554 头；比 2012 年入选公牛少 35 头。

2. 开展三河牛、新疆褐牛等地方优良奶牛遗传资源调查，因地制宜发展乳肉兼用牛产业 我国奶牛品种的资源开发利用与保护重点放在乳肉兼用牛的品种上，2013 年开展了三河牛和新疆褐牛的调查、选育、育种体系建设工作，研究群体特征的遗传基础，进行群体的性能测定、数据库建设、遗传评估体系建立和育种规划设计；开展了兼用牛体型评定体系的研究和兼用牛育肥肉用性能测定，估计了三河牛成母牛主要性状的遗传力（产奶量为 0.35，乳脂率 0.22，乳蛋白 0.35，体重 0.13，体型评分 0.15），对新疆褐牛进行了泌乳性能影响因子分析，分析泌乳月份、季节、胎次对日产奶量、乳成分、体细胞分的影响。

继续开展蒙贝利亚牛和荷斯坦牛的乳肉杂交生产试验，组织 300 头奶牛品种间杂交试验，完成对照群体及已出生杂交群体生长性能测定以及血样采集工作。2013 年在对接试验站实施了 450 次品种间杂交配种，出生杂种个体 310 头；截至 2013 年 11 月，获得了部分个体一胎和二胎的泌乳性能数据。初步总结 2009—2013 年数据，一胎泌乳持续力好于二胎，一胎平均日产奶量 23.7 千克、乳脂率 3.99%、乳蛋白率 3.29%；二胎平均日产奶量 25.7 千克、乳脂率 4.06%、乳蛋白率 3.18%。

（二）饲料与营养技术进展

1. 继续完善中国奶牛饲养标准 国家奶牛产业技术体系在 2013 年继续开展关于奶牛饲料采样和饲料营养成分分析与营养价值评定工作：完成全株玉米青贮、全株小麦青贮、苜蓿青贮、苜蓿干草、羊草等 20 种粗饲料营养价值评定及瘤胃降解率评定；对豆皮、豆粕、膨化大豆、DDGS 等 8 种饲料样品的干物质、粗蛋白、氨基酸瘤胃降解规律进行了研究；按照 CNCPS 体系评定了黄贮、苜蓿等 11 份蛋白质饲料原料的小肠可消化氨基酸流量。目前基础数据库不断扩充完善，正在进行饲料配方软件及饲料数据库开发，不断丰富完善的饲料营养价值数据库将为奶牛养殖企业制定日粮配方的重要参考依据。

2. 奶牛饲料资源高效利用与生态养殖关键技术研究及示范取得重要进展 奶牛饲料资源高效利用与生态养殖关键技术研究及示范取得重要进展：在奶牛围产期营养、小肽吸收与代谢、磷的需要量和减排等方面取得了理论创新。建立了甲烷减排和缓解奶牛应激技术，蒺藜皂苷和水溶性维生素需要量研究居国际领先。构建了环境安全型和资源节约型饲料配方技术体系。在 SF_6 示踪呼吸测热、奶牛收尿、TMR 质量测定手段和评价方法取得了创新。同时集成奶牛饲料营养价值评定、血液相关指标、乳成分以及粪尿营养指标的关联研究成果，建立了奶牛营养代谢监测体系和牛群饲养管理效果评价体系。与国内奶牛养殖企业建立了密切的技术合作关系，通过技术试验、示范和推广以及国家奶牛产业技术体系的综合试验站的辐射带动，新增经济效益 15.26 亿元，显著减少了氮、磷和甲烷的环境排放量。培育了“归原”和“缘天然”两个有机奶知名品牌；1 个示范基地获中国有机生产认证（CQC-OP）奶牛场认证、5 个获中国良好农业规范认证、9 个评为农业部奶牛标准化示范场，1 个获国家学生奶奶源升级计划奶源示范基地认证。培训奶业从业人员 1.5 万人次。完成的成果“奶牛饲料资源高效利用与生态养殖关键技术研究及示范”获 2013 年中华农业科技奖一等奖；“奶牛场标准化规模饲养关键技术示范与推广”获全国农牧渔业丰收奖农业技术推广合作奖；“奶牛高效及生态饲养关键技术研究与示范推广”通过成果鉴定。

3. 建立了 300～350 千克育成牛日粮中各种蛋白需要量模型 育成牛的科学饲养是奶牛场的高产的基础，本研究为我国奶牛饲养标准的修订提供参考。300～350 千克育成牛阶段日粮各种蛋白需要量模型：

CP（克/天）＝5.62W0.75 ＋595.31

$\triangle W$；

RDCP（克/天）$=3.90W0.75+418.04\triangle W$；

RDP（克/天）$=2.50W0.75+266.19\triangle W$（$R=0.9429$）；

IDCP（克/天）$=3.60W0.75+384.94\triangle W$。

W 为动物空腹体重（千克）；$\triangle W$，日增重（千克/天）。

4. 确定泌乳反刍动物小肠可消化氨基酸理想比例 目前仅有泌乳奶牛的小肠可消化 Met 和 Lys 需要推荐量，尚缺少其他必需氨基酸（EAA）的推荐量。国家奶牛产业技术体系 2013 年本年度以泌乳奶山羊为模型，测定了 10 种 EAA 的最大泌乳转化效率，得到了初步的理想比例如下：

EAA	Lys	Met	Leu	Phe	Ile	Arg	Trp	Thr	His	Val
比例（%）	12.0	5.5	27.4	11.9	14.4	16.7	2.7	1.9	5.5	2.1

（三）奶牛场重大疾病和疫病控制

1. 奶牛场重大疫病防控和净化技术

（1）“牛主要病毒病病原、诊断与防控技术研究”成果通过鉴定。口蹄疫是奶牛养殖业的头号杀手，牛轮状病毒腹泻严重影响犊牛健康传染性鼻气管炎及病毒性腹泻黏膜病均可引起多种临床疾病，同时二者都产生免疫抑制，干扰口蹄疫等疫苗免疫，导致免疫失败，加剧了主要传染病的危害，严重制约奶牛业的持续健康发展。针对上述问题，开展了“牛主要病毒病病原、诊断与防治技术研究”，取得成果如下：摸清了主要病毒病的基本流行情况；建立并集成了主要病毒病的病原基因、抗原、抗体的检测方法 7 种；开展检测净化工作，防止 BVD 和 IBR 的传播；获得了国内外首例抗口蹄疫 RNAi 的转基因奶牛；研制的牛轮状病毒灭活疫苗对新生犊牛具有保护作用；精确定位 NSP4 基因毒力位点，获得了候选减毒疫苗株；优化疫苗免疫程序，起草并推广标准化、规模化奶牛场口蹄疫防控关键技术规程企业标准；集成牛主要病毒病的病原、诊断及防控技术研究成果，建立综合防控体系并示范推广；鉴定委员会认为该成果的总体水平达到国际先进，部分水平居国际领先，一致同意通过技术成果鉴定。

（2）开展气溶胶及奶样检测技术研究，为口蹄疫预报预警提供支持。气溶胶是口蹄疫传播的重要途径，在未出现口蹄疫临床症状的牛场进行气溶胶中 FMDV 的检测，将为评估牛场是否存在口蹄疫持续感染或隐性带毒牛提供技术支持，同时也为牛场提供预报预警信息；2013 年初步建立了气溶胶 RT—PCR 检测技术，在未出现口蹄疫临床的牛场的气溶胶中检测到了病毒，并从牛群中发现了持续感染及隐性感染牛。

2. 研制完成奶牛高效安全新兽药

（1）防治奶牛乳房炎“乳宁散”的研制。完成了防治奶牛乳房炎“乳宁散”的质量标准制定、毒理学试验、临床有效性评价和安全评价、抗炎药理试验和该药物对隐性乳房炎奶牛血清 TNF-α、IL-8 及自由基代谢的影响以及临床扩大试验。

（2）完成了胎衣不下药物“宫衣净酊”的研制。完成了胎衣不下药物“宫衣净酊”的工艺优化、优化工艺的产品疗效试验、质量标准制定、毒理学试验、临床药效试验。

（3）子宫内膜炎防治药物“益蒲灌注液”的研制。2013年子宫内膜炎药物“益蒲灌注液”获得国家新兽药证书。

（四）牛奶质量控制技术和乳制品开发进展

1. 优化生鲜乳双乙酸钠检测方法 补充了生鲜乳中双乙酸钠检测方法准确度和精确度试验。使生鲜乳样品加标回收率控制在90%～110%，在重复性条件下获得的两次独立测定结果的绝对差值不超过算术平均值的1.0%～4.1%。方法检出限0.05克/千克。

2. 开发新的发酵乳制品（包括发酵豆乳制品） 2013年度国家奶牛产业技术体系加工研究室乳酸菌与发酵乳制品岗位完成了双蛋白益生菌发酵乳、高蛋白益生菌发酵乳、活性益生菌豆乳饮料、褐色活性益生菌牛乳饮料、益生菌酸乳酪5种产品的研发工作；建立了浓缩全乳蛋白（MPC）的生产工艺和质量标准；开发了符合中国人饮食习惯的益生菌新鲜软质干酪、含大豆的改良干酪和添加红枣的涂抹型Quark干酪等。

（奶牛产业技术体系首席科学家
李胜利提供）

2013 年度肉牛牦牛产业技术发展报告

（国家肉牛牦牛产业技术体系）

一、国际牛肉生产与贸易概况

1. 国际牛肉产量 2013 年全球牛肉增产 92.7 万吨，折算胴体基础的总产量为 5 848.5万吨。产量超百万吨的国家（盟）是（万吨）：美国（1 170.2）、巴西（960.0）、欧盟（27 国，769.0）、中国（563.7）、印度（375.0）、阿根廷（280.0）、澳大利亚（227.0）、墨西哥（177.5）、巴基斯坦（157.5）、俄罗斯（140.0）、加拿大（101.5）。

2. 国际牛肉消费量 2013 年全球牛肉消费量5 682.0万吨，与 2012 年持平。牛肉消费量超百万吨的国家（盟）是（万吨）：美国（1 163.8）、巴西（786.0）、欧盟（27 国，778.0）、中国（600.7）、阿根廷（262.0）、俄罗斯（239.2）、印度（210.0）、墨西哥（179.5）、巴基斯坦（152.7）、日本（127.5）、加拿大（101.8）。

3. 国际牛肉贸易量 2013 年全球牛肉总贸易量1 607.8万吨，其中出口 890.3 万吨，进口 717.5 万吨。与 2012 年相比，牛肉总贸易量增加 130.6 万吨，出口量增加 75.7 万吨，进口量增加 54.9 万吨。

2013 年牛肉出口量超过 10 万吨的国家（盟）是（万吨）：巴西（180.0）、印度（165.0）、澳大利亚（153.0）、美国（111.5）、新西兰（54.7）、乌拉圭（38.0）、加拿大（32.0）、巴拉圭（30.0）、欧盟（27 国，26.0）、墨西哥（20.5）、阿根廷（18.0）。

牛肉进口量超过 20 万吨的国家（地区、盟）是（万吨）：美国（102.4）、俄罗斯（100.0）、中国（40.0）、日本（76.7）、香港（45.0）、韩国（37.0）、欧盟（27 国，35.0）、墨西哥（22.5）、加拿大（32.0）、委内瑞拉（22.5）、埃及（21.5）。

二、国内牛肉生产与贸易概况

1. 国内肉牛生产与牛肉产量 2013 年屠宰肉牛约2 200万头，胴体产量约 571.1 万吨，净肉产量约 479.7 万吨。杂交牛胴体重平均 302.5 千克/头，中大体型本地黄牛胴体重平均 260.0 千克/头，南方本地小黄牛胴体重平均 173.6 千克，全国平均胴体重 245.4 千克/头。肉牛产值约3 382.1亿元。2013 年屠宰牦牛约 243 万头，胴体重平均 122.2 千克/头，胴体产量约 29.7 万吨，净肉产量 24.9 万吨，牦牛产值约 168.5 亿元。（肉牛牦牛体系测算）

2. 国内牛肉贸易 2013 年，牛肉进出口贸易量合计299 563.9吨，比 2012 年增加225 959.2吨，进出口贸易额合计 13.12 亿美元，贸易赤字 12.24 亿美元。2013 年牛肉净进口量（287 861.0 吨）是 2012 年（49 204.1吨）的 5.9 倍，比 2012 年增加了238 656.9万吨。

2013 年进口牛肉293 712.4吨，进口额126 791.67万美元，进口均价4 316.86美元/吨。其中，冷鲜带骨牛肉 2 959.8 吨、1 523.19万美元，冷鲜去骨牛肉8 257.7吨、5 208万美元，冷冻带骨牛肉57 784.5吨、16 487.88万美元，冷冻去骨牛肉224 710.4吨、103 572.60万美元。

2013 年出口牛肉5 551.5吨，出口额4 414.27万美元，出口均价7 951.54美元/吨。其中，冷鲜带骨牛肉 0.7 吨、0.90 万美元，冷鲜去骨牛肉 485.6 吨、371.31 万美元，冷冻带骨牛肉 1.7 吨、0.72 万美元，冷冻去骨牛肉5 363.4吨、4 041.33万美元。

2013 年进口牛肉的省（市）共 19 个，年进口量合计（吨）超过1 000吨的有 13 个，分别是天津（91 738.8）、辽宁（78 011.4）、上海（46 926.5）、江苏（17 598.1）、北京（14 726.4）、山东（10 157.2）、广东（9 402.3）、黑龙江（5 153.9）、吉林（5 141.2）、安徽（2 347.8）、内蒙古（2 241.6）、福建（1 721.1）、浙江（1 177.9）。

2013 年出口牛肉的省（市）共 8 个，年出口量合计（吨）超过 100 吨的有 6 个，分别是湖南（3 721.0）、吉林（1 195.2）、内蒙古（193.6）、辽宁（409.7）、重庆（100.0）、河北（147.5）。

三、国际肉牛产业技术研发进展

1. 遗传育种与繁殖领域 品种协会仍然是肉牛业发达国家实施推广育种技术的主体，品种协会组织数据收集、遗传评估及其结果发布。各品种的育种数据库仍在加大，种牛遗传评估和选种准确性进一步提高。性能测定体系不断完善，肉质及胴体性状记录不断增加，这标志着对肉质和胴体性状的遗传评估准确度会增加。后裔测定技术仍然是公牛选择的主要技术体系，但个别性状的标记选择辅助选择通过商业化公司有所应用。另一个明显进步是肉牛的全基因组选择技术的研究和应用，多个品种协会推出基因组选择研究计划，在全基因组选择与传统后测的对比实验的基础上，开展了传统遗传评估与全基因组选择相结合来提高选择准确性的研究，一步法基因组育种值计算法充分利用基因组和表型数据，大大提高了选择准确度。由于中国肉牛市场需求，欧洲、北美、南美多国均加大了对中国肉牛种质市场的推销力度。胚胎生物技术作为优秀种子公母牛的扩繁手段仍在广泛应用，胚胎和冷冻精液等遗传物质的交换仍然是全球肉牛优良基因传播和利用的主要手段。

2. 饲料营养领域 肉牛阶段营养需要研究仍是重点，重视犊牛断奶期营养生理变化及缓解断奶应激的营养调控和饲养管理措施。饲料安全与健康养殖仍是欧盟等国的研究热点，并研究了冷、热、新环境、运输应激等对肉牛生理、营养代谢和行为机制的影响。欧洲、北美、澳洲等继续完善营养需要和建立预测模型。重视荟萃分析、养分可利用性及饲料快速评定技术的应用，通过改进饲料加工技术，促进非常规饲料开发利用。采用植物提取物、营养性添加剂、日粮组合平衡技术等改善牛肉质量和肉牛健康。开展不同饲养模式下肉牛日粮营养水平与机体内分泌关系、瘤胃酸中毒及内环境变化的研究，促进肉牛短期强度育肥技术推广应用。美、法、澳等持续推进牛基因组学与肉牛营养的研究，通过营养调控、专用饲料添加剂、低氮日粮和饲养管理等技术减少温室气体排放，并利用体温和粗蛋白建立了氨氮排放模型。重视营养供给与肉牛遗传、繁殖、剩余饲料采食量、粗饲料充盈值的关系研究，采用初产母牛限制哺乳、不同饲草料补饲，妊娠母牛轻度限饲等技术，推进基础母牛和18月龄前架子牛放牧补饲生产，肉牛后期集中围栏育肥在澳洲、南美等地广泛推广。

3. 疾病控制领域 埃及、伊朗、孟加拉、不丹等29个国家报告了口蹄疫疫情；巴西、智利、韩国、阿尔及利亚等52个国家报告了牛结核感染病例；爱尔兰和英国发生牛海绵状脑病。挪威开始实施牛病毒性腹泻黏膜病根除计划。牛呼吸道疾病综合征仍然是严重影响肉牛健康的重要原因。牛莫拉菌病、牛病毒性腹泻、牛呼吸道合胞体病疫苗及七联改造活病毒疫苗进入临床实验阶段，开展了针对出血性败血症的多杀性巴氏杆菌藻酸盐微粒疫苗研究。疫苗研发及生产工艺不断优化，通过合成手段设计的新型口蹄疫疫苗在英国研制成功，相比传统疫苗，新疫苗更安全、高效且更易储存（可耐56℃的环境温度）。咪唑喹啉、宿主防御肽、单链核苷酸等新的可激发机体天然免疫系统相关疫苗佐剂的安全和有效性得到检验。在疫病检测方面，建立了基于截断重组非结构蛋白2C的口蹄疫间接ELISA抗体检测技术，压电生物传感器、利用活细胞作为探测单元的细胞传感器等生物芯片技术领域相关检测技术进展迅速。美国研制的Xpert MTB/RIF检测法可以快速检测结核病同时还能检测到利福平抗性，该方法于2013年10月被WTO认可作为特定结核检测的首选方法，已经有21个国家使用。瑞士科学家首次完成了牛环形泰勒虫裂殖体蛋白质组学分析，建立了多房蚴头节的体外培养技术及检测牛环形泰勒虫裂殖子蛋白Tams1的间接ELISA方法。

4. 加工与品质控制领域 牛肉的可视化分级技术——近红外检测技术是牛肉品质在线监控的首选技术方式，并已在屠宰场实现多种肉用品质的在线实时监控。热剔骨牛肉通过储藏过程中温湿度的调控、包装材料选择、不同吊挂方式以及Tendercut、SmartStretchTM等技术来改善嫩度等指标。且牛肉胴体不再局限于基于解剖学的传统部位分割方式，体现出向依据产品嫩度等指标和加工食用方法不同的更精细化方向发展的趋势。牛副产物领域的研究集中于利用HPLC、UV等检测技术对牛副产物抗生素含量的监控，以及通过副产物微生物风险分析建立微生物安全控制模型方面。通过外源添加物如玉米、马铃薯淀粉、抗氧化物或通过物理方法研究对牛肉饼、牛排等牛肉产品品质稳定性以及脂肪、蛋白氧化的影响；通过添加乳酸、辛酸、天然提取物等抑菌剂，控制牛肉及牛肉产品中大肠杆菌、志贺氏菌等致病菌的生长繁殖，提高产品的安全性仍是目前的研究热点之一。

5. 设施与环境控制领域 世界各国因自然经济条件差异，在肉牛养殖发展过程中逐步形成了不同模式和道路：澳大利亚和新西兰以天然草地为基础，围栏放牧为主，几乎没有舍饲；美国土地资源丰富、劳动力资源紧缺，以规模化、机械化、设备化为主要特征；荷兰、德国和法国受其自身土地、劳动力等资源因素影响，以适度规模、种养结合、环境友好型牧场为主；日本、韩国、中国台湾以家庭农场饲养为主，发展适度规模，逐步走向规模化集约经营。

在畜舍环境方面的研究，国外集中在生产中氨气、甲烷等气体排放评估研究和牛舍自然通风的通风换气率的相关研究。在提高生产效益的同时，动物福利研究仍是热点，多以热应激行为、地板类型、遮阳棚等为研究对象。在废弃物处理利用方面，牛粪作为能源进行资源化利用以最大限度地满足环境可接受性及经济可行性仍然研究热点。在厌氧发酵生产沼气过程中，对不同接种菌种及添加物对沼气生产影响也有较多研究。同时利用牛粪中的纤维素进行乙醇化等也进行了研究。

6. 产业经济领域 2013年度，国际肉牛产业经济研究领域关于肉牛生产系统对环境影响以及肉牛产业可持续发展的分析（美国、阿根廷）、肉牛生产者对疫病的认知及管理（加拿大）、种植业—肉牛产业综合生产系统盈利能力分析（美国）、牛肉进出口贸易配额比较分析（挪威）、牛肉质量对进口国牛肉消费量的影响（巴西）、资金对肉牛养殖企业绩效的影响分析（印度尼西亚）等方面的研究成果有所增加。牛肉消费及仿真模型在肉牛产业领域应用的研究成果颇丰，如消费者对于牛肉的消费意识和感官评价分析（日本）、消费者对于牛肉切块适口性及品质的评价（美国），以及利用仿真模型对疯牛病的推算（日本）、测算肉牛生产系统对环境的影响（美国）等。此外，关于肉牛产业发展影响因素方面的研究成果不断丰富，如新养殖技术的应用、牛肉品质及嫩度的改善、疫病管理、品牌效应、副产品开发等对肉牛产业发展的影响。

四、国内肉牛产业技术研发进展

1. 遗传育种与繁殖领域 针对国内部分地区牛群性能下降的问题，产业技术体系的重点任务“我国肉牛业主导品种及主要杂交群体的分布及存栏量调查”仍在进行，根据不同地区的生产状况开展高效杂交组合筛选试验，旨在提高现有牛群生产水平。为贯彻《全国肉牛遗传改良计划（2011—2025年）实施方案》，发布了《国家肉牛核心育种场评审标准》，目的是对我国主要肉牛品种进行有计划改良，提高种群供种能力和促进肉牛业的可持续发展。

公牛选择方面，研究并发展了公牛肉用性能指数CBI（Chinese Beef Cattle Index），在2013年种的基础上增加了1个性状。肉牛全基因组选择的参考群体屠宰测定数量进一步扩大，完成了相应的计算机程序，计划在2015年应用。在牦牛种业方面，正在开展无角牦牛新品系的培育工作。在肉牛良种扩繁方面，胚胎移植等生物技术仍然发挥着重要作用，肉牛牦牛产业技术体系开展了一胎双犊研究，同期发情及定时输精技术在规模化牛场有所应用。随国内肉牛群体资源紧张及优秀公牛的培育能力有限的形式进一步发展，国内持续从澳大利亚、新西兰等国大批量进口母牛及胚胎，2012年我国进口西门塔尔牛、和牛、安格斯牛、夏洛莱、利木赞胚胎约1 500枚，进口活体达到了 2 万头左右。

2. 饲料营养领域进展 提高肉牛单产和饲料转化率研究持续进行，重视养分可利用性分析，普遍采用康奈尔净碳水化合物蛋白质体系（CNCPS），不断扩充饲草料营养成分数据库和完善回归预测模型，饲养标准研究持续推进。蒸汽压片、膨化、青贮、秸秆汽爆等饲草料加工贮藏技术推广应用，促进了香蕉茎叶、甘蔗稍、柠条、木薯渣等区域性非粮饲料资源的开发利用。重视营养调控对肉质、健康、环保的影响，降低氮、磷、温室气体排放等研究逐渐开展，推动了肉牛全混合日粮（TMR）、专用精补料及添加剂需求量持续增加。由此支撑了肉牛、牦牛放牧补饲、短距离易地育肥、低成本规模化围栏肥育技术由北向南推广。母牛和犊牛营养研究不断深入，饲养管理不断规范，以及架子牛涨价，促进了本地母牛、引进优质母牛自繁自育体系建立，带动了犊牛定向培育、高附加值犊牛培育技术应用、形成了牧区、农区不同生产模式，扩大了奶公犊和淘汰奶牛育肥生产。产业技术的应用促进了肉牛高档肥育、高附加值西餐红肉生产、普通育肥等肉质差异化生产的发展。牦牛放牧补饲、早期断奶补饲、季节性规模化饲养错峰出栏技术的应用，促进了牦牛养殖模式改变和养殖效益的提高。

3. 疾病控制领域 农业部会同财政部制定了《2013 年国家动物疫病强制免疫计划》，规定其中普通牛种进行 O 型和亚洲 I 型口蹄疫强制免疫；对所有奶牛和种公牛进行 A 型口蹄疫强制免疫；对边境地区牛、羊进行 A 型口蹄疫强制免疫。中国动物疫病预防控制中心启动了动物疫病净化评估认证工作，制定了《规模化牛养殖场主要动物疫病净化技术方案》（试行）。全国大部分省市相继制定并出台了各地中长期（2013—2020）动物疫病防治规划。《兽用处方药品种目录（第一批）》发布。牛口蹄疫 O 型、亚 1 型及 A 型三价灭活疫苗、牛口蹄疫 O 型、亚 1 型二价灭活疫苗及牛结核抗体检测 ELISA 试剂盒等新产品获批新兽药证书，防治呼吸道疾病中药复方口服液已通过第二次审评。《牛奶中左旋咪唑残留量的测定——高效液相色谱法》等 132 项标准已经由国家标准审评委员会审定通过，发布为中华人民共和国食品安全国家标准。牛结核干扰素 γ 检测方法已报批国家标准。开展了牦牛传染性鼻气管炎、流产衣原体、牦牛结核及牦牛布氏杆菌病血清流行病学调查。“牛羊焦虫病综合防控技术”和“肉牛运输应激综合征药物防治技术”等作为片区农业适用品种和技术推荐材料建议在流行地区推广。完成了牛支原体弱毒疫苗的安全性研究，构建牛传染性鼻气管炎双基因病毒并申报了转基因安全评价生产性试验，牛传染性鼻气管炎传统减毒疫苗获得了临床试验批文。牛羊肠毒血症的 D 型产气荚膜梭菌类毒素疫苗的制备方法、牛口蹄疫 O 型 ASIA I 型肽疫苗的多肽及其制备方法等获得国家发明专利。研制牛支原体对不同药物的耐药性检测方法及牛源多杀性巴氏杆菌抗体检测技术。建立牛环形泰勒虫悬浮培养细胞系，并以牛环形泰勒虫裂殖体蛋白 TlSP 为基础，开发了检测泰勒虫通用间接 ELISA 方法。

4. 加工与品质控制领域 完成了夏南牛、西杂牛和牦牛主要分割肉加工特性评定。对安格斯牛×秦川牛、安格斯牛×河西黄牛、鲁西黄牛×利木赞牛3种杂交肉牛牛肝的营养成分及食用品质的分析结果表明3种牛肝氨基酸评分高于或接近FAO提出的标准模式。研究了HiOx-MAP、CO-MAP、真空包装等对冷却牛肉不同部位肉牛肉色度、总还原能力、高铁肌红蛋白还原能力、NADH含量对肉色稳定性的影响，研究了冷却牛肉的CO_2气调包装技术。研发了新型重组酱牛肉加工工艺，优化了浓缩牛骨真空冻干汤料的真空冻干工艺。评价了乳酸、乙酰丙酸及醋酸对单增李斯特菌的抑菌效果及后续耐酸性的影响。

5. 设施与环境控制领域 国内肉牛养殖仍以敞篷式牛舍为主，对于牛舍环境控制的研究也相对较少。丁露雨等人研究显示，采用喷雾联合悬挂式风机的处理舍空气温度平均可降低2.1℃，降低3.2℃的体感温度，有效缓解热应激；锦江黄牛日增质量可提高0.19千克/天，提高率为27.5%。针对夏季热应激，付戴波等人在饲料中添加中药复方可提高热应激条件下肉牛对养分的消化率，改善肉牛生产性能。高玉红等人检测了河北省不同地区6种有代表性建筑类型的肉牛舍内外空气中的细菌含量，结果表明夏冬两季不同建筑类型的牛舍内细菌数量均显著高于舍外，冬季密闭式牛舍内细菌数量是舍外的2.6～9.6倍，且1.2米高的细菌数量也显著高于0.6米。这就提醒我们需要在密闭牛舍屋顶或侧墙上部设计通风口，保证冬季牛舍的合理通风。

在废弃物处理利用方面，国内在减少牛场温室气体排放量、不同处理对牛粪厌氧发酵沼气产生量、土地对粪便养分的承载力以及施于农田后各养分转化规律等方面仍为研究热点。在牛粪作为有机肥生产中，对抗生素降解、病原菌消灭以及在生物反应器中利用牛粪微生物对有机溶剂进行生物降解方面有了进一步研究。同时对发酵温度、原料配比、接种物的种类和数量及牛粪固体物堆肥技术等也进行了深入研究。

6. 产业经济领域 2013年度，相关研究主要集中在产业发展、饲养管理与技术对经济效益的影响、养殖与发展模式、市场流通、经济效益、质量安全管理等方面的研究。在产业发展方面的研究，侧重于利用实地调研数据，分析全国、不同省份、不同市（县）肉牛产业的发展现状、存在问题、制约因素与发展对策；结合各地肉牛生产实际情况，对肉牛养殖最优规模及技术的分析；在养殖与发展模式方面，侧重于对肉牛养殖业及肉牛产业发展模式及趋势探讨，以及不同肉牛产业发展模式的比较分析；在牛肉市场流通领域，关于牛肉价格变化的原因及趋势判断以及牛肉供求失衡的研究成果较多；在肉牛产业经济效益方面，侧重于不同饲喂、管理模式、养殖方式下，肉牛经济效益的比较分析，提高肉牛生产效益的综合措施，以及肉牛产业链利益分配调查和改进空间的分析；在质量安全管理方面，对高档牛肉、无公害牛肉的质量标准、生产要点、经济效益进行了研究，分析了牛肉品质的影响因素及改善方法，探讨了肉牛养殖及屠宰加工可追溯体系的应用。

（肉牛牦牛产业技术体系首席科学家
曹兵海提供）

2013年度肉羊产业技术发展报告

（国家现代肉羊产业技术体系）

一、国际肉羊生产与贸易概况

2011年，世界山羊存栏量为92 414.59万只，第一位印度15 700万只，第二位中国为14 203.90万只；世界绵羊存栏量为109 356.68万只，中国占第一位为13 884万只。2011年，世界山羊出栏量为43 015.58万只，中国占第一位为14 082万只；世界绵羊出栏量为51 667.19万只，中国占第一位为13 226万只。2011年，世界山羊肉产量为522.96万吨，中国占第一位为188.70万吨；世界绵羊肉产量为817.74万吨，中国占第一位为205万吨。

2011年，世界进口山羊肉总量为6.10万吨，主要进口国是美国、巴林、阿拉伯联合酋长国，出口山羊肉5.54万吨，主要出口国是澳大利亚、埃塞俄比亚、中国；2011年，世界进口绵羊肉85.23万吨，主要进口国为法国、英国、中国，出口绵羊肉82.19万吨，主要出口国为新西兰、澳大利亚、英国。

我国的羊肉进口大幅增加，而出口却下降迅速，贸易逆差不断扩大。2013年1～10月，我国进口羊肉21.36万吨，进口金额为7.78亿美元；同期出口羊肉0.17万吨，出口金额为1 626万美元。羊肉贸易表现为逆差，逆差数量为21.18吨，金额为7.62亿美元。我国羊肉进口量和进口金额分别是出口量和出口金额的124.09倍和48.63倍。2013年1～10月与2012年同期相比，进口数量增长了72%，进口金额增长了85%；而同期的出口数量却减少1/2，出口金额下降接近1.5倍。

我国羊肉的进口主要来自新西兰和澳大利亚，2012年来自这两个国家的进口数量分别为7.08万吨和5.10万吨，分别占到当年我国进口总量的57.1%和41.2%，两国合计占到我国进口总量的98.3%，说明我国的羊肉进口市场高度集中，也说明新西兰和澳大利亚的羊肉十分具有国际竞争力。我国羊肉的出口不仅数量少，而且比较分散，并且呈下降趋势，主要出口到我国香港及中东地区。

二、国内肉羊生产与贸易概况

2012年我国肉羊出栏量、存栏量及羊肉产量均有所增长。2012年我国肉羊出栏量为27 099.6万只，比2011年的26 661.5万只增长了438.1万只，增长1.6%。其中，2012年绵羊出栏量为12 931.1万只，比

2011年的12 585.4万只增长了345.7万只，增长2.7%；2012年山羊出栏量14 168.5万只，比2011年的14 076.1万只增长了92.4万只，增长0.7%。2012年底肉羊存栏总量为28 504.1万只，比2011年的28 235.8万只增长了268.3万只，增长了1.0%。其中，2012年绵羊存栏为14 368.0万只，比2011年的13 961.5万只增长了406.5万只，增长了2.8%；2012年山羊的存栏量为14 136.1万只，比2011年的14 274.2万只下降了138.1万只，下降了1.0%；2012年全国羊肉产量401万吨，比2011年的393.1万吨上升了7.9万吨，增加了2.01%。

2013年羊肉价格在2012年基础之上继续上涨，据农业部定点监测数据，2012年1～12月，全国羊肉月平均价格从48.96元/千克上涨到57.05元/千克。进入2013年，羊肉价格延续上涨趋势，从1月份的59.45元/千克，上涨到11月份的64.47元/千克，羊肉价格屡创历史新高。

新疆是我国肉羊主产区之一，2013年新疆羊肉供应量稳步增长，但市场需求与市场供应间的矛盾依然突出，需要从外地调入，地方政府对调入的羊肉和活羊提供补贴。同时，得益于新疆羊肉知名度的提高，羊肉制品外调销售量逐年增加，进一步加重了羊肉供给偏紧的局面。肉羊生产补贴力度越来越大，包括种公羊和牧草良种补贴、畜牧机械购置补贴、基础设施建设补贴以及农牧民生产资料综合补贴。据统计，2013年共对1.2亿亩人工草场实施了牧草良种补贴，对284万牧民给予了牧民生产资料补贴。标准化种羊场和养殖场建设继续推进。

2013年，中央财政安排草原生态保护补助奖励资金159.75亿元，继续支持内蒙古等8个草原牧区省份、河北等5省的36个牧区半牧区县以及新疆兵团、黑龙江垦区实施草原生态保护补助奖励政策，并加大对草原转变畜牧业发展方式的支持力度。据统计，全国共有639个县实施草原生态保护补助奖励机制，涉及草原面积48亿亩，占全国草原面积的80%以上，其中可利用草原面积38.3亿亩，包括禁牧草原面积12.3亿亩，草畜平衡面积26亿亩。随着草畜平衡机制第一阶段实施已到尾声，减畜大限将至，禁牧、草畜平衡政策实施更加深入，草原肉羊生产面临的资源环境约束进一步加大。

三、国际肉羊产业技术研发进展

1. 国际肉羊育种技术研发进展 2013年，首先是国际上对于肉羊育种目标逐渐扩大，逐渐对肉色、嫩度、多汁性、营养成分、屠宰日龄、畜群个体外形和质量的整齐度、肋骨数等愈加关注，澳大利亚已有研究团队建议将鲜肉红色、销售时肌肉红色、销售时氧合血红蛋白/高铁血红蛋白比值、铁含量作为潜在的肉羊育种目标。其次是肉羊遗传参数估计和遗传评估的研究也逐渐深入，研究发现基因型和环境的互作对预估遗传参数和生长性状的遗传评估至关重要，研究遗传因素对育种作用的同时，应该在环境控制、饲养管理等方面对肉羊育种的影响进行深入研究，降低非遗传因素对羊肉生产的影响。第三是遗传标记检测技术、高通量测序技术和基因芯片技术得到了普遍应用，肉羊产羔数、繁殖季节性、生长发育和肉质性状等性状的基因调控研究仍然是国际上研究的热点和难点。第四是小群体联合育种技术和育种规划方法研究也逐步深入，研究发现通过有效的小群体联合育种技术选育可显著提高肉羊产肉量。

2. 国际肉羊营养与饲料技术研发进展 肉羊养殖发达的国家在完成主要品种的营养需要参数后，对地方品种和专用品种展开营养素需要的研究，这些参数主要包括粗蛋白、脂肪、矿物质，近几年来对于肉羊代谢能、小肠可消化蛋白、氨基酸、微量元素等微量成分的研究不断展开。肉羊属于反刍动物，每只肉羊每天通过嗳气排到体外的甲烷约20克左右，对大气环境造成危害，澳大利亚等国拟对牛羊征收甲烷税。养殖业发达国家加强研究减少甲烷排放的技术，主要包括合理的饲料配制、使用天然物添加剂、利用生物制剂等措施减少甲烷的排放。世界各国基本禁止在肉羊饲料中使用抗生素和激素类添加剂，为了提高养殖效益，肉羊营养学者研究多种不同类型的添加剂，主要包括天然植物或其提取物、微生态产品如酵母及其代谢产物、益生菌等；针对肉羊快速增重的特点，已经研究出过瘤胃的赖氨酸和蛋氨酸，保护处理的维生素产品如保护胆碱、保护生物素等。这些添加剂的使用可以有效提高肉羊的增重速度和养殖收益。

3. 国际肉羊疾病防治技术研发进展 截至2013年12月5日国外公开发表的有关羊病研究的文章共216篇，其中涉及细菌病占28.2%，病毒病占24.1%，寄生虫病占37.5%，普通病占3.2%，其他病占7.0%。在这些论文中有关基础性研究的占79.2%，应用性研究的占15.3%。基础性研究绝大部分是关于病原基因结构与功能、天然免疫、致病机理等方面的内容，而应用性研究大都涉及诊断方法、药物临床治疗效果分析、动物福利和疫苗免疫效果评价等。

4. 国际肉羊屠宰与羊肉加工技术研发进展 一是针对宰前处理不当导致肉羊死亡率升高、肉质下降等问题，建立了包括装卸、运输、休息、禁食及致晕等方面的宰前管理办法，制定了完善的标准和规范；二是实现了基于PLC的肉羊屠宰生产线三线同步控制，提高了肉羊屠宰自动化程度，实现了肉羊屠宰可追溯控制体系；三是实现了冰温保鲜技术在冷鲜羊肉加工中的应用；四是开展了蛋白质修饰技术对羊肉品质影响的研究，通过调控羊肉中蛋白质氧化、蛋白质磷酸化、蛋白质乙酰化等蛋白质修饰程度达到控制和改善羊肉品质的目的；五是通过开展畜禽骨、血和内脏等副产物中功能性成分的提取纯化研究，开发高提取率、高纯度、高活性的羊骨蛋白肽等产品。

四、国内肉羊产业技术研发进展

1. 国内肉羊育种技术研发进展 现代生物技术在肉羊育种中发挥着越来越重要的作用。体细胞核移植技术和转基因技术已用于种公羊的生产，克隆的种公羊已用于常规肉羊生产，并取得了良好的社会和经济效益。国家肉羊产业技术体系作为我国肉羊产业研究的领头羊，主要开展了不同地区肉羊杂交组合筛选，并建立了以企业为主体的“育繁推一体化”的育种模式；完成了绵羊生长和肉用性状全基因组关联分析；构建了基于基因聚合理论的肉羊配套系选择方法；完成了对蒙古羊及其在不同气温带下形成的湖羊、滩羊、乌珠穆沁羊、小尾寒羊的甲基化状态分析，解析了不同气候条件下绵羊生长发育的表观遗传机制；筛选了若干与绵羊或山羊产羔数和季节性发情相关的分子标记；完成了小尾寒羊和滩羊不同季节激素水平的测定和不同季节、不同繁殖状态下繁殖组织和松果体的转录组测序，筛选出繁殖相关的基因和 miRNA 及其所在的通路。“羊优异繁殖性状分子遗传标记筛选及应用”通过成果鉴定。

2. 国内肉羊营养与饲料技术研发进展

一是肉羊营养需要量参数的研究与应用。肉羊营养需要量标准是制定肉羊饲料配方的依据，科学的配制饲料可以有效降低饲养成本，保障羊只健康生长。我国目前正在全方位开展肉用绵羊营养需要量的研究，主要品种为引进的杜泊羊和本地羊，如小尾寒羊、蒙古羊、阿尔泰羊、湖羊等的后代。营养素种类的研究范围超过国外同类研究，比如增加了 NDF、ADF 的最佳需要量研究，同时也展开了代谢能和可代谢蛋白质估测模型的研究，将为我国的肉用羊标准制定提供依据。二是饲料资源的开发与营养价值的评定。饲料资源的开发利用是国内外一个永恒的研究内容，木本植物饲料成为研究热点，木本植物含有大量的抗营养因子如单宁、木质素等，用发酵技术、脱毒技术减少抗营养因子，使之扩大饲料来源。三是低碳氮排放肉羊养殖技术研究。肉羊属于反刍动物，每只肉羊每天通过嗳气排到体外的甲烷约 20 克左右，对大气环境造成危害。合理的配制肉羊饲料可以使甲烷产量可以明显减少，甲烷还与肉羊体重、进食量、生长速度高度相关。四是新型饲料和添加剂的研究开发。针对肉羊快速增重的特点，研究开发新型饲料添加剂，主要有微生态制剂、天然物制剂和过瘤胃保护的氨基酸和维生素等。五是放牧羊的营养需要与补饲技术研究。根据肉羊的生理阶段和牧区草场产草量情况，研发肉羊精料补充料，提高产肉效率，加快周转。牧区补饲技术及技术产品是研究的热点技术。

3. 国内肉羊疾病防治技术研发进展

截至 2013 年 12 月 5 日国内公开发表的有关羊病研究的文章共计 469 篇，其中涉及细菌病占 41.8%，病毒病占 24.5%，寄生虫病 29.2%，营养代谢病及其他占 4.5%。从所查询到的文献内容看主要集中在布病、羊口疮、羊痘、羊支原体肺炎、链球菌、衣原体、放线杆菌、附红细胞体、梭菌病等方面。此外，羊的肺腺瘤、蓝舌病、李氏杆菌、坏死杆菌、羊传染性结膜炎、副结核病等也有报道。国内的研究侧重于病例临床诊疗报告、药物防治试验、血清流行病学调查及诊断技术等方面，涉及病原免疫致病机理研究的较少。

2013 年，肉羊产业技术体系疾病防控功能室在一些重要羊病防治技术研究方面取得了较大的进展：一是制定了《规模场肉羊疫病综合防控技术规范》和《育肥场肉羊疫病综合防控技术规范》草案各 1 套。二是口蹄疫 O-A-Asia1 型三价灭活疫苗获得国家三类新兽药证书，《山羊传染性胸膜肺炎灭活疫苗（M1601 株）》新兽药注册申报材料已通过初审。三是获得 3 项授权专利：第一，利用人工合成的表位肽作为诊断用抗原，建立了羊痘血清抗体检测的 ELISA 方法，已申请的专利是“一种基于合成肽检测羊痘病毒血清抗体的试剂盒”；第二，成功制备针对羊口疮病毒 B2L 蛋白的单克隆抗体，为羊口疮病毒诊断技术的开发和相关基础性研究准备了材料，已申报的专利是“一种抗羊口疮病毒 B2L 蛋白的单克隆抗体及其应用”；第三，开展了羊痘病毒的Taqman实时定量核酸分子检测方法及试剂盒的研制，所建方法可检测的最低拷贝数为3.93×101拷贝数/微升，其敏感性比常规PCR要高10倍，该方法及试剂盒已申请专利并获受理。四是出版羊病相关书籍3部（《羊常见疾病诊断图谱及防治技术》《羊场兽医师》和《羊病防控关键技术》）制作发行《羊常见传染病综合防治》光盘1部；五是进一步补充和完善了肉羊疫病远程辅助诊断系统，为广大养羊户（场）提供了远程辅助性诊断服务平台。

4. 国内肉羊屠宰与羊肉加工技术研发进展 一是通过优化运输、禁食、静养等宰前处理方法，建立了肉羊宰前管理体系，大幅度降低宰前动物的应激反应，提高肉的品质；二是开发了低温高湿变频解冻技术和解冻装置，大幅降低了冷冻羊肉解冻过程的损耗和品质劣变；三是开发了脉动真空腌制等新型腌制技术，有效提高了羊肉腌制效率和腌制效果；四是研究了羊肉制品加工过程中杂环胺等危害物的形成机制，开发了杂环胺等危害物控制技术；五是建立了羊骨素及其衍生化产品工程化加工技术，开发了羊骨素、羊骨高汤、羊骨素调味料等系列产品，集成了工程化加工装备。

肉羊产业技术体系肉羊屠宰加工的技术研发主要集中在：一是针对我国肉羊屠宰标准缺失、屠宰操作不规范等问题，开展了宰前运输、禁食、待宰静养、击晕方式、电刺激、吊挂方式等肉羊屠宰相关技术研究，起草了体系标准《肉羊屠宰加工技术规范》；二是针对我国冷鲜羊肉加工中存在的分割方法混乱、汁液流失率高、优质不优价等问题，建立了标准化分割分级、冷鲜羊肉初始菌数控制、汁液流失和色泽控制、货架期延长等冷鲜羊肉加工关键技术，起草了体系标准《冷鲜羊肉加工技术规范》；三是针对我国风干羊肉加工工业化、标准化程度低等问题，开展了羊肉低温高湿变频解冻技术、脉动真空腌制技术、人工模拟气候风干技术等风干羊肉加工关键技术的研究，起草了体系标准《风干羊肉加工技术规范》。

（肉羊产业技术体系首席科学家旭日干提供）

2013年度绒毛用羊产业技术发展报告

(国家绒毛用羊产业技术体系)

一、国际绒毛用羊生产与贸易概况

1. 羊毛生产、贸易情况

(1) 2013年世界羊毛产量与2012年相比略有下降。根据美国绵羊产业协会(ASI) 2013年9月公布的数据,2013年世界羊毛产量(净毛)约为110.0万吨,同比小幅下降1.0%。在羊毛主产国中,澳大利亚、中国、新西兰、阿根廷和美国羊毛产量有所减少,印度、南非、乌拉圭和英国等少数国家羊毛产量增加。其中,澳大利亚主要受羊屠宰量增加及干旱气候条件影响,2013/2014年度羊毛产量为34.45万吨,同比下降1.4%;新西兰2013/2014年度干旱气候条件致使羊毛产量减少5.0%,降至12.1万吨;受肉羊养殖热冲击,中国2013/2014年度羊毛产量减少约1.0%,维持在12万吨左右;阿根廷受粮食作物种植、养牛业等竞争,越来越多的人放弃养羊种植农作物,导致羊毛产量下降;在南非裂谷热病毒得到了有效控制,养羊业已经从裂谷热的影响中恢复过来。

(2) 2013年世界羊毛贸易量较2012年有所上升。2013年,在澳大利亚、新西兰、乌拉圭、阿根廷、南非和美国六大羊毛出口国中,除阿根廷外其他五国的羊毛出口量同比均出现不同程度的上升。其中,美国羊毛出口量涨幅最大(75%);新西兰出口量涨幅最小(4%);仅阿根廷羊毛出口量小幅下降(—0.4%)。在羊毛进口国中,最大进口国中国从澳大利亚、新西兰、乌拉圭、阿根廷、南非和美国的羊毛进口量均有增长,其中,从美国的羊毛进口量同比上升幅度为63%;印度从新西兰的羊毛进口量急剧下降,但从其他国家的进口量明显增加,其中从美国的羊毛进口量同比涨幅达到192%,总进口量增加;此外,意大利、德国、捷克和其他亚洲进口国的羊毛进口量均明显上升。

2. 羊绒生产、贸易情况

(1) 2013年世界羊绒产量略有下降。2013年全球绒山羊存栏量约1.10亿只,全球羊绒产量约2.0万吨左右,中国羊绒产量1.4万吨左右,占全球产量70%以上的份额。蒙古国羊绒产量4 000吨左右,基本保持在2012年的产量水平,剩下极少的一部分羊绒产于伊朗、阿富汗、哈萨克斯坦、吉尔吉斯斯坦、巴基斯坦、土耳其等国家。

(2) 2013年世界羊绒贸易量上升。主要原因是世界经济持续复苏,羊绒国际市场需求回暖，良好的市场预期带动羊绒进口国采购积极性增加，如中国1～11月羊绒进口量与2012年同期相比上升了14.5%。

3. 毛、绒价格走势

（1）2013年国际羊毛价格大体呈现前跌后涨的走势。澳大利亚和南非两大市场羊毛价格在年初开拍后大体呈现即震荡下跌的态势，至5月份达到年度最低点，与年初相比，分别下跌了9.3%和7.8%，6月份逐步企稳回升，11月份基本回到年初的价格水平。新西兰羊毛价格整体呈波动上升的趋势，11月细支杂交毛、粗支杂交毛价格环比分别上升0.3%、2.2%，与1月份相比，分别提高18.8%和43.8%。中国国毛条66S、64S的价格行情表现为先稳步上升、后逐步走低、又小幅上涨的状态，11月份价格环比分别上升0.8%和2.2%，与1月份相比，分别下跌了6.6%和3.6%。

（2）2013年世界羊绒价格较2012年有所上升。羊绒主产国中国受国际市场需求回暖及羊绒产量下降等因素的影响，羊绒收购价格较2012年上升。其中，内蒙古巴林左旗、巴林右旗和河北易县、青龙县羊绒收购价格同比涨幅分别为26.7%、18.8%、13.3%和11.8%。蒙古国由于2013年梳绒时机适宜，羊绒杂质较少，羊绒质量提高，使得绒价上涨。

二、国内绒毛用羊生产与贸易概况

1. 国内绒毛用羊生产情况

（1）2013年我国细毛羊存栏量略有下降，地毯毛羊和绒山羊存栏量增加。根据国家绒毛用羊产业技术体系产业经济研究团队对甘肃、内蒙古、青海和河北4省（自治区）12个县（旗）的绒毛用羊生产情况调研显示，2013年我国上述产区细毛羊存栏量同比减少12.05%，而地毯毛羊存栏量同比增长8.13%，绒山羊存栏量同比增长9.62%。

（2）2013年我国细羊毛产量略有下降，地毯羊毛和羊绒产量上升。2013/2014年度，国内羊毛产量维持在12万吨左右。调研数据表明，2013年我国大部分地区的细羊毛产量减少，地毯羊毛和羊绒产量回升。其中，甘肃肃南县、天祝县、门源县和内蒙古敖汉旗、克什克腾旗五个地区的细羊毛产量合计为4 602吨，较2012年下降了14.59%；地毯毛羊调研县（青海共和县、海晏县和刚察县）地毯羊毛产量合计为3 894.1吨，较2012年增长了9.24%；绒山羊调研县（内蒙古巴林右旗、巴林左旗和河北青龙满族自治县、易县）的羊绒产量合计为855吨，较2012年增长了11.26%。

2. 国内毛、绒市场交易情况

（1）2013年国内羊毛价格同比略有下降，羊绒价格同比稍有上升。南京羊毛市场综合报价指数年初为74.48元/千克（净毛价格），2月上旬小幅上涨至年内高位75.49元/千克，此后持续走低，8月下旬一度跌至年内最低69.65元/千克。第四季度南京羊毛市场综合报价指数有所回升，年终收至72.67元/千克，与2012年末相比下跌了1.20%。山羊绒调研数据显示，2013年调研旗县山羊绒均价为370元/千克，较2012年上涨了17.46%。

（2）2013年我国羊毛、羊绒进口量均增长，出口量均下降。据中国海关统计，1～11月份，我国羊毛累计进口量为31.88

万吨，同比增长 15.88%；进口额为 35.04 亿美元，同比增长 6.55%。同期，羊毛累计出口 1.41 万吨，同比减少 3.90%；出口额为 0.79 亿美元，同比减少 2.30%。羊毛贸易逆差为 24.25 亿美元，同比扩大 6.86%。1～11 月份，我国累计进口羊绒 6 153.44吨，同比增长 14.49%，进口额为 1.01 亿美元，同比增长 44.38%；羊绒累计出口量为 12.40 吨，同比减少 61.54%；出口额为 63.42 万美元，同比减少 66.68%。羊绒贸易逆差为10 038.14万美元，同比扩大 47.49%。

2013 年我国羊毛、羊绒进口量增长的主要原因在于经济复苏带来国内外羊绒制品需求回暖，企业订单增加；出口量下降可能与纺织业加大成品出口、减少原材料出口有关。

三、国际绒毛用羊产业技术研发进展

1. 育种方向与技术进展

（1）育种方向。以澳大利亚、新西兰为代表的细毛羊生产强国，在培育细型和超细型细毛羊的同时大力开展选育具有易管理、耐粗饲、抗病性强、繁殖力高的毛肉兼用型美利奴新品种（系）。

澳大利亚根据皮肤皱褶指标选育抗蝇蛆病美利奴羊，通过减少尤其是后臀部皮肤皱褶，培育抗蝇蛆病美利奴羊，同时根据 ASBVs（Australian Sheep Breeding Value）相关数据评估，兼顾其他性状的平衡选择。已培育成功的少皱褶美利奴羊可以减少蝇蛆病的发生率，降低了羊只的管理费用，同时具有很好的产毛性能。

澳大利亚 CRC 开展绵羊温室气体排放、气体组成的遗传评估以及温室气体与山羊生产性能表现的相关研究工作，拟通过基因选择减少绵羊 10%～20%的温室气体排放；新西兰已经完成低甲烷排放细毛羊新品系的组建工作，正培育低甲烷排放新品种。

（2）育种技术进展。国外以联合育种技术、开放式核心群技术、BLUP 遗传评估技术（如澳大利亚的 MERINOSELECT、LAMBPLAN、KIDPLAN 遗传评估系统为澳大利亚、新西兰、乌拉圭提供遗传评估）为代表的常规育种技术体系日臻完善。澳大利亚 The Cooperative Research Centre for Sheep Industry Innovation 应用 AgResearch IMF 资源群体构建了绵羊遗传图谱 SM 5.0 版；开展了绵羊其他性状的基因组相关研究和数据收集整理工作，提高澳大利亚绵羊育种估计值（ASBVs）的准确性和实用性。

目前，绵羊参考基因组更新到 3.1 版本，鉴定出 219 个绵羊性状的 789 个 QTL，44 个主效基因并应用于商业化检测。在全基因组选择方面，澳大利亚和新西兰建立了肉羊、细毛羊全基因组选择群体，并将在商业羊生产中应用。

2013 年，国际绵羊遗传联盟宣布完成绵羊 HD SNP50 BeadChip 芯片，SNP50 基因分型芯片是通过 Illumina 的 iSelect 项目与国际羊基因组协会合作开发。贝勒医学院基因组测序中心在芯片的研发中以 10 X 覆盖率测序了 75 个来自世界不同地区绵羊品种的全基因组序列，同时对12 000只新西兰绵羊进行 DNA 取样和测定，该团队还与澳大利亚合作识别了数百万个绵羊基因的变异，这些数据都被应用于SNP50芯片的开发中。该芯片首先在新西兰绵羊中使用，结果表明，一个芯片可以同时进行12个样品的测试，有606 006个SNP位点通过了制造质量控制，有603 350个点SNP可被找到，达到了99.75%的平均覆盖度，在新西兰绵羊的测试中，有536 373个SNP位点的最小等位基因频率大于0.05。这种芯片的标记密度适合全基因组选择，拷贝数变异分析，并可以建立多元化的估计评价来评价品种的全基因组价值，这种芯片亦可以替代昂贵的全基因组测序。

在转基因羊研究方面，中国在转基因重大专项等项目的支持下，内蒙古农业大学周欢敏教授团队开展了转蜘蛛丝蛋白的研究。2013年6月，世界首例蜘蛛牵丝细毛羊和绒山羊在中国内蒙古农业大学诞生。

（3）扩繁技术研究。针对人工授精、超数排卵、胚胎移植、JIVET等技术研究和应用来看，影响卵泡发育及受胎率的因素又成为国内外繁殖技术研究的热点。通过检测抗缪勒氏管激素（anti-Müllerian hormone，AMH）水平预测动物发育卵泡数、利用亮甲酚蓝（Brilliant Cresyl Blue，BCB）染色预测卵子发育潜力、从精子差异蛋白质组学角度探讨冷冻对绵羊精子的损伤机制等方面的研究正逐步展开。

2. 营养与饲料研究

（1）营养调控对生产性能的影响。澳大利亚细度农业和食品部研究得到母羊怀孕期和哺乳期营养状况与其后代生产性能应具有相关性。通过调控怀孕期和哺乳期母羊的营养可提高其繁殖性能（初生重、存活率、断奶体重、和产毛寿命），提高其后代产毛量和改善羊毛质量（细度变细），并且能够通过母羊怀孕期的活体重预测其后代的生产性能。

（2）非常规饲料资源的开发利用。鉴于消化道寄生虫对羊毛产业的影响，以及环境保护和药物残留的日益关注，各国正在积极研制驱虫药的替代物，研究大多集中在饲喂含有驱虫作用的（比如单宁酸）的灌木和草药添加剂，通过对动物采食量、消化性能及抗营养方面的研究评估其驱虫效果。

（3）功能性氨基酸营养的调控。功能性氨基酸营养调控理论拓宽了原有的理想氨基酸平衡模式，突破了限制性氨基酸理论的局限性，近年来，已逐渐发展成为不可忽视的独立的氨基酸调控理论体系。目前，研究者对精氨酸代谢新路径，肠道微生态与孕体发育特性及繁殖性能调控，以及在机体的稳衡控制与协调分配机制下氨基酸、葡萄糖、脂肪酸与激素在动物胃肠道营养感应发挥的协同作用等方面已开展大量的研究工作。

3. 羊病预防控制技术研究 近年来，发达国家在羊重要疫病上较多关注影响生产性能的疫病和公共卫生安全的人兽共患病等，主要研究内容向传染病动态监测和危险性评估预测，诊断技术研究向提高敏感性、方便性和经济性方向发展。为适应疾病预防和监测的需要，发展中国家在疫病病原学等研究方面投入较多。

疫病研究中进展较快的是适合大批量、低成本检测的血清学和分子生物学诊断等方法，而传统的病原学和病理学诊断方法相对发展缓慢。

疫苗研究趋向于安全性、高效性为主的新型的基因工程疫苗、标记疫苗及多价疫苗为主。弱毒疫苗和灭活疫苗研究主要以提高安全性和效果评价为主。

4. 产业发展趋势

（1）提升羊毛制品的品质。针对目前国际绒毛消费高端市场的新趋势，绒毛加工产品转向功能性、高档化方向发展，对绒毛原料的细度、长度、强度、色泽等指标要求越来越高。新西兰羊毛产业新技术多集中在羊毛抗皱缩性能研究，提高羊毛耐磨性、强度，改善羊毛的光泽度，以及建立新西兰羊毛产品的可追溯系统、羊毛制品回收等羊毛制品质量控制方面。

（2）追求绿色生态环保。畜牧业温室气体排放问题一直是影响畜牧业绿色发展的制约因素。目前，在欧美市场，世界绿色环保组织发起对绒毛生产原产地绿色证书，即在整个绒毛生产过程中必然满足全部自然生态环保的要求，如牧场的草场和饲养过程中不能使用化肥、化学制剂药物等，必须保证最终是绿色环保产品。在绒毛加工过程中，不得使用对人体有害的化学品，如洗涤、染色、后整理等工序必须符合欧盟产品的安全环保标准。

加拿大正在探索建立“碳交易市场”的管理模式，养殖企业首先在“碳交易市场”购买“碳限量”，然后再进行养殖生产，在此过程中由第三方评估机构对全国同类养殖企业进行评估并公布一个“碳”基准排放量，各养殖企业如果排放量低于基准排放量，将给予现金环保奖励，如果高于基准排放量将缴纳一定金额钱款用于购买超量排放的碳，其实质相当于环境污染补偿金。对于“碳交易市场”由政府还是协会组建、奖励给养殖者的资金如何筹集、超量排放的养殖企业购买碳排放的资金交给何方及最终如何使用等问题，仍然在研究中，这种“碳交易市场”的管理模式对控制畜牧业温室气体排放的积极效果尚无完整的统计数据支持。

四、国内绒毛用羊产业技术研发进展

1. 育种方向与技术进展

（1）超细毛羊的培育。目前，随着人们日益增长的物质需求和纺织工艺技术的提高，羊毛作为纯天然纺织纤维原料越来越受到现代消费者的青睐，国内外毛纺产品也向轻薄、柔软、挺括、高档方向发展，致使市场对羊毛品质的要求出现了重大变革，主要表现在对羊毛纤维直径要求由“粗”变“细”。国家绒毛用羊产业技术体系团队以产业市场需求为导向，在全国范围内展开绒毛用羊联合育种技术研究，统一种羊生产性能测定口径，统一种羊系谱登记制度，建立育种信息资源数据库，统一遗传评估方法，加快优良种质资源的调配和共享，已成功培育出适应市场需求的细型细毛羊、超细型细毛羊等新品种（系）。

（2）兼用型绒毛用羊的培育。近年，随着羊肉价格的持续高涨，而羊毛价格多年走低，导致肉毛价格差距不断拉大，造成绒毛用羊养殖比较效益悬殊，基层农牧民为了追求经济利益而放弃绒毛用羊转养肉羊或地方土种羊等直接经济效益明显的品种。致使绒毛用羊存栏量大幅缩减，更加严重的是“倒改”现象已危及到产业的发展。

目前，在财政部、农业部及现代农业产业技术体系的大力支持下，以国家绒毛用羊产业技术体系为主，国内毛肉兼用细毛羊、绒肉兼用绒山羊、肉毛兼用半细毛羊、布鲁拉羊等兼用型新品种（系）的培育工作已逐步展开。

（3）分子育种技术发展。从2000年到2013年，仅国家自然科学基金委累计支持羊的研究课题648项。随着绵羊遗传图谱的广泛应用及山羊基因芯片的成功研制及验证，比较基因组学、扩大群体的GWAS研究、转录组、蛋白质组学等现代分子育种技术与各种性状相关的研究以及转基因技术研究的不断深入，不同程度上揭示了羊重要经济性状的形成机理，对提高育种目标的准确性、缩短育种进程非常有益。但是在短期内分子育种技术还不可能大面积的推广和应用，更不能取代传统育种，只有和传统育种有机的结合才能准确快速地实现育种目标。

（4）转基因技术研究。目前，在转基因育种技术上世界各国纷纷加大投资和研发力度，力求在重大储备技术角逐中取得领跑地位。上海转基因动物中心初步建立了基于体细胞克隆的基因打靶技术。军事医学科学院黄培堂课题组利用 *Cre-LoxP* 基因打靶技术将山羊的β-酪蛋白基因编码区置换成修饰过的人 *tPA* 基因编码区，获得了基因打靶阳性体细胞，为制备高效稳定表达外源基因的转基因羊新品种奠定了基础。中国农业大学则建立了转基因克隆山羊和绵羊以及依赖于整合酶介导的转基因技术，在低成本、高效转基因方面取得了重要突破。西北农林科技大学张勇教授实验室已建立了基因打靶技术平台，构建了溶菌酶基因打靶载体并在细胞和胚胎中得到表达。新疆畜牧科学院与山东农业大学合作把抗鸡法氏囊病毒 *VP2* 基因转移到山羊胎儿成纤维细胞中，开展转基因体细胞克隆山羊研究，利用转基因克隆胚胎共移植25只受体羊，其中6只妊娠山羊已接近分娩。

（5）扩繁技术研究。就现代扩繁技术在生产上应用而言，多以开展区域性实验为主，且主要集中于波尔山羊和萨福克等引进肉羊品种，比如对胚胎体外培养方法的改进等。国家绒毛用羊产业技术体系组织相关岗位科学家以综合试验站为实施平台，2013年分别在凉山半细毛羊和青海细毛羊上首次实施了高海拔地区绵羊幼畜超排技术（JIVET），在这些基层试验站现场完成了卵子采集、体外培养、体外受精和胚胎移植等全套技术操作，并获得了产羔的结果，这些工作使本体系的胚胎体外生产技术向生产实践中的推广应用又迈进一步，对基层技术单位胚胎技术的发展有明显带动作用。

2. 营养与饲料高效利用技术研究

（1）绒山羊营养需要量研究。制定我国绒毛用羊饲养标准，跟踪国际前沿，采用净能体系和小肠可消化蛋白质体系，开展辽宁绒山羊、陕北白绒山羊能量和蛋白质需要量，得到绒山羊不同生理状态（育成母羊、种公羊、种母羊）蛋白质和能量的析因模型需要量；同时开展绒山羊不同生理状态主要矿物质元素需要量研究；确定了绒山羊在绒毛快速和慢速生长期，日粮适宜的硫水平及氮硫比例，不同生长期微量元素碘、硒的适宜水平。

（2）饲料利用研究。鉴于目前粮食安全和人畜争粮的现实问题，各地都开展秸秆饲料调制以及绒毛用羊全混合日粮（TMR）饲喂技术开发，为实现我国绒毛用羊规模化和产业化养殖提供技术依据；开展非常规饲料原料营养价值评估等工作，包括辽宁、陕西、山西等半农半牧区饲料营养价值评定，内蒙古、新疆等草原放牧区和西藏、青海等高寒地区饲料原料的营养价值和生物需利用率的评估，为制定我国绒毛用羊饲料原料数据库提供了大量的基础数据。

（3）功能性氨基酸研究。研究功能性氨基酸精氨酸及其代谢中间产物 NCG 促进动物机体蛋白合成及其 m-TOR 传导途径的关键因子表达作用，评定功能性氨基酸对维护肠道健康、体质沉积和和免疫功能影响，开发新型功能氨基酸添加剂。

3. 疫病防控技术研究 我国在羊病防控技术方面研制了一批简便、快速和灵敏的诊断检测技术和方法，如金标试纸条、实时定量 PCR、恒温介导 PCR、固相竞争 ELISA 等。采用分子生物学方法进行的新型疫苗研究有很大进展。如兰州兽医研究所不断改进和完善小反刍兽疫及羊痘的 ELISA 检测技术，已进入临床申报阶段，通过基因重组方法得到了口蹄疫、小反刍兽疫、羊痘三价病毒活载体，为三价疫苗的研制做好基础工作。

按照国家的中长期动物疫病防治规划，重大动物疫病防控从有效控制的目标向有效控制和消灭并重转变；从国内动物疫病防控为主向国内、国际动物疫病防控并重转变，兽医工作从疫病防控向疫病防控和动物产品安全监管并重转变。2013 年 10 月 8 日国务院第 26 次常务会议通过《畜禽规模养殖污染防治条例》，于 2014 年正式实施，旨在加强对养殖场废弃物的监管，力求整体提升规模养殖业整体水平，有利于养殖业可持续健康发展。

4. 生产流通模式研究

（1）加强引导提高认识走出误区。目前，在受“肉羊养殖热”背景的冲击下，很多基层从业者乃至主管领导有一个认识上的误区，一提起细毛羊或绒山羊，一味地关注羊毛、羊绒的价格，而忽视了其综合经济价值。鉴于此，国家绒毛用羊产业技术体系加强体系内岗站对接、体系间及体系与地方推广部门的协作和交流，巩固产业技术示范基地建设，通过专业培训和实用技术的示范和推广，使基层农技人员和农牧民提高认识，逐步走出了单一的以羊毛（绒）收入来衡量养羊效益而忽略其背毛下潜在地优质羊肉价值的惯性思维误区。

（2）加强与国际绒毛产业相关机构的技术合作。以张家港出入境检验检疫局为依托，与澳大利亚羊毛检测局（AWTA）共同建设的张家港市羊毛检测公共技术服务平台通过国家合格评定委员会（CNAS）和国家认证认可监督委员会（CNCA）的联合认可；国际羊毛局（AWI）与山东南山集团合作成立了羊毛创新中心已于 2013 年 11 月成立。这些技术合作、产品创新的方式，为国际羊毛产业技术发展打下了坚实的基础。

（3）绒毛用羊全产业链建设工程。目前，我国羊毛市场流通体制还不健全，在国内外绒毛市场低迷的形势下，国家绒毛用羊产业技术体系清楚地认识到市场情形和产业发展面临的挑战，通过实施产业链建设工程，以绒毛用羊产业需求为导向，以绒、毛等主要特产品为单元、以综合试验站为实施平台，加强绒毛用羊饲养管理、高效繁育、营养调控、疫病防控、绒毛后整理、市场监测及产品销售等重大生产环节的培训和示范工作。同时，通过工牧直交拓展融资渠道，吸引国内外大型企业集团、民间资本和工商资本参与绒毛用羊养殖、特产品精深加工等产业链条中来，构筑了一条从绒毛用羊养殖、优质毛纺乃至高档绒毛服饰加工流通，及有机衔接产业上下游供求矛盾的全产业链运行模式，进一步挖掘和放大绒毛用羊的养殖效益。初步实现了绒毛特产品“优质优价”和“优质优用”的目标，既提高了基层农牧民的经济收入，又确保了下游加工企业的利益。

（国家绒毛用羊产业技术体系首席科学家田可川提供）

一、国际蛋鸡生产与贸易概况

(一)国际生产情况

总体上看，2013年世界主产国蛋鸡存栏量与2012年比有增有减，法国、比利时和日本等国都出现了生产过剩，导致鸡蛋价格下跌的情况。

美国蛋鸡存栏量增加。2013年8月蛋鸡存栏量2.91亿只，比2012年同期增加了660万只。预计2013年底商品蛋鸡存栏量2.967亿只，比2012年增加760万只。由于美国上半年蛋鸡饲料价格上涨，下半年开始下降。受饲料价格波动的影响，总体来看，1～9月蛋鸡饲料平均成本比2012年同期提高了3.3%，同期蛋鸡平均生产成本比2012年降低了2%。

2013上半年，欧盟中的法国、比利时等国家出现了鸡蛋生产过剩，导致鸡蛋价格下降的情况。这主要是蛋鸡生产者为尽快收回转换笼养方式的投资而扩大生产5%～10%造成的。法国农民被迫以低于鸡蛋成本2.7欧元/百只的价格销售鸡蛋。另外由于新的笼养方式改善了蛋鸡生存条件，使得蛋鸡死亡率比以往降低了2%；再加上欧盟农业委员会于2012年年底取消了鸡蛋出口补贴以及鸡蛋进口关税，使欧盟一些国家鸡蛋出口减少，而鸡蛋进口增多，这也对欧盟鸡蛋市场带来了一些影响。据欧盟委员会的报告预测，2013年欧盟蛋品生产（包括带壳鸡蛋和孵化鸡蛋）将减少0.2%，欧盟带壳鸡蛋生产将减少0.4%。用于消费的鸡蛋生产将增加2.5%。

日本蛋鸡存栏量减少，小规模养殖户减少，户均养殖规模扩大。2013年2月蛋鸡存栏量1.3亿羽，比2012年同期减少了1.8%。同期蛋鸡养殖户2 650户，比2012年同期减少了5.7%。户均饲养规模为5万羽，比2012年增长4.1%。养殖规模在10万羽以上的农户有328户，饲养蛋鸡量占蛋鸡存栏量的68.8%。从2013年春天至夏天，因对鸡蛋需求减少，鸡蛋价格有所下降，8月中旬以后至12月价格随着鸡蛋消费需要的增加而上涨。2013年5月鸡蛋零售价格已经低于政府规定的稳定标准价格，于是政府推动养殖户开展了更新成年鸡，延长空舍的活动。

印度蛋鸡产业依然发展较快。这主要是由于与其他动物类产品相比，蛋鸡生产成本低，生产率高，年轻人以及城市人口收入水平的提高增加了对鸡蛋的需求，蛋品出口市场具有较大吸引力等。

（二）国际贸易情况

美国和欧盟国家积极开拓出口市场。2013 年 1～8 月美国加工蛋品出口量比 2012 年同期增加了 11.2%，出口额增加了 7.1%。餐桌用鸡蛋（table egg）的出口额比 2012 年同期增加了 98%。美国加工蛋品的最主要出口对象国是日本，其次是墨西哥和加拿大。92.3%的餐桌用鸡蛋出口至 5 个主要市场——墨西哥、香港、加拿大、阿拉伯联合酋长国和欧盟。对香港的出口为 3 583万打，比 2012 年同期增加了 16.3%。欧盟主要出口对象国是日本，占出口总量的 30%。

2013 年 1～8 月欧盟蛋品出口 13.4 万吨，比 2012 年同期增加 7.8%。同期，欧盟进口蛋品 1.3 万吨，比 2012 年同期减少了 52.6%。

2013 年 1～10 月日本蛋品进口额增加，其中，鸡蛋和蛋黄进口额增长 25.4%，液体蛋增长了 12.1%。美国仍是日本第一大蛋品进口来源国，占日本蛋品进口总额的 32.6%；位居第二和第三位是荷兰和意大利，比例分别为 15.3%、13.9%。泰国和中国位居第四、第五位，所占比例均为 3.3%。与 2012 年相比，意大利所占比例提高了 5.4 个百分点，泰国对日本的蛋品出口额超过了中国。

印度蛋品出口增长较快。阿富汗、阿尔及利亚、香港、马尔代夫、中东、非洲国家，以及欧盟都是印度蛋品的主要出口市场。冬季为印度蛋品出口高峰。2012 年印度对欧盟的蛋品出口量增长了一倍多，2013 年 1～8 月出口量又比 2012 年同期增加了 38%。

二、国内蛋鸡生产与贸易概况

（一）国内生产情况

2013 年我国蛋鸡产业经受了 H7N9 流感疫情的冲击，与 2012 年前低后高的形势相反，2013 年蛋鸡养殖呈现出高开低走的态势。2013 年初受春节节日效应拉动，鸡蛋价格仍有小幅上涨，养殖获利较为可观；但 2 月份春节过后，鸡蛋价格和养殖效益即开始显著下降；4 月底爆发的流感疫情，导致淘汰鸡价格一蹶不振，鸡蛋价格于 4～7 月持续低位震荡，同期蛋鸡养殖亦从微利状态再次进入持续亏损期；8、9 月份蛋价虽有明显回升，但因需求市场疲软，中秋节节日效应的拉动作用远不及往年同期，9 月份蛋价亦未能超过年初峰值，只鸡盈利仅略高于盈亏平衡点。2013 年全年来看，蛋鸡养殖成本平稳运行，鸡蛋价格和养殖效益好于 2012 年，但盈利水平依然较低，与 2010 年 20 元/只和 2011 年 35 元/只的盈利水平差距较大。

2012 年蛋鸡养殖的整体亏损和 2013 年初的 H7N9 事件，对蛋鸡养殖户 2013 年的养殖积极性和信心造成较大影响，尤其是小规模养殖户纷纷退出，行业整合程度加深；另外，4～7 月的持续亏损亦加剧了养殖户的观望情绪，导致下半年的补栏明显偏低，小规模种鸡场处于停孵状态。由此，导致 2013 年蛋鸡饲养量和鸡蛋产量总体延续了 2012 年震荡下调的趋势，相对于 2011 年下半年的存栏高位，目前我国蛋鸡饲养规模已由产能过剩回落至正常水平。但从市场供求来看，由于 2013 年种鸡市场的萧条以及白羽肉鸡大批量引种，用于孵化雏鸡的种蛋转为食品蛋销售比例达 30%以上，有效增加了鸡蛋供应量；而受中央有关规定影响，礼品及户外消费等蛋品需求则下降了一半以上，故 2013 年我国鸡蛋市场仍呈现出供大于求的格局。

（二）蛋品贸易情况

我国是蛋品净出口国，蛋品出口额相对较大，进口额很小。2013 年 1～11 月蛋品贸易总额 1.612 亿美元，比 2012 年同期减少了 2.0%。其中，蛋品出口额 1.607 亿美元，占蛋品贸易总额的 99.7%，比 2012 年同期减少了 1.9%；蛋品进口额为 52.2 万美元，比 2012 年同期减少了 15.4%。蛋品净出口额为 16 013 万美元，比 2012 年同期减少了 1.9%。

1. 进出口品种结构集中 进口以孵化用受精鸡蛋为主。2013 年 1～11 月孵化用受精鸡蛋进口额占蛋品进口总额的 60%。其次为鲜鸡蛋进口，占蛋品进口总额的 34.8%。

2. 蛋品进口来源地和进口省比较单一 2013 年 1～11 月 94.7%的蛋品从美国进口，进口品种多为孵化用受精鸡蛋，比 2012 年同期进口减少了 11.4%。同时进口孵化用受精鸡蛋均价上涨快，比 2012 年同期上涨 65%。蛋品主要进口省（直辖市）为北京，进口额占进口总额的 60%，其次为广东，进口额占进口总额的 36.4%。此外，进口孵化用受精鸡蛋省市还有上海市、河南省，并且吉林省和江苏省为新兴进口孵化用受精鸡蛋省份。

3. 亚洲是我国稳定的蛋品出口市场 与 2012 年同期比较我国对世界各洲蛋品出口额变化情况，对亚洲蛋品出口减少幅度最小，为 1.2%。而对非洲（－90.8%）、欧洲（－85.8%）、大洋洲（－35.5%）出口减少明显，南美洲是我国新增蛋品出口市场，2013 年 1～11 月蛋品出口为 3.9 万美元。

4. 中国香港依然是大陆最大的蛋品出口市场 1～11 月大陆对中国香港的出口额 11 277.2 万美元，占蛋品出口总额的 70.2%，比 2012 年同期出口减少 226.3 万美元；第二大出口市场是澳门，对澳门出口额为 1 310.2 万美元，占蛋品出口总额 8.2%，比 2012 年同期出口增加 186.8 万美元；第三大出口市场是日本，对日本出口额为1 186.9万美元，占蛋品出口总额 7.4%，比 2012 年同期出口减少 43.5 万美元。

5. 在 5 个主要禽蛋出口省（辽宁、湖北、广东、山东、福建）中，1～11 月只有辽宁省出口增长1 640.2万美元，其他 4 省出口均不同程度减少。5 省蛋品出口额占全国蛋品出口额的 93.3%。

6. 鲜鸡蛋出口量减少，出口均价提高 2013 年 1～11 月鲜鸡蛋出口量为 68.8 万吨，比 2012 年同期减少了 7.3%。同期鲜鸡蛋出口平均价格比 2012 年同期上涨了 8.3%，1.62 美元/千克。

三、国际蛋鸡产业技术研发进展

（一）蛋鸡育种

2013 年对国际前沿的论文跟踪主要集中在以下几个方面：①鸡全基因组研究技术和成果；②影响蛋鸡生产性状的分子标记的研究进展和成果；③有关蛋鸡新品种的培育；④鸡抗病育种的最新研究进展等。2013 年继续将现代育种技术应用到蛋鸡选育的实际工作中。

此外，蛋鸡育种研究更加深入，研究和选育的性状集中在蛋品质、产蛋后期的产蛋率及产蛋维持时间上来，更有国际蛋鸡育种企业提出了蛋鸡高产蛋率维持到100周的育种目标，同时通过选育大幅度降低料蛋比，从而提高蛋鸡的整体生产水平。

（二）疾病控制

对于禽流感、新城疫等烈性传染病的防控，国际上越来越依靠先进的集约化养殖模式和完善的生物安全措施，目前世界发达国家基本上消灭了这两大疫病；但是鸡传染性支气管炎在世界范围内危害依然严重，IBV变异株数量众多且分布于世界性各地，很容易传播给没有获得保护的鸡群，因此疫苗接种在增加鸡群对疫病的抵抗力方面发挥着重要作用，目前世界上多数地区应用的疫苗为Mass型疫苗，大量研究表明特定血清型或基因型的疫苗能对同源的流行野毒株提供很好地保护，但对其他不同的免疫保护型、不同血清型或者不同基因型毒株只能提供部分保护，因此研究针对世界主导流行的QX型毒株的疫苗，已成为当前IB疫苗的研究热点。

在种鸡鸡白痢沙门氏菌病、禽白血病病毒病、禽网状内皮细胞增生症病毒病等主要垂直传播疾病净化技术方面，国外发达国家育种公司同样依靠先进的集约化养殖模式、完善的生物安全措施和严格的管理制度，种鸡群中鸡白痢沙门氏菌、鸡毒支原体和禽白血病病毒已经得到净化，商品鸡中这些垂直传播性病原的阳性率很低。

在疫苗研制领域，基因工程疫苗的应用已经显示出了非常广阔的前景，以HVT为载体研制成功的IBD基因工程疫苗自应用以来，其效果已得到了众多用户的肯定，产品推出当年即在中国市场销售了近8亿羽份。由于HVT在细胞中独特的繁殖特性及其载体开发的成功先例，其作载体表达保护性蛋白的基因工程疫苗研究已成为当前疫苗研制领域的热点。

（三）蛋鸡营养

在国际上，由于发达国家经济基础雄厚，随着品种改良和养殖技术模式的改进，在开展大量研究基础上，不断完善蛋鸡的营养需要标准，以充分发挥蛋鸡遗传优势。比如持续开展营养需要及其平衡模式和营养需要估测研究。近年来，因畜禽养殖而造成的环境污染，特别是对温室效应的“贡献率”已引起全球的关注，低磷、低氮、低碳排放的营养技术研究被世界各国的研究者广泛关注。通过营养调控改善鸡蛋品质，以提高鸡蛋附加值是国际广泛关注的热点，比如强化鸡蛋中强化$n-3$脂肪酸、共轭亚油酸、叶黄素、唾液酸等。对蛋鸡脂肪代谢疾病持续关注，深入研究蛋鸡脂肪肝出血综合征的发病机理。另外，对饲用抗生素的替代技术持续关注，重点在于植物功能成分和益生菌的研究与开发。非常规饲料原料的营养价值研究也是国际关注的一个热点。

（四）蛋鸡生产与环境控制技术

蛋鸡生产和环境控制领域目前国际上关注的重点是蛋鸡的福利养殖模式与标准问题，以荷兰、德国等为代表的欧盟国家基本满足了动物福利法的要求，传统笼养方式已被淘汰。但欧盟目前允许富集型鸡笼（Enriched cage）养殖蛋鸡，而美国加州的法律规定只能是栖架散养模式。因此北美相关专家在抓紧研究和比较不同饲养模式下蛋鸡行为、空气环境质量、蛋鸡健康状况、生产性能等福利相关指标。监测比较研究美国不同区域气候条件的蛋鸡舍热环境、空气粉尘浓度、病原微生物含量等质量参数的全年变化情况，由美国爱荷华州立大学、加州戴维斯大学、俄亥俄州立大学等多所高校和科研单位在实际生产蛋鸡场进行全年自动监测，取得了大量的第一手数据资料，正在进行分析比较。

（五）鸡蛋加工与分级技术

为了解世界和我国蛋品科学研究的发展现状和研究热点，以2002—2013年“Web of Science”收录的SCI论文及其相关引文数据为对象，对世界和我国蛋品科学SCI论文从国家/地区、研究机构、研究学者、引用情况、关键词词频等方面进行统计分析。结果显示，美国是刊发蛋品科学SCI论文数量最多的国家，主要研究学者也以欧美科学家为主。蛋品科学SCI论文相对集中于农林科学、兽医学、食品科学与技术、分子生物学4个学科，家禽、食品相关期刊是刊发蛋品科学SCI论文的主要期刊。我国蛋品科学SCI论文数量持续、快速增长，一些研究机构和学者逐渐成为国际主要研究力量之一。禽蛋蛋白质结构及功能、家禽育种与蛋品品质、禽蛋营养与过敏原、蛋壳成分及其矿化机制、禽流感传播及预防措施是目前蛋品科学研究领域的热点。上述结果为了解世界和我国蛋品科学研究发展状况提供了科学参考，也为研究人员进行课题申报、学术交流、论文发表等提供重要资料和信息。

（六）蛋鸡产业经济

当前，国际上蛋鸡产业经济研究重点主要集中在蛋鸡养殖产蛋周期研究、蛋鸡健康管理策略研究、蛋品加工效率研究，以及蛋鸡饲料产能与经济效益研究等方面。在测定最佳产蛋周期长度方面，通过确定影响产蛋期最佳长度的因素，按全年计算鸡群饲养一个和两个生产周期的边际贡献。蛋鸡健康管理策略的经济研究方面，通过分析近年世界蛋鸡主产国在蛋鸡笼养方式转变，以及疫苗接种管理中的问题，提出蛋鸡笼养方式转变和疫苗接种管理是蛋鸡健康管理的重要策略。洗蛋的效益方面，科学的洗蛋设备和洗蛋方式有利于回收脏蛋，减少蛋壳表面的微生物污染，从而提高商品蛋数量，降低因蛋相关的沙门氏菌病带来的经济损失。传统蛋鸡饲料的替代研究方面，主要是鉴于欧洲小麦价格波动较大，对蛋鸡饲料价格及养殖成本产生影响。

四、国内蛋鸡产业技术研发进展

（一）蛋鸡育种

通过分子遗传背景分析检测技术的应用，使育种企业的育种效率有所提高。此外在群笼全同胞性能测定、蛋鸡后期产蛋率及蛋品质性状的选择等技术关键为蛋鸡育种企业提供了新思路。技术的创新推动了我国蛋鸡育种的进程，一方面加快了现有蛋鸡品种的选育进程，另一方面促进了更多符合市场需求的蛋鸡新品种（配套系）培育成功。今年成功培育了京粉2号、大午粉1号和苏禽绿壳蛋鸡3个蛋鸡配套系，并通过了国家蛋鸡新品种审定。

（二）蛋鸡疾病

（1）目前国内对于蛋鸡主要的病毒病如禽流感、新城疫、传染性喉气管炎、传染性支气管炎、法氏囊病等的研究也主要集中在病原学的遗传变异和疫苗研制。禽流感、新城疫、鸡传染性支气管病毒分子流行病学数据显示，中国是拥有AIV、NDV、IBV基因型最多的国家之一。特别是禽流感和鸡传染性支气管病毒，不同分支中的病毒抗原性差异较大，给我国禽类疫苗研制和使用带来了很多现实问题。针对上述问题，在新疫苗研制时诸多研究单位注重了优势流行毒株的筛选，并取得了可喜的进展。

（2）我国大型规模化鸡场，生物安全防控疫病的意识已得到了明显加强，现场生物安全控制的措施也有了明显的改进，疫病防治的效果已充分显现。我国大多数种鸡企业都制定和实施了鸡白痢、禽白血病等垂直传播疾病的净化和维持方案，并且取得良好的净化效果。

（3）2013年2月以来在我国10多个省份出现了H7N9禽流感人的散发病例，而在有关省份的活禽市场也分离到类似的H7N9病毒，该病毒在家禽中流行的监测和相关研究，将为该亚型禽流感的防控提供支持。

（三）蛋鸡营养

在营养需要量研究方面，国内主要针对完善京红一号蛋鸡的营养需要开展了研究。提出了父母代和商品代后期的能量、粗蛋白钙和磷的适宜需要量；在资源开发及营养价值评价方面开展了转基因玉米的安全性评价试验、60个饲料原料的部分营养价值测定和快速测定豆粕有效氨基酸含量的技术开发工作；在鸡蛋安全质量研究方面，开展了富集DHA技术和蛋鸡免疫增强剂技术的研究与开发；研究比较了有机和无机微量元素硒和铁的生物学功能，基本明确了二者之间的主要差异在于改善抗氧化机能和提高鸡蛋微量元素蓄积的功能上；持续对蛋鸡脂肪肝出血综合征开展了研究，明确了日粮组成和蛋鸡内分泌是其发生的主要相关因素，同时提出了该征发生与日龄无关的新观点。

（四）蛋鸡生产与环境控制技术

我国在蛋鸡生产和环境控制领域的研究主要包括适度规模和高密度叠层笼养的标准化生产模式及其支撑技术研究；在蛋鸡舍通风与环境控制技术方面，主要包括养殖环境对蛋鸡健康和生产性能的影响研究、蛋鸡节能型光照制度、鸡舍空气环境安全净化技术研究等。初步形成了栋舍0.5万～1万只规模舍饲栖架养殖、3万～5万只规模4层叠层笼养和10万只规模8层叠层笼养的标准化鸡舍建设模式。研究了夏季湿帘降温可能形成急性冷应激的调控改进措施。对间歇式光照制度的改进与应用已在不同地区多个鸡场取得良好的效果。新型栖架养殖模式与配套设备的研发取得突破，在自由采食均衡喂料、立体空间高效利用、离地养殖、粪便自动收集等关键技术与设备方面均获重要突破。

（五）鸡蛋加工与分级技术

2013年洁蛋加工技术中试与示范取得突破性进展，研发形成禽蛋快速清洁脱垢剂1种，建立了禽蛋清洁剂主要组分（十二磺酸钠）检测方法。建立禽蛋清洁程度的科学评价方法。根据 HLB 值理论进行禽蛋涂膜保鲜剂组方与配制工艺研究；开展了鸡蛋贮藏保鲜期间内部品质变化系统研究，揭示了蛋内挥发性盐基氮和游离脂肪酸等成分含量、蛋白黏度与表面张力、蛋白起泡能力和蛋黄的乳化能力及菌落总数变化规律。洁蛋年加工量 5 亿多枚。废弃蛋壳高值化利用中试示范取得突破。建立了以水为分离介质的壳膜高效分离技术，建立了利用鸡蛋壳制备有机钙的先进工艺技术，突破了高温煅烧对环境的污染、产品纯化难题。建立了碱性蛋白酶水解鸡蛋壳膜蛋白的工艺技术，进一步将碱性蛋白酶酶解液进行分离，其中分子量为 618 道尔顿左右的 SP2 组分的抗氧化活性最强。运用多种现代分离方法建立了鸡蛋清的溶菌酶高效提取分离技术，进行丙酸钙、溶菌酶工业化示范，实现年产溶菌酶 12.6 吨，年处理废弃蛋壳2 550吨。鸡蛋检测分级技术取得进展。开展了应用 EMT—5200 型蛋品测定仪快速、精确检测哈氏单位的方法研究。利用快速方法（EMT—5200 型蛋品测定仪）和传统方法（蛋白高度测量仪）分别检测“新鲜鸡蛋”（当日产的蛋）和室温放置 14 天的“不新鲜鸡蛋”两组样本。开展鸡蛋保存期与蛋黄弹性的研究。由以上比较可以看出，室温条件下鸡蛋保存时间长不是形成“橡皮蛋”的原因，而冷冻是形成“橡皮蛋”的原因之一，并且新鲜度较低的鸡蛋冷冻保存更易形成“橡皮蛋”。贮存期内蛋黄氧化规律研究表明：初级产物的生成速度已经低于其分解速度。丙二醛的含量在储存第一周变化不显著，而之后的四周内含量逐渐增加，并呈显著差异。搭建了安卓系统支持下的智能手机系统框架，完成了框架设计。开展了鸡蛋二维码手机识别技术研究，研究主要包括二维码的生成和识别。后台对摄像头传过来的图像数据进行解码处理，可轮回调用直至解码。采用超临界 CO_2 萃取、膜分离、色谱分离、酶技术等先进加工技术开发高附加值生物活性物质——溶菌酶、蛋清肽、蛋黄油、蛋黄卵磷脂和蛋壳生物钙制剂等。

（六）蛋鸡产业经济

国内自 2009 年国家蛋鸡产业技术体系启动以后，才开始全面研究和解决蛋鸡产业中的技术和经济问题。从研究进展来看，在以逐步成型的我国蛋鸡产业经济研究的基本架构上，贴近产业发展实际和政策制定需要的研究明显增多。从产业发展角度看，不仅从蛋鸡产业生产要素的配置、蛋鸡产业生产布局延伸到产业供需平衡，即扩展了蛋品消费的研究；而且更多地关注到蛋鸡的福利养殖、整个蛋鸡产业的可持续发展等关键领域。从政策制定角度看，则更广泛地涉及蛋鸡养殖户的行为、标准化规模化蛋鸡养殖场发展与趋势、蛋品流通的状况及发展走向、鸡蛋市场价格波动与成因、蛋鸡废弃物处理与利用、蛋鸡养殖过程中的环境问题、世界蛋鸡主产国鸡蛋生产、贸易现状及发展趋势等。

（蛋鸡产业技术体系首席科学家
杨宁提供）

2013 年度肉鸡产业技术发展报告

(国家肉鸡产业技术体系)

一、国际肉鸡生产与贸易概况

2013 年全球肉鸡生产量为 8464 万吨，同比仅增 143.6 万吨，增速明显放缓，由 2012 年的 2.18%降至 1.73%。四大主产国占全球总产量的 63%，美国肉鸡生产量约占全球总产量的 20.4%，仍据全球最高；中国、巴西和欧盟 27 国，分别占 15.95%、15.09%和 11.52%（图 1），分列第二、第三和第四名。2013 年印度、俄罗斯、土耳其、美国和欧盟等国家继续保持肉鸡生产增长态势，新兴经济体如巴西和阿根廷肉鸡生产量保持稳定，而中国在 2013 年肉鸡生产量呈下降趋势，致使肉鸡产量增长步伐放缓。

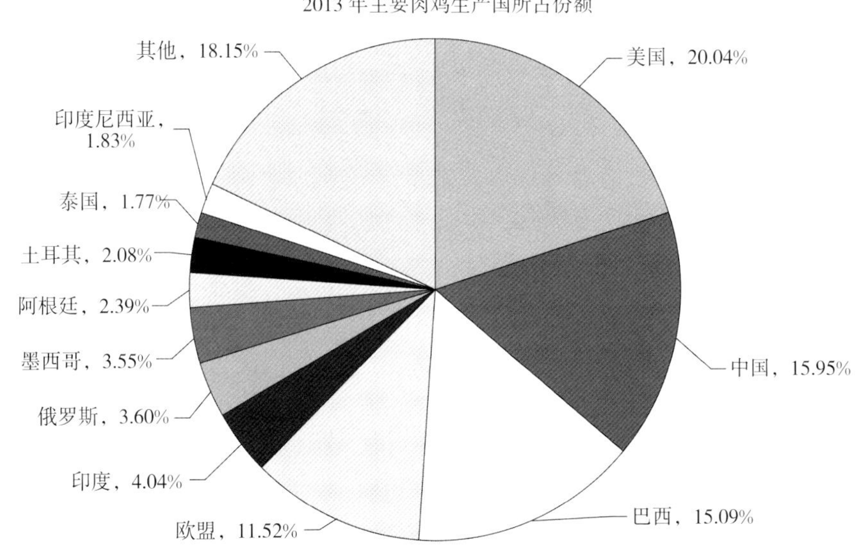

图 1　主要肉鸡生产国所占份额

来源：Livestock and Poultry：Market and Trade，Foreign Agricultural Service/USDA Nov. 08. 2013.

2013 年全球肉鸡出口总量为1 039.3万吨，同比增长 3.07%，较 2012 年的 3.56%有所降低。巴西、美国和欧盟仍然是肉鸡出口的主力军，三者出口占全球肉鸡出口贸易的 77.25%；巴西和美国出口保持增长，增长率分别为 2.05%和 1.64%，欧盟基本维持 2012 年的出口量。乌克兰、土耳其和阿根廷为代表的新兴经济体国家出口增长最快，出口增长率分别达到了 57.89%、28.07%、11.0%（图 2）；这些国家出口虽然增长迅猛，但出口的绝对量并不大，占国际贸易的份额很小。

2013 年肉鸡进口量为 870.6 万吨，同比增长 0.89%，增长率较 2012 年的 2.72% 显著降低。肉鸡进口的变化虽然与出口趋同（图 3），但进口增长明显慢于出口增长。2013 年肉鸡进口增长最快的国家为委内瑞拉、安哥拉和墨西哥，增长率分别为 51.52%、12.96%和 9.58%（图 3）。进口肉鸡最多的国家为日本、沙特阿拉伯和伊拉克，分别为 86 万吨、81 万吨和 65.5 万吨。传统肉鸡进口国日本和俄罗斯肉鸡进口都有不同程度的下降，而中东地区仍维持较高的肉鸡进口量，但增长幅度有所下降，拉动肉鸡进口贸易增加的主要是非洲和南美地区的国家。

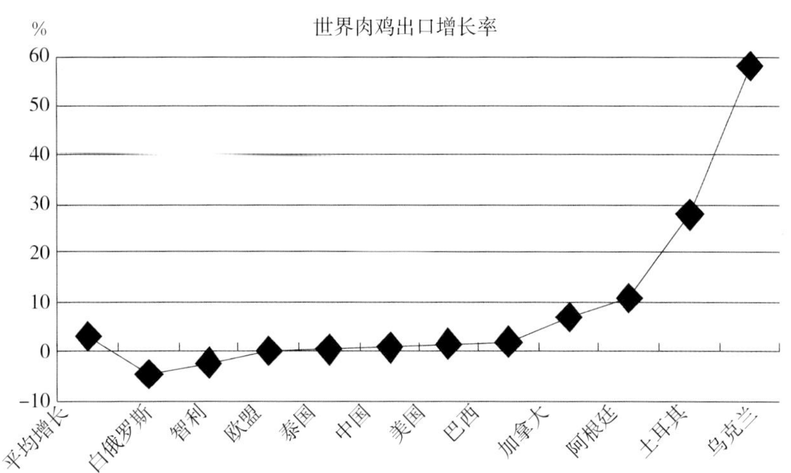

图 2 世界肉鸡出口增长率

来源：Livestock and Poultry：Market and Trade，Foreign Agricultural Service/USDA Nov. 08. 2013.

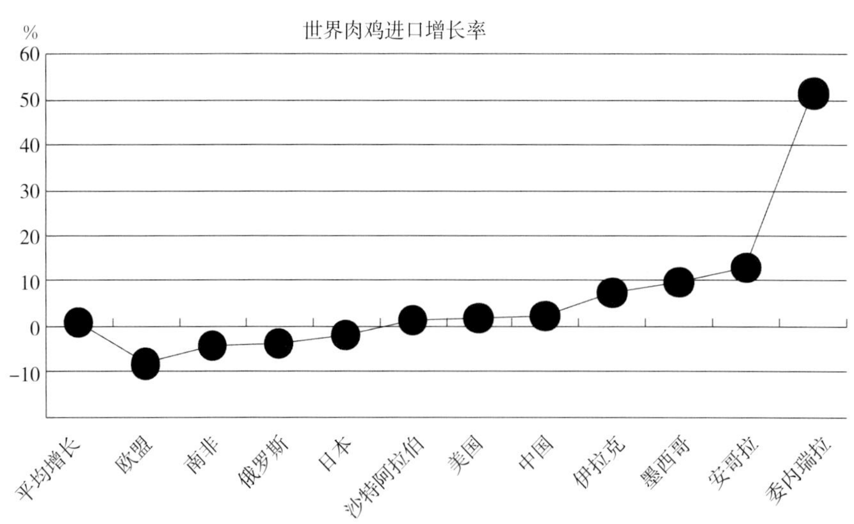

图 3 世界肉鸡进口增长率

来源：Livestock and Poultry：Market and Trade，Foreign Agricultural Service/USDA Nov. 08. 2013.

二、国内肉鸡生产与贸易概况

2013年是国内肉鸡行业最艰难的一年。一方面由于白羽祖代肉鸡引种量逐年增加，导致父母代和商品代鸡苗产能过剩。另一方面受“速生鸡”和“H7N9流感”事件的影响，终端消费受挫，使整个肉鸡产业遭遇了前所未有的严冬。父母代鸡苗全年销售价平均5元/套（成本约16元），商品代鸡苗全年销售价平均1.8元/只（成本约2.5元），商品肉鸡养殖由于受市场风险和疫情事件的双重打击，大部分场（户）处于保平和亏损状态。此外，H7N9感染人个例的不断出现和活禽市场的关闭，使得黄羽肉鸡存栏和市场销售均大幅下降。2013年肉鸡产品的活鸡、西装鸡价格明显低于往年。目前，一大批中小型肉鸡养殖企业已无法生存，肉鸡产业的正常发展受到了严重影响。

2013年，全国出栏肉鸡87.1亿只，鸡肉产量为1 350万吨，比2012年减少20万吨，下降约1.46%。肉鸡出口41.5万吨，增长不足1%（图2）。肉鸡进口量26.0万吨，增长了2.36%，与2012年同期的6.72%相比明显下降。由于受到人民币升值的压力和双边关系的影响，出口增长会进一步放缓。

三、国际肉鸡产业技术研发动态

（一）遗传资源与育种

世界家禽遗传资源保存和利用仍然以活体原位保种为主，而评价方法继续推行分子标记方法，中国、日本、越南、孟加拉国、美国等国的学者分别报道了各自国家地方鸡种保存和多样性评价情况，并提出了相应的保护对策。

近年来，传统遗传育种技术与信息技术、统计学手段以及分子遗传等多学科的结合越来越密切。利用全基因组范围内的高密度单核苷酸多态性（SNP）标记对复杂性状进行全基因组关联研究（GWAS）已成为全世界鸡基因组研究的热点之一。肉鸡中全基因组选择技术的应用研究也逐步开展，作为新一代的育种技术，全基因组选择以其具有的巨大优势必将在未来肉鸡商业育种中得到广泛的应用。常规的遗传力估计、遗传评估、关联性分析等研究在育种实践中应用依然占主导地位。

（二）营养与饲料

在低蛋白饲粮中添加甘氨酸可改善肉鸡生长性能和料重比；饲粮中添加二甲基甘氨酸可能提高养分表观消化率；出壳后96小时内饲喂含有机锌、铜和锰的饲粮将对肠道基因表达图谱产生长期的影响；添加纯生物黄酮素可替代植物来源或合成的抗氧化剂，提高肉鸡胸肌多不饱和脂肪酸含量和改善鸡肉品质。

肉鸡日粮中添加芽孢杆菌PB6可缓解坏死性肠炎造成的鸡小肠损伤；酵母细胞壁可改善感染球虫肉鸡的肠道菌群结构和肠道免疫调节作用，提高肉鸡生产性能；大蒜的次生代谢物丙基硫代亚磺酸和丙基氧化硫代亚磺酸可增加堆型艾美耳球虫感染肉鸡的体重和血清抗体水平，减少粪便球虫孢子数。

肉鸡饲粮中用含少量单宁的高粱替换100%的玉米时会对肉仔鸡小肠黏膜和生长性能产生不良影响；饲粮中添加木薯根粉和木炭粉能提高肉鸡增重。

（三）疫病控制

2013年危害世界肉鸡业的主要传染病仍然是新城疫、禽流感、鸡传染性支气管炎、禽白血病以及大肠杆菌、沙门氏菌等疾病。高致病性禽流感和新城疫等烈性疾病在亚非拉等地区的发展中国家仍常有发生。目前世界流行的禽流感病毒主要亚型有H5N1、H5N2、H7N7、H9N2、H6N2等。高致病型禽流感1分支病毒主要分布于越南，2.2分支病毒分布于印度、埃及和孟加拉国，2.3.2分支病毒主要分布于日本、韩国、越南和中国。IBD在中北美洲、南美洲、亚洲和非洲呈经常性流行，而在欧洲主要限于葡萄牙、英国和荷兰等国家。总之，病毒性疫病的控制仍然是肉鸡疫病防控的主要任务。

世界肉鸡疫病诊断及检测技术的主要发展趋势是高通量、快速、高特异性。从目前全球的诊断及检测技术相关专利申请分析，检测方法主要以单克隆抗体、ELISA、RT—PCR技术、核酸探针技术为主流。

国内外对于肉鸡疫苗的研究主要集中在病毒性疾病疫苗，细菌病疫苗研究相对较少。例如，近年来病毒样颗粒（Virus-like particles，VLPs）疫苗的研究取得了突破性进展。VLPs具有可诱导全面的体液和细胞免疫反应的能力，在构建多价或嵌合疫苗方面具有广阔的应用前景。

（四）生产与环境控制

减排及养殖废弃物处理技术是肉鸡生产与环境控制领域的重要研究方向，通过产前、产中和产后各阶段技术的应用，共同实现节能减排。产前主要通过营养平衡技术和完善饲料工艺调节饲料制粒温度等技术手段，提高饲料利用率而减少排放。产中主要通过多阶段饲养等方法，提高饲料利用率而减少排放。产后主要是通过物化处理、生物发酵和热力学转换技术，实现废弃物的无害化处理。

环境控制研究主要涉及鸡舍环境气体测定技术、多种环境因素研究、肉鸡福利研究。美国及欧洲发达国家的标准化规模养殖程度非常高，最新统计数据显示，美国肉鸡场平均养殖规模达到8.4万只，批次间隔时间为15.5天。发达国家积极开展畜禽舍的升级改造，研究寒冷季节的最小通风技术，设计的VAL-CO半球混合风机可以准确、温和的在寒冷季节为鸡舍进行通风换气，从而达到了良好的内外环境控制。

（五）肉鸡加工

2013年鸡肉加工领域的研究和技术发展热点包括动物福利评价体系对鸡肉品质的影响、鸡肉品质形成机制和蛋白凝胶特性、鸡肉食源性致病菌的检测及抑菌技术以及肉鸡加工设备研发及工艺改善。

研究热应激对鸡胸肉和腿肉能量代谢及品质的影响，从而减少热应激引起的异质肉发生。研究禁食对宰后初期鸡胸肉能量代谢及肉质嫩化酶的影响，以期从能量代谢和风味物质形成的酶解机制角度来揭示禁食对鸡肉食用品质的影响机理。通过实施降低氧分压使家禽缺氧而致晕的低压气体击晕，可以极大改善动物福利。新型检测技术、新型抑菌剂以及新型减菌技术在检测和控制鸡肉致病菌污染中逐步应用。在火鸡肉馅中添加微胶囊化三聚磷酸钠后，和传统的粉末状三聚磷酸钠相比，可更好地抑制脂肪氧化，从而给肉品加工中的加热处理一定的缓冲时间。

四、国内肉鸡产业技术研发动态

（一）遗传资源与育种

在新品种培育方面，2013年有2个肉鸡配套系获得新品种证书，3个肉鸡（品种）配套系通过审定。

在经济性状分子标记研究方面，整合基因表达谱、蛋白质表达谱、全基因组关联分析等技术，肉鸡肌肉品质性状、屠体性状、免疫抗病性状候选基因筛选与功能验证。发现影响腹脂性状的关键基因*KLF*7、*RB*1和*miR*-21能抑制鸡前脂肪细胞分化和增殖，*perilipin*1基因能促进鸡脂肪细胞脂质的蓄积；发现影响胸肌重等产肉性状的关键基因*GJA*1和*HDAC*2，其中*HDAC*2具有促进肌细胞分化、抑制肌细胞增殖的作用，*Foxo*1*A*基因和*miR*-203影响肌肉纤维生长；发现影响NDV抗体水平的重要基因*ROBO*2，影响沙门氏菌感染的重要基因*NOD*1以及影响机体免疫应答的关键基因*IL*4*I*1和*TRIM*27；此外，发现腹膜组织中固有的黑色素细胞产生的黑色素过度沉积导致肉鸡黑腹（俗称“黑肚皮）的产生，*BMP*7是影响该性状的重要基因。

（二）营养与饲料

饲粮中添加无机锌20～140毫克/千克（基础料含锌27.66毫克/千克）对胫骨和胰腺锌浓度、锌转运体2和金属硫蛋白（MT）mRNA表达量及MT蛋白浓度有影响，22～42日龄肉鸡饲粮中锌的最佳供给量为65毫克/千克；饲粮添加蒙脱石—氧化锌可改善肉仔鸡小肠微生物区系、消化酶活性和生长性能。饲粮中添加25-OH-D3或1α-OH-D3能有效代替维生素D3，可提高黄羽肉鸡钙、磷消化率。

百里香精油、肉桂醛、25-OH-D3、金针菇菇脚和蝇蛆粉均可促进免疫器官发育，提高体液和（或）细胞免疫应答能力。酵母β-1，3/1，6-葡聚糖可通过改善紧密连接蛋白水平来减缓鼠伤寒沙门氏菌对小肠屏障功能的损伤。发酵棉籽粕饲料可提高各肠段绒毛高度和机体免疫能力、可促进肠道有益菌增殖、改善肠道健康。

（三）疫病控制

2013年，我国H5N1禽流感、新城疫等烈性疾病偶有发生，传染性支气管炎、H9N2禽流感、大肠杆菌、支原体等疾病较常见，白血病、传染性贫血等免疫抑制病有增多趋势。

研究发现临床分离的H5N1亚型禽流感病毒毒株与我国所用的疫苗毒株Re-4和Re-5存在不同程度的抗原变异；新城疫病毒流行株多为Ⅶd型；流行的IBV基因型具有典型的地域性分布特征；ALV-J毒株基因出现了明显的变异，致病性试验证实这些基因变异增强了病毒的致病性。大肠杆菌、沙门氏菌、禽巴氏杆菌等病原菌血清型众多，致病菌抗药和耐药性加剧。

目前已研制出检测禽白血病抗原和抗体的ELISA、LAMP、胶体金试纸条、多重PCR、荧光定量PCR等检测方法。为开展禽白血病净化提供了技术保障。

H5亚型禽流感DNA疫苗的研究获得了突破性进展，该疫苗已经通过新兽药评审的初审，有望成为世界上第一个兽用DNA疫苗。

研究发现H7N9分离株的全基因组各

个基因与 H7N9 人源分离株高度同源，相似性高达 98%～99%。致病性试验显示，H7N9 病毒感染鸡没有明显的临床症状，但可以在鸡和小鼠的肺脏中复制。

（四）生产与环境控制

分别从饲料、饲养、废弃物处理等方面开展肉鸡鸡舍环境控制技术的研究和开发。比较有效的产品包括饲用酶制剂、益生菌和益生元、植物提取物、复合有机酸和改性硅酸盐微粒等；通过这些产品的应用，提高饲料利用率，减少氮、磷的排放，达到节能减排作用。同时，推广使用臭氧带鸡消毒、发酵床养殖、原位无动力生物滤器处理、畜舍喷洒益生菌等技术，能够减少鸡舍及周围有害气体和微生物及粉尘浓度，改善鸡舍环境。针对养殖过程产生的废弃物，采用鸡粪、垫料混合物直接燃烧、鸡粪生物发酵沼气工程发电，研发高效生物发酵菌剂及保氮除臭填充剂，提高鸡粪好氧堆肥效率。

针对养殖过程中的环境因素开展了一系列研究。日变循环高温降低肉鸡平均日增重和平均日采食量，氮利用率显著下降，氮排放量显著增加。补充人工合成 EAA，饲粮 CP 水平降低到 14.90%，可以减少氮排放量而不影响肉鸡的 BW、ADG、ADFI。湿度和 NH3 损害肉仔鸡免疫机能，70 毫克/千克 NH 3＋85%RH 对肉仔鸡的免疫抑制不可缓解。日粮补充吡啶甲酸铬（800～1 200微克/千克），可显著降低热应激肉鸡血浆中的胰岛素水平，提高淋巴细胞转化率，缓解热应激对肉鸡细胞免疫功能造成的负面影响。短光照周期（8L∶16D）降低育成蛋鸡 14 和 18 周龄肝脏 Ob-R 基因的相对表达量，提高干物质消化率。

鸡舍内的散热量约为每1 000只鸡散热 14 千瓦；每千只鸡每小时的产湿量、CO_2 散发量分别为 12.1～46.1 千克、4～5.2 千克。利用呼吸代谢仓，测定白羽肉鸡氨气和温室气体的排放量，每只肉鸡平均日氨气排放量、CO_2 排放量、N_2O 排放量分别为 66.14 毫克、31.40 克、9.13 毫克。一种基于 Zigbee 实现的鸡舍环境监控系统，实现了鸡舍光照强度和温度的闭环控制，并利用 Zigbe 自组网的特点实现了网络的自由部署。浙江大学提出了全角度发光、防尘防水及整体结构设计的方法及解决方案。

（五）鸡肉加工

研究禁食对宰后初期鸡胸肉品质的影响，结果表明，禁食时间不宜超过 12 小时，禁食 24 小时会显著增加血液中皮质酮含量。

对传统风味鸡肉产品品质形成机理研究表明，卤制过后的卤汁与新配的卤水在游离氨基酸总量上没有显著差别，但不同氨基酸的含量有很大的变化，而且卤制过后卤汁中人体必需氨基酸的含量比卤制之前有显著的提高。

使用酶解的方法开辟了鸡骨渣中蛋白质的新应用途径：即应用现代加工技术—超高压处理对生鲜调理宫保鸡丁进行品质调节，与未经高压处理的样品相比，不同的压力处理对样品的 pH 和 TBA 影响不显著。

以“黄焖鸡”为代表的黄羽肉鸡风味产品连锁餐饮发展成为 2013 年为数不多的鸡肉加工亮点之一。“黄焖鸡”原属鲁菜系，注重鸡肉与调料的性味调和，符合中国消费者的饮食习惯。

（肉鸡产业技术体系首席科学家
文杰提供）

一、国际水禽生产与贸易概况

依据中国畜牧业协会与世界粮农组织（FAO）提供的数据及对我国水禽产业市场供求关系推算，2013年世界肉鸭出栏量约40亿只。其中，亚洲占88.2%，欧洲占8.8%，美洲与非洲约占3%。中国在2013年出栏肉鸭31亿只，约占世界总出栏量的77.5%。受H7N9流感与市场波动影响，中国肉鸭出栏量较2012年减少16.3%，引发世界肉鸭出栏量比2012年减少11.1%。全世界肉鸭出栏量排名前10位的国家是中国、越南、法国、缅甸、泰国、马来西亚、印度尼西亚、印度、韩国和德国。2013年世界肉鹅出栏量维持在5.0亿只左右，相对稳定。其中，亚洲占91%，欧洲占6.0%，美洲与非洲占3.0%。肉鹅出栏量最多的国家是中国，占世界80%以上，其次是埃及、意大利、马达加斯加、波兰、匈牙利、以色列和法国。在过去10年，越南肉鸭出栏量年均增长7%，2013年水禽的出栏量达到8 471万只，出口鸭蛋超过5 000万个，是除中国以外最具水禽出口潜力的国家。

在世界贸易方面，水禽产品呈现出从亚洲向欧盟市场扩散的趋势。德国已经取代日本，成为水禽产品进口第一大国，卡塔尔位居第二。在水禽进出口产品中，种禽出口持续性获得高额垄断利润。例如我国山东永惠公司进口美国枫叶公司1日龄祖代雏鸭，价格高达135美元/只；英国樱桃谷公司的祖代鸭雏价格高达500元/只，并要求在我国祖代鸭场占50%的股份。随着水禽产品质量提升，国际贸易呈现多元化的特点，除种禽、鸭鹅肉保持较大贸易量外，鸭鹅肥肝、肥肝酱、鸭绒、鹅绒贸易量持续增长。

二、国内水禽生产与贸易概况

2013年4月我国暴发人感染H7N9流感事件，水禽产业在瞬间跌入低谷。伴随饲料价格上涨、养殖成本上升，水禽产品价格低迷，行业出现巨额亏损。2013年我国水禽行业经营惨淡，亏损严重。据对全国21个水禽主产省（市、区）2013年水禽生产情况统计，全年肉鸭出栏约31亿只，相比2012年减少16.3%，产肉613万吨；蛋鸭存栏1.93亿只，鸭蛋产量309万吨；肉鹅出栏3.18亿只，产肉119万吨。水禽产业总产值约为1 293亿元。

水禽产业组织结构继续完善，朝着全产业链发展。我国水禽养殖业的科技进步和加工能力增强为水禽产业抗御风险提供了支撑作用。肉鸭网上封闭式饲养、生物床饲养、蛋鸭网上与笼养、肉鹅全室内网上饲养等为预防 H7N9、H5N1 流感的发生提供了技术保障。同时，水禽产业向全产业链经营方向发展，在生产与市场之间形成了强大的缓冲机制，有利于抵御市场风险。

在国际贸易方面，中国水禽产品主要出口对象有德国、比利时、英国、日本、韩国与香港特区等，出口产品以肉、蛋、羽绒为主体。在 2013 年，我国出口鸭肉制品 15 600吨，出口额约 0.8 亿美元，占世界 1/4等。其中，销往香港鸭肉约2 000吨；我国出口鸭绒、鹅绒及其制品的贸易额约 20 亿美元，出口占总产量的 90%左右。

三、国际水禽产业技术研发进展

法国、英国、美国、德国、匈牙利、意大利等国家是世界水禽养殖业的发达国家。这些国家的水禽饲养量虽然较少，但其品种性能、饲养方式、环境控制、食品加工与综合利用水平高，经济效益好。美国、英国培育的肉鸭品种具有显著的生产性能优势；法国和匈牙利在鸭鹅肥肝生产方面具有显著优势。在种禽市场，发达国家依靠其水禽品种的先进生产性能，建立了强大的竞争力优势，垄断了世界种禽市场。在饲养技术方面，发达国家依靠成熟的饲养技术、先进的环境控制技术，有效地维持了水禽健康，降低了发病率，提高了成活率，缓解了水禽养殖对环境的污染。在加工方面，国外主要生产水禽分割肉、肥肝、羽绒制品和动物性饲料。分割肉按部位分割成小包装投放超级市场；肥肝主要是速冻后销售；质量稍差的肥肝制成肥肝酱。法国、匈牙利和以色列是世界肥肝生产大国。发达国家的羽绒加工业发达，竞争力强。水禽的羽绒价值相当于活体价值的 10%～15%，加工后单只羽绒的价值与胴体的价格相当。因此，羽绒加工已成为提高水禽生产、加工附加值的重要途径。

发达国家的水禽育种以商业公司为主体，在政府政策扶持下发展，特别重视专门化品系培育与杂交利用；水禽育种的主要手段是常规育种技术。目前，英、法、美培育的水禽品种仍然占据世界水禽产业的高端，垄断着世界市场。发达国家非常重视我国水禽品种市场。继英国樱桃谷公司之后，法国的克里莫、ST5 与美国枫叶公司先后进入中国市场，其目的在于抢夺、控制中国水禽品种市场。欧美发达国家没有消费鸭蛋的习惯，蛋鸭饲养规模小。因此，蛋鸭育种及育种技术进展缓慢，没有育成高性能蛋鸭品种。但是，关于鸭鹅生长发育、饲料转化效率、繁殖、抗逆等经济性状的遗传特点、遗传力、遗传相关的研究成果与 BLUP 选种技术等已被普遍应用于水禽育种。

目前，全球水禽流行病主要包括禽流感、鸭病毒性肝炎、禽 1 型副黏病毒病、鸭瘟、小鹅瘟、霍乱、传染性浆膜炎等。疫苗接种是预防水禽疫病发生、传播的有效手段。欧美发达国家目前主要采用灭活疫苗或弱毒疫苗免疫接种预防水禽疫病，但是，禁止使用禽流感疫苗。对 H5N1 禽流感疫病主要采用监测、扑杀措施防控。国外非常重视疫病快速诊断，建立了大量家禽疫病快速诊断和检测技术平台，研发了禽流感、禽 1 型副粘病毒病等多种疫病快速诊断与检测的商品化试剂盒。印度学者利用重组蛋白建立了检测鸭瘟病毒抗体的ELISA方法；波兰学者建立了检测番鸭和鹅细小病毒的定量PCR方法等。

四、国内水禽产业技术研发进展

在水禽遗传育种研究方面，我国学者2013年在《自然—遗传学》公布了鸭基因组序列。我国成功选育了高饲料转化效率与瘦肉率、低皮脂率、肉质好、抗病力强的北京鸭配套系，其6周龄体重、饲料转化效率、胸肌重、腿肌重、胸肉率、腿肉率、皮脂率、出肉率等指标均达到或优于国外培育的北京鸭品种；研究了鸭脂肪代谢机理和调控技术，培育了优质肉鸭配套系；在鹅种资源评估方面，创制了肉鹅高效选育技术方案，成功培育了天府肉鹅配套系，并在繁殖性能方面取得了重大突破。

在兽药研发方面，我国成功研制了鸭传染性浆膜炎灭活疫苗和二价灭活疫苗，为该病的预防和控制提供了有效手段，对于降低水禽发病率和死亡率、提高养殖效益、减少水禽产品的药物与抗菌素残留等具有重要意义。并在2013年，成功研制了鸭1型病毒性肝炎活疫苗。

在饲养技术方面，研究推广了肉鸭与蛋鸭网上饲养、蛋鸭笼养、水禽喂料系统、自动饮水、排污及通风降温设备与设施，实现了舍内温度、湿度、二氧化碳和氨气浓度等环境因子的自动化探测和远程控制，使鸭生物床饲养、网上饲养、蛋鸭笼养技术更加完善。蛋鸭网上饲养、生物床饲养、笼养技术在我国水禽主要产区得到快速推广，显著提高了鸭的健康水平、成活率，降低了死淘率。根据微生态理论成功实现了水禽养殖零排放，极大缓解了水禽产业对环境的污染，促进了水禽产业发展。

（水禽产业技术体系首席科学家侯水生提供）

一、国际兔业生产与贸易概况

（一）国际兔业生产概况

据联合国粮农组织（FAO）统计[①]，2012年全世界兔出栏（屠宰）量12.07亿只，比2011年增长979.6万只（表1）。其中，亚洲地区出栏5.99亿只，占49.63%，欧洲出栏3.48亿只，占28.83%，美洲出栏1.86亿只，占15.41%，非洲出栏0.73亿只，占6.05%。2012年，全世界兔年末存栏9.18亿只，比2011年增加2 059万只。可以看出，出栏量增长多于存栏量增长，这主要是由于兔生产水平的提高，每只母兔年提供商品兔的数量在增加。

表1　2012年国际兔业生产及其区域分布

	兔出栏量		兔肉产量	
	数量（亿只）	比重	数量（万吨）	比重
全世界合计	12.07	100%	183.38	100%
亚洲地区	5.99	49.63%	89.42	48.76%
欧洲地区	3.48	28.83%	52.19	28.46%
美洲地区	1.86	15.41%	33.25	18.13%
非洲地区	0.73	6.05%	8.53	4.65%

资料来源：联合国粮农组织（http://faostat.fao.org/）。

2012年，全世界兔肉总产量183.38万吨，比2012年增加1.83万吨。其中，亚洲89.42万吨，占48.76%，欧洲52.19万吨，占28.46%，美洲33.25万吨，占18.13%，非洲8.53万吨，占4.65%。预计2013年世界兔肉产量达到186万吨左右。

从国别来看，中国、意大利、委内瑞拉、朝鲜、西班牙、埃及、法国、哥伦比亚、德国、捷克是世界十大兔肉生产国，合计占全世界兔肉产量的93.03%。中国兔肉产量占全世界的39.58%。兔毛生产方面，世界上毛兔的养殖主要是安哥拉兔，中国是重要的兔毛生产国，占全球兔毛产量的90%以上。除中国外，法国、匈牙利、智利、阿根廷等国家，年产兔毛在100～200吨，法国的安哥拉兔毛多为粗毛型兔毛，主要用于其国内纺织厂加工。兔皮生产方面，獭兔皮的生产国主要有：中国、法国、德国、美国等，2013年中国獭兔皮产量占世界总产量的95%以上，但从质量和专业化

① 资料来源：联合国粮农组织（http://faostar.fao.org），FAO的统计中，包括家兔和野兔，下同。

程度来看，法国领先。

（二）国际兔产品贸易概况

兔肉贸易方面，2012年世界有44个国家和地区出口兔肉，有54个国家和地区进口兔肉，贸易额2.18亿美元；其中，出口量排在前五位的是中国、西班牙、比利时、法国和匈牙利，这5个国家出口量占世界的74.38%，出口额占世界兔肉贸易额的66.85%。

欧盟、比利时、德国、意大利和法国为进口国的前五位，占进口总量的59.79%和贸易额的61.86%。对比来看，比利时和法国不仅进口，同时也出口兔肉。2012年国际兔肉进出口前10名的国家和地区及进口单价见表2。

表2　2012年兔肉进出口前10名的国家或地区进出口价格表

名次	出口			名次	进口		
	国家	数量（吨）	单价（美元/千克）		国家	数量（吨）	单价（美元/千克）
1	中国	10 914.93	3.58	1	欧盟	7824.31	4.50
2	西班牙	5850.84	4.09	2	比利时	5634.56	4.39
3	比利时	5600.25	4.67	3	德国	5217.11	5.47
4	法国	4694.98	6.06	4	意大利	4323.74	3.71
5	匈牙利	4176.90	6.91	5	法国	4090.81	4.23
6	欧盟	3113.11	7.23	6	俄罗斯	3983.1	3.12
7	荷兰	2002.46	6.25	7	葡萄牙	2826.79	3.68
8	阿根廷	1828.46	7.17	8	希腊	2531.44	0.77
9	意大利	1329.88	6.44	9	荷兰	2300.13	5.32
10	德国	704.40	8.50	10	瑞士	1415.61	8.18

数据来源：联合国WITS数据库（http：//wits.worldbank.org/WITS）。

关于全球兔毛的统计数据比较缺乏，研究表明兔毛产品的主要出口目的国是日本、中国香港、德国等欧洲国家、韩国及美国等国。中国兔毛原料及兔毛针织品出口量占世界90%以上，主要销往韩国、德国和意大利等国。2013年受世界市场逐步摆脱前几年疲软的影响，中国兔毛出口逐渐上升，1～12月份已梳兔毛出口量上升17.60%左右，出口金额上升24.36%。

关于兔皮的贸易，FAO的最新统计表明，2010年兔皮进口量仅为562吨，主要进口国为摩洛哥和日本，这远远低于20世纪90年代的平均约5 000吨的水平，也仅相当于2001—2010年的50%。主要出口国为法国、比利时—卢森堡和西班牙等，主要的进口国也是欧洲国家和美国。实际上，近年来中国从欧洲兔业生产大国，如意大利、西班牙、法国进口肉兔皮，在国内鞣制加工后出口兔皮产品，而獭兔皮则是既出口原料皮，也出口加工后的成品。同样，受全球经济不振的影响，2012年的兔皮及其产品贸易不是很活跃，但2013年有所恢复。

二、国内兔业生产与贸易概况

（一）国内兔业生产概况

据统计[①]，2012年我国家兔存栏为2.22亿只，预计2013年底存栏2.43亿只[②]；2012年出栏4.88亿只，预计2013年出栏5.06亿只。年末存栏增速维持在9%左右，年出栏增速维持在4%左右。兔肉生

① 资料来源：《中国农村统计年鉴2013》。

② 由于2013年的数据还没有公布，这里运用多和中方法对2013年的数据进行预测，包括趋势外推、多项式拟合等方法。

产，2012年产量达到76.1万吨，预计2013年产量将达到80.75万吨。

根据体系研发中心2012年组织体系全体人员对全国26个省（区市）的家兔养殖的调研，2011年我国兔的存栏中，肉兔、獭兔和毛兔分别占63.27%、28.31%和8.4%；出栏的兔中，肉兔、獭兔和毛兔分别占73.3%、26.5%和0.19%。近年来，这一比例变化不大。

从区域结构来看，肉兔依然主要集中在四川、重庆等西南地区以及山东和河南等地，獭兔则主要在山东、河北、河南和山西等中部和北部区域，而毛兔在主要在山东、浙江和江苏。但2013年有一些新动向，主要是西北地区的家兔养殖的兴起：一是陕西省兔业得到较快的发展；二是甘肃等地也积极探索家兔养殖业的发展，这些后起之秀无疑将为我国的兔产业发展提供更强的动力。

从兔肉流通来看，川渝等西南地区的兔肉（主要为肉兔肉）以本地消费为主，山东的兔肉（主要为獭兔肉），主要销往广东和四川、重庆等地，也有部分销往北方其他地区，还有部分出口；河南和江苏等地的兔肉，主要销往广东、四川和重庆等地，也有一部分当地销售。其他地区的兔肉，主要是当地生产当地消费。

兔毛生产方面，受高价位的影响，2012—2013年我国长毛兔饲养量稳中趋升，养殖区域越来越集中，主要以山东临沂、四川广元、雅安、重庆石柱、浙江绍兴、宁波、河南南阳等地区为主。2013年秋季以来受粗毛需求增加的影响，粗毛价格出现飙升，10月份达到全年最高503.83元/千克，比年初高35.2%，比2012年同期高74.78%。同时，受国际福利组织报道，出现“手拔绒毛”事件，对我国兔毛的出口和整个产业发展将产生极为不利的影响。

兔皮生产方面，2012年虽然兔皮价格止跌维持，但受前景预期的不乐观，全国獭兔养殖呈下降趋势，山东、山西等地獭兔存栏下降了近40%左右。但2013年受出口的恢复和国内市场的不断兴起，獭兔养殖的积极性进一步提高，年底獭兔存栏比2012年增长了8.49%。

（二）国内兔产品贸易概况

1. 兔肉贸易方面 近年来我国兔肉一直为净出口，主要出口到欧洲和美国。据国家质量监督检验检疫总局网站2012年1月10日数据，目前全国共有出口兔肉备案企业14家，备案养兔场175家；其中备案企业山东10家，四川、河北、山西、吉林三省各1家。根据海关统计[①]，2013年我国共出口兔肉9 749.71吨，比2012年下降10.7%，金额3 828.73万美元，下降2%。其中主要出口到比利时、德国、俄罗斯，出口量分别占32.5%、26.0%和13.6%，出口额分别占30.9%、28.7%和11.7%。

我国出口的兔肉主要来自山东、吉林、山西和河北省，2012年的兔肉出口中上述四省分别占到总出口量的63.1%、23.2%、7.2%和6.5%。2013年我国兔肉出口也主要来自于山东、吉林、山西和河北。分别占总出口量80.7%、12.0%、6%和1.4%；分别占总出口额的80.9%、11.4%、6.5%和1.2%。

2. 兔毛贸易方面 2013年我国兔毛为

① 海关信息：http：//www.haiguan.info。本节有关国内兔肉、兔皮和兔毛贸易的数据，均来自海关统计。

净出口，相较于2012年，兔毛出口有所上升，2013年出口兔毛（已梳兔毛）1 129.65吨，出口额3 953.29万美元，分别比2012年上升17.59%和24.36%。

从兔毛制针织钩编套头衫、开襟衫、外穿背心等来看，出口形势有所回暖。2012年出口数量为116.34万件，金额1 688.37万美元，而2013年，我国出口兔毛制针织钩编套头衫、开襟衫、外穿背心等134.85万件，金额1 981.50万美元，分别比2012年同期上升了15.91%和17.36%。

3. 兔皮贸易方面 我国主要进口兔皮，通过国内的鞣制，加工成兔皮产品再出口，因而我国兔皮的出口很少。据海关统计，2012年，我国进口整张皮28 154.38吨，金额1.511亿美元，单价5 365.21美元/吨。进口未缝制整张皮299.09吨，金额252.66万美元，单价8 447.76美元/吨。2013年，进口整张皮28 107.85吨，比2012年同期下降0.17%，金额2.025亿美元，比2012年同期上升34.04%，单价7 203.18美元/吨。可见，2013年我国进口兔皮的价格比2012年是提高的。同时，我国还进口未缝制整张皮308.37吨，金额298.25万美元，分别比2012年同期上升了3.10%和18.04%。2012年我国出口未缝制整张皮27.34吨，金额219.40万美元，单价80 256.52美元/吨。2013年，出口未缝制整张皮22.97吨，金额208.37万美元，分别比2012年同期降低15.99%和5.03%。

三、国际兔产业技术研发进展

1. 遗传育种与繁殖

（1）遗传育种。传统育种技术：Dalle ZA等（2013）研究了意大利145只（80公、65母）商品彩色侏儒兔在7～21周龄（生长期）和28～45周龄（成年期）活体性状并与育种群进行比较，研究表明：商品彩色侏儒兔活体性状的性别差异明显，应按性别选用饲料，其成年体重和体长均大于意大利彩色侏儒兔的品种标准，而且变异度高，表明无约束的选择和杂交可能对标准品种造成危害；Zeferino CP等（2013）研究热应激对两个遗传群体（博图卡图兔、新西兰白兔、新西兰白公兔与博图卡图母兔杂交后代）共96只家兔屠宰体重、屠宰率和胴体以及肉质等性状的影响发现纯种抗热能力好于杂交群体。热应激导致屠宰体重、胴体重、器官重量百分比下降，而且对肉质性状有弱的负效应。

分子育种技术：Fontanesi L（2013）研究了家兔MLPH基因多态性，结果发现黑、白（毛色稀释或蓝色）间隔纹巨兔F_1家族MLPH基因内含子1的复杂插入缺失突变与毛色表型完全关联（$\theta=0.00$；$LOD=4.82$）；SaeedA M等（2013）对母体识别和妊娠建立相关的一组基因［子宫球蛋白（SCGB1A1）、整联蛋白α1（ITGA1）、γ干扰素（IFNG）、血管内皮生长因子（VEGF）］在人工授精和排卵后16、72和144小时的输卵管和子宫组织中的表达情况进行了分析，研究结果可能为胚胎损失的母体作用提供理论参考。

（2）繁殖技术。Sivakumar K等（2013）用最小二乘方法分析Tamil Nadu地区2005—2009年热带气候条件下年度、季节、胎次对110只Soviet Chinchilla兔和64只白色巨兔生产和繁殖性能的影响，研究表明，在泰米尔纳德邦热带气候下Soviet

Chinchilla 和白巨兔有较好的生产性能和繁殖表现，可以用来进行商品肉生产；Lazcano-Reyes JF（2013）研究了成熟精子可能对家兔子宫活动造成的影响。

2. 营养与饲料 2013 年国际刊物发表的有关家兔营养的文章 50 多篇。涉及饲料资源开发与利用、营养物质消化代谢及应用、饲喂技术和管理制度与家兔生产等。

（1）饲料资源开发与利用。日粮中添加姜黄和不同来源的脂肪对生长家兔肉体和组织近红外光谱表达的影响（Pier Giorgio Peiretti，2013）；添加苜蓿青草对家兔肉质品质的影响（Gustavo Capra，2013）；添加白羽扇豆皮的日粮对家兔表观消化率以及生长性能的影响（Zdeněk Volek，2013）；用嗜酸性乳酸杆菌处理的巴巴荷果肉对生长肉兔的消化能力，肉质品质以及血液代谢指标的影响（El-Adawy M M，2013）。

（2）营养物质消化代谢及应用。消化性脂肪酸对仔兔以及生长兔盲肠发酵以及生长性能的影响（Cristina Casado，2013）；维生素 C 和维生素 E 对公兔精子活力的影响（Amel Najjar Ben Maâtoug，2013）；家兔日粮中可溶性纤维的定量检测方法和可溶性纤维与肠道黏液分泌的交互作用（R. Abad，M. A.，2013）。

（3）饲喂技术和管理制度与家兔生产。在人工建立的季节模式下野兔的行为活动（Eguren，2013）；咬块作为笼内日粮的补充对母兔和育肥兔吸收、生长性能和行为的影响（Luc Maertens，2013）；初产母兔母仔分离 48 小时内的发情反应：内分泌和行为反应（I. Ilès，2013）；繁殖母兔的资源分配：关于饲养和遗传策略的综述（Juan José Pascual，2013）。

3. 疾病防控

（1）兔病毒性出血症。Ines N. Yama 等（2103）鉴定出组织样中 PCR 抑制剂的存在，优化核酸提取和保存方法，降低 PCR 假阳性结果。Beata Hukowska-Szematowicz 等（2103）对兔出血症病毒不同毒株之间变异性分析发现，基因整体稳定，而且最新数据显示一些新的 RHDV 毒株。Ghislaine Le Gall-Reculé 等（2013）和 Giantonella Puggioni 等（2103）发现新毒株 RHDV2，并报道 RHDV2 具有独特的基因型和抗原属性，并且发现是法国撒丁岛兔群和草兔急性肝损伤暴发的主因。

（2）兔流行性腹胀病。Huybens 等人（2013）利用焦磷酸测序法分析腹胀病病兔和正常兔盲肠内容物，发现不同腹胀病样品扩增后测序分析不在相同的菌群内，而且腹胀病盲肠内容物菌群比可培养的细菌菌群更丰富。

（3）兔皮肤真菌病。Miao 等（2013）借助微卫星引物 PCR 和聚类分析软件，建立一种快速准确鉴定兔皮肤病原真菌的分子生物学方法。

（4）兔巴氏杆菌病。奥地利的 Roier 等（2013）研究表明多杀性巴氏杆菌外膜囊泡免疫小鼠可以诱导小鼠产生强的体液及细胞免疫应答，可对供体株攻毒产生有效保护。埃及的 Nassar 等（2013）证明埃及蜂胶可以增强巴氏杆菌灭活苗免疫效力。

（5）兔波氏杆菌病。哥伦比亚的 Gallego（2013）开展了波氏杆菌及其脂多糖与体外培养呼吸道鼻上皮细胞的互作作用研究，两者与特定的糖蛋白具有亲和力，特定糖蛋白可能为它们在杯状细胞及多形白细胞的黏附受体。

(6) 兔球虫病。Yan等(2013)建立了基于ITS1-5.8S rRNA-ITS2片段的多重PCR诊断技术可同时用于3种艾美尔球虫临床诊断。

4. 兔舍建筑与环境控制技术 2013年欧洲兔业发达国家相关研究仍然集中在兔笼样式、饲养方式、环境富集物等对家兔行为的影响。西班牙的Rosell和Fuente(2013)的调查结果表明使用垫脚板可以显著降低兔脚疮的发病率；尼日利亚的Lamidi(2013)等人研究了不同朝向的兔舍建筑的舍内环境；匈牙利的Szendro等(2013)通过单笼饲养和群养的对比试验发现群饲的高压力环境增加了母兔和仔兔的发病率和死亡率。家兔的福利养殖越来越受到人们的关注。如德国的Schlolaut(2013)等人认为那些违背兔子自然习性的饲养方式对仔兔和母兔都存在福利问题。

Oseni和Popoola(2013)研究了尼日利亚西南部湿热环境对母兔繁殖力和断奶仔兔成活率的影响，发现尼日利亚西南部潮湿的热带气候，兔子热应激严重，仔兔的断奶成活率下降，母兔的空怀率升高；此外限制饮水成为一个新兴话题。

5. 加工与综合技术 兔肉加工方面，P.G. Peiretti(2013)研究了番茄渣对兔肉胴体品质，脂肪酸组成的影响。饱和脂肪酸显著降低，多不饱和脂肪酸显著增加。添加6%的番茄渣对兔熟肉品质也有很好提升作用。Gisella Paci(2013)研究了饲养密度和组团数量对敞养兔肉品质的影响。按照每平方米5只兔子或者一个0.8米^{2}的笼子4只兔子来饲养，兔肉胴体品质最好。

兔毛加工方面，主要开展了针织产品性能改进技术研发——兔毛织物抗起毛起球蛋白质接枝交联技术研究、兔毛纤维性能研究改性研究——丝胶—壳聚糖对兔毛的改性处理、加工设备技术革新——不落毛兔毛面料的开发实践、废弃兔毛的再利用——废弃兔毛提取角蛋白脱色工艺等。

兔皮加工方面，德国朗盛化工有限公司研究了一种含氨基甲酰磺酸酯基团的化合物并在毛皮应用中将其作为预鞣剂使用，产品优于戊二醛鞣制的毛皮，并且它在与皮胶原产生交链时不会释放出甲醛等有害物质，被定义为生态鞣剂。Valeika V(2013)等人研究了毛皮浸酸和铬鞣液循环利用至少30次，以减少食盐和铬排放。罗马尼亚Carmen V(2013)等人研究了用十甲基环五硅氧烷代替常用干洗剂四氯乙烯用于毛皮的干洗脱脂，通过皮板收缩温度、柔软性和色度分析进行评价。

6. 产业经济 国外在兔业经济领域的研究成果仍然不是很多，在内容上，Wilson R Trevor(2013)以土耳其标志性的安哥拉兔作为切入视角综述了土耳其的畜牧资源，指出兔产业发展的约束条件包括生产性知识缺乏、低质量的饲料、种畜畜舍不足等方面；机会在于公共和私人的支持，产品遗传改良和收入的增加，低胆固醇，低脂肪肉供给可以改善市场营销环境。Hungu C W(2013)比较了肯尼亚内罗毕和裂谷省在兔生产中受到的限制，研究结果显示，内罗毕裂谷省实施小规模农业本质上是由于土地的空间有限，另外，农民获得的养殖信息有限，兔养殖同时受到兔病、肉食动物、死亡兔和不可用兔饲料的约束。McNitt J I(2013)利用翔实的材料全面介绍了兔养殖生产情况，涉及兔病、育种、繁殖、福利、遗传学，以及在发展中国家兔生产、皮毛和肉生产、屠宰和兔产品的市场营销等。

四、国内兔产业技术研发进展

1. 遗传育种与繁殖

（1）遗传育种。家兔表型分子遗传基础和关联标记筛选仍然是2013年家兔遗传育种的重点研究内容，主要集中在毛色基因、生长性状基因及抗病基因研究。桑雷（2013）等克隆了福建黄兔母兔脑垂体内表达的促卵泡素β亚基（FSHβ）和兔卵泡抑制素βA亚基（INHBA）的cDNA片段，并与多个哺乳动物该基因序列进行遗传进化分析发现，兔形目与灵长类有较近的进化关系；万小颖等（2013）从新西兰白兔脾脏组织克隆获得白介素10（IL-10）基因包含全部编码区的cDNA序列，并对其系统发育、蛋白结构和免疫功能进行了生物信息学预测。

遗传多样性的研究也日渐丰富。申幸娇和岳秉飞（2013）对日本大耳白兔、青紫蓝兔和新西兰白兔进行遗传多样性分析，结果发现青紫蓝兔与新西兰白兔遗传距离最近，为0.124；刘春等（2013）对新西兰白兔和福建黄兔进行遗传多样性分析，结果表明，福建黄兔比新西兰白兔遗传多样性更丰富。高子淇等（2013）统计了日本大耳白兔、青紫蓝兔、新西兰3个种群的基因频率、观测杂合度、期望杂合度、F值和遗传距离，结果提示3个种群的遗传结构均表现出遗传稳定性和均一性，在10个微卫星位点上呈现高度多态性，种群间遗传分化明显；刘春（2013）等利用经筛选多态性较好的18对微卫星引物，对新西兰白兔、福建黄兔进行遗传多样性检测。

（2）繁殖技术。主要开展了胚胎体外培养、超数排卵、精液稀释及冷冻精液方面的研究。王辉田（2013）等进行了兔卵母细胞体外成熟、体外受精及受精卵体外培养条件的研究，探讨了TCM-199、M16和KSOM基础培养液对兔卵母细胞体外成熟的影响；刘立文（2013）选择了16只同年獭兔随机平均分成4组（1组对照3组试验，PMSG剂量分别为30IU、60IU和90IU），检测用不同剂量的PMSG对獭兔超数排卵效果的影响；田秀娥与蔺晓舟（2013）研究了獭兔精液稀释后应用不同长度的平衡时间对精液冷冻保存效果的影响，结果表明平衡时间为60分钟时，为獭兔精液冷冻室适宜的平衡时间；另外，孙志宏等研究了生化、中药和混合试剂组对调控家兔母体阴道pH的有效性和稳定性，结果表明1%苹果酸与中药复方处理为优良目标处理组方。

2. 营养与饲料 2013年对兔饲料营养与资源开发相关的研究技术报道较多主要涉及：饲料资源开发与利用、营养物质消化代谢与应用、饲喂技术和管理制度等方面。

饲料资源开发与利用，鲜食玉米秸秆（邵春荣，2013）、将军菊苣（陈朝明，2013）、桂牧1号杂交象草粉（李婷，2013）、山毛豆草粉（蔡小艳，2013）、黄芪茎叶（黄军，2013）、葛藤粉（孙全文，2013）等饲料得到研究，初步确定了这些资源在家兔饲粮中的合适添加量，并且逐渐表现出一些优势。

营养需要方面，主要涉及含硫氨基酸对獭兔生长和被毛发育的影响（傅祥超，2013）；色氨酸水平对生长獭兔生长性能、氮代谢、血清生化指标及毛皮质量的影响（殷清清，2013）。含硫氨基酸水平对生长肉兔生产性能及血清生化指标的影响（张晴波，2013）；饲粮中性洗涤纤维水平对断奶至3月龄獭兔生长性能、氮代谢、毛皮品质和盲肠发酵的影响（任殿福，2013）；日粮蛋白质水平对生长獭兔生长性能、氮代谢以及小肠蛋白酶活性的影响（冯军，2013），乙烯二噻烯对新西兰兔胆固醇、甘油三酯的影响（李超，2013）维生素 B_6 对异烟肼在家兔体内药物动力学过程的影响（李树荣，2013）；烟酸对兔动脉粥样硬化斑块及MK2和骨桥蛋白表达的影响（文伟明，2013）；不同益生素水平对断奶獭兔生长性能、消化率及腹泻率等方面的影响（任战军，2013）。

饲喂技术和管理制度主要涉及肉兔各个阶段高效养殖饲料配方，兔妊娠后期注射甲状腺素影响仔兔生长的相关性分析（郑燕，2013），獭兔常用饲料的加工和使用（孙少东，2013），青精搭配饲喂方式（刘伯，2013），獭兔常用饲料的加工和使用（孙少东，2013）。

此外，2013年家兔饲料添加剂的研究报道很多，主要集中在益生素、有机酸、多糖、中草药等方面。郭肖兰（2013）报道，日粮中添加益生素可明显提高断奶獭兔日增重，降低料重比，腹泻率显著降低，对饲料营养成分消化率均有不同程度的积极影响；潘孝青（2013）研究发现，苹果酸可明显降低腹泻和死亡；王多伽（2013）研究发现:绿原酸可以显著提高血清白蛋白、溶菌酶活性、SOD活力和MT含量,日粮中添加绿原酸可在一定程度上增强獭兔的免疫功能;张亚平(2013)报道，饲料中添加壳聚糖能显著降低獭兔料肉比，预防腹泻，最佳添加剂量为0.05%。

3. 疾病防控

（1）兔病毒性出血症。在疾病的暴发及诊治方面，闫港和乔念民（2013）各接诊一例獭兔病毒性出血症。谢金文（2013）在某兔场发病死亡兔的肝脏、脾脏肺脏中，分离出一株RHDV。刘家森等人（2013）建立兔出血症病毒LAMP快速诊断方法。魏后军等进行了兔补体C3d基因cDNA的克隆、鉴定及原核表达。

混合感染方面，叶世亮（2013）对一例兔出血症与支气管败血波氏杆菌混合感染进行了诊治，讨论了对此种混合感染应如何使用疫苗及药物。徐秋兰等（2013）对一大规模养兔场暴发兔出血症、兔巴氏杆菌病及大肠杆菌混合感染的情况进行了治疗。

疫苗方面，Yingjie Cheng 等（2013）基于塞姆利基丛林病毒（SFV）复制子构建抗兔出血症的自杀性DNA疫苗pSCA/VP60。Dongwei Yuan 等（2013）构建pcDNA-VP60 DNA疫苗表达RHDV cap蛋白，与RHDV组织灭活苗效果相当。叶青华（2013）开展了兔出血症不同佐剂灭活疫苗的制备及免疫效果比较，结果发现蜂胶佐剂疫苗的抗体滴度更高，免疫保护期更长。

（2）兔球虫病。姜英等（2013）人开展河南省11家兔场兔球虫感染情况调研，结果显示兔群中兔球虫的感染率高达74.6%，且多为混合型感染；目前兔球虫感染在各规模养兔场中普遍存在，且最易感的仔兔群体中感染率高，因此仍需筛选更加有效的手段进行防控。中国农业大学兔病防控团队在中型艾美耳球虫早熟选育中获得潜隐期缩减至76小时的中型艾美耳球虫早熟株，早熟性状稳定，建立了可用于疫苗生产的种子批。

4. 兔舍建筑与环境控制技术 保证舍内较适宜的环境是提高畜牧养殖效益的重要

措施之一，目前家兔养殖仍还处于起步阶段，主要集中在热应激方面。封洋（2013）等人研究了舍温对獭兔生长性能的影响，结果显示，在其他试验饲养管理条件相同的情况下，随着舍温的升高，哺乳仔兔的日增重、仔兔的断奶成活率呈上升趋势。低温（1～15℃）不适宜哺乳期仔兔的生长；舍温19～32℃时，仔兔断奶个体重、断奶日增重以及仔兔断奶成活率最高。朱买勋（2013）等人研究了复方藿香颗粒对夏季家兔生长性能和血清超氧化物歧化酶与肌酸激酶活性的影响。

5. 加工与综合技术 王珺等采用顶空固相微萃取结合气相色谱—质谱法分析兔肉的挥发性风味物质。以2，4，6-三甲基吡啶为内标，分别对兔的前腿肌、后腿肌、背最长肌、腹肌4个部位挥发性风味成分进行定性和半定量分析。通过分析，确定兔肉主体风味物质为醛类、酮类、醇类和烃类化合物。

黄业传等研究结果表明不同性别和月龄兔肉样品间肌内脂肪含量存在显著差异（$P<0.05$），主要由于甘油三酯含量的显著差异（$P<0.05$）引起的。性别对法系獭兔脂肪酸组成的影响最大，其次是饲养时间，而部位间差异较小。

兔毛加工方面：主要开展了兔毛纤维性能以及结构的研究；精纺纯兔绒针织物的面料研发；开发了转杯纺麻赛尔与次兔毛混纺工艺；改善了兔毛储存方法；在兔毛针织物防掉毛研究方面，郭鹏飞（2013）利用乙烯基单体（甲基丙烯酰胺/丙烯酸）接枝增重（溶液接枝、微波接枝）处理能有效降低兔毛针织物的掉毛量，再经聚氨酯整理，能解决精纺兔毛针织物的掉毛问题，并已得到生产推广。

兔皮加工方面：理论基础研究上，李瑶（2013）采用超声波辅助兔皮铬鞣工艺研究了超声波技术对兔皮铬鞣效果的影响，李敏（2013）等研究开发了天然油脂预氧化活化后用于兔（毛）皮的油鞣，吴樊花等人研究了植物单宁，碱性脂肪酶等材料应用于兔皮鞣制后其效果的影响，已合成氨基磺酰盐类有机鞣剂用于兔皮的无铬鞣制。另外，裘皮服饰的设计愈发多样，连衣裙式的外套和斜纹软呢外套是时尚潮流，各种皮草包包和皮草配饰带来新的市场。

6. 产业经济 2012—2013年以来，我国学者在兔业经济方面的研究取得了长足的进展。研究主要集中在：兔产业的发展趋势、兔产品市场及消费、养殖模式、兔产品的加工与贸易、兔成本收益等方面。

王文智、武拉平（2013）基于全国大样本城镇居民调研，对居民的兔肉消费特点和制约因素进行了分析，认为城镇居民兔肉消费具有偶发性、消费数量和种类少、消费行为和消费意愿地区差异明显等特点，同时指出居民对营养和健康特性认知不足、购买不方便、无兔肉消费习惯等都会成为影响居民消费兔肉的主要因素；闫英凯（2013）认为肉兔工厂化养殖模式是当前中国肉兔规模化养殖企业的最佳生产模式和盈利途径；赵彩霞（2013）通过对2012年和2011年全国12个省市的兔养殖户的问卷调查结果进行整理比较，结果显示2012年兔产业中肉兔养殖效益平稳发展，獭兔养殖仍然处于低迷状态，毛兔养殖效益变化不大；大规模养殖户的经济效益明显大于散养户和小规模养殖户。

（兔产业技术体系首席科学家
秦应和提供）

2013年度蜂产业技术发展报告

（国家蜂产业技术体系）

一、国际蜂生产与贸易概况

2013年国际蜂业生产没有出现大的变化，仍然维持2012年的生产格局。目前全世界约有蜂群量约为5 000万群。

鉴于蜜蜂大量死亡，可能影响农作物的授粉，2013年4月29日欧盟的15个成员国举行投票，同意实行临时禁令，在未来两年将禁用可丁尼（clothianidin）、益达胺（imidacloprid）以及赛速安（thiamethoxam）3种新烟碱类农药。植物传授花粉的80%是由蜜蜂进行的，1/3的农作物是靠野生物种如蜜蜂进行授粉。一份由欧盟食品安全局（EFSA）于2013年1月发表的报告指出，这些农药对授粉昆虫构成“严重风险”，而其中也包括了蜜蜂，这3种新烟碱类的农药与蜜蜂死亡相关联。欧盟委员会提出限制农药使用的提案，15个成员国投赞成票、8个国家投反对票、4票弃权。表决虽未达成最终决议，但欧盟决定先实施两年禁令，然后再根据情况，决定下一步举措。

美国和大部分欧盟国家的蜂群数量仍然在持续下降，植物授粉不充分，越来越显得严重。由于蜂群数量减少，蜂蜜产量下降。

2013年，国际蜂蜜产量100万吨左右，主要产蜜国为中国、阿根廷、土耳其、美国、加拿大、俄罗斯、墨西哥、澳大利亚。主要蜂蜜进口国是德国、美国、日本和意大利；2013年，世界经济形势总体上复杂严峻，国外主要发达经济体增长乏力，经济不景气导致外需疲软；各进口国对蜂产品的生产质量越加严格，贸易额度逐年增加。

二、国内蜂生产与贸易概况

从全国的情况看，2013年属中等偏下年成，总产量减少。主要表现为：长江中游地区各省最主要蜜源——油菜，多数蜂场平均单产油菜蜜降低40%～50%，平均25～30千克，属于中低年景。青海油菜场地亦减产歉收。柑橘取蜜2～3次，为中等年份产量。

夏季蜜源场地，洋槐蜜这个往年较为稳定的蜜源，2013年严重减产，多数洋槐场地只取蜜1～2次，甚至绝收，造成许多转至洋槐场地的养蜂户亏本。据估计洋槐蜜减产50%以上。东北的椴树因气候原因，除少数地域外，绝大多数地区绝收。荆条蜜丰收。内蒙古的向日葵属于产量正常年份。福建春季荔枝蜜、龙眼蜜均因天气多雨，减产50%～60%；冬季枇杷蜜略好于2012年，群产平均33.4千克/群。

质量的突出问题是春季油菜蜜因天气不稳蜂场“抢蜜”导致蜂蜜含水量高，多数地区收到的只是35～36波美度蜂蜜，较正常年份低约2波美度。

蜂蜜中抗生素残留较为正常。据与农业部蜂蜜品质检中心在湖北英联、大兴、小蜜蜂等公司调查，从蜂场和养蜂专业合作社调入的蜂蜜抗生素残留合格率达95%。不合格的主要是沙星类药物超标。

工业化造假仍旧是养蜂产业稳定的最大障碍，一线的养蜂人员继续老化。2013年的年成，虽然有部分蜂农出现亏损，但大部分还是有所收益，蜂农的养蜂信心有所恢复。蜂场和蜂群数量未有大幅度减少，蜂产业基础尚未动摇。

2013年我国蜂蜜出口形势不太理想。日本经济低迷，并对中国蜂蜜质量缺少信心，致使蜂蜜出口十分艰难。

三、国际蜂产业技术研发进展

2013年，国外蜂业研究多集中在基础研究方面。

蜜蜂生态学研究中关注度较高的温度对蜜蜂的影响、亚致死剂量的农药对蜜蜂的影响、授粉蜜蜂的多样性和保护以及授粉昆虫间的生态位分离，特别是在农业生态景观中，授粉蜂的多样性和授粉生物学成为研究热点。目前的研究主要集中于环境变化对传粉者的影响和传粉者对作物授粉的增效作用。

2013年与蜜蜂遗传、育种技术和蜂种培育相关的英文文献29篇，其中蜜蜂生理与发育相关分子基础研究7篇，蜜蜂表观遗传学研究6篇，行为的遗传分子基础研究3篇，种质资源遗传特征研究4篇，蜜蜂遗传学研究方法3篇，疾病与基因表达关系研究2篇，非编码RNA研究2篇，中蜂基因组学研究1篇，以及蜜蜂转基因基础研究1篇。主要集中在对蜜蜂级型分化的分子机理研究，包括内分泌系统调节和表观遗传调控等方面。蜜蜂表观遗传学分子基础的研究是这一年乃至近几年的热点之一。对世界各地蜜蜂种质资源的调查及其遗传特征研究是另一个受到普遍关注的焦点。其中最令人关注的前沿研究之一是：RNA干扰DNA甲基转移酶-3表达与蜜蜂基因选择性剪切的关系。

蜜蜂保护工作刻不容缓，一方面可以从改善蜜蜂健康入手，另一方面需要从蜜蜂种质资源保护入手。种质资源遗传特征研究是本年度蜜蜂遗传育种领域研究的焦点之一。德国和非洲的科学家首次对东非山地蜜蜂遗传特征做了系统分析。他们认为区分出影响种内表型的形成和基因型的分歧在进化生物学上至关重要。美国Gene E. Robinson团队研究了RNA干扰DNA甲基转移酶-3表达与蜜蜂基因选择性剪切的关系，发展了一个独特方法，用高通量、非侵入性的方式使用RNA干扰，用它敲除DNA甲基转移酶-3的表达。该研究发表在《美国科学院院刊》上，具有重要的科学意义。

蜜蜂寄生虫的防治问题仍是国际关注的焦点。从Springer Link数据库、Pubmed数据库和google学术搜索数据库查询，2013年，有关蜜蜂寄生虫病的论文41篇，其中涉及大、小蜂螨的18篇，微孢子虫22篇，蜂箱小甲虫1篇。

从论文的内容和数量来看，蜜蜂微孢子

虫的研究报道增长较快，近两年内的研究报道与大小蜂螨的研究报道基本持平。蜜蜂寄生虫的防治问题仍是国际关注的焦点，研究者试图通过摸清蜂螨寄生生物学、改进防治方法、寻找新的抗螨药物、培育抗螨品种等这些方法来达到防治蜂螨的目的。近年来，一些地区驼背蝇在人工饲养蜂群和野生黑大蜜蜂群中时有发现。

在蜜蜂产品在生产中的利用方面，2013 年度国际发表与蜂王浆相关的研究论文共 46 篇，其中被 SCI 收录 26 篇，普通英文类 20 篇。论文多集中于其生物学功能和成分测定的研究。中日两国仍然是蜂王浆研究的主要力量。国际上蜂王浆专利有 15 项。涉及蜂胶的英文研究性论文 152 篇，发表在 95 种 SCI 收录杂志上。其中有 40 篇都集中发表在 *Evidence Based Complementary and Alternative Medicine* 杂志上。该杂志于 2012 年年底开设了一期有关蜂胶研究的特别专题，这也是蜂胶研究领域第一次以特别专题的形式对蜂胶最新研究进行的集中报道。此外还有综述类论文 11 篇，会议论文 13 篇。

在蜂产品质量安全方面，2013 年新发表的大约有 133 篇被 SCI 期刊收录的与蜂产品质量安全相关的英文文献，涉及蜂蜜的有 102 篇、蜂王浆 5 篇、蜂胶 21 篇和蜂花粉 5 篇，研究主要涉及农药和兽药的残留检测分析、活性组分分析，金属元素分析和溯源分析。蜂王浆和蜂胶质量安全方面的论文今年尤其多，说明这两个领域的研究进入热点领域。蜂王浆质量安全方面的研究主要集中在不同地域、蜂种、饲喂方式对蜂王浆组分差异研究方面，新鲜度评价利用和农兽药残留的新型检测技术、其他生物活性物质研究，如有机酸、核酸类物质的含量研究有了不少报道，蜂王浆蛋白质分离和功能确定的论文占了相当比重；蜂胶的研究还主要集中在物质分离鉴定、真伪鉴别和功能确定方面。

四、国内蜂产业技术研发进展

通过数据库系统和网络在线检索，2013 年发表的与蜜蜂遗传、育种技术和蜂种培育相关的中文文献 25 篇，其中蜜蜂育种技术 2 篇，遗传资源调查 4 篇，行为遗传 1 篇，抗病育种相关研究 3 篇，遗传研究方法 1 篇，性状研究 4 篇，其他分子生物学研究 7 篇，相关综述 3 篇。其中应用研究主要关注蜜蜂育王虫龄选择以及良种推广，基础研究侧重于蜜蜂遗传多样性、遗传资源调查、中华蜜蜂抗逆相关的基因功能研究、蜂王浆高产性状蛋白质组研究等。关于蜜蜂遗传资源调查是国内研究的焦点之一。

在蜜蜂生物学方面，主要开展了东方蜜蜂与西方蜜蜂学习记忆比较及蜜蜂学习记忆相关分子机理分析、遗传背景及营养对工蜂寿命的影响、10-HDA 对意蜂幼虫发育影响及中蜂 Royalactin mRNA 水平和原核表达分析等研究。提出了意大利蜜蜂的营养需要建议标准。

2013 年江西农业大学蜜蜂研究所继续从事并完善免移虫生产蜂王浆技术研究工作。

2013 年公布 60 多项蜜蜂饲养技术方面的专利，有蜂箱、隔板饲喂器、多窗口蜜蜂房、隔板、多功能活动巢框、中蜂平面隔王板、养蜂服装、囚王笼、脱粉器、蜜蜂饲水设备。与规模化相适应的装运工具（放蜂车）、脱蜂工具、取蜜工具等研究也在进行，科学家针对以往养蜂场设计存在的问题，对养蜂场的发动机、太阳能供电、储物、储水、装卸系统进行了重新修改，可极大减轻的劳动强度，提高效率提高 50%以上。

一年来国内开展了不同蜂种在不同环境、不同条件、不同季节、对不同作物的授粉机理及效果实验，提出了一系列蜜蜂授粉的配套关键技术和操作规范，建立了蜜蜂生产繁育基地与授粉示范基地，持续开展了对蜂农和果农、菜农、瓜农授粉应用技术培训。在政府和地方主管部门长期大力支持下，多地建立了养蜂专业合作社和蜂授粉专业服务队，国家对蜜蜂授粉研究的科研投入逐渐增多，科研人员对蜜蜂授粉各领域的研究力度也逐渐加大。蜜蜂授粉产业正在逐步向批量化生产、规模化推广、市场化运作、专业化服务等体系建立方向发展。

在蜜蜂病虫害防治研究方面，从维普中文科技期刊数据库，中国期刊全文数据库和万方数据库查询，2012 年，有关蜜蜂寄生虫病的论文有 24 篇，2013 年为 15 篇，从论文内容上看，主要是蜜蜂寄生虫病的防治技术。

在蜂产品化学研究方面，2013 年国内关于蜂王浆的研究相比 2012 年有所减少，只有 20 篇，其中中文核心类 4 篇，普通中文类 16 篇。原因在于国内蜂王浆研究更热衷于在英文期刊发表高水平论文。2013 年中国蜂王浆获授权发明专利 17 项，公开的发明专利 28 项，还有 8 项实用新型专利和 11 项外观设计专利。

2013 年共发表涉及蜂胶的中文论文 127 篇，其中综述 15 篇；硕士论文 3 篇，博士论文 1 篇。2013 年蜂胶研究中文论文继续呈上升趋势。更令人欣喜的是，本年度蜂胶中文论文的研究水平进一步上升，123 篇中文论文发表在 65 种期刊上，其中发表在核心期刊上的论文已达 40 篇，占论文总数的 32.52%。

2013 年国内公开的蜂胶专利 77 项，其中发明专利 63 项，实用新型专利和外观设计专利分别为 3 项和 10 项。蜂胶发明专利技术涉及多个领域，包括蜂胶的提取工艺、蜂胶的制剂研发、蜂胶产品的开发、蜂胶在畜禽生产中的应用等。

在质量安全方面，2013 年与蜂产品质量安全相关的中文学术文献约为 111 篇，涉及蜂蜜的有 54 篇、蜂王浆 11 篇、蜂胶 35 篇、蜂蜡 1 篇、蜂花粉 10 篇，主要涉及蜂产品中的兽药和农药残留、重金属以及溯源分析。蜂产品真伪和品质鉴别研究持续成为热点。国内蜂蜜、蜂胶掺假有翻新之势，蜂蜜中增稠剂、色素的添加也已经引起重视。在品质评价方面，蜂蜜主要是品种鉴别，蜂王浆主要是新鲜度鉴别、蛋白结构和功能的解析，蜂胶主要是功能组分的分析和解析。目前，多家科研单位和大学正在进行研究。

蜂产品可溯源研究在国内已经全面展开，目前国内有三家单位在推广溯源分析系统，分别为中国农业科学院蜜蜂研究所、中国蜂产品协会和一家其他单位。电子溯源系统已经广东、四川、吉林、北京、新疆、黑龙江等地开始示范应用。

（蜂产业技术体系首席科学家
吴杰提供）

2013年度大宗淡水鱼产业技术发展报告

（国家大宗淡水鱼产业技术体系）

一、国际大宗淡水鱼类生产与贸易概况

据联合国粮农组织最新统计①，2011年世界淡水养殖产量为3 899.46万吨，其中，淡水鱼②养殖产量3 559.94万吨，产值为559.80亿美元；鲤科鱼类养殖产量为2 515.75万吨，产值363.50亿美元，分别占世界淡水鱼养殖水平的70.67%和64.93%。其中，大宗淡水鱼（青鱼、草鱼、鲢、鳙、鲤、鲫、鳊）的养殖产量为1 980.75万吨，产值270.63亿美元，分别占世界淡水鱼养殖水平的55.64%和48.34%，占世界鲤科鱼养殖水平的78.73%和74.45%。在大宗淡水鱼类中鲢的养殖产量最高，达到534.96万吨；其次是草鱼，为457.47万吨；再次是鲤和鳙，分别为373.34万吨和270.54万吨。2011年，我国大宗淡水鱼的养殖产量为1 698.50万吨，占世界大宗淡水鱼产量的85.75%。

据联合国商品贸易统计数据库统计③，2012年，世界鲤科鱼类进出口总量为8.75万吨，出口量为4.64万吨，进口量为4.11万吨，贸易额为23 434.49万美元，出口额为13 487.97万美元，进口额为9 946.52万美元。根据出口额排名，前五位的出口国分别是中国、捷克、立陶宛、克罗地亚、匈牙利，出口额分别为9 957.12万美元、2 298.26万美元、243.71万美元、233.40万美元、229.80万美元。根据进口额排名，前五位的进口国和地区分别是中国香港、中国澳门、德国、韩国和斯洛伐克，进口额分别为6 439.97万美元、611.66万美元、490.62万美元、480.78万美元和272.93万美元。

二、国内大宗淡水鱼类生产与贸易概况

据2013年《中国渔业统计年鉴》，2012年我国大宗淡水鱼养殖产量达1 786.90吨，比2011年增长5.20%，增幅略高于2011年，大宗淡水鱼占淡水养殖总产量的比重为67.57%。我国淡水养殖以鱼类为主，2012年淡水鱼养殖产量2 334.11万吨，占淡水养

---

① 到2014年1月，世界淡水养殖产量统计数据为截至2011年年底的数据。

② 根据联合国ISSCAAP Group分类，淡水鱼包括Carps, barbles & orher cyprir（鲤科鱼类、鲶鱼和其他），Miscellaneons freshwater fishes（杂项淡水鱼），Tilapias & other cichlide（罗非鱼）。

③ 到2014年1月，该数据库的水产品进出口统计数据截至到2012年。

殖产量的88.26%。淡水养殖鱼类中，大宗淡水鱼仍然是养殖的主要品种，占淡水鱼养殖产量的76.56%，较2011年下降了1.16个百分点。淡水养殖鱼类中，草鱼、鲢、鲤、鳙、鲫的产量均在240万吨以上。其中，草鱼的产量最大，为478.17万吨，鲢其次，为368.78万吨，鲤与鳙产量分别为289.70万吨和285.14万吨，鲫产量为245.05万吨，鳊和青鱼产量分别为70.58万吨和49.49万吨。

近年来随着池塘养殖条件不断改善和健康养殖的推广，加上国内市场需求较大，市场容量和消费群体稳定，大宗淡水鱼价格一直呈平稳略增的态势。2013年前三季度本体系示范点监测的6个大宗淡水鱼品种（青鱼除外）平均价为12.22元/千克，成交总量76.03万吨，与2012年同期相比分别增长1.19%和18.16%。

据海关统计，1～11月我国鲤科鱼类出口量4.39万吨，出口额1.42亿美元，同比分别提高16.90%和22.56%。从出口流向看，除港、澳市场外，我国对韩、美出口增长十分迅速。从出口市场分布来看，香港、澳门和韩国为前三大出口市场，1～11月出口量分别为37 058.88吨、3 570.07吨和3 031.30吨，出口额分别为12 099.48万美元、1 161.61万美元和839.92万美元。主要出口来源省份为广东、山东、湖南、辽宁和江苏，1～11月出口量依次是39 157.86吨、1 730.00吨、1 643.80吨、1 114.30吨和187.00吨，出口额依次是12 765.24万美元、456.22万美元、595.32万美元、339.99万美元和43.72万美元。

三、国际大宗淡水鱼类产业技术研发进展

（一）育种与繁育技术

国际上在鲤育种方面主要集中在标记辅助育种研究，主要进行了5个体型性状在51个鲤连锁群上的QTL定位，6个连锁群上的15个位点可能与这些性状相关。在IGF-I基因3′端找到一个79碱基对插入/缺失的基因片段，分析表明与生长相关；开展了铁调素基因特性和表达方面研究。以鲫为研究对象进行了功能基因鉴定、MHC多态性与寄生选择间的进化关系、毒性响应或低氧效应分析等研究。国际上与团头鲂分类比较近的是欧鳊（*Abramis brama*），近年来有关欧鳊的基础研究也逐渐增多，欧洲的研究学者主要是对其在河流的自然资源分布现状、免疫反应以及与其他一些鲤科鱼类杂交F_1代的生长和繁殖能力进行了研究。

（二）养殖与工程设施技术

养殖技术方面，德国研发出一种开创性的可持续水产养殖方式，养殖废水经过滤产生的废料成为农作物肥料；欧盟研究探索在水产养殖业中开发可再生能源；日本推出高端新技术可实现海鱼与淡水鱼“同居”；美国OriginOil公司的SOS技术可减低养殖水体中的毒性水平，适用于采用藻类为饲料的养殖鱼类。养殖工程设施方面，国际上主要以健康养殖和减少环境污染为目的，研究各种养殖设施，实现对养殖对象和环境的监测及养殖资源的节约化利用。如法国Soleil公司将养鱼场与光伏发电整合；苏格兰开发波浪能为养殖场提供动力；巴西开发水产养殖

监控技术并通过卫星传送数据，它不仅能监测环境数据，而且还能将监测数据通过卫星进行传送。

（三）病害防控技术

在病毒病方面，研究了草鱼出血病（GCRV）的ELISA免疫检测技术，及锦鲤疱疹病毒病（KHV）的流行病学，建立了鲤疱疹病毒Ⅱ型（CyHV-2）的分子检测技术及敏感细胞系，研究了鲤春病毒血症病毒（SVCV）感染后斑马鱼的多路径信号传导通道。细菌病的研究重点在基础免疫学，如草鱼免疫相关基因的克隆、参与免疫调控的重要分子的功能等，嗜水气单胞菌和柱状黄杆菌的分子流行病学和疫苗防治，以及细菌病原的分离和分子鉴定。鱼类药物的研究仍然集中在抗生素的药物代谢动力学及渔药的安全性评价和药物残留，在杀虫药物方面，开始关注抗药性产生的分子机制和抗药性检测。

（四）饲料营养与投喂技术

国际上对微量营养素，如维生素的营养研究受到了更多的关注，不同的学者分别就维生素A、维生素B_{12}、维生素C等维生素的需求和抗氧化应激等生理功能进行了研究，并评估了维生素之间以及Se和维生素E的协同生理作用。在分子营养学方面的研究更加深入，通过离体和在体实验，利用转录组学、蛋白组学和代谢组学技术，研究了鱼类的营养素摄入对机体生理功能和关键代谢途径的影响，如糖脂代谢、维生素结合蛋白和TOR通路等。由于仔稚鱼的存活和营养是世界性的难题，因此仔稚鱼和亲本的营养需求以及仔稚鱼人工饵料和活饵方面的研究仍然是关注热点，主要包括活饵的人工强化和仔稚鱼的人工饲料开发等。随着消费者对水产品质量的要求越来越高，养殖鱼类的品质方面的研究逐渐增多，主要研究了替代蛋白源和替代脂肪源对水产品的脂肪酸组成、肉品质参数和营养价值等的影响。

（五）加工技术

国外研究者应用天然提取物和生物膜的低温保鲜技术研究广泛，采用含有迷迭香精油的壳聚膜糖或含有绿茶提取物和益生菌的琼脂膜或聚糖—明胶复合膜等可食用膜延长冷藏保鲜鱼片的货架期。超高压技术应用于鱼类加工受到重视，美国、葡萄牙、西班牙等国家分别采用超高压技术提高冷冻鱼肉的功能特性、延长冷藏鱼片货架期或采用超高压结合转谷氨酰胺酶增强鱼糜凝胶强度，土耳其则采用壳聚糖可食用膜结合超高压处理抑制冷藏鱼片的微生物和化学变化。鱼糜凝胶改性和产品开发仍然活跃，研究者采用黑豆、绿豆分离蛋白、纳米鱼骨粉、锌盐或鱼明胶结合转谷氨酰胺酶改善鱼糜凝胶特性，开发了强化膳食纤维和ω-3多不饱和脂肪酸的低盐鱼糜制品、强化鱼油的鱼肉肠、巴氏杀菌鱼肉肠等鱼糜产品。

四、国内大宗淡水鱼类产业技术研发进展

（一）育种与繁育技术

开展了草鱼种质资源的遗传评价，采用12个微卫星标记对来自长江水系的8个草鱼野生地理群体进行了遗传多样性及遗传结构分析，结果显示具有较高的遗传多样性水

平。获得了长江水系草鱼群体选育 F_2 代，建立抗病力强的家系3个，家系选育工作进展顺利。建立了基于微卫星标记的草鱼、鲢、鳙鱼亲子鉴定技术，鉴定准确率达到了100%。筛选出2个长江鲢优良家系，培育出1个快速生长鲢新品系。应用4个群体构建了鲤鱼的整合图谱，并在此基础上分析了不同群体QTL的分布和变异。分析了6个建鲤家系的遗传结构，研究表明建鲤家系的遗传多样性水平较高，具有较大的选育潜力。在镜鲤 F_1 抗病家系基础上构建 F_2 家系，平均成活率比对照组提高了约40%。分析了中俄交界兴凯湖和绥芬河流域的337个三倍体银鲫和49个二倍体鲫样本，共找到61个可区分的 *tf* 基因型和35个mtDNA控制区单倍型，揭示三倍体比二倍体具有更高的遗传多样性和差异性。选育出生长性状和抗病能力较强的团头鲂优良家系，完成了团头鲂全基因组测序。2013年通过全国水产原种和良种审定委员会审定的大宗淡水鱼新品种为津新乌鲫。

（二）养殖与工程设施技术

养殖技术及方式方面，淡水渔业研究中心牵头研发的团头鲂清洁高效养殖技术通过了农业部鉴定，苏州吴江的“低碳高效池塘循环流水养鱼”项目通过验收，该项目可有效提高鱼类排泄物的再利用；浙江通过设施渔业和生态渔业有机耦合创建高效循环养殖技术；苏州大学研究池塘单体生态低碳高效养殖模式取得成效；重庆市“鱼菜共生”生态养殖技术试验成功；微孔增氧技术和稻田综合种养技术得到了推广应用。养殖工程设施方面，渔业机械仪器研究所先后研发了太阳能投饲机、太阳能涌浪机、太阳能底质改良机等，其中太阳能底质改良机可有效地调控池塘底泥，并通过农业部鉴定，并在全国进行了推广应用，示范效果良好；研发的精准投喂系统、数字化管理系统和水产物联网系统在全国进行了推广应用。

（三）病害防控技术

在病毒病方面，开展了GCRV、KHV的分子和免疫检测技术，以及重组蛋白疫苗和DNA疫苗的研究，克隆抗病毒免疫相关基因；建立了KHV、CyHV-2病毒敏感的细胞系；研究了CyHV-2的组织病理学，以及LAMP检测和荧光定量PCR检测技术；开展了GCRV灭活疫苗的浸泡免疫应答机理和保护效果研究，以及该病的药物防治研究；利用酵母表面展示技术，研究了展示有GCRV外壳蛋白的酵母具有较好的免疫效果。在细菌病方面，开展了草鱼烂鳃病和鲢鳙等鱼类的细菌性败血症的流行病学调查，建立嗜水气单胞菌的胶体金免疫层析快速检测方法。在寄生虫病方面，开展了寄生虫的形态诊断和分子诊断技术研究，以及小瓜虫和指环虫的流行病学调查。在真菌病方面，研究了水霉病的形态学和分子诊断，以及药物防治。

（四）饲料营养与投喂技术

国内对于鱼粉和鱼油等优质原料替代源的寻找已成为研发的热点，主要评估了植物蛋白源、水解蛋白、单细胞蛋白、微藻资源、植物油脂等原料替代源在养殖动物中的效果。在消费者对水产品品质的要求和养殖动物自身的需求下，人们越来越关注水产动物的福利问题，研究人员从不同方面评价了营养素的摄入、环境的变化、投喂策略的改变等对动物福利的影响，也评估了不同条件下养殖动物的肠道健康问题。关于营养代谢机理方面主要研究了营养素的摄入和水产动物体内营养物质消化、吸收、转运、合成和分解等代谢过程中的关系。针对科学、合理的投喂，目前国内学者在投喂频率影响营养物质的同步吸收、投喂节律、最适投喂频率、最佳投喂量、补偿生长等投喂技术方面的研究较多。

（五）加工技术

开发了基于生物发酵增香和酶法除腥的淡水鱼生物增香技术，明确了不同发酵条件下发酵酸鱼风味形成规律和发酵产酶对鱼糜凝胶强度的作用；淡水鱼方便食品加工新技术的开发更加活跃，形成了超高压改性鱼糜凝胶技术、指数—台阶联合式变温杀菌技术、微波化鱼糜制品生产技术、冷冻鱼糜复合抗冻技术等系列淡水鱼加工适用新技术，开发了速冻生鲜鱼肉包子、风味即食鱼肉豆腐、风味休闲鱼干、生鲜调理鱼片、高钙鱼糜制品、鱼丝、鱼鳞蛋白肽、鱼骨粉—蛋白肽补钙咀嚼片等新产品；明确了青鱼、草鱼低温贮藏过程中品质变化规律，建立生鲜调理鱼制品的品质调控技术和鱼体生物保鲜技术；探明了鱼脑中活性脂质的成分组成和功能特性，对淡水鱼营养功能的认识更加深入。

（大宗淡水鱼产业体系首席科学家戈贤平提供）

2013年度虾产业技术发展报告

（国家虾产业技术体系）

一、国际虾生产与贸易概况

（一）生产概况

据初步预测，2013年全球对虾养殖产量预计265万吨，与2012年相比，减产近25%，主要受对虾肝胰腺坏死症病害影响，主产国泰国减产54%、中国大陆减产近17%。

中国（大陆）：2012年全国对虾养殖产量约133万吨，与2012年相比下降约17%；对虾产值达到640亿元，较2012年提高14%。

泰国：据泰国对虾协会预测，2013年泰国对虾养殖产量约25万吨，大幅低于2012年的54万吨，减产近54%。

越南：据越南水产总局发布公告显示，2013年该国对虾养殖产量达54.8万吨，与2012年相比，增产12.3%，其中凡纳滨对虾28万吨，斑节对虾26.8万吨。

（二）贸易概况

1. 国际上主要的对虾出口国是泰国、中国、越南、印度、印度尼西亚等国家和地区 泰国对虾协会表示：2013年虾类产品总出口量为21.38万吨，同比下降38%。越南水产品加工和出口协会（VASEP）表示：2013年虾出口额30亿美元，同比上升了33%。印度政府农业部门表示：2013年4～12月，印度共出口虾类22.9万吨，出口额24亿美元，出口额同比增长65.41%。

2. 国际上主要的对虾进口国是美国、日本、欧盟等国家和地区 美国仍是全球对虾产品进口第一大国，2013年美国进口对虾总量为50.74万吨，与2012年相比，仅减少4.9%，尽管因EMS影响东南亚地区虾类产品出口国受到重挫，大部分国家的出口量只是以往数量的一半，但美国的对虾进口量仍然表现非常的平稳；2013年印度虾对美出口贸易旺盛，出口量从6.6万吨增加至9.42万吨，出口收益几乎翻倍，从5.75亿美元增长至10.4亿美元，已超越泰国成为美国虾类产品进口市场的第一大国。

二、国内虾生产与贸易概况

（一）生产概况

对虾是我国海水养殖产业中重要的养殖种类，2013年全国对虾养殖产量约133万吨，与2012年相比下降约17%；对虾养殖产值达到 640 亿元，较 2012 年提高 14%。我国主要养殖凡纳滨对虾、中国明对虾、斑节对虾、日本囊对虾、类脊尾白虾等品种，类脊尾白虾已经成为优势海水养殖虾类之一，产量约 3 万吨。凡纳滨对虾仍是目前最主要养殖品种，养殖产量约占我国对虾养殖产量 85%。

表 1 我国主要对虾生产省（市、区）2013 年对虾养殖产量（预测）

省份	2013 年产量（万吨）
广东	46.51
福建	17.9
广西	14.41
浙江	10.95
江苏	12.62
山东	9.29
天津	5.83

（二）贸易概况

2013 年我国总计出口虾产品数量 21.27 万吨，出口额为 22.21 亿美元，同比分别下降了 0.75%和增加 14.53%，出口量已持续两年下滑。国内主要对虾贸易省为广东、福建、浙江、广西和山东等地。其中广东出口虾产品 12.06 万吨，出口额 11.64 亿美元；福建出口虾产品 5.8 万吨，出口额 4.73 亿美元；浙江出口虾产品 1.08 万吨，出口额 1.39 亿美元；广西出口虾产品 0.93 万吨，出口额 1.07 亿美元；国内出口价格较 2012 年大幅升高，主要原因是受对虾肝胰腺坏死症影响导致全球对虾减产；除少数省份外，其他各对虾出口贸易主要省份，较 2012 年均出现出口量萎缩现象，除受 2013 年国内对虾养殖产量影响外，主要原因是受人民币升值以及人工成本上涨等因素影响，我国对虾出口市场竞争力下降，同时内销市场得到长足发展；未来我国对虾内销主导地位将越来越明显，进口的增速高于出口的趋势将继续延续。

我国对虾主要出口美国、马来西亚、香港、日本、韩国等国家和地区，其中按出口量统计，中国第一大对虾出口市场仍为美国，2013 年出口对虾产品为 3.49 万吨，同比下降了 6.93%，而出口额为 3.04 亿美元，同比增长了 3.05%；第二大出口市场为马来西亚，2013 年出口虾产品 2.87 万吨，出口额为 3.17 亿美元，同比分别下降了 16.33%和 11.94%；第三大出品市场为香港地区，2013 年出口虾产品 2.18 万吨，出口额为 2.46 亿美元，同比分别增长了 10.1%和 17.7%，超越日本和韩国，成为中国第三大出口市场；出口到东盟各国对虾产品达到 4.01 万吨，与 2012 年基本持平，而出口额达到 4.46 亿美元，同比增长了 7.47%。

表 2 我国主要对虾贸易省 2013 年对虾出口金额与数量

省份	2013 年出口金额（亿美元）	同比增长	2013 年出口数量（万吨）	同比增长
广东	11.64	11.9%	12.06	7.68%
福建	4.73	−8.51%	5.80	30.93%
浙江	1.39	15.8%	1.08	−42.25%
山东	0.87	4.82%	0.70	−27.84%
辽宁	0.73	1.39%	0.76	−3.8%
广西	1.07	64.61%	0.93	36.76%
海南	0.48	−34.25%	0.51	−23.88%

注：上述数据来源于中国水产流通与加工协会。

三、国际虾产业技术研发进展

（一）遗传育种研究

2013年泰国学者Sookruksawong等研究了凡纳滨对虾抗TSV群体和敏感群体的基因表达差异，通过BLASTX分析获得1374条表达差异显著的contigs，代表着697个unigenes。澳大利亚的Coman等对斑节对虾不同选育世代的亲虾产卵量和孵化的无节幼体的数量进行了评估，结果表明，G8代的产卵量（380±56）显著高于G1代（122±15）。夏威夷海洋研究所的Moss等证实了凡纳滨对虾抗TSV和生长性状之间存在负的遗传相关，其成活率和TSV的来源存在正的遗传相关。Aranguren等报道了哥伦比亚在抗TSV新品系选育中的应用情况，研究表明，2006—2010年分离的TSV与1994—1998年分离获得的TSV在核苷酸序列上有4%的差异。印度学者Dutta等发现位于印度沿海4个不同群体的野生斑节对虾携带WSSV的病毒情况差异很大，其中最高的Chennai群体病毒携带56.2%，而Andhra Pradesh群体（0.6%）和Chilika，Orissa（0%），认为后者可作为抗病群体进行选育。

（二）病害控制研究

2013年，泰国和马来西亚等东南亚国家以及墨西哥等的对虾养殖业受到早期死亡综合征（EMS）的危害更加严重，导致对虾产量比2012年度明显下降。2013年5月，美国亚利桑那大学Donald Lightner教授报道了EMS的病原体，指出EMS是由于副溶血弧菌感染对虾并在对虾体内释放毒素，进而破坏对虾消化器官内组织引起的。然而，在2013年12月份举办的EMS网络研讨会上，Lightner教授推翻了自己之前的研究结论。目前关于EMS的流行病学以及致病机理仍在研究中。生物絮团技术越来越被广泛接受，关于其在养虾过程中控制病害的作用研究也越来越多。巴西科学家研究了使用不同浓度生物絮团对养殖水体质量改善作用和对养殖虾存活率的影响；韩国科学家发现生物絮团可以激活对虾体内重要先天免疫通路——酚氧化酶级联反应通路的关键基因如酚氧化酶原、酚氧化酶原激酶、丝氨酸蛋白酶等，解释了生物絮团提高对虾抗病能力的机理。

（三）健康养殖与饲料研究

对虾养殖技术研究取得重要进展。Rodrigo S等（2013）研究了在零交换养殖系统中，不同生物絮团水平对微生物活性、水质和凡纳滨对虾生长特性的影响，研究发现总悬浮物（TSS）在400～600毫克/升时，最适合凡纳滨对虾生长，此时养殖系统的稳定性最佳；Manecas B等（2013）研究了不同光照水平下生物絮团养殖系统凡纳滨对虾的生长特性，实验设置24小时光照组、12小时光照组和无光照组，结果发现各组之间大部分的水质指标、对虾存活率和饲料系数无显著性差异（$P>0.05$），光照组的对虾生长率显著高于无光照组；JoséJ C H（2013）提出一种对虾养殖的水质分级评价体系。

（四）对虾加工研究

2013年国际有关对虾加工的研究主要集中在对虾保鲜、新型加工技术研发、对虾加工副产物综合利用3个方面。在对虾保鲜方面，研究了抗菌肽、臭氧水、酸性电解水、乙酸、乳酸、柠檬酸对虾的保鲜效果，为寻求新型保鲜剂提供了科学依据。在新型加工技术方面，研究了超声波和超高压对虾的保鲜效果，采用基质辅助激光解吸电离质谱鉴定虾的种类，采用可视化技术监控对虾干燥过程中的色泽变化等。国际上非常注重对虾加工副产物的综合利用，利用超临界CO_2提取对虾加工副产物中的类胡萝卜素；利用超滤技术回收虾壳中的蛋白质；利用虾壳制备纳米级甲壳素及其衍生物，并用作对虾保水剂；采用嗜热链球菌、地衣芽孢杆菌等微生物发酵对虾加工副产物制备甲壳素和生物活性肽；从虾壳的离子液体提取物中制备甲壳素纳米纤维静电纺丝；利用对虾加工副产物经清洗、干燥、粉碎制成粉状产品，用于汤料或者膏状调味料。

四、国内虾产业技术研发进展

（一）遗传育种研究

在对虾种质资源评价、功能基因（标记）的挖掘和利用方面，已初步建立了对虾经济性状相关功能基因和分子标记筛选技术，开展了多种与经济性状相关功能基因实时定量表达与关联分析研究。在新品种培育方面，黄海水产研究所培育出中国对虾黄海3号新品种1个，在相同培育和养殖条件下，新品种耐氨氮胁迫能力强，仔虾Ⅰ期成活率提高21.20%，生长速度快，收获对虾平均体重较野生商品苗种提高11.80%，养殖成活率高，池塘养殖成活率提高15.20%，池塘连片养殖成功率达90%。凡纳滨对虾高产抗病品系90日龄平均体重与选育群体90日龄体重相比提高13.6%，人工感染桃拉病毒平均成活率达59.07%，较选育群体提高15.08%；高产耐寒核心家系的平均生长速度达0.196克/天，比选育群体提高67.52%，较2012年生长速度提高2.08%。开展了斑节对虾生长兼耐氨氮新品系选育工作，该品系的生长速度比普通斑节对虾提高了14.89%，成活率提高10%，耐氨氮测试表明，该品系96小时的氨氮胁迫成活率比普通斑节对虾提高了12.8%。继续开展了日本对虾厦选1号的选育工作，平均体重较未选育群体增长25.2%～28%。

（二）病害控制研究

在病原普查方面，调查了2013年养殖虾中的主要病原种类，发现EMS的病原不是单一的副溶血弧菌引起的，它可能是多种细菌共同作用或细菌和病毒共同作用引起的，并提出环境容量与EMS的暴发有关。另外，初步确定了偷死野田村病毒（CMNV）和传染性皮下及造血组织坏死病毒（IHHNV）是引起对虾偷死病的病原之一。在病原的高灵敏度检测方面，开发了对虾和环境中的总细菌和弧菌进行定量检测的技术，并研制了基于Taqman探针的二重PCR对于病毒进行定量技术，DNA病毒检测下限小于10拷贝，RNA病毒检测下限小于100拷贝。在病害控制方面，开发了具有直接抗病毒作用的siRNA制剂；继续研究了具有提高养殖虾免疫力的中草药、免疫增强剂、生物絮团、寡肽、微生物制剂、益生菌等物质的作用，并进行了部分推广使用；继续优化和完善了对虾的生物防控技术。虾体系通过总结讨论形成了一套用于对虾肝胰腺坏死症的防控技术，包括从养殖环境、虾苗来源、病原和有毒藻类检测、养殖密度、饵料投喂、养殖时间、水质情况，到应急措施等各个方面的具体约束要求。

（三）健康养殖与饲料研究

在养殖环境调控技术方面，针对虾池蓝藻溶藻细菌、解磷细菌的功能性强化筛选及生态效应进行研究；研制了用于平衡藻相、稳定pH，增加溶氧，净化水质的理化环境调控剂；分析了有害蓝藻对养殖对虾的影响研究，并明确虾池优势蓝藻——微囊藻、颤藻的活藻及死藻对健康对虾和携带WSSV对虾均具有很高的致死性，藻细胞密度高，毒害作用增大，养殖生产中应严格控制蓝藻数量，防控蓝藻优势。

在对虾养殖新技术研发方面，开展对虾高位池养殖过程菌—碳调控技术研究，在养殖水体中添加一定量的碳源并结合使用芽孢杆菌，可获得良好的养殖效益。按每2天一次按照当日饲料量的25%施用糖蜜，对虾均重提高了27.3%，增重率提高8.96%。增产21.15%。在养殖模式方面则开展了对虾与不同生态位生物生态养殖模式的研究，通过建立虾—鱼、虾—蟹—贝—鱼、虾—贝—藻等养殖方式，既使得养殖环境中的营养物质得以循环利用，提高对虾养殖的经济和生态综合效益，还可通过生物防控方式防控对虾病害的暴发。

对虾养殖设施技术方面，主要研究了对虾养殖池塘微藻过滤设施和虾池气提设施低能耗配套技术，提高了设施在养殖生产中的利用效率；提出应用微藻过滤设施可使微藻去除率达71%～89%，在气量较低的情况下（低于1米^3/小时），管径较小的气提泵性能高于较大管径，随着气量增加，管径较大的气提泵性能逐步超过较小管径。

对虾营养需求方面主要研究了硒、苯丙氨酸、组氨酸、甘氨酸、鸟氨酸等多种营养物质对对虾生长、饲料利用等方面的影响；明确了对虾饲料中的脂肪需要量和适宜脂肪源；还针对饲料中有毒物质对凡纳滨对虾肝胰腺的毒害作用进行了分析。

（四）对虾加工研究

2013年国内有关对虾加工的研究主要集中在对虾鲜度评定和品质分析方法、对虾生物保鲜、新型加工技术研发、对虾加工副产物综合利用4个方面。在对虾鲜度评定和品质分析方面，利用可见/近红外光谱分析技术鉴别新鲜和解冻对虾，并定量分析色泽和挥发性盐基氮；利用嗅觉可视化技术快速无损检测对虾鲜度；利用三甲胺/氧化三甲胺摩尔比值评价对虾的新鲜度；利用高光谱成像系统实现对虾品质的快速无损检测及化学成分分布的可视化；研究了机器视觉技术应用于对虾规格检测和分级。在对虾生物保鲜方面，研究茶多酚、茶树精油、乳酸菌素、壳聚糖、纳豆抗菌肽、Nisin、ε-聚赖氨酸等对虾的保鲜效果。在对虾加工技术方面，研究了自动化加工装备，主要包括对辊挤压式剥壳技术、双辊式对虾粗定向、对虾自动开背脱壳方法和自动化设备等；研究了褐藻胶裂解物、海藻糖、碳酸钠、山梨醇、蔗糖酯等对虾的保水效果；研究了对虾的直接浸渍速冻技术、对虾微波干燥技术、高密度

CO_2 杀菌技术、即食对虾加工技术、超高压消除过敏源等。在对虾加工副产物综合利用方面，主要是提取虾青素、虾油脂、生物锌、牛磺酸、制备壳聚糖、制备活性肽等。

（虾产业技术体系首席科学家
何建国提供）

2013年度贝类产业技术发展报告

(国家贝类产业技术体系)

一、国际贝类生产与贸易概况

(一) 国际贝类生产

粮农组织最新统计数字显示，2011年全球贝类总产量达到1686.51万吨，海水养殖产量占84.31%。2002—2011年，海水贝类养殖产量和产值均呈稳定增长态势，分别从期初的1085.26万吨和94.21亿美元，增加到期末的1421.97万吨和151.03亿美元，10年间增幅分别为31.03%和60.31%。蛤类、牡蛎、贻贝、扇贝和鲍螺类为主要养殖物种（表1）。

表1 世界海水贝类养殖产量与产值变动趋势

（单位：万吨、亿美元）

种类	类别	2002	2003	2004	2005	2006	2007	2008	2009	2010	2011
蛤类	产量	306.58	337.25	363.47	367.78	379.84	420.34	436.50	443.78	488.52	492.90
	产值	34.00	37.85	29.43	34.10	36.69	39.77	42.58	43.36	47.45	48.78
牡蛎	产量	388.37	401.64	414.29	415.63	426.05	440.33	414.76	430.34	448.85	451.90
	产值	32.52	24.81	26.25	28.70	29.39	30.15	32.75	33.43	35.85	36.96
贻贝	产量	155.22	162.22	167.01	171.80	177.15	159.76	158.77	176.46	181.24	180.16
	产值	6.90	9.68	9.05	10.42	12.17	16.19	16.27	15.10	15.73	22.31
扇贝	产量	111.31	110.21	105.26	114.69	126.17	146.42	141.09	158.36	172.71	151.96
	产值	15.72	15.73	16.08	17.75	19.62	22.46	23.75	25.28	29.78	27.17
鲍螺类	产量	0.31	20.56	25.15	29.20	32.04	37.47	35.94	35.43	38.38	39.50
	产值	0.45	2.32	2.97	3.74	4.44	5.46	6.19	6.72	7.79	8.84
其他	产量	123.48	91.80	95.95	99.50	112.49	84.98	98.29	92.71	69.75	105.55
	产值	6.20	4.87	5.37	5.85	6.63	5.26	6.40	6.04	4.78	6.96

数据来源：FishStat J，2013。

贝类养殖活动主要集中在亚洲、欧洲和美洲，2011年在全球贝类养殖总产量中所占份额分别为90.84%、4.40%和3.89%，其他各大洲仅占0.87%。其中，在鲍螺类、蛤类、扇贝、牡蛎和贻贝养殖总产量中，亚洲占比分别高达99.29%、98.20%、95.77%、94.59%和49.91%。

鲍螺类主产国为中国与韩国，分别占世界养殖总产量的97.55%和1.72%；蛤类主产国为中国和马来西亚，分别占世界养殖总产量的94.37%%和1.17%；扇贝主产国为中国和日本，分别占世界养殖总产量的87.93%和7.79%；牡蛎主产国为中国、韩国及日本，分别占世界养殖总产量的83.12%、6.22%和3.67%；贻贝主产国为中国、智利、西班牙和新西兰，分别占世界养殖总产量的39.27%、16.27%、11.58%和5.62%。

（二）国际贝类贸易

2007—2012年，世界牡蛎、扇贝和贻贝的进口量、进口额、进出口均价呈稳定增长态势。其中，进口量、进口额分别从期初的36.53万吨、16.93万美元增长至期末的38.89万吨、21.85万美元，出口量、出口额从37.27万吨、15.47万美元增长至34.93万吨、18.94万美元，进、出口均价分别从4.63美元/千克、4.15美元/千克增长至5.62美元/千克、5.42美元/千克（表2）。

表2　2007—2012年世界主要贝类品种进出口情况

（万吨、万美元、美元/千克）

年份	种类	进口			出口		
		进口量	进口额	均价	出口量	出口额	均价
2007	牡蛎	3.67	1.89	5.14	3.75	1.97	5.26
	扇贝	10.51	9.97	9.49	9.22	8.35	9.06
	贻贝	22.35	5.07	2.27	24.31	5.14	2.12
2008	牡蛎	3.65	1.95	5.34	3.90	2.03	5.22
	扇贝	11.15	10.84	9.73	10.77	9.31	8.64
	贻贝	18.90	4.99	2.64	19.88	5.05	2.54
2009	牡蛎	4.13	2.07	5.01	4.15	2.03	4.88
	扇贝	38.42	11.00	2.86	10.61	9.40	8.87
	贻贝	18.94	4.69	2.47	20.78	4.65	2.24
2010	牡蛎	4.60	2.74	5.95	5.03	2.51	4.99
	扇贝	12.35	12.93	10.47	12.65	11.62	9.19
	贻贝	19.81	4.34	2.19	21.33	4.65	2.18
2011	牡蛎	4.75	3.14	6.61	4.68	3.03	6.48
	扇贝	12.52	15.30	12.22	12.74	14.36	11.28
	贻贝	22.00	5.77	2.62	22.62	5.93	2.62
2012	牡蛎	4.28	2.81	6.57	4.08	2.75	6.75
	扇贝	11.52	13.58	11.79	9.53	11.11	11.66
	贻贝	23.09	5.47	2.37	21.32	5.08	2.38

数据来源：UN Comtrade，2013。

二、国内贝类生产与贸易概况

（一）全国贝类生产

2011年，中国贝类养殖产量在世界贝类养殖总产量中占比高达81.92%，鲍螺类、蛤类、扇贝、牡蛎和贻贝养殖产量在同类别世界养殖产量中占比分别为97.55%、94.37%、87.93%、83.12%和39.27%（表1和表3）。2012年，中国贝类海水养殖产量达到1208.44万吨，比2011年增加了54.08万吨，增幅为4.68%（表3）。

表3　中国海水贝类养殖产量变动趋势

（单位：万吨）

种类	2003	2004	2005	2006	2007	2008	2009	2010	2011	2012
蛤类	309.59	332.36	338.95	350.99	390.39	409.03	415.30	456.37	465.13	474.91
牡蛎	321.13	328.19	334.70	340.34	350.89	335.44	350.38	364.28	375.63	394.88
贻贝	59.81	62.77	67.54	65.24	44.87	47.99	63.74	70.22	70.74	76.44
扇贝	82.13	80.14	91.41	102.02	117.74	114.82	129.21	143.84	133.63	142.00
鲍和螺类	20.26	24.74	28.76	31.47	36.82	35.16	34.52	37.48	38.53	30.50
其他	75.31	74.06	78.80	91.51	61.54	75.01	69.80	47.08	81.23	89.71

数据来源：FishStat J，2013；中国渔业统计年鉴，2013。

2003—2012 年，国内海水贝类养殖产量保持着总体增长但个别种类养殖产量起伏不定的态势。其中，扇贝产量总体呈增长态势且增幅最大，10 年间增幅达 72.90%；蛤类次之，10 年间增幅 53.40%；鲍螺类增幅位居第三，10 年间增幅 50.54%；贻贝产量从 2006 年的 65.24 万吨降至 2007 年的 44.87 万吨，2012 年增至 76.44 万吨，10 年间增幅达 27.80%；牡蛎产量从 2002 年的 317.75 万吨，稳定增长到 2007 年的 350.89 万吨，2008 年降至 335.44 万吨，2012 年上升到 394.88 万吨，10 年间增幅约为 22.97%（表 3）。

在多种自然灾害频发、养殖空间缩减、要素价格上涨等不利因素的影响下，2013 年贝类产业总体上依然保持良好的发展态势。主要表现在：苗种供应充足，养殖规模相对稳定，产量稳中有升；养殖品种增多，大规模单一品种养殖局面有所扭转，产业结构得到初步调整。

2013 年贝类产业面临的突出问题是：行业管理落后于现实需求，部分海区利用规划缺失，无偿、无序、无度和超负荷利用及养殖品种单一等问题依然没有消除；种质资源混杂趋势加剧，苗种生产失序问题尚未得到矫正；在外源污染、养殖自身污染和极端气候条件等多种因素的共同作用下，养殖风险进一步加大，不确定性增多；国产中、低端贝类供给总体上供大于求，产品过于低端化和同质化，难以满足细分市场特别是高端市场对规格、质量和品牌的需求；要素价格特别是劳动力价格持续上涨，用工紧缺，养殖机械研发力度亟待加强；鲍苗种和成品滞销，价格大幅下跌，生产者损失惨重。

（二）贝类进出口贸易

2012 年，中国牡蛎、扇贝及贻贝等贝类进、出口量分别为 15 892.61 吨和 23 683.23 吨，进、出口额分别为 6894.96 万美元和 23 899.45 万美元，进、出口均价分别为 4.34 美元/千克和 10.09 美元/千克（表 4）。

表 4　2012 年中国贝类进出口量、额及均价

（单位：吨、万美元、美元/千克）

种类	进口			出口		
	进口量	进口额	均价	出口量	出口额	均价
牡蛎	1 037.72	1 060.38	10.22	1 468.54	667.49	4.55
扇贝	13 600.60	5 149.41	3.79	20 952.21	22 973.94	10.96
贻贝	1 254.29	685.17	5.46	1 262.48	258.02	2.04
合计	15 892.61	6 894.96	4.34	23 683.23	23 899.45	10.09

数据来源：UN Comtrade，2013。

2007—2012 年，中国贝类进口国主要是北美洲的美国、东北亚的日本、朝鲜和韩国、欧洲的法国和大洋洲的新西兰。2012 年，牡蛎、扇贝及贻贝的首要进口国分别为法国、朝鲜及新西兰（表 5）。

表 5　2007—2012 年中国贝类主要进口国及进口量

（单位：吨）

种类	国家	2007	2008	2009	2010	2011	2012
牡蛎	美国	122.34	60.68	58.31	117.14	157.18	94.25
	韩国	87.96	11.64	61.84	206.93	186.84	364.91
	法国	16.00	13.07	16.55	198.19	438.72	411.19

（续）

种类	国家	2007	2008	2009	2010	2011	2012
扇贝	日本	332.46	719.70	885.24	5 530.55	2 909.34	11 425.70
	美国	181.96	109.03	31.64	96.67	53.98	94.40
	朝鲜	122.21	116.03	14.12	353.07	2 070.02	1 990.75
贻贝	朝鲜	6 400.34	2 217.14	2 277.30	700.24	18.00	16.46
	加拿大	382.69	427.98	165.21	100.63	62.78	289.29
	新西兰	266.26	174.80	164.80	101.29	406.32	855.58

数据来源：UN Comtrade，2013。

2007—2012 年，中国贝类出口国（地区）主要为北美洲的美国、亚洲的韩国、中国香港和澳门地区及大洋洲的澳大利亚。2012 年，牡蛎、扇贝及贻贝的首要出口国（地区）分别为香港、韩国和韩国（表 6）。

表 6　2007—2012 年中国贝类主要出口国（地区）及出口量

（单位：吨）

种类	国家/地区	出口量					
		2007	2008	2009	2010	2011	2012
牡蛎	香港	588.83	1 503.10	1 740.70	1 763.91	1 347.90	953.36
	澳门	430.81	753.94	746.30	677.73	—	2.83
	新加坡	169.48	41.18	19.09	56.19	64.32	44.57
扇贝	美国	7 194.33	7 307.22	6 582.28	11 265.91	8 895.77	4 456.99
	韩国	4 138.59	4 988.76	5 355.02	7 090.98	11 398.01	6 064.66
	澳大利亚	1 049.76	1 036.11	851.49	1 572.27	1 625.34	2 033.44
贻贝	韩国	5 122.72	2 187.05	2 612.05	694.63	545.25	830.32
	香港	3 207.71	356.61	1 761.11	1 092.13	205.47	—
	澳门	1 427.87	870.94	698.46	494.33	449.37	1.05

数据来源：UN Comtrade，2013。

据海关数据统计，2013 年前 3 季度，中国贝类出口量减额增：出口量 16.29 万吨，同比下降 0.68%；出口额 9.71 亿元，同比增加 10.37%，在一般贸易出口额中占比 9.27%。

（三）国内贝类市场

国内主要水产品批发市场监测数据显示，2013 年大宗贝类批发价格同比升少降多：扇贝和蛏子价格上涨，均价分别由去年同期的 24.94 元/千克、23.40 元/千克上涨至 30.54 元/千克、24.94 元/千克，同比分别上升了 22.47%、6.60%；蛤蜊、鲍和牡蛎价格下降，均价分别从去年的 8.37 元/千克、144.46 元/千克、6.83 元/千克，下降至 7.73 元/千克、133.70 元/千克和 6.81 元/千克，同比分别减少了 7.67%、7.44% 和 0.24%。

三、国际贝类产业技术研发进展

（一）贝类遗传和育种技术

应用传统的育种技术，如选择育种、杂交育种和染色体操作仍是当前国际上最重要的贝类育种技术，应用家系育种结合 BLUP 技术，开展不同地理群体间的杂交和进行多倍体育种等均取得进展，如美国和法国等在牡蛎抗病育种，澳大利亚在鲍育种，智利等在扇贝育种进行了系列研究。对优良种质的保存技术的研发也是国际上重视的，如精子保存技术等研发。

在基础遗传学领域国际上更多的研究集

中在分子与群体遗传学、多样性与适应性、生态与环境方面上，如欧美利用牡蛎和象拔蚌等研究贝类对全球环境气候变化及其适应现象，如海洋酸化、全球暖化等对贝类群体动态变化的影响等。

随着基因组学技术的发展，在贝类遗传学和育种研究中，关于 SNP 分子标记的开发以及分型技术的研究日益增多。同时，转录组、蛋白质组等组学技术也在功能基因开发、重要性状的分子机理解释方面发挥了重要作用。欧美澳等国分别在牡蛎、珠母贝、扇贝等的配子发生、性别分化、生殖调控、免疫机理、生长发育、抗性机制等发面进行了深入研究。目前，逐渐形成了以表观遗传、转录组学、基因组学、蛋白组学及其代谢组学相结合的新的遗传解析模式。澳大利亚开展了大珠母贝基因组范围的 SNP 筛选与验证，以及外套膜转录组分析。同时利用开发的 SNP 标记开展了高密度遗传图谱构建研究。法国学者等鉴定出 80 个壳基质蛋白，其中 66 个是完全新的。日本学者在马氏珠母贝基因组草图的基础上开展了大量基因挖掘工作，构建了基于网络的基因组注释平台。

（二）贝类病害控制技术

2013 年度，病害依然是国际贝类产业普遍存在的突出问题，暴发的疾病集中于牡蛎、鲍、贻贝和蛤等贝类，并以病毒性疾病为主。其中，牡蛎疱疹病毒（Ostreid herpesvirus-1，OsHV-1）仍然是本年度影响贝类健康的主要病毒性病原之一，有在野生种群或养殖种群中呈明显扩散趋势。相关学者对 OsHV-1 的毒株分型、传播方式、分子流行病学规律、宿主免疫应答机制以及养殖模式等方面展开了深入研究、弧菌、才女虫病等与近年来世界范围贝类大规模死亡相关的病原微生物也是本年度研究的重点。同时，以组学为核心的贝类免疫防御机制研究成为新趋势。随着新一代测序技术的日趋成熟，转录组、蛋白组技术已广泛应用于牡蛎、扇贝、文蛤、鲍等贝类免疫学机制的研究中，为从分子水平揭示贝类在海区温度、盐度、露空、重金属和海区常见病原胁迫下的免疫防御机制和遗传机制奠定了基础。

（三）贝类养殖模式与养殖环境

当前，国际上的研究热点和主要发展趋势集中于离岸多营养层次综合养殖（IMTA）模式和陆基工业化循环水养殖模式（RAS），这两种养殖模式是实现近岸与海湾养殖健康、可持续发展，有效解决滨海土地资源紧张、水资源和能源利用率低的有效途径。

在 IMTA 研究方面，加拿大科学和工程研究委员会（NSERC）专门成立了一个 IMTA 研究网络（CIMTAN）并设计了专属 IMTA logo，该网络联合了包括 1 处省级实验室，6 处加拿大联邦海洋渔业局分支机构，8 所知名大学以及 26 位重要科学家的参与，体现了政府及科研界对 IMTA 研究的重视程度。挪威从 2006 年开始也相继设立 INTEGRATE（2006—2011）、EXPLOIT（2012—2015）等多个专项来推进 IMTA 的研究。挪威采用的单点锚定鱼—贝—藻综合养殖设施，澳大利亚鲍养殖中使用的“水上农场”专利系统等是 IMTA 养殖模式的典型范例。

工业化循环水养殖模式在鱼类中已得到了广泛的应用，如丹麦的虹鳟鱼和法国的大菱鲆循环水养殖，挪威的大西洋鲑循环水育苗等。在贝类养殖中目前主要用于贝类苗种培育，如澳大利亚的 SARDI 研究所和法国的 Ifremer 研究所研发的贝类苗种培育系统。随着产业发展中面临的各种问题日渐突出，高密度循环水养殖模式必将是未来贝类苗种培育模式的一个重要发展方向。

在养殖环境管理方面，生态系统适应性管理（Ecosystem adaptive management）作为一种全新的管理理念与操作手段，在许多西方发达国家的水资源管理中得到运用并取得成功。

（四）贝类流通与加工技术

国外对主要经济贝类的前处理技术工艺成熟，加工流程和管理体系完善。荷兰、日本及美国等国家研制了贝类前处理加工专用设备，可实现不同品种贝类前处理加工，自动化程度高，清洗分级效果好。①前处理加工设备方面，以日本为例，国广株式会社研发了专用于蛤类的清洗分级设备。其使用的双滚筒分级机按贝类厚度和直径进行分级，分级准确率高达 98%以上。②贝类净化暂养方面，欧盟的（EC）853/2004 号规章与美国的《国家贝类卫生计划》（NSSP）分别将其国内的贝类养殖水体划分为 3 个与 5 个等级。贝类加工企业严格按照相应法规条款进行对应的净化、暂养、加工后再投放市场。

在贝类精深加工、高值化利用方面，日本、欧盟、美国等发达国家有较为齐全的贝类加工技术及产业体系，对贝类进行了有效的综合利用，有较为齐全的贝类产品在市场销售或应用，如冷冻调理食品、干制品、烟熏品、保健品、药物、化工产品、建筑材料等。国外的贝类加工仍以冷冻加工为主，近年逐渐利用食品加工高新技术开发新型贝类食品，如生食贝类、重组贝类水产食品等，取得了很好的市场效益。此外，日本、美国、欧盟等国研究者对贝类来源的生物活性物质和毒素有较多的研究报道，对生物活性物质的构效关系及毒素的生理特性、毒性、产生机制研究较为详细，为贝类生物活性物质新产品的开发及贝类加工产品的安全性奠定了一定的基础。

四、国内贝类产业技术研发进展

（一）贝类遗传和育种技术

2013 年，国内贝类遗传学研究和育种研究获突破性进展，主要表现在两个方面。

1. 贝类育种体系建设进展快速，技术体系日趋完善 多个重要养殖种类的育种进展良好。选择育种：本年度在鲍、牡蛎、扇贝、珠母贝、滩涂贝类开展了广泛的研究，育成了大量优良品系、家系材料、群体材料等。开展了皱纹盘鲍与杂色鲍的速长、抗性等性状方面选种工作，采用级进杂交以及三元杂交的策略，进行了杂色鲍与皱纹盘鲍新品系的培育。突破了西氏鲍、绿鲍与黑足鲍等与皱纹盘鲍的种间杂交技术，种间杂交后代表现出较强杂交优势。牡蛎中间杂交育种也获得重要进展，成功培育出可育杂交后代，获得了良好的遗传改良效果。培育的蓬莱红 2 号栉孔扇贝、海蛎 1 号长牡蛎、科浙 1 号文蛤通过国家新品种审定，其中牡蛎和文蛤新品种分别是我国牡蛎和滩涂贝类的第一个新品种，实现了历史性突破。

2. 贝类分子遗传学与分子育种技术研发在国际上处于领先地位 在构建牡蛎基因

组序列精细图谱之后，栉孔扇贝、虾夷扇贝和马氏珠母贝的基因组框架图也已完成，鲍和菲律宾蛤仔的测序工作正在开展。构建了扇贝、牡蛎等的高精度遗传连锁图谱，如栉孔扇贝的遗传连锁图谱的平均图距达到0.41 厘摩，为目前水生生物中精度最高的图谱。功能表达谱分析和蛋白组学等技术也广泛应用于贝类遗传学研究，大量和性状相关的 QTL 被定位，大批功能基因得到克隆和深入研究。牡蛎、扇贝、鲍和文蛤等贝类的与免疫、生长发育等相关的数百个基因得到克隆。数十个与珠母贝矿化和珍珠形成相关的基因被研究。上述研究为贝类的分子遗传学和分子育种等工作奠定了基础。

此外，研发了适用于水生生物等非模式生物的基因组高通量分子标记开发和分型的技术，研发了“水产动物全基因最优效应选择技术”，建成了国际上第一个水生生物的全基因选择育种平台，应用于扇贝等海洋生物的全基因选择育种。

（二）贝类病害控制技术

2013 年度，国内贝类产业病害控制研究涉及贝类流行病学调查、贝类疾病病原检测技术、贝类免疫防御机制和贝类疾病的防治 4 个方面。

1. 贝类流行病学调查 国内贝类产业疾病调查主要集中在疱疹病毒性疾病，细菌性疾病、寄生虫性疾病次之，渤海养殖区还出现了抑食金球藻引起的扇贝滞长现象。

2. 贝类疾病病原检测及致病机理 重点对弧菌、大肠杆菌、乳球菌等微生物开展监测研究；揭示了低温下灿烂弧菌对扇贝的致病机理，完成了栉孔扇贝急性病毒性坏死病毒（acute viral necrosis virus，AVNV）全基因组测序，建立了相应的快速检测技术。

3. 贝类免疫防御机制 牡蛎、扇贝、文蛤等贝类基因组和转录组分析，揭示了宿主在环境胁迫和病原侵染后的免疫响应，为从组学角度解析免疫系统的组成和作用机制提供了重要参考资料；通过扇贝、牡蛎、文蛤蛋白组分析，获得大量抗逆相关功能蛋白；在不同贝类中克隆并鉴定了一批免疫系统相关基因，为贝类免疫基因利用和疾病防治打下坚实基础。

4. 贝类疾病的防治 在贝类疾病控制方面仍贯彻“预防为主、治疗为辅”的方针；同时，加强疾病快速诊断技术研发，筛选益生菌和病原拮抗菌，选育优质抗病抗逆新品系，提高养殖贝类成活率。

（三）贝类养殖模式与养殖环境

在贝类苗种培育模式上，目前仍以工厂化常规育苗为主，依然没有摆脱环境依赖型、资源消耗型的生产模式，对育苗场的内部设施建设重视不够，科研滞后于生产，高密度苗种生产应具备的水质净化、高溶氧、控温技术等还比较落后，苗种供应不稳定，数量、质量难以得到保证，是目前限制贝类增养殖产业发展的瓶颈之一。2013 年度，国家贝类产业技术体系提出研发封闭循环水高密度贝类苗种培育技术，目前正处于探索性研究阶段，该育苗模式的发展有望解决苗种生产效率低、滨海土地资源紧张、水资源和能源利用率低、劳动力成本高、病害频繁发生等产业发展面临的主要问题。

在贝类养成阶段，以近岸海区筏式养殖和底播养殖为主，IMTA 养殖模式在贝类养殖示范区和一些大、中型企业中率先开展了应用，并起到了良好的示范作用，在产业化推广方面走在了世界的前列。在IMTA系统不同生物功能群之间的互利过程与机理研究方面，养殖周期的匹配、营养物质的粒径结构及扩散范围、养殖结构的布局、不同营养层次生物间营养物质的捕获、利用效率及配比模式等关键科学问题进入学者们的研究视线。池塘养殖模式和养殖技术方面的研究偏少，研究深度也与国外的研究存在较大的差距。

在贝类设施养殖方面，在快速吸收借鉴国外现有设施设备基础上，创制和研发了多种经济适用的集约化、自动化、节能型养殖新设施，已逐步在产业中进行示范推广。

在水产养殖管理方面，从挪威引进的可视化水产养殖管理决策软件系统AkvaVis已完成软件汉化处理，进入参数调试、系统试运行阶段。

在环境监测及产品质量安全评价方面，开展了局部海域滩涂的环境监测和滩涂贝类的质量安全评价，并在贝类产业技术体系的示范海区初步构建了水质实时在线监测系统。

（四）贝类流通与加工技术

在贝类加工前处理方面，国内科研机构已经在部分研究领域取得了一定的进展。①超声波清洗工艺的引入。利用超声波的空化作用、加速度作用及直进流作用于顽固性污物之上，使污物层被分散、乳化、剥离而达到清除目的。②多元复合清洗工艺模式，协同提高净化效果。③蛤类分级清洗一体化装备。在加工过程中加入浸泡减伤系统，设计开发了一款蛤类分级清洗一体化设备。④多种类贝类净化技术。国内研究已发展到多元品种贝类以及不同水质水域贝类，净化技术向轻度污染水质养殖贝类的消毒净化以及中度污染水质养殖贝类的中、长期自体代谢净化暂养技术发展。

在贝类精深加工方面。扇贝柱、半壳贝、全贝等加工工艺中制冷系统全部采用先进的二氧化碳和氨复叠式制冷工艺，以二氧化碳作为冷媒，大幅度降低液氮的使用量，提升了制冷效果。在贝类加工技术研究及应用方面，重点研究了超高压、高密度二氧化碳（DPCD）等非热加工技术对牡蛎、鲍等贝类食品品质的影响，开发了鲍、牡蛎非热加工杀菌技术及产品；进行了牡蛎、蛤类等生理活性成分提取分离技术及其抗疲劳功能、抗肿瘤的机制研究。贝类加工“生物酶解技术”、“温和加工栅栏技术”等得到进一步应用，并研发出了多种贝类即食产品、贝类调味品、贝类发酵饮料等新产品。在贝类安全技术方面，本年度国内在南海贝类毒素监控体系建设、贝类毒素壳聚糖衍生物活体脱除技术方面均取得重要进展。

（贝类产业技术体系首席科学家
张国范提供）

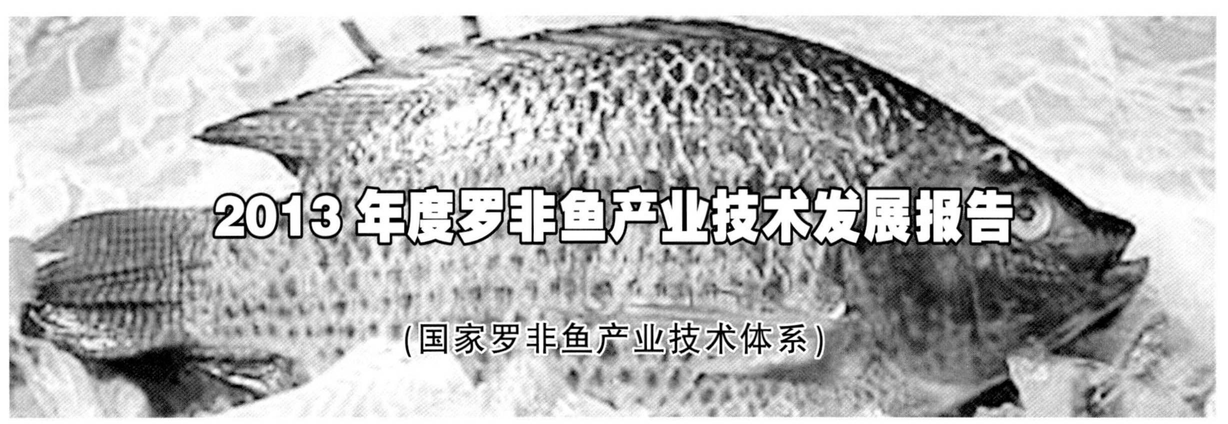

一、国际罗非鱼生产与贸易概况

(一) 国际罗非鱼生产

据FAO数据统计，全球罗非鱼产量呈逐年上升趋势，从2004年255万吨到2011年475万吨，年平均增长率为8.1%。2013年全球罗非鱼总产量约为572万吨，其中养殖产量为492万吨，捕捞产量为80万吨。

(二) 国际罗非鱼贸易

2012年全球罗非鱼进出口总量（鲜、冷罗非鱼、冻罗非鱼、鲜或冷的罗非鱼鱼片、冻罗非鱼鱼片，不包括制作或保藏的罗非鱼，整条或切块）为67.6万吨，其中进口总量31.4万吨，出口总量36.2万吨；进出口贸易总额为25.5亿美元，其中进口贸易额13.4亿美元，出口贸易额12.1亿美元。据此估算，2013年全球罗非鱼进出口总量（鲜、冷罗非鱼、冻罗非鱼、鲜或冷的罗非鱼鱼片、冻罗非鱼鱼片，不包括制作或保藏的罗非鱼，整条或切块）仍呈上涨趋势，约为88.8万吨，其中进口总量约35.1万吨，出口总量约53.8万吨；进出口贸易额约为34.1亿美元，其中进口贸易额约16.1亿美元，出口贸易额约18.0亿美元。中国是出口量最大的国家，近年来占全球罗非鱼比例基本是呈上升趋势，而美国仍然是罗非鱼产品的最大进口国，但同比下降已超过10%。

(三) 国际罗非鱼市场

罗非鱼产品主要品种有冻罗非鱼片、冻罗非鱼、鲜或冷罗非鱼片和新鲜罗非鱼。2013年罗非鱼主要进口国美国1～11月总进口量为22.2万吨，比2012年同期相比减少1.71%，进口额为9.09亿美元，同比增加3.75%。美国市场进口量最多的为冻罗非鱼片，其次为冻罗非鱼、鲜或冷的罗非鱼片、鲜或冷罗非鱼和鲜或冷的罗非鱼肉，分别占总进口量的69.07%、18.41%、12.28%、0.22%和0.03%，同期增长分别为−8.0%、15.8%、32.9%、81.6%和−98.2%。进口平均价分别为4.69、1.91、7.32、4.84和7.32美元/千克，同期增长分别为7.53%、1.75%、3.00%、7.19%和−0.74%（表1）。

表 1　2013 年美国罗非鱼产品进口价格

单位：美元/千克

月份	1	2	3	4	5	6	7	8	9	10	11	均价
鲜、冷罗非鱼	7.20	2.13	6.17	6.53	6.17	5.00	5.86	5.77	7.30	6.61	7.36	6.01
冻罗非鱼	1.85	1.76	1.84	1.97	1.93	1.91	1.88	1.87	1.91	1.97	2.07	1.91
鲜或冷的罗非鱼片	7.34	7.01	7.26	7.19	7.32	7.37	7.32	7.52	7.54	7.52	7.19	7.32
鲜或冷的罗非鱼肉	1.93	9.40	8.58	8.92	5.36	8.56			8.57	8.89		7.53
冻罗非鱼片	4.31	4.35	4.79	5.05	4.82	4.79	4.77	4.73	4.62	4.78	4.91	4.72

从 2000—2013 年美国冻罗非鱼片的进口价格来看，中国历年来均低于其进口平均价格，价格较高的包括厄瓜多尔、中国台湾等国家和地区（表 2）。从 2000—2013 年美国冻罗非鱼的进口价格来看，绝大部分年份中国的价格都低于其平均价格（表 3）。

表 2　2000—2013 年美国冻罗非鱼片进口价格

单位：美元/千克

国家	2000	2001	2002	2003	2004	2005	2006	2007	2008	2009	2010	2011	2012	2013
中国大陆	4.00	3.53	3.47	3.28	3.03	3.04	3.04	3.06	4.17	3.63	3.78	4.43	4.07	4.43
印度尼西亚	5.07	4.98	5.06	4.95	4.72	4.89	5.03	4.99	5.84	6.41	6.76	6.51	6.50	6.92
中国台湾	4.45	3.38	4.04	4.06	3.35	3.59	3.96	4.21	5.42	5.31	4.60	6.43	7.34	6.06
泰国	4.87	3.57	3.91	4.01	4.19	4.24	4.76	10.95	4.18	5.60	5.24	5.63	6.02	6.41
厄瓜多尔	5.21	4.59	4.99	5.07	5.62	5.42	5.09	4.63	5.90	6.64	6.63	7.26	8.12	9.19
哥斯达黎加			7.43	5.68	5.59	5.75		5.83	9.68	6.89	6.15	6.86	6.08	6.21
马来西亚						1.64			4.57			5.30	6.55	6.45
巴拿马			4.21	3.26	4.07	3.78	3.64	4.48	4.76	4.72	4.87	5.67	5.63	5.42
洪都拉斯							5.76	5.67	7.19	6.39	6.48	6.36	6.45	5.61
中国香港					3.19	2.99	3.31	2.75	3.80		3.50	1.72	1.84	2.92

表 3　2000—2013 年美国冻罗非鱼进口价格

单位：美元/千克

国家	2000	2001	2002	2003	2004	2005	2006	2007	2008	2009	2010	2011	2012	2013
中国大陆	1.18	0.97	1.05	1.06	1.08	1.23	1.58	1.22	1.78	1.51	1.62	1.96	1.73	1.92
中国台湾	1.24	0.97	1.12	1.21	1.09	1.17	1.34	1.36	1.89	1.84	1.56	2.15	2.10	1.87
泰国	2.15	2.22	1.40	1.53	1.43	1.47	1.81	1.78	1.69	1.68	1.96	2.22	1.99	2.00
越南	2.48	2.75	3.37	2.35	2.31	2.66	2.80	2.39	2.43	2.42	2.55	2.43	2.79	2.63
巴拿马	5.93	2.56	1.12	1.13	0.91	1.64	1.15	1.47	1.63	1.72	1.54	1.53	1.80	1.79
菲律宾	1.59	1.22		1.90	2.18	1.25	1.59		2.55	3.77	2.03	2.21	2.52	3.14
厄瓜多尔	5.17	4.15	3.11	1.92	2.22	2.99	2.89	2.02	2.36	2.06	2.28	3.63	3.63	3.67
印度						2.42					0.97	1.31	1.67	1.39
中国香港	1.01		0.96	1.21	1.22	2.17	1.31	1.29	1.83			2.01	1.80	1.76
印度尼西亚	3.08	2.26	1.09	1.75	1.16	3.98	3.56	6.20	4.33	1.31	2.28	3.20	2.85	1.78

二、国内罗非鱼生产与贸易概况

（一）国内罗非鱼生产

据农业部渔业局统计数据，2012 年全国罗非鱼养殖总产量为 155 万吨，2013 年我国主产区的养殖规模和投苗密度明显减少，全年产量预计 150 万吨左右，比 2012 年略有下降。

（二）国内罗非鱼贸易

2013 年，我国共有 146 家罗非鱼加工出口公司或企业，比 2012 年增加 12.3%，产品销往 91 个国家或地区，比 2012 年增加

4.6%。2013年罗非鱼总出口量为45.7万吨，同比增长24.6%，总出口额为17亿美元，同比增长40.9%。我国罗非鱼的出口目的国有91个，主要的前5个国家出口额占总出口额的76.3%，其中美国、墨西哥、俄罗斯联邦、科特迪瓦和以色列分别占总出口额的52.2%、12.7%、6.2%、3.0%和2.2%。我国罗非鱼出口有11个省份，主要的前5个省份出口额占总出口额的99.5%，其中广东省、海南省、广西壮族自治区、福建省和云南省的出口额分别占总出口额的42.3%、24.1%、19.1%、12.4%和1.7%。罗非鱼出口产品的主要品种有冻罗非鱼片、冻罗非鱼、制作或保藏的罗非鱼（整条或切块）和活罗非鱼，活罗非鱼主要供应香港和澳门。2013年前3个产品的出口额分别占总出口额的75.6%、20.9%和3.2%。每千克平均出口价分别为4.64美元、2.18美元和4.86美元，分别同比增长12.2%、17.4%和101.8%。活罗非鱼出口量约为900吨，平均价格为2.16美元/千克，比2012年增长31.3%。

（三）国内罗非鱼市场

罗非鱼国内市场的主要产品以鲜活罗非鱼为主，规格为每尾250克以下、250～500克、500～750克以及750克以上的鲜活罗非鱼平均塘口价、平均批发价、和平均零售价见表4。2013年，由于饲料费、劳力费用、水面费均有不同幅度的上涨，罗非鱼生产成本相应上涨。2012年罗非鱼收购价格较低，严重打击了养殖户养殖罗非鱼的积极性，2013年有所回升。与2012年相比，塘口价上升了12%，批发价上升了7%，零售价上升了8%。与批发价、零售价相比，塘口价上升的幅度最大。2013年1～12月份不同规格的罗非鱼塘口价、批发价和零售价见表4、表5、表6。

表4 2013年1～12月鲜活罗非鱼塘口价

单位：元/千克

规格（克/尾）	1月	2月	3月	4月	5月	6月	7月	8月	9月	10月	11月	12月	均价
<250	4.48	5.30	4.60	4.50	5.50	6.50	6.10	3.94	4.03	3.61	3.25	3.74	4.63
250～500	6.76	8.64	8.00	7.96	8.43	8.27	7.48	5.98	6.52	6.56	6.24	7.17	7.33
500～750	8.65	10.04	9.81	10.06	10.31	10.11	9.14	7.55	8.11	8.25	7.90	9.07	9.08
>750	9.35	11.25	9.63	10.10	11.00	11.25	11.20	9.94	10.80	11.30	10.20	10.26	10.52

表5 2013年1～12月鲜活罗非鱼批发价

单位：元/千克

规格（克/尾）	1月	2月	3月	4月	5月	6月	7月	8月	9月	10月	11月	12月	均价
<250	5.50	6.25	5.50	6.30	7.25	7.50	7.10	4.43	4.64	4.86	4.63	5.00	5.75
250～500	6.54	9.54	8.23	8.27	7.78	9.04	7.79	6.97	7.22	7.18	6.89	7.88	7.78
500～750	10.00	10.25	10.25	11.00	10.33	10.00	10.50	10.00	10.33	10.27	11.00	11.20	10.43
>750	10.20	12.25	10.50	11.60	12.50	12.60	12.62	11.36	12.72	11.85	11.33	11.40	11.74

表6 2013年1～12月鲜活罗非鱼零售价

单位：元/千克

规格（克/尾）	1月	2月	3月	4月	5月	6月	7月	8月	9月	10月	11月	12月	均价
<250	7.50	9.00	7.50	8.50	9.50	9.50	9.10	5.69	6.08	5.97	5.92	6.60	7.57
250～500	9.55	11.64	10.69	10.56	10.64	10.62	10.49	8.37	8.71	8.67	8.55	9.31	9.82

（续）

规格（克/尾）	1月	2月	3月	4月	5月	6月	7月	8月	9月	10月	11月	12月	均价
500～750	12.18	13.74	13.64	12.98	12.84	12.58	12.55	10.23	10.71	10.88	10.69	12.05	12.09
>750	15.00	15.50	14.00	14.90	15.00	15.00	15.10	13.72	15.10	15.50	14.00	14.10	14.74

三、国际罗非鱼产业技术研发进展

（一）遗传育种与繁育

遗传育种方面，埃及、沙特阿拉伯学者联合开展了罗非鱼转基因育种工作，结果表明高盐转基因罗非鱼具有较高的生长速度；西班牙学者也通过转基因技术得到一个快速生长的罗非鱼品系。马来西亚等国进行了三倍体不育红罗非鱼制备的条件摸索，大大改善了商业化制备三倍体红罗非鱼生产能力。日本、印尼以及巴西等各国学者则对性别控制方面进行了广泛研究。巴西学者发现在32℃或34℃的温度下培育尼罗罗非鱼幼鱼可以显著提高罗非鱼雄性比例。

在繁育方面，越南和荷兰学者发现一个雄性个体配组多个雌性个体更适于快速生产半同胞家系，还证明了罗非鱼产卵力是可遗传的性状，以提高收获总重为选育目标的同时，也会提高罗非鱼的产卵力。对吉富品系雌性个体的统计分析发现收获总重、产卵期体重同怀卵量、怀卵量和产卵期体重的比、出苗率呈正相关。

（二）养殖

研究集中在适合当地的最佳养殖模式研发、不同盐度下罗非鱼养殖品种筛选和混养模式开发等方面。巴西政府鼓励当地养殖户在自然湖泊和水库等大面积水域开展网箱罗非鱼养殖，当放养量从415尾/米^{3}降低到130尾/米^{3}时，罗非鱼的生长率明显提高，饵料转化率明显降低；越南学者通过不同盐度下罗非鱼养殖情况对比，确定在0～15阿克/克低盐度放养尼罗罗非鱼，在15～25阿克/克高盐度下放养红罗非鱼较为适宜；此外，以色列、泰国、墨西哥分别开展了罗非鱼和鲷、海参、美洲沼虾混养的研究，并确定了最佳混养比例。

（三）营养与饲料

在开发低鱼粉、鱼油饲料配方技术方面，沙特阿拉伯学者发现利用全脂大豆可以替代尼罗罗非鱼幼鱼饲料中50%～67%的鱼粉蛋白；加拿大学者发现红藻紫菜可以替代30%鱼粉却不降低罗非鱼生长性能，并且15%替代组的饲料效率显著提高；在混合蛋白源替代技术方面，美国学者研究发现虾蛋白水解物可以有效替代尼罗罗非鱼饲料中鱼粉。在鱼油替代技术方面，马来西亚学者构建了棕榈油、亚麻籽油、大豆油等混合替代红杂交罗非鱼幼鱼饲料中鱼油的配方技术。在营养素平衡技术方面，美国等国的鱼类营养学家进一步完善了罗非鱼对镁、亚油酸、岩芹酸、能量蛋白比钙磷比以及维生素E营养元素的需求标准。同时，饲料中铜等有毒有害物质的代谢动力学和环境毒理学开始受到国外学者的关注。

（四）病原检测和病害控制

车轮虫成为巴西罗非鱼养殖的重要病原，弗兰西斯属菌病则在加勒比海地区连续几年暴发。除了常规的细菌学、寄生虫学检测技术外，细菌病原16S rRNA基因及寄生虫病原28S rRNA基因分子鉴定技术的使用也较普遍，而能同时检测多个毒力基因的多重PCR技术仍然受欢迎。古巴学者发现了尼罗罗非鱼三种新的抗菌肽，将其单独或联合作为亚单位重组抗原疫苗新型佐剂能较好的激发鱼体免疫应答能力。此外，通过等位基因交叉互换的方法使罗非鱼源弗兰西斯属菌胞内寄生相关基因（iglA、iglB、iglC和iglD）发生突变而形成的减毒株，具有作为减毒疫苗的潜在应用价值。

（五）加工技术

国外研究集中于罗非鱼的保藏工艺及加工副产物的利用。在保藏工艺上，泰国学者研究了罗非鱼鱼糜的抗冻技术，采用丙三醇覆膜法，结合蔗糖、山梨糖醇等冷冻保护剂对鱼糜进行抗冻处理能达到较好的效果。在副产物利用上，对罗非鱼鱼皮胶原蛋白的研究成为热点，酸碱组合的提取工艺得到了进一步的研究。有研究者采用热处理和酶处理制备罗非鱼皮中的胶原蛋白水解液，发现经过酶处理得到的小分子量多肽具有抗氧化活性。另有学者采用超声和微波结合技术从罗非鱼副产物中提取了硫酸软骨素。

四、国内罗非鱼产业技术研发进展

（一）遗传育种与繁育

在遗传育种方面，分子标记辅助育种是目前的研究热点，国内学者主要利用TRAP标记、微卫星标记、AFLP技术等分子标记对罗非鱼基础群体种质性能、生长性能和遗传多样性等进行相关评估和分析；上海海洋大学对吉丽罗非鱼及其亲本通过慢性盐度胁迫驯化进行耐碱性能的持续选育。在繁育方面，通过温度调控诱导进行性别控制也是国内研究的热点，中山大学研究发现尼罗罗非鱼仔鱼从出膜后第7天开始水温持续7天保持36℃后，平均雄性率达93.85%，且高温（36℃）处理后生长和存活不受影响。

（二）养殖

国内根据本地区气候和地形水文特点，继续完善诸多因地制宜的养殖模式，如海南地区利用当地全年高温的气候条件开展鱼虾、鱼鳖精养模式研发，云南、广西部分地区则回归到稻田养鱼模式。此外，还开发了吉富罗非鱼与青虾轮养高效养殖模式，将罗非鱼向不能自然越冬地区推广。混养品种的筛选和混养比例的确定仍然是国内研究的热点。我国台湾学者研究了投喂频率和光照周期对罗非鱼—空心菜水培系统的水质和空心菜产量的影响，显示该系统具有良好的保水和水质净化效果，经4周试验，仅损失3.3%水量，罗非鱼增重43.9%，空心菜增重169.0%，氮、磷积累明显降低。

（三）营养与饲料

国内学者比较关注饲料添加剂和营养需要量的研究。在饲料添加剂的开发和应用方面，上海海洋大学等单位开发出了嗜酸乳酸菌、谷胱甘肽和甘露聚糖等免疫增强剂；在营养素平衡技术方面，长江水产研究所完善了不同养殖阶段罗非鱼对糖、脂肪、烟酸和胆碱的营养需求标准；在蛋白质和氨基酸营养功能方面，国内集中研究了温度、盐度等环境因子，饲料蛋白水平及其互作效应对罗非鱼生长、饲料效率等的影响，开发出饲料中蛋白质和氨基酸的配方技术；在蛋白源替代技术方面，华南农业大学学者认为奥尼罗非鱼幼鱼阶段印度菜粕替代量在17.5%以下，不会影响罗非鱼的生长；在投喂策略方面，长江水产研究所发现连续3天投喂高蛋白饲料，接着2天投喂低蛋白饲料投喂策略可以达到最好的养殖效果与最优的经济效益。

（四）病原检测和病害控制

高温季节，细菌性疾病仍然是主要危害，寄生虫中车轮虫发病率最高。除了海豚链球菌和无乳链球菌等细菌性病原外，还出现了土拉弗朗西斯杆菌等新病原。国内学者利用脉冲场凝胶电泳技术（PFGE）、多位点序列分型（MLST）、多位点可变数目串联重复序列分析（MLVA）、PCR等技术对无乳链球菌进行血清型和基因型鉴定，从分子角度研究罗非鱼源无乳链球菌病原的流行规律。

病害防治技术正在由单一的化学药物防治向综合防控技术转变，具体包含水质调控、高效养殖模式和品种改良等，其中有效中草药、益生菌和抗病养殖模式筛选等是目前研究的热点。疫苗研究则从无乳链球菌灭活全菌体转向组分疫苗，在实验室阶段取得一定进展，如中山大学的重组DNA疫苗相对保护率达46%，福建省水产研究所的微胶囊口服疫苗相对保护率达66.67%，而珠江水产研究所发现两种免疫方式下亚单位疫苗的相对保护率分别达到82.21%和48.95%。

（五）加工技术

在干燥新技术方面，利用干燥方法结合其他技术的研究逐渐增多，如真空结合冰温干燥、液熏腌制后干燥、常温浸渍结合热泵干燥等。在罗非鱼片保藏保鲜新技术方面，南海水产研究所采用CO发色处理，臭氧水和抗菌肽等技术对罗非鱼片进行处理。广西大学对预调理罗非鱼片保藏技术进行研究，发现了可延长鱼片的货架期的三种生物保鲜剂。在废弃物加工技术方面，广东工业大学利用高压蒸煮技术软化罗非鱼鱼骨并对工艺条件进行了优化；广东海洋大学采用二次回归正交旋转组合方法优化了罗非鱼下脚料酶解液与硫酸锌的螯合条件；福建省水产研究所对罗非鱼下脚料进行双酶解，并运用超滤技术获得小分子多肽液，并进行复配为多肽饮料，具有一定的抗氧化和抗疲劳效果。

（罗非鱼产业技术体系首席科学家
杨弘提供）

2013年度鲆鲽类产业技术发展报告

(国家鲆鲽类产业技术体系)

一、国际鲆鲽类生产与贸易概况

(一)世界鲆鲽类捕捞及养殖情况

据联合国粮农组织(FAO)2013年3月发布的数据，2011年，世界鲆鲽类主产区产量约117万吨，与2010年同比增加了6.4%，其中，捕捞量占84.8%，养殖量占15.2%，分别增长了4.1%和21.1%，创下近10年来的新高值。2011年，世界鲆鲽类主产国格局无明显变化，90%以上的产量集中在美国、中国、俄罗斯、韩国和日本等17个国家。太平洋北部鲆鲽类产量与2010年同比增长了6.0%，占世界总捕捞量的51.1%。世界鲆鲽类养殖规模呈现西进东退态势。法国大菱鲆养殖采取差异化发展战略，走高端路线，目前养殖业已基本处于成熟稳定期。西班牙2011年大菱鲆养殖量与2010年同比增长6.6%。韩国的牙鲆养殖2012年上半年与2011年同期比较产量减少、产值增长、平均价格上涨。2012年，日本鲆鲽类养殖产量保持了2000年以来持续下滑的趋势，与2011年同比捕捞量减少5.0%，养殖量减少8.6%。由于欧洲区域经济状况持续低迷不振，相应的养殖规模持续扩大，欧洲鲆鲽类养殖业正面临较大困扰。

(二)世界鲆鲽类贸易情况

2013年，世界鲆鲽类集散规模扩大，价格稳中有降。鲆鲽类产品传统性主要出口国的出口规模均较2012年有所扩大。其中，美国增加近1倍，韩国增加约20%，冰岛增加16%；美国和韩国的鲆鲽类产品进口规模变化不大，日本进口规模缩小约1成。韩国鲆鲽类出口规模同比2012年显著增加，出口量和出口额同比分别增长20.5%和10.4%，主要为牙鲆，出口日本。中国和美国互为鲆鲽类进出口最大贸易国，中国进口美国原料鱼，美国进口中国加工品。美国出口以冷冻岩鲽(42.2%)和冷冻黄盖鲽(20.7%)为主，主要出口方向是中国、韩国、日本和加拿大。在美国的鲆鲽类出口中，中国份额最大，加拿大次之，两国占美国鲆鲽类出口市场份额的80%以上。冰岛仍以格陵兰庸鲽出口为主，欧鲽次之，为日本的鲆鲽类进口主要货源地之一。

二、国内鲆鲽类生产与贸易概况

(一)国内鲆鲽类养殖生产情况

根据国家鲆鲽类产业技术体系各综合实

验站调查数据，2013年体系跟踪示范区县鲆鲽类工厂化养殖面积为720.93万米^2，网箱养殖面积及池塘养殖面积分别为45.05万米^{2}及5500亩。与2012年相比工厂化养殖面积增长1.85%，网箱养殖面积增长10.34%，池塘养殖面积大幅下降49.14%。与2012年同比，三大主要养殖品种的工厂化养殖面积中大菱鲆基本持平，牙鲆增长22.11%，半滑舌鳎增长10.58%。从养殖产量看，2013年体系跟踪示范区县鲆鲽类总产量为7.19万吨，与2012年同比下降1.85%。其中，主要品种大菱鲆产量为5.63万吨，比2012年下降5.9%；牙鲆产量为1.15万吨，与2012年相比增长27%；半滑舌鳎产量为0.39万吨，比2012年减少4%。辽宁、天津、河北、山东、江苏、浙江、福建等省份的示范区县占总产量的比重分别为35.97%、1.72%、10.90%、41.26%、3.79%、0.43%及5.93%。值得关注的是，2013年鲆鲽类循环水养殖逐步拓展，经济实用的循环水养殖设备及技术需求迫切。鲆鲽类产品酒店消费市场有所萎缩并正在转型，内陆酒店消费及沿海家庭消费市场缓慢扩大。

（二）国内鲆鲽类贸易情况

2013年，我国鲆鲽类产品进出口规模增加。鲆鲽类进出口额81 437.45万美元，进出口量295 744.39吨，与2012年比较，分别增加了3.93%和8.19%。其中，出口额45 798.60万美元（占总额56.24%），进口额35 638.85万美元，出口量96 330.28吨，进口量199 414.11吨（占总量67.43%）。鲆鲽类进出口金额和数量分别占当年全国水产品总体的2.82%和3.64%。冷冻品类规模仍然最大，冷冻比目鱼鱼片类次之。

2013年，中国与69个国家和地区有鲆鲽类进出口贸易。其中，主要出口方向为日本、美国、韩国等，前10个主要出口方向合计金额占该项总金额的88.66%，出口量的88.93%。主要进口来源地有美国、俄罗斯、格陵兰等，前10个来源国的金额和数量分别占该项总体的94.43%和95.51%。其中，进口美国鲆鲽类的金额和数量分别占该项总体的56.22%和67.98%。我国有15个省市有鲆鲽类进出口记录，基本格局无明显变化。北京、海南、河南、黑龙江、湖北只进不出；与2012年比较，河北、吉林由只进不出变为有进有出。辽宁进出口规模仍然最大，进出口金额和数量分别占该类产品总体的55.81%和61.77%；山东次之，进出口金额和数量分别占总体的33.03%和29.14%；辽宁、山东两省合计鲆鲽类进出口规模约占总体的90%。值得关注的是，2013年我国也有冷冻大菱鲆的出口记录，数量30吨，金额24万美元，出口马来西亚，发生在第二季度。

三、国际鲆鲽类产业技术研发进展

（一）鲆鲽类育种与繁育技术

2013年，国外对鲆鲽鱼类的遗传改良主要集中在鲆鲽鱼类的主要品种大菱鲆和牙鲆。调研文献发现，国外主要采用分子生物学方法继续开展分子辅助育种研究；其他方法如传统的数量遗传学选育研究和较为前沿的全基因组育种方法在本领域尚未见有报道。西班牙国家研究委员会（ICM-CSIC）海洋科学研究所开展了与大菱鲆产业相关的标记辅助选育研究，为标记辅助选育工程提供有价值的帮助。西班牙农业饮食科技研究学院（INIA）和圣地亚哥—德孔波斯特拉大学开展了整合所有报道的大菱鲆图谱资源以期获得密集一致的遗传图谱的研究，为大菱鲆进化研究和支撑持续的标记辅助育种提供基础。西班牙卢赫罗纳大学和圣地亚哥—德孔波斯特拉大学开展了利用高通量基因分型技术从两个大菱鲆转录组中开发和验证单核苷酸多态性（SNPs），这些标记有助于大菱鲆群体筛选来寻找野生和驯养大菱鲆的适应性变异。西班牙维戈大学开展了检测影响大菱鲆对病毒性出血性败血症（VHS）有抗性并存活相关的数量性状座位（QTL）的研究，研究结论将应用于大菱鲆标记辅助选育和抗病相关候选基因的发掘。美国得克萨斯农机大学从漠斑牙鲆富集基因组文库中分离到36个核苷酸微卫星标记，对进一步评价漠斑牙鲆种群结构和分析其种群增殖计划的潜在遗传影响十分有利。

随着对重要鲆鲽类苗种人工繁育技术流程的熟化，通过加强基础研究来解决和揭示养殖实践过程中的出现的难题和现象，成为当前国际鲆鲽类苗种繁育产业技术研发的一个的重要趋势。在亲鱼培育与性腺发育诱导研究方面，通过研究类固醇合成因子、促性腺激素激素因子及其他配子成熟影响因子表达，发现在塞内加尔鳎雄性亲鱼精子形成过程中，类固醇合成作用因子表达含量呈显著增长趋势，并且除17-*hsd*基因外，2-*hsd*和20-*hsd*基因在精细胞中大量表达，促性腺激素作用因子*fshr*基因则在塞内加尔鳎睾丸细胞系中表达。与此相反，促性腺激素作用因子*lhr*基因在精子形成发育后期的非生殖系细胞中开始表达。

（二）鲆鲽类养殖装备与工程技术

工厂化养殖方面，德国研究学者研制出一种可自清洗的反硝化装置，以甲醇、乙醇、乙酸或甘油作为反应器的碳源，采用自动曝气方式防止堵塞及为滤料翻滚提供一定能量。研究结果表明，当硝氮的进水浓度为16毫克/升时，装置对硝氮的去除负荷可达到451克/（米^3·天）。智利有一学者对鱼池的进水方式进行了系统的研究，当采用一喷射器（Jet-Mixing Eductor）进水时，水流的均一性、流态、水体中固体颗粒物的聚集时间及去除效果显著优于其他工况，并且当需实现相等的水力性能时，该装置所需功耗低于其他进水方式。网箱养殖方面，美国学者对一种单点锚泊可潜式网箱系统在波浪与水流联合作用下的下潜特性进行了研究。分析了在不同的环境条件下，为达到所要求的下潜程度而对网箱系统进行操纵的可能性。研究结果显示可潜式单点锚泊网箱在模拟负载情况下具有良好的下潜能力。通过分析网箱系统对波浪载荷的动态响应，表明它在离岸海域的真实环境条件下具备进一步下潜的能力。计算机模拟结果还表明，该网箱系统在一系列环境条件下的应用中具有充分的灵活性。池塘养殖方面，研究重点主要集中在池塘养殖生态经济效益评价、养殖微生态调控、池塘循环水养殖模式配置工艺等方面。我国和加拿大等国学者评价了池塘养殖的生态服务价值、社会服务功能以及经济贡献率，指出池塘还作为新养殖品种开发的过渡系统和濒危物种种质保存的种子库，为池塘养殖的保护和可持续发展提供了依据。

（三）鲆鲽类疾病防控技术

2013年报道的鲆鲽类的主要细菌性病

原有腹水病病原迟钝爱德华氏菌、出血性败血症病原弧菌属细菌、巴斯德菌病病原美人鱼发光杆菌等。鲆鲽类的病毒性病原包括大菱鲆疱疹病毒、病毒性出血性败血症病毒和虹彩病毒（肿大病毒）等。在防治鲆鲽类细菌性与病毒性疾病方面，国外早已研制和使用了商业化的疫苗，而我国尚在研制中。在鱼病防控方面，多价载体疫苗及以环境友好技术为基础的微生态制剂、免疫增强剂等新型水产药物逐渐成为国际渔药界的研制热点。

（四）鲆鲽类营养与饲料技术

2013 年，国际上有关鲆鲽类营养研究的重点主要涉及替代蛋白源开发、替代脂肪源开发、水解鱼肉蛋白、微生态制剂、牛磺酸等添加剂的应用等。研究对象包括大菱鲆、牙鲆、半滑舌鳎、大西洋庸鲽等，研究焦点集中于大菱鲆，且以其替代蛋白源开发替代脂肪源开发为重点。总体上，国外对鲆鲽类营养研究目前仍不够系统和全面，对于营养机理方面的研究还不够深入，是国际鱼类营养学研究领域的薄弱环节。

（五）鲆鲽类产品质量安全控制与加工技术

国际上对鲆鲽类的研究热度日益加强，有学者对牙鲆中的磷脂酶的分子和生化特征进行了研究，以了解其酶学性质和生理功能。研究发现 Cδ4 磷脂酶对细胞增殖、肿瘤形成和受精的早期阶段具有显著作用。同时国外为保障水产品质量安全而开展的溯源工作，也是将相关标志标识在鱼体上，与国内基本一致。可见鲆鲽类活性物质等营养研究逐渐兴起，这对于鲆鲽类文化的丰富和产业的发展有着重要意义。

四、国内鲆鲽类产业技术研发进展

（一）鲆鲽类育种与繁育技术

2013 年，我国采用数量遗传学、分子生物学以及数量遗传学和分子生物学相结合的方法对鲆鲽鱼类主要遗传改良品种大菱鲆、牙鲆和半滑舌鳎的选育进行研究，并取得了显著成效。黄海水产研究采用大规模家系选育和分子辅助育种相结合的方法继续开展大菱鲆耐高温品系选育研究，对前期获得的耐高温分子标记进行了进一步验证；此外，还开展了快速生长品系和高成活率品系的系间杂交制种研究，初步筛选出优良的杂交组合，为培育出优质、高产的大菱鲆新品种奠定了基础。中国水产科学院采用杂交育种技术培育出牙鲆新品种“北鲆 2 号”，130 日龄北鲆 2 号全长较普通牙鲆快 27.78%，体重较普通牙鲆快 44.04%。195 日龄北鲆 2 号全长较普通牙鲆快 10.61%，体重较普通牙鲆快 37.14%。中国水产科学研究院黄海水产研究所基于数量遗传学原理对鲆优 1 号牙鲆进行育种性能分析，并研究育种值选择在牙鲆育种中的应用，将育种值选择与表型值选择进行比较发现育种值选择优于表型选择。对半滑舌鳎的遗传改良，黄海水产研究所采用分子遗传育种方法开展了半滑舌鳎良种选育工作，构建了中密度的遗传连锁图谱，研究成果对促进系统基因组研究来鉴定抗病、生长和性别有关性状的数量性状座位（QTL），以及对重要经济性状的分子标记辅助选择育种计划具有重要作用。

鲆鲽类苗种繁育技术研究方面，国内目

前应用光温周期调控来诱导和促进亲鱼的性腺发育和成熟的相关技术已基本成熟，依循特定鱼种的繁殖习性，基本可以实现鲆鲽类苗种的人工繁殖，亲鱼培育、受精卵生产和苗种生产等相关技术基本可以满足生产需求。目前存在的主要问题是，鲆鲽类受精卵反季节生产卵质不稳定，优质卵比例低；新的亲鱼培育和育苗经验与技术交流不畅，特别是新开发区域人工育苗技术亟须培训推广。

（二）鲆鲽类养殖装备与工程技术

2013 年，工厂化养殖装备方面，国内重点开展了高效生物滤器、物理过滤及自动投饲等方面的研究工作。中国水产科学研究院渔业机械仪器研究所自主研发设计的涡旋式流化砂床生物成功应用于循环水养殖系统。通过采用新型生物填料玻璃珠子作为生物膜载体，该滤器在淡水工况下对于氨氮的去除负荷达到 673.11 克/（米^3·天），水处理性能显著优于其他传统生物滤器。渔机所根据养殖企业需求，设计研制了以潜水射流式曝气机为基础的简易气浮池工艺，处理量可以达到 80～140 米^3/小时，并对机械气浮装置进行了优化，进一步降低了该装置的能耗。另外，对螺杆式投饲装置撒料机构和导轨式自动投饲控制系统进行了部分优化和完善，显著提高了该设备的使用性能。网箱养殖技术方面，体系专用养殖网箱岗位研究团队首次采用底面积 100 米^2 的大型抗风浪金属网箱在莱州湾离岸开阔海域养殖牙鲆，并获得初步成功；在网箱水动力特性研究、网衣防污涂料筛选及养殖配套设施研制等方面取得重要进展。此外，国内的浙江大学宁波理工学院等单位研制了一种深水抗风浪智能网箱系统，该系统将海洋能发电蓄能、网箱自平衡沉降、养殖监测、智能投喂和远距离无线通信等功能模块有机融合，旨在用于远离岛礁的开放式深水海域。池塘养殖环境的微生态调控是近年来池塘养殖领域的研究热点。池塘养殖工程岗位利用底泥分离到的芽孢杆菌复合制剂调控牙鲆养殖池塘水质，亚硝酸盐和磷酸盐的去除率达 67.9%和 69%，而氨氮去除率达 88.9%，水质调控效果明显，为开发鲆鲽类工程化池塘养殖的微生态调控技术提供了支撑。另外，池塘养殖工程岗位设计了一套基于物联网理念的远程水质监测系统，可实现池塘养殖水质的远程实时监测，提升了鲆鲽类工程化池塘养殖的信息化水平。

（三）鲆鲽类疾病防控技术

目前国内尚无一例商业许可的鲆鲽类专用疫苗。体系岗位科研团队，华东理工大学研究人员采用基因工程手段获得免疫效果显著的减毒活疫苗株，以浸泡给药方式免疫保护率达到 80%以上，有望开发出鲆鲽类专用的预防腹水病和弧菌病减毒活菌疫苗。其中抗弧菌病疫苗获得我国首例海水鱼用疫苗转基因生物安全证书并向农业部提交临床试验申报；腹水病疫苗完成了农业部批准的临床试验并进入新兽药注册证申报环节，现正进行药证审批复检阶段，有望在 2014 年获得我国首例大菱鲆腹水病弱毒活疫苗证书。研究利用减毒疫苗构建抗病毒和寄生虫的多价载体疫苗、安全可控的菌蜕疫苗以及其他创新疫苗。与灭活疫苗、亚单位疫苗和 DNA 疫苗相比，减毒或灭活疫苗具有高效、成本低、给药方便（非注射）等优点，具有巨大的市场需求和商业价值。

（四）鲆鲽类营养与饲料技术

2013年，继续开展鲆鲽类幼鱼营养学研究，主要涉及大菱鲆替代脂肪源开发、功能性氨基酸代谢和功能、胆固醇代谢等，在此基础上优化了其饲料配方。开展了鲆鲽类仔稚鱼营养学研究，研究涉及半滑舌鳎谷氨酰胺、核苷酸和花生四烯酸免疫分子机理等。在鲆鲽类亲鱼营养学研究方面，开展了维生素C、维生素E及牛磺酸对半滑舌鳎亲鱼繁殖性能的影响，填补了国内在该领域的研究空白。

（五）鲆鲽类产品质量安全控制与加工技术

在鲆鲽鱼质量安全控制方面，国内相关的热点研究主要集中在鲆鲽鱼的风险评估和安全管理方面。体系岗位团队对我国主要养殖和消费地区的大菱鲆进行实地调研和样品检测，摸底排查和风险分析结果显示养殖过程中仍存在使用硝基呋喃的风险；采用等离子体质谱法检测了山东鲆鲽类主要养殖产区的大菱鲆肌肉组织中的铅、镉、无机砷、总汞和铬含量。结果发现，山东地区养殖大菱鲆产品基本未受到重金属的影响。在基础研究方面，进行了酶联免疫法检测大菱鲆中抗生素的研究、水产品中孔雀石绿残留酶联免疫检测的基质干扰及消除方法等研究；在新型加工工艺方面，进行了五香型冷熏大菱鲆工艺研究，烟熏是一种传统的集加热、熏制、干燥共同进行的复杂加工和贮藏方法，不但能改善制品色泽、抗氧化性和贮藏性，还能抑制水产品腥味的作用，特别是液熏产品的苯并（a）芘等致癌物质的含量甚微。此外，进行了大菱鲆裙边的营养分析及评价、鱼皮中的胶原蛋白和胶原多肽及其产业化、大菱鲆鱼皮的氨基酸分析及评价等研究。

（鲆鲽类产业技术体系首席科学家
雷霁霖提供）

图书在版编目（CIP）数据

中国农业产业技术发展报告 . 2013 年度/农业部科技教育司，财政部教科文司编 . —北京：中国农业出版社，2014. 6

ISBN 978-7-109-19264-5

Ⅰ. ①中… Ⅱ. ①农…②财… Ⅲ. ①农业产业—技术发展—研究报告—中国—2013 Ⅳ. ①F320. 1

中国版本图书馆 CIP 数据核字（2014）第 120712 号

中国农业出版社出版

（北京市朝阳区麦子店街 18 号楼）

（邮政编码 100125）

责任编辑 张丽四 宋会兵

文字编辑 吴丽婷

中国农业出版社印刷厂印刷 新华书店北京发行所发行

2014 年 6 月第 1 版 2014 年 6 月北京第 1 次印刷

开本：889mm×1194mm 1/16 印张：20. 25

字数：390 千字

定价：80. 00 元

（凡本版图书出现印刷、装订错误，请向出版社发行部调换）